Lehrbuch der ungarischen Sprache

JULIANNA GRAETZ

Lehrbuch der ungarischen Sprache

Ein Grundkurs mit Übungen und Lösungen

Unter Mitarbeit von Klaus Rackebrandt

HELMUT BUSKE VERLAG
HAMBURG

Die mit °° gekennzeichneten Texte und Übungen können als Sprachaufnahmen im mp3-Format von der Website des Helmut Buske Verlags heruntergeladen werden: *www.buske.de/lehrbuch_ungarisch*

Die Zeichnungen zu den Lektionstexten stammen von Carsten Hendrich.

Im Digitaldruck „on demand" hergestelltes, inhaltlich mit der ursprünglichen Ausgabe identisches Exemplar. Wir bitten um Verständnis für unvermeidliche Abweichungen in der Ausstattung, die der Einzelfertigung geschuldet sind. Weitere Informationen unter: *www.buske.de/bod*

Bibliografische Information der Deutschen Nationalbibliothek
Die Deutsche Nationalbibliothek verzeichnet diese Publikation in der Deutschen Nationalbibliografie; detaillierte bibliografische Daten sind im Internet über ‹https://portal.dnb.de› abrufbar.

ISBN 978-3-87548-078-8

ELŐSZÓ — VORWORT

Dieser Grundkurs der ungarischen Sprache vermittelt durch seine Texte und Übungen alle wichtigen grammatischen Formen und Strukturen des Ungarischen. Er ist vor allem für Erwachsene konzipiert und ausgearbeitet, die den Anspruch haben, systematisch ins Ungarische einzudringen und auf dieser Grundlage ein zuverlässiges und gut handhabbares Instrumentarium für das Erlernen der Sprache zu bekommen.

Dieser Anspruch ist hoch und erfordert viel Mühe. Es hätte wenig Sinn zu behaupten, wir könnten Ihnen mit diesem Lehrbuch die Arbeit abnehmen. Aber es wäre auch falsch, das Gegenteil zu sagen. Bei entsprechender Motivation und Gewöhnung an das Buch werden Sie immer mehr Freude und Spaß daran finden, sich Ihrem künftigen Beruf oder Ihren ungarischen Freunden Schritt für Schritt zu nähern.

Die Verfasser haben nach bestem Wissen und Können und unter Zuhilfenahme ihrer langjährigen Erfahrungen auf dem Gebiet des Ungarischunterrichts an Hochschulen und Volkshochschulen versucht, das Lehrbuch so zu gestalten, daß es vielfältige Hilfen gibt. Das theoretische Wissen über den Aufbau des Ungarischen führt über verschiedene Stufen zur Entwicklung von kommunikativen Fähigkeiten. So sind bereits die jeder Lektion vorangestellten Mustersätze und die darauf aufbauenden Einführungsübungen neben ihrer straffen grammatischen Organisation kommunikativ orientiert. In den Einführungsübungen wird jede neue grammatische Form in ihrer Funktion im Satz und viel häufiger noch in größeren Texteinheiten, den Minidialogen, geübt. Diese Übungsform steht der gesprochenen Sprache am nächsten und dient neben der Einübung grammatischer Regularitäten als Äußerungsmodell. Die Durcharbeitung all dieser Übungen in Verbindung mit den grammatischen Abschnitten sichert die theoretische Erfassung der wichtigsten grammatischen Erscheinungen bei gleichzeitiger praktischer Anwendung in der Rede. Sie kann daher auch als Minimalprogramm aus dem Lehrmaterial herausgelöst werden.

In den Texten werden Alltagsprobleme junger Leute und landeskundliche Themen in der gehobenen Umgangssprache behandelt. In der letzten Lektion geben wir eine kleine Kostprobe ungarischen literarischen Schaffens in der Originalfassung. Die Vielfalt und der Wechsel der Textsorten (Beschreibung, Dialog, Brief, Bericht, innerer Monolog, Gedicht, Novelle) sollen helfen, verschiedene Bereiche und Ebenen des Ungarischen kennenzulernen. So wird gleichzeitig die sich gelegentlich einstellende Monotonie beim Lernen aufgelockert.

Das Lehrbuch ist mit seinen 12 Lektionen und einem ca. 1800 Wörter und Wendungen umfassenden Wortschatz nach unseren Erfahrungen bei einer kontinuierlichen und ausdauernden — möglichst auf kleine Tageseinheiten aufgeteilten — selbständigen Beschäftigung in anderthalb Jahren zu bewältigen. Diese Zeit verkürzt sich bei einer angeleiteten Intensivausbildung auf 30-34 Wochen, da die Lexik in Text und Übung immer wieder umgeschichtet und so ständig wiederholt wird. Als eine wesentliche Hilfe und einen wichtigen Bestandteil — vor allem für das Selbststudium, aber auch für die zu Hause zu erledigenden Arbeiten beim angeleiteten Studium — sehen wir den Schlüssel zu den Übungen und Aufgaben an sowie die Begleitkassetten, die ausgewählte Texte und Übungsmaterialien enthalten.

Das doppelte Wörterverzeichnis — einmal im Anschluß an die jeweiligen Lektionstexte und einmal als ungarisch-deutsches Wörterbuch am Ende des Buches — sowie ein Register zur Grammatik tragen ebenfalls zur Erleichterung der Arbeit bei.

Wir hoffen, daß wir mit diesem Lehrbuch all denen Hilfestellung geben können, die sich ernsthaft mit dem Ungarischen beschäftigen möchten. Lassen Sie bei anfänglichen Schwierigkeiten nicht gleich den Mut sinken. Mag die Absicht des Lehrbuchschreibers die allerbeste sein, ohne Ihren Leistungswillen sind alle Lehrbücher umsonst geschrieben.

Wir wünschen Ihnen viel Freude bei der Arbeit und vor allem Ausdauer, dann wird der Erfolg nicht ausbleiben.

Berlin, im Sommer 1996   Die Autoren

TARTALOM — INHALTSVERZEICHNIS

KIEJTÉS ÉS HELYESÍRÁS —
PHONETISCH-ORTHOGRAPHISCHE EINFÜHRUNG

Das ungarische Alphabet

Im Ungarischen bedient man sich ebenso wie im Deutschen des lateinischen Alphabets. Laute, die im Lateinischen keine Entsprechung haben, werden bei den Vokalen durch diakritische Zeichen (Punkte oder Striche über den entsprechenden Buchstaben), bei Konsonanten durch Buchstabenkombinationen wiedergegeben. Die traditionelle Buchstabenfolge lautet:

> a, á, b, c, cs, d, dz, dzs, e, é, f, g, gy, h, i, í, j, k, l, ly, m, n, ny, o, ó, ö, ő,
> p, r, s, sz, t, ty, u, ú, ü, ű, v, z, zs

Bei der Schreibung von Fremdwörtern und Eigennamen kommen auch die Buchstaben q, w, x und y vor.

Klassifizierung der Vokale. Die Vokalharmonie

Bei der Klassifizierung der Vokale können verschiedene Kriterien zugrunde gelegt werden. Für das Erlernen des Ungarischen ist in erster Linie die Unterscheidung der Vokale nach ihrer Artikulationsdauer, nach der Artikulationsstelle und nach der Beteiligung der Lippen bei der Artikulation von Bedeutung, da sie mit Konsequenzen für die Aussprache bzw. für die Suffigierung der Wörter verbunden ist.

Kurze und lange Vokale

Aufgrund der Artikulationsdauer unterscheiden wir kurze und lange Vokale:

> Kurze: a, e, i, o, ö, u, ü
> Lange: á, é, í, ó, ő, ú, ű

Die Länge der Vokale ist in der Schrift optisch durch Striche markiert. In der Aussprache äußert sie sich dadurch, daß die Artikulationsdauer ungefähr zwei- bis dreimal so lang ist wie bei kurzen Vokalen. Da die Länge im Ungarischen ein bedeutungsdifferenzierendes Merkmal darstellt, sind kurze und lange Vokale in Schrift und Aussprache deutlich zu unterscheiden:

> Vgl.: hat »sechs«, hát »Rücken«
> meg »und«, még »noch«
> por »Staub«, pór »Bauer« *archaisch*
> öt »fünf«, őt »ihn«

Palatale und velare Vokale

Je nachdem, ob sich bei der Artikulation eines Vokals der vordere oder der hintere Teil der Zunge zum Gaumen hebt, sprechen wir von palatalen (auch hohen oder hellen) und von velaren (auch tiefen oder dunklen) Vokalen:

>Palatale: e, é, i, í, ö, ő, ü, ű
>Velare: a, á, o, ó, u, ú

Labiale und illabiale Vokale

Anhand des Kriteriums, ob die Lippen bei der Bildung eines Vokals durch Rundung beteiligt sind oder passiv bleiben, unterscheiden wir labiale und illabiale Vokale:

>Labiale: a, o, ó, ö, ő, u, ú, ü, ű
>Illabiale: á, e, é, i, í

Für das Ungarische spielt die Unterscheidung von palatalen und velaren sowie labialen und illabialen Vokalen in mehrfacher Hinsicht eine Rolle. Zum einen ist für das ungarische Lautsystem eine gewisse Vokalharmonie charakteristisch. Diese besagt, daß in ein und demselben ungarischen Wort entweder nur palatale oder nur velare Vokale vorkommen. Demnach unterschieden wir sogenannte palatale (auch hoch- oder hellvokalige) und velare (auch tief- oder dunkelvokalige) Wörter:

>Vgl.: **ebéd** »Mittagessen«, **hideg** »kalt« (palatal)
>**város** »Stadt«, **utca** »Straße« (velar)

Die illabialen palatalen Vokale (e, é, i, í) können jedoch gelegentlich auch gemeinsam mit velaren Vokalen in ein und demselben Wort vorkommen. In diesem Falle sprechen wir von gemischtvokaligen Wörtern wie:

>**liba** »Gans«, **sétál** »spazierengehen«, **lekvár** »Marmelade« usw.

Die Vokalität spielt bei der Suffigierung der Wörter eine große Rolle. Das Streben des Ungarischen nach Vokalharmonie äußert sich nämlich darin, daß eine große Anzahl von Suffixen in zwei Varianten auftritt, von denen eine Form immer velar und die andere immer palatal ist. Dadurch wird es möglich, einem palatalen Wort ein palatales Suffix und einem velaren Wort ein velares Suffix anzufügen:

>Vgl.: **ház**ban »im Haus«, **asztal**ra »auf den Tisch«
>**kert**ben »im Garten«, **szék**re »auf den Stuhl«

In manchen Fällen existiert außerdem eine dritte Suffixvariante, um eine homogene Labialität des Vokalbestandes des Wortes gewährleisten zu können:

>Vgl.: **három**szor »dreimal«   oder: **tanul**ok »ich lerne«
>**négy**szer »viermal«   **néz**ek »ich schaue«
>**öt**ször »fünfmal«   **ül**ök »ich sitze«

Bei gemischtvokaligen Wörtern werden in der Regel die velaren Suffixe verwendet:

>**libá**nak »der Gans«, **sétá**lok »ich gehe spazieren« usw.

Bei Zusammensetzungen richtet sich die Wahl der Suffixform nach dem letzten Glied der Zusammensetzung und bei neueren Entlehnungen nach der letzten Silbe des Wortes:

albérlet**ben** »in Untermiete«, lépcsőház**ban** »im Treppenhaus«
koncert**re** »ins Konzert«, szeminárium**ra** »zum Seminar« usw.

Charakteristik und Aussprache der Vokale

Vokal	Charakteristik	Beispiele
a	kurz, velar, illabial, geschlossen, wie dt. »Häuser«, »deutsch«	asztal »Tisch« apa »Vater«
á	lang, velar, illabial, offen, wie dt. »baden«, »ahnen«	ár »Preis« fáj »schmerzen«
e	kurz, palatal, illabial, sehr offen, wie dt. »Bett«, »hätte«	kert »Garten« hely »Ort, Platz«
é	lang, palatal, illabial, offen, wie dt. »Ehre«, »sehen«	én »ich« érték »Wert«
i	kurz, palatal, illabial, geschlossen, wie dt. »direkt«, »Zitat«	mi »wir« mint »wie«
í	lang, palatal, illabial, geschlossen, wie dt. »Biene«, »wir«	tíz »zehn« víz »Wasser«
o	kurz, velar, labial, geschlossen, wie dt. »oral«, »Koralle«	opera »Oper« hová »wohin«
ó	lang, velar, labial, geschlossen, wie dt. »Kohle«, »Ohr«	jó »gut« ajtó »Tür«
ö	kurz, palatal, labial, geschlossen, wie dt. »Ökonomie«, »Zölibat«	ön »Sie« ötöd »Fünftel«
ő	lang, palatal, labial, geschlossen, wie dt. »Öl«, »böse«	ők »sie« nő »Frau«
u	kurz, velar, labial, geschlossen, wie dt. »Illusion«, »Korruption«	klub »Klub« tud »wissen«
ú	lang, velar, labial, geschlossen wie dt. »Uhr«, »Tuch«	úr »Herr« húz »ziehen«
ü	kurz, palatal, labial, geschlossen, wie dt. »Büro«, »Glück auf«	külföld »Ausland« repül »fliegen«
ű	lang, palatal, labial, geschlossen, wie dt. »üben«, »Tür«	mű »Werk« betű »Buchstabe«

Anmerkung: Manche Dialekte des Ungarischen unterscheiden zwei e-Laute, einen offeneren (wie oben beschrieben) und einen etwas geschlosseneren. Letzterer ist kurz wie das »e« im deutschen Wort »Bett« oder »Kette«, gleichzeitig aber geschlossen, wie die e-Laute in »Schnee« oder »See«. Dieser Vokal wird in der Phonetik mit zwei Punkten über dem Buchstaben markiert, wie z. B. in embër, këll, ëgy.

Klassifizierung der Konsonanten

Für die Klassifizierung der Konsonanten bietet sich eine ganze Reihe von Kriterien an. Für unsere Zwecke — die richtige Aussprache der ungarischen Konsonanten — genügt es, die Konsonanten nach zwei Gesichtspunkten zu unterteilen: nach der Stimmbeteiligung und nach der Dauer bei der Artikulation. Nach der Stimmbeteiligung lassen sich drei Gruppen unterscheiden:

Sonore Konsonanten: j, l, ly, m, n, ny, r

Hier überwiegt die Stimme gegenüber den bei der Artikulation entstehenden Geräuschelementen. Die Sonore haben im ungarischen Lautsystem keine stimmlosen Entsprechungen.

Stimmhafte Konsonanten: b, d, dz, dzs, g, gy, v, z, zs

Hier ist bei der Bildung die Stimme aktiv beteiligt, die Geräuschelemente sind aber stärker als die stimmlichen Bestandteile. Sie werden auch im Auslaut stimmhaft gesprochen.

Stimmlose Konsonanten: c, cs, f, h, k, p, s, sz, t, ty

Bei der Artikulation ist die Stimme nicht beteiligt, es handelt sich um reine Geräuschlaute.

Was die Artikulationsdauer betrifft, so kommen im phonetischen System des Ungarischen alle Konsonanten in einer kurzen und in einer langen Form vor. Bei den langen hält man die Artikulationsphase zwei bis dreimal länger durch als bei den kurzen Konsonanten. Sowohl die Opposition stimmhaft : stimmlos als auch der Gegensatz Kürze und Länge bei den Konsonanten haben im Ungarischen bedeutungsdifferenzierende Funktion. Es ist daher von größter Wichtigkeit, den Unterschied zwischen stimmhaften und stimmlosen, zwischen kurzen und langen Konsonanten gewissenhaft einzuhalten.

Charakteristik und Aussprache der Konsonanten

Konsonant	Charakteristik	Beispiele
b (bé)	wie dt. »b« in »Bach«, »Haube«,	bal »linker« barát »Freund«
c (cé)	wie dt. »z« in »Zeit«, »Scherz«	cukor »Zucker« utca »Straße«
cs (csé)	wie dt. »tsch« in »Kutsche«, »Peitsche«	csak »nur« narancs »Orange«

Konsonant	Charakteristik	Beispiele
d (dé)	wie dt. »**d**« in »**D**ach«, »ro**d**en«	**d**al »Lied« pa**d** »Bank«
dz (dzé)	wie dt. »**ds**«, selten, zwischen Vokalen lang	oldó**dz**ik »sich lösen« e**dz**ő »Trainer«
dzs (dzsé)	wie dt. »**dsch**« in »Maharadscha« oder englisch »**G**in«, zwischen Vokalen lang	**dzs**ungel »Dschungel« Mahara**dzs**a »Maharadscha«
f (ef)	wie dt. »**f**« in »**F**ahrt«, »lau**f**en«, »tie**f**«	**f**a »Baum« kül**f**öld »Ausland«
g (gé)	wie dt. »**g**« in »**G**arten«, »Bo**g**en«	**g**azda**g** »reich« i**g**en »ja«
gy (gyé)	palatalisiertes »**d**«, wie russisch »**d'**en« (Tag), oder französisch »A**d**ieu«	**gy**erek »Kind« e**gy**etem »Universität«
h (há)	wie dt. »**h**« in »**H**aus«, nur im Auslaut stumm, bewirkt keine Dehnung	**h**íd »Brücke« so**h**a »niemals« cse**h** »Tscheche«
j (jé)	wie dt. »**j**« in »**j**a«, nach Vokalen i-Diphthong	**j**ó »gut« a**j**tó »Tür«
k (ká)	wie dt. »**k**« in »**K**arl«, jedoch unbehaucht	**k**órház »Krankenhaus« is**k**ola »Schule«
l (el)	wie dt. »**l**« in »Müh**l**e«, »ma**l**en«	**l**evél »Brief« klu**b** »Klub«
ly (ely)	wie ungarisch »**j**«, traditionelle Schreibweise	**ly**uk »Loch« he**ly** »Ort, Platz«
m (em)	wie dt. »**m**« in »**M**ann«, »ka**m**«	**m**a »heute« tere**m** »Saal«
n (en)	wie dt. »**n**« in »**n**icht«, »Te**nn**e«	**n**ő »Frau« hane**m** »sondern«
ny (eny)	palatalisiertes »**n**«, wie russisch »**n'**et« (nein)	**ny**elv »Sprache« lá**ny** »Mädchen«
p (pé)	wie dt. »**p**« in »**P**appe«, »Ty**p**«, jedoch unbehaucht	**p**ohár »Glas« re**p**ül »fliegen«
r (er)	stets ein Zungenspitzen »**r**«, wie in »B**rrr**«	**r**okon »Verwandter« ö**r**ül »sich freuen«
s (es)	wie dt. »**sch**« in »**Sch**ule«, »fri**sch**«	**s**étál »spazieren« orvo**s** »Arzt«
sz (esz)	wie dt. »**ß**« in »Fu**ß**«, oder »**s**« in »e**s**«	**sz**ülők »Eltern« be**sz**él »sprechen«

Konsonant	Charakteristik	Beispiele
t (té)	wie dt. »t« in »tragen«, »tun«, aber unbehaucht	tanár »Lehrer« tart »halten«
ty (tyé)	palatalisiertes »t« wie in dt. »Antje«	tyúk »Huhn« bástya »Bastei«
v (vé)	wie dt. »w« in »Wasser«, bzw. »v« in »Vase«	virág »Blume« hová »wohin«
z (zé)	wie dt. stimmhaftes »s« in »Süden«, »Musik«	zene »Musik« főz »kochen«
zs (zsé)	wie »j« in »Journalist« oder »g« in »Genie«	zsemle »Brötchen« vizsga »Prüfung«

Besonderheiten bei der Aussprache der Konsonanten

Assimilation

Ein wichtiges Merkmal des ungarischen Lautsystems, das bei der richtigen Aussprache beachtet werden muß, ist die Tatsache, daß benachbarte Konsonanten sich beeinflussen. Dabei kommt es zu einer Angleichung hinsichtlich der Stimmbeteiligung des vorangehenden Konsonanten an den nachfolgenden (regressive Assimilation).

Steht ein stimmloser Konsonant (außer »h«) unmittelbar vor einem stimmhaften Konsonanten, so verwandelt er sich in seine stimmhafte Entsprechung:

c	→ dz	arcban	→	[ardzban]	»im Gesicht«
cs	→ dzs	papucsban	→	[papudzsban]	»in Pantoffeln«
f	→ v	grófból	→	[gróvból]	»aus dem Grafen«
k	→ g	kerékből	→	[kerégből]	»aus dem Rad«
p	→ b	népdal	→	[nébdal]	»Volkslied«
s	→ zs	városból	→	[városzból]	»aus der Stadt«
sz	→ z	részben	→	[rézben]	»zum Teil«
t	→ d	hatból	→	[hadból]	»von sechs«
ty	→ gy	pontyból	→	[pongyból]	»von dem Karpfen«

Steht ein stimmhafter Konsonant unmittelbar vor einem stimmlosen Konsonanten, so verwandelt er sich in seine stimmlose Entsprechung:

b	→ p	zsebkendő	→	[zsepkendő]	»Taschentuch«
d	→ t	hadsereg	→	[hatsereg]	»Armee«
dz	→ c	edzhet	→	[ecchet]	»er kann trainieren«
dzs	→ cs	bridzskártya	→	[briccskártya]	»Bridgekarte«
g	→ k	világháború	→	[vilákháború]	»Weltkrieg«
gy	→ ty	nagyszülők	→	[natyszülők]	»Großeltern«
v	→ f	nyelvtan	→	[nyelftan]	»Grammatik«
z	→ sz	vízcsap	→	[víszcsap]	»Wasserhahn«
zs	→ s	rizsföld	→	[risföld]	»Reisfeld«

Verschmelzung

Bestimmte Konsonantengruppen verschmelzen in der schnellen Aussprache zu einem langen Konsonanten. Die häufigsten Bereiche sind:

t		→ tty	botjuk	→ [bottyuk]	»ihr Stock«
d	+ j	→ ggy	adjon	→ [aggyon]	»er soll geben«
n		→ nny	menjen	→ [mennyen]	»er soll gehen«

Steht vor oder nach der Konsonantengruppe »tj«, »dj« und »nj« ein weiterer Konsonant, verschmelzen diese zu einem kurzen Konsonanten: boltjuk → [boltyuk] »ihr Laden«, küldjön → [külgyön] »er soll schicken«, menj ki → [meny ki] »gehe hinaus«.

t			fordítsa	→ [fordíccsa]	»übersetzen Sie«
d	+ s	→ ccs	vadság	→ [vaccság]	»Wildheit«
gy			nagyság	→ [naccság]	»Größe«

Steht vor der Konsonantengruppe »ts«, »ds«, und »gys« ein weiterer Konsonant, verschmelzen diese zu einem kurzen Konsonanten: tartson → [tarcson] »er soll halten«, bolondság → [boloncság] »Unsinn«, völgység → [völcség] »Talgebiet«.

t			játszik	→ [jáccik]	»er spielt«
d	+ sz	→ cc	szaladsz	→ [szalacc]	»du läufst«
gy			egyszer	→ [eccer]	»einmal«

ty		→ tty	bátyja	→ [báttya]	»sein älterer Bruder«
gy	+ j	→ ggy	hagyjuk	→ [haggyuk]	»lassen wir es«
ny		→ nny	anyja	→ [annya]	»seine Mutter«

l	+ j	→ jj	üljön	→ [üjjön]	»er soll sitzen«
ll	+ j	→ jj	álljon	→ [ájjon]	»er soll stehen«

Steht nach der Konsonantengruppe »lj« oder »llj« ein weiterer Konsonant, verschmelzen diese zu einem kurzen Konsonanten: ülj le → [üj le] »setz' dich hin«, [állj fel] → áj fel »steh' auf«.

t			öt cseh	→ [öccseh]	»fünf Tschechen«
d	+ cs	→ ccs	hadd cseréljek	→ [haccseréljek]	»laß mich tauschen«
gy			hegycsúcs	→ [heccsúcs]	»Berggipfel«

t			utca	→ [ucca]	»Straße«
d	+ c	→ cc	nádcukor	→ [náccukor]	»Rohrzucker«
gy			egy centi	→ [eccenti]	»ein Zentimeter«

sz	+ s	→ ss	egészségére	→ [egésségére]	»zum Wohl«
z			község	→ [kösség]	»Gemeinde«

sz	+ zs	→ zzs	vadászzsákmány	→ [vadázzsákmány]	»Jagdbeute«
z			tíz zsák	→ [tízzsák]	»zehn Säcke«

Verkürzung

Lang kann ein Konsonant nur in der Stellung zwischen zwei Vokalen oder am Worten-
de nach einem Vokal vor einer Redepause ausgesprochen werden. Steht daher vor oder
nach einem langen Konsonanten ein weiterer Konsonant, so wird der lange Konsonant
verkürzt:

Vgl.: jobb »der rechte«   *aber*: jobbra [jobra] »nach rechts«
       toll »Feder«   *aber*: tollszár [tolszár] »Federkiel«
       kedd »Dienstag«   *aber*: keddre [kedre] »für Dienstag«
       varr »er näht«   *aber*: varrtam [vartam] »ich nähte«

Die Betonung

Die Wörter werden im Ungarischen von wenigen Ausnahmen abgesehen auf der ersten
Silbe betont, insofern kann man von einer gebundenen Betonung im Ungarischen spre-
chen. Ein Zusammenhang zwischen der Länge der Vokale und der Betonung besteht
nicht: kurze Vokale können ebenso in betonter Position stehen wie lange in unbetonter.
In diesem Zusammenhang ist es wichtig, darauf zu achten, daß auch in unbetonter Sil-
be alle Vokale klar und deutlich zu artikulieren sind. Eine Vokalreduktion in unbetonter
Silbe — wie etwa im Deutschen oder Russischen — ist im Ungarischen unbekannt.
  Die Satzbetonung liegt in der Regel auf dem ersten Wort:

  János feladja a levelet a postán.   »János gibt den Brief auf der Post auf.«

Sie kann sich jedoch auch auf die Satzmitte oder ans Satzende verlagern:

  János a levelet adja fel a postán. »János gibt den Brief auf der Post auf«.

oder: János a postán a levelet feladja. »János gibt den Brief auf der Post auf.«

  Die Satzbetonung hängt im Ungarischen stark davon ab, welches Satzglied hinsicht-
lich seiner kommunikativen Funktion das größte Gewicht hat, und sie steht so mit
der Wortfolge in enger Verbindung. (Ausführliche Erläuterungen zur Wortfolge auf
Seite 26) Im allgemeinen können wir festhalten, daß die Satzbetonung — liegt sie nicht
auf dem Prädikat — auf das Satzglied vor dem Prädikat fällt.

Zur Rechtschreibung

Schrift und Aussprache

Eine charakteristische Eigenschaft des Ungarischen ist, daß Schrift und Aussprache —
besonders im Bereich der Basiswörter — eine weitgehende Übereinstimmung zeigen.
(Auf Assimilationserscheinungen wurde bereits auf Seite 6 hingewiesen.) Lediglich in
einigen Familiennamen haben sich traditionelle Schreibweisen erhalten, auf deren Aus-
sprache besonders zu achten ist, z. B. in:

Batthyany [Battyányi]	Széchenyi [Szécsényi]
Kossuth [Kosut]	Ady [Adi]
Thököly [Tököli]	Móricz [Móric] usw.

Die richtige Schreibung der Wörter wird auch dadurch erleichtert, daß die Artikula-
tion von der phonetischen Position der Silben (betont, unbetont, offen, geschlossen) kaum
beeinträchtigt wird. Die deutliche Hörbarkeit der einzelnen Laute wird durch die Ei-
genschaft des Ungarischen begünstigt, nach der Konsonantenhäufungen bei der Suffi-
gierung durch den Einschub eines sogenannten Bindevokals als Fugenelement weitgehend
vermieden werden können. Auch Vokalhäufungen sind eine seltene Erscheinung. Tre-
ten sie dennoch auf, verbinden sie sich nicht zu Diphthongen, sind also auch in solchen
Fällen einzeln zu artikulieren: fi-a-i »seine Söhne«, E-u-rópa »Europa« usw.

Die Silbentrennung

Dementsprechend verhält sich das Ungarische auch bei der Silbentrennung. Die Silbe
organisiert sich um den Vokal, d. h. jede Silbe muß und darf nur einen Vokal enthalten.
Man trennt also:

fi-a-i, E-u-ró-pa, a-u-tó, na-iv usw.

Stehen zwischen den Vokalen mehrere Konsonanten, wird jeweils der letzte Konso-
nant der Gruppe zur nächsten Silbe gezogen:

mun-kás »Arbeiter«, ab-lak »Fenster«, tart-sa »er soll halten,
mond-ja »er soll sagen« usw.

Die durch Buchstabenkombinationen bezeichneten kurzen Konsonanten »cs«, »gy«,
»ly«, »ny«, »sz«, »ty«, »zs« dürfen nicht getrennt werden:

i-szik »er trinkt«, o-lyan »solcher«, kin-csem »mein Schatz«
gyer-tya »Kerze«, ma-gyar »ungarisch« usw.

Dagegen können die Buchstaben »dz« und »dzs«, wenn sie in intervokalischer Stel-
lung einen langen Konsonanten bezeichnen, getrennt werden:

ed-ző »Trainer«, ma-ha-rad-zsa »Maharadscha«

Buchstabengruppen, die lange Konsonanten bezeichnen, können ebenfalls getrennt werden:

> ket-tő »zwei«, sem-mi »nichts«, hal-la-ni »hören«

Folgt dem langen Konsonant jedoch ein weiterer Konsonant, darf er nicht getrennt werden:

> hall-gat »schweigen«, iz-ga-tott-ság »Aufregung«

Soll die Länge eines Konsonanten bezeichnet werden, der bereits in seiner kurzen Form in einer Buchstabenkombination geschrieben wird (cs, ly, gy, ny, sz, ty, zs), so wird in der laufenden Schrift nur der erste Buchstabe der Gruppe verdoppelt:

> öccse »sein jüngerer Bruder«, meggye »seine Kirsche«,
> gallya »seine Zweige«, lánnyal »mit dem Mädchen«,
> asszony »Frau«, pettyes »getüpfelt«, rúzzsal »mit Rouge«

Bei der Silbentrennung muß jedoch die ganze Gruppe zweimal geschrieben werden:

> öcs-cse, megy-gye, galy-lyal, lány-nyal, asz-szony, pety-tyes, rúzs-zsal

Groß- und Kleinschreibung

Abweichend vom Deutschen werden im Ungarischen nur Eigennamen und Satzanfänge groß geschrieben. Dabei ist darauf zu achten, daß die diakritischen Zeichen auch bei den Großbuchstaben korrekt gesetzt werden müssen. Lediglich vom kurzen i-Laut fehlt der Punkt: Éva, Irén és Áron megnézték Örkény egyik darabját a színházban. »Éva, Irén und Áron sahen sich ein Stück von Örkény im Theater an.«

ELSŐ LECKE — ERSTE LEKTION

Mondatminták — Mustersätze

Kezdődik a tanév. Kezdődnek az órák.
»Es beginnt das Studienjahr, es beginnen die Stunden.«
Monika kérdez. Péter felel.
»Monika fragt, Peter antwortet.«
Az egyetemi hallgatók beszélgetnek.
»Die Studenten unterhalten sich.«
Monika és Péter egyetemi hallgató(k).
»Monika und Peter sind Studenten.«

Ki? Mi?
»Wer? Was?«
Kik? Mik?
»Wer? Was?« Pl.
Mit csinál?
»Was macht er?«
Mit csinálnak?
»Was machen sie?«

Monika okos lány.
»Monika ist ein kluges Mädchen.«
Péter kedves fiú.
»Peter ist ein netter Junge.«
Monika és Péter szimpatikus(ak).
»Monika und Peter sind sympathisch.

Milyen?
»Was für ein?«

Milyenek?
»Was für ...?« Pl.

Berlinben élnek.
»Sie leben in Berlin«.
Az egyetemen vannak.
»Sie sind in der Universität.«
Az ablaknál állnak. Beszélgetnek.
»Sie stehen am Fenster. Sie unterhalten sich.«

Hol?
»Wo?«

Monika németül beszél, de tud magyarul is.
»Monika spricht Deutsch, aber sie kann auch Ungarisch.«
Péter is tud magyarul, mert/hiszen ő magyar,
de most ő is németül beszél.
»Peter kann auch Ungarisch, weil/denn er ist Ungar,
aber jetzt spricht er auch Deutsch.«

Milyen nyelven?
»In welcher Sprache?«
Hogyan?
»Wie?«
Miért?
»Warum?«

Drezda-i → drezdai   Budapest-i → budapesti

Szövegek — Texte

Kezdődik a tanév °°

Kezdődik a tanév az egyetemen. Az udvaron, a folyosón, a lépcsőházban és a termekben egyetemi hallgatók vannak. Németek és külföldiek. A padokban, a székeken ülnek vagy a kijáratoknál és bejáratoknál állnak és beszélgetnek, nevetnek. Kérdeznek, felelnek. Egy kicsit izgatottak. A tanárok is izgatottak. Sietnek. Kezdődik a tanév, kezdődik a munka.

Ismerkedés az egyetemen °°

M: Bocsánat! Ugye, te magyar vagy?
P: Igen. Te is beszélsz magyarul?
M: Egy keveset. Most kezdek tanulni.
   Magyar szakos vagyok.
P: Én Péter vagyok.
M: Monika vagyok.
P: Nagyon örülök. Hol laksz?
M: Kollégiumban lakom.
P: Én is ott lakom.
M: Akkor biztosan találkozunk még.
P: Ma este?
M: Jó. A klubban. De csak magyarul beszélünk.
P: Rendben van. A bejáratnál találkozunk.
M: Elnézést! Most sietek, mert várnak a lányok. Szervusz!
P: Szia!

(Monika)

(Peter)

Péter és Monika az egyetemen találkoznak. Péter magyar, Budapesten lakik, de most Berlinben tanul. Monika német, Drezdában lakik, de most ő is Berlinben él. Monika és Péter magyarul akarnak beszélgetni. Este találkoznak a klubban.

A klubban °°

A klub kellemes helyiség. Az ablakon színes függönyök, a falakon képek vannak. Az egyik fal mellett nagy könyvespolc áll. A könyvespolc előtt kényelmes fotelek és kis kerek asztalok vannak. A másik oldalon egy alacsony, hosszú szekrény áll. A szekrényen van a tévé, a rádió és egy lemezjátszó. A szobában egy nagy színes szőnyeg is van. Jobbra és balra, lent és fent szép virágok.

Otthon, Budapesten °°

Kertész Péter budapesti. Budapesten a Petőfi Sándor utcában lakik. Ott lakik az egész Kertész család: az anya, az apa és a kis Pisti. Az anya orvosnő, egy ferencvárosi kórházban dolgozik. Az apa tanár, egy általános iskolában tanít. Pisti még kisfiú. Iskolás. Péter most Berlinben van. Este van. A Kertész lakásban csend van. A szülők a szobában ülnek és olvasnak. Cseng a telefon:

— Kertész lakás. Tessék!

~ Szervusz, apa. Én vagyok, Péter.

— Péter! Te vagy? De örülök! Hogy vagy?

~ Köszönöm, jól. Ti is jól vagytok?

— Igen. Hol vagy most?

~ A kollégiumban. Mit csináltok?

— Olvasunk, beszélgetünk. Minden rendben van?

~ Igen. Szép idő van, kényelmes szobában lakom és mindenki nagyon kedves.

— Nagyszerű. Szóval, jól vagy.

~ Persze. Elnézést, apa, de most sietek. Nagyon fáradt vagyok. Majd írok vagy telefonálok. Örülök, hogy jól vagytok.

— Mi is írunk, Peti. A viszontlátásra! Szervusz!

~ Szervusztok!

Szavak — Vokabeln

Igék — Verben

akar	wollen	kezdődik	beginnen *intransitiv*
áll	stehen	lakik	wohnen
beszél	sprechen	nevet	lachen
beszélget	sich unterhalten	olvas	lesen
cseng	klingeln *intransitiv*	örül	sich freuen
csinál	machen	öltözik	sich anziehen
dolgozik	arbeiten	siet	sich beeilen
él	leben	tanul	lernen
esik	fallen	találkozik	sich treffen
felel	antworten	tanít	lehren, unterrichten
főz	kochen	telefonál	telefonieren
ír	schreiben	tud	können, wissen
játszik	spielen	ül	sitzen
kérdez	fragen	van (lenni)	sein
kezd	beginnen *transitiv*	vár	warten

Főnevek — Substantive

ablak, -ok	Fenster	hallgató, -k	Student, Hörer
anya, -k	Mutter	helyiség, -ek	Raum
apa, -k	Vater	idő	Wetter
asztal, -ok	Tisch	iskola, -k	Schule
bejárat, -ok	Eingang	iskolás, -ok	Schulkind
család, -ok	Familie	ismerkedés, -ek	Kennenlernen
csend	Stille, Ruhe	jutalom, jutalmak	Belohnung
diák, -ok	Student, Schüler	kép, -ek	Bild
Drezda	Dresden	kijárat, -ok	Ausgang
egyetem, -ek	Universität	klub, -ok	Klub
ember, -ek	Mensch, Mann	kollégium, -ok	Studentenwohn-
este, -k	Abend		heim
fal, -ak	Wand	kórház, -ak	Krankenhaus
félelem, félelmek	Angst, Furcht	könyv, -ek	Buch
fiú, -k	Junge	könyvespolc, -ok	Bücherregal
folyosó, -k	Flur, Gang,	külföldi, -ek	Ausländer
	Korridor	lakás, -ok	Wohnung
fotel, -ek	Sessel	lány, -ok	Mädchen
függöny, -ök	Vorhang, Gardine	lemezjátszó, -k	Plattenspieler
gyerek, -ek	Kind	lépcsőház, -ak	Treppenhaus

levél, levelek	Brief, Blatt	szőnyeg, -ek	Teppich
madár, madarak	Vogel	szöveg, -ek	Text
magyar, -ok	Ungar	szülő, -k	Elternteil (Vater
munka, -k	Arbeit		oder Mutter)
nyelv, -ek	Sprache	tanár, -ok	Lehrer
oldal, -ak	Seite	tanév, -ek	Studienjahr
óra, -k	Unterrichtsstunde	telefon, -ok	Telefon
orvosnő, -k	Ärztin	tér, terek	Platz
oszlop, -ok	Säule	terem, termek	Unterrichtsraum
pad, -ok	Bank	tévé, -k	Fernsehgerät,
rádió, -k	Radio, Rundfunk		Fernseher
szék, -ek	Stuhl	udvar, -ok	Hof
szekrény, -ek	Schrank	úr, urak	Herr
szó, szavak	Wort, Vokabel	utca, -k	Straße
szoba, -k	Zimmer	virág, -ok	Blume

Melléknevek és számnevek — Adjektive und Numeralia

alacsony	niedrig	kis, kicsik	klein
angol, -ok	englisch	kitartó, -ak	beharrlich, aus-
biztos	sicher		dauernd
budapesti, -ek	Budapester	kitűnő, -ek	ausgezeichnet
csinos	hübsch	lusta	faul
fáradt	müde	magyar, -ok	ungarisch
fekete	schwarz	nagy, -ok	groß
ferencvárosi	Ferenzvároser	nagyszerű, -ek	großartig
	(Franzstädter)	német	deutsch
fiatal, -ok	jung	okos	klug, intelligent
hosszú, -ak	lang	orosz, -ok	russisch
izgatott	aufgeregt	pajkos	übermütig, lebhaft
jó	gut	régi, -ek	alt (von früher)
kedves	nett, lieb	szép	schön
kellemes	angenehm	szimpatikus	sympathisch
kényelmes	bequem	színes	bunt, farbig
kerek	rund	szorgalmas	fleißig
kevés, kevesek	wenig	új	neu

Határozószók és névutók — Adverbien und Postpositionen

akkor	dann	biztosan	bestimmt
alatt	unter	csak	nur
balra	links	egész	ganz

előtt	vor	**már**	schon, bereits
fent	oben	**még**	noch
fölött	über	**mellett**	neben
itt	hier	**most**	jetzt
jobbra	rechts	**mögött**	hinter
között	zwischen	**nagyon**	sehr
lent	unten	**ott**	dort
ma	heute	**otthon**	zu Hause
majd	später, bald		

Névmások — Pronomen

egyik	der eine	**miért**	warum
én	ich	**milyen**	was für ein
hogyan	wie	**minden**	alles
hol	wo	**ő**	er, sie, es
ki	wer	**ők**	sie
másik	der andere	**te**	du
mi	wir, was	**ti**	ihr

Kötőszók — Konjunktionen

azért	deshalb, darum	**hiszen**	denn
		is	auch
de	aber	**mert**	weil
és	und	**vagy**	oder

Más szófajok — Andere Wortarten

a, az	der, die, das	**persze**	freilich, natürlich
egy	ein *unbest. Artikel*	**szóval**	also
igen	ja		

Szókapcsolatok — Wortverbindungen

általános iskola	Grundschule, allgemeinbildende achtklassige Schule
Bocsánat!	Entschuldigung! Verzeihung!
De örülök!	Wie ich mich freue!
egyetemi hallgató	Student
Egy keveset.	Ein wenig.

Egy kicsit.	Ein bißchen.
Elnézést!	Verzeihung!
Hogy vagy?	Wie geht es dir?
Humboldt Egyetem	Humboldt-Universität
Jól vagyok.	Mir geht es gut.
Köszönöm!	Danke!
Magyar szakos vagyok.	Ich studiere (das Fach) Ungarisch.
Milyen nyelven beszél?	Welche Sprache sprechen Sie?
Mit csinál?	Was macht er?
Rendben van!	In Ordnung!
Szervusz!	Grußwort, vertraulich, an eine Person gerichtet
Szervusztok!	Grußwort, vertraulich, an mehrere Personen gerichtet
Szia!	siehe »Szervusz«!
Sziasztok!	siehe »Szervusztok«!
Tessék!	Bitte!
Ugye?	Nicht wahr?
Viszontlátásra!	Auf Wiedersehen!

Nyelvtan — Grammatik

1. Konjugation des Verbs

Die ungarischen Verben werden in den Wörterbüchern in der 3. Ps. Sg. Präsens angegeben, die in der Regel mit dem Stamm des Verbs identisch ist:

> tanul »lernen«
> beszél »sprechen«
> ül »sitzen«

Eine Gruppe von Verben hat in der 3. Ps. Sg. Präsens zusätzlich zum Stamm das Element **-ik** (-ik-Verben), das in den übrigen Personen nicht vorkommt:

> lakik »wohnen«
> találkozik »sich treffen«
> játszik »spielen«

Der Infinitiv der Verben wird im Ungarischen durch Anfügen des Infinitivzeichens **-ni** gebildet:

> tanulni »lernen«
> beszélni »sprechen«
> ülni »sitzen«
> lakni »wohnen«

Lautet der Stamm des Verbs **auf mehr als einen Konsonanten bzw. auf langen Vokal** plus t aus, tritt vor das Zeichen -ni der Bindevokal -a- bei tiefvokaligen und -e- bei hochvokaligen Verben:

> játszani »spielen«
> tanítani »unterrichten«
> kezdeni »beginnen«

Präsens Indikativ

	tanul	beszél	ül
Sg. 1. Ps. (én)	tanulok	beszélek	ülök
2. Ps. (te)	tanulsz	beszélsz	ülsz
3. Ps. (ő)	tanul	beszél	ül
Pl. 1. Ps. (mi)	tanulunk	beszélünk	ülünk
2. Ps. (ti)	tanultok	beszéltek	ültök
3. Ps. (ők)	tanulnak	beszélnek	ülnek

Regelmäßige Abweichungen:

1) In der 2. Ps. Sg. bei Verben auf **-s, -z, -sz**:
   olva**s**ol »du liest«
   kérde**z**el »du fragst«
   fő**z**öl »du kochst«
   játs**z**ol »du spielst«

2) In der 1. Ps. Sg. bei den **-ik**-Verben:
   lak**om** »ich wohne«
   találkoz**om** »ich treffe mich«
   játsz**om** »ich spiele«

3) In der 2. und 3. Ps. Pl. bei den Verben **auf mehr als einen Konsonanten bzw. auf langen Vokal** plus t:
   taní**t**otok »ihr unterrichtet«, kezde**t**ek »ihr beginnt«
   taní**t**anak »sie unterrichten«, kezde**n**ek »sie beginnen«

Präsens Indikativ des Verbs van »sein«

	Infinitiv:	**lenni**
Sg. 1. Ps. (én)		vagyok
2. Ps. (te)		vagy
3. Ps. (ő)		van
Pl. 1. Ps. (mi)		vagyunk
2. Ps. (ti)		vagytok
3. Ps. (ők)		vannak

2. Plural des Substantivs

Das Zeichen des Plurals ist **-k**:

fiú	»Junge«	fiúk	»Jungen«
rádió	»Radio«	rádiók	»Radios«
tévé	»Fernsehgerät«	tévék	»Fernsehgeräte«
szülő	»Elternteil«	szülők	»Eltern«
folyosó	»Korridor«	folyosók	»Korridore«
lemezjátszó	»Plattenspieler«	lemezjátszók	»Plattenspieler«

Die Vokale **-a** und **-e** im Auslaut werden vor dem Plural-**k** zu **á-** bzw. **é-** gedehnt:

anya	»Mutter«	any**á**k	»Mütter«
este	»Abend«	est**é**k	»Abende«

Endet das Substantiv auf einen Konsonanten, tritt vor das **k** ein Bindevokal. Er lautet bei tiefvokaligen **-o-**, seltener **-a-** und bei hochvokaligen **-e-**, seltener **-ö-**. Der Bindevokal **-a-** tritt bei den meisten einsilbigen tiefvokaligen Substantiven auf. Der Bindevokal **-ö-** steht regelmäßig bei hochvokaligen Substantiven, die in der letzten Silbe ein ö, ő bzw. ü und ű aufweisen:

család	»Familie«	család**ok**	»Familien«
fal	»Wand«	fal**ak**	»Wände«
egyetem	»Universität«	egyetem**ek**	»Universitäten«
függöny	»Vorhang«	függöny**ök**	»Vorhänge«

Eine Gruppe von Substantiven zeigt bei der Pluralbildung Veränderungen des Stammvokals. In dieser Gruppe ist der Bindevokal bei tiefvokaligen Substantiven stets **-a-**.

a) Verkürzung des Stammvokals:

úr	»Herr«	ur**ak**	»Herren«
madár	»Vogel«	madar**ak**	»Vögel«
tér	»Platz«	ter**ek**	»Plätze«
levél	»Brief«	level**ek**	»Briefe«

b) Vokalausstoß:

jutalom	»Prämie«	jutal**mak**	»Prämien«
félelem	»Angst«	félel**mek**	»Ängste«
terem	»Saal«	ter**mek**	»Säle«

c) Stammerweiterung durch **-v-**:

szó	»Vokabel«	szav**ak**	»Vokabeln«

Adjektivierte Substantive auf **-i** verwenden vor ihrem Plural-**k** regelmäßig die Bindevokale **-a-** bzw. **-e-**:

drezdai	»Dresdener«	drezdai**ak**	»Dresdener«
Budapesti	»Budapester«	budapesti**ek**	»Budapester«

3. Plural des Adjektivs

Adjektive bilden den Plural nur, wenn sie als Prädikatsnomen fungieren:

A szobák világos**ak** és szép**ek**.
»Die Zimmer sind hell und schön«.

In attributiver Funktion bleibt der Plural unbezeichnet:

A világos szobák szép**ek**.
»Die hellen Zimmer sind schön«.

Das Pluralzeichen ist bei Adjektiven ebenso wie bei den Substantiven ein **k**. Die Regeln zur Verbindung des Stammes mit dem Pluralzeichen sind zu einem großen Teil identisch mit denen der Substantive. An nicht abgeleitete, vokalisch auslautende Adjektive tritt das **k** unmittelbar an, wobei die Vokale **a** und **e** zu **á** und **é** gedehnt werden:

Sg.	Pl.	
jó	jók	»gut«
lusta	lust**á**k	»faul«
fekete	feket**é**k	»schwarz«

Endet das Adjektiv auf einen Konsonanten, tritt vor das **k** ein Bindevokal. Bei tiefvokaligen lautet er -**a**- und nur in sehr wenigen Ausnahmen -**o**-. Bei hochvokaligen Adjektiven ist der Bindevokal -**e**-:

Sg.	Pl.	
világos	világos**ak**	»hell«
alacsony	alacsony**ak**	»niedrig«
fáradt	fáradt**ak**	»müde«
új	új**ak**	»neu«
fiatal	fiatal**ok**	»jung«
nagy	nagy**ok**	»groß«
kedves	kedves**ek**	»nett«
színes	színes**ek**	»bunt«
szép	szép**ek**	»schön«

Abgeleitete Adjektive, die auf -**i** oder einen langen Vokal auslauten, haben vor dem Plural-**k** zusätzlich den Bindevokal -**a**- bzw. -**e**-:

Sg.	Pl.	
berlini	berlini**ek**	»Berliner«
kitartó	kitartó**ak**	»ausdauernd«
kitűnő	kitűnő**ek**	»ausgezeichnet«
hosszú	hosszú**ak**	»lang«
nagyszerű	nagyszerű**ek**	»großartig«

Der Plural des Adjektivs **kis** »klein« wird unregelmäßig gebildet. Er lautet: **kicsik**

4. Suffixe und Postpositionen der lokaladverbialen Bestimmung auf die Frage Hol? »Wo?«

Die lokalen Beziehungen werden im Ungarischen durch Relationssuffixe und Postpositionen ausgedrückt, die ihrem Bezugswort angefügt werden bzw. ihm folgen:

Péter most Berlin**ben** tanul.
»Peter lernt jetzt **in** Berlin.«
Péter egy oszlop **mellett** áll.
»Peter steht **neben/an** einer Säule.«

Gemäß der Vokalharmonie kommen die Relationssuffixe in der Regel in einer tief- und einer hochvokaligen sowie gelegentlich in einer labialen Variante vor. Die Endvokale **a** und **e** werden — wie bei der Pluralbildung — zu **á** und **é** gedehnt:

Monika Drezdá**ban** lakik, de most ő is Berlin**ben** él.
»Monika wohnt **in** Dresden, aber jetzt lebt sie auch **in** Berlin.«

Bei Substantiven im Plural folgen die Suffixe der lokaladverbialen Bestimmung auf das Pluralzeichen:

Az egyetemi hallgatók a pado**kban** és a széke**ken** ülnek.
»Die Studenten sitzen **in den** Bänken und **auf den** Stühlen.«

Suffixe der lokaladverbialen Bestimmung auf die Frage Hol? »Wo?«

-n, -on, -en, -ön	a rádió**n**	»auf dem Radio«
»an, auf, in«	az utcá**n**	»auf der Straße«
	az asztal**on**	»auf dem Tisch«
	a szék**en**	»auf dem Stuhl«
	az egyetem**en**	»in/auf der Universität«
	a függöny**ön**	»an dem Vorhang«
-ban, -ben	a rádió**ban**	»im Radio«
»in«	a szobá**ban**	»im Zimmer«
	a terem**ben**	»im Saal«
-nál, -nél	a rádió**nál**	»am/neben dem Radio«
»an, neben, bei«	a tanár**nál**	»beim Lehrer«
	az orvosnő**nél**	»bei der Ärztin«
	a szekrény**nél**	»am/neben dem Schrank«

Ungarische Ortsnamen, die nicht auf ein **-i, -j, -m, -n, -ny** oder **-r** auslauten, verwenden bei Ortsangaben auf die Frage **Hol?** im allgemeinen das Suffix **-n, -on, -en, -ön**:

Nyíregyházá**n**	»in Nyíregyháza«
Budapest**en**	»in Budapest«
Miskolc**on**	»in Miskolc«
Kiskőrös**ön**	»in Kiskőrös«

Diese Regel gilt auch für den Landesnamen Magyarország »Ungarn«:

Magyarország**on**   »in Ungarn«.

Bei einigen wenigen Städtenamen kann neben dem regulären Suffix das ältere lokaladverbiale Suffix **-tt** als besonderes Stilelement verwendet werden:

Győrö**tt**	»in Győr«
Pécse**tt**	»in Pécs«

5. Das -ul-, -ül-Suffix der modaladverbialen Bestimmung

Die modaladverbiale Bestimmung bezeichnet, auf welche Art und Weise eine Handlung, ein Vorgang oder ein Prozeß abläuft. Im Gegensatz zum Deutschen ist sie im Ungarischen stets bezeichnet. Bei Adjektiven, die Sprachen bezeichnen, verwendet man das Suffix **-ul, -ül**:

> Monika magyar**ul** beszél, de tud német**ül** is.
> »Monika spricht ungarisch, aber sie kann auch deutsch.«

6. Der Artikel

Das Ungarische kennt kein grammatisches Geschlecht, so hat der Artikel nicht die Aufgabe, das Genus zu kennzeichnen. Es gibt im Ungarischen einen bestimmten und einen unbestimmten Artikel. **Der bestimmte Artikel** tritt in zwei Formen auf. Vor konsonantisch anlautenden Wörtern tritt die Variante **a** »der, die, das« auf:

a fiú	»**der** Junge«
a lány	»**das** Mädchen«
a pad	»**die** Bank«

Vor vokalisch anlautenden Wörtern lautet er: **az** »der, die, das«

az asztal	»**der** Tisch«
az egyetem	»**die** Universität«
az ablak	»**das** Fenster«

Der unbestimmte Artikel hat nur eine Form: **egy** »ein, eine, ein«

egy fiú	»**ein** Junge«
egy egyetem	»**eine** Universität«
egy lány	»**ein** Mädchen«

Der unbestimmte Artikel wird im Ungarischen viel seltener verwendet als im Deutschen:

> A fal mellett nagy könyvespolc áll.
> »An der Wand steht ein großes Bücherregal.«

Vor dem nominalen Prädikat steht er nie:

> Monika fiatal lány.
> »Monika ist ein junges Mädchen.«
> A klub kellemes helyiség.
> »Der Klub ist ein angenehmer Raum.«

7. Die Konjunktion **is** »auch«

Die stets unbetonte Konjunktion **is** »auch« ist immer an ihr Bezugswort gebunden, dem
sie im Gegensatz zum Deutschen unmittelbar folgt:

> Péter **németül is** beszél.
> »Peter spricht **auch Deutsch**.«
> Most ő **is** Berlinben él.
> »Jetzt lebt **auch er** in Berlin.«
> Péter **most is** tanul.
> »Peter lernt **auch jetzt**.«
> A **szobában is** van virág.
> »**Auch im Zimmer** sind Blumen.«

8. Der Gebrauch der Personalpronomen

Die Personalpronomen werden im Ungarischen in der Regel nicht verwendet, da Person und Numerus des Subjekts durch die Personalsuffixe eindeutig gekennzeichnet werden:

> Egy oszlop mellett áll**nak** és beszélget**nek**.
> »**Sie** stehen an einer Säule und unterhalten sich.«
> Az egyetemen tanul**tok**?
> »Studiert **ihr** an der Universität?«
> Most olvas**unk** egy kicsit.
> »Jetzt lesen **wir** ein bißchen.«

Sie werden nur gebraucht, wenn sie besonders betont sind:

> **Ők** állnak az oszlop mellett.
> »**Sie** stehen an einer Säule.«
> **Ő** tanul az egyetemen.
> »**Er** studiert an der Universität.«
> **Én** vagyok, Péter.
> »**Ich** bin es, Peter.«
> **Te** vagy?
> »Bist **du** es?«
> Most **ő** is Berlinben él.
> »Jetzt wohnt/lebt auch **er** in Berlin.«

9. Der Nominalsatz

Ein wesentlicher Unterschied zwischen dem ungarischen und deutschen Satz besteht
darin, daß das Ungarische neben dem verbalen auch ein rein nominales Prädikat kennt

und zwar in der 3. Ps. Sg. und Pl. Präsens Indikativ. Da das Prädikat solcher Sätze kein verbales Element enthält, sprechen wir von Nominalsätzen:

> Monika fiatal lány.
> »Monika (**ist**) ein junges Mädchen.«
> Az asztalok kerekek.
> »Die Tische (**sind**) rund.«

Die 3. Ps. Sg. und Pl. des Verbs **van** »sein« wird dann gebraucht, wenn ein existentielles oder lokales Sein ausgedrückt werden soll, bzw. in Sätzen, in denen modale oder temporale Bedingungen einer Situation bezeichnet werden sollen:

> Pisti az iskolában **van**.
> »Pisti **ist/befindet sich** in der Schule.«
> **Vannak** új hallgatók is.
> »**Es gibt** auch neue Studenten.«
> Szép idő **van**.
> »Es **ist** schönes Wetter.«
> Este **van**.
> »Es **ist** Abend.«

10. Kongruenz zwischen Subjekt und Prädikat

Subjekt und verbales Prädikat stimmen im Ungarischen in Person und Numerus überein:

> Monika tanul.
> »Monika lernt.«
> Én is ott lakom.
> »Ich wohne auch dort.«
> A lányok várnak.
> »Die Mädchen warten.«

Im Nominalsatz herrscht zwischen Subjekt und Prädikat Übereinstimmung im Numerus:

> Péter magyar fiú.
> »Peter ist ein ungarischer Junge.«
> Az új hallgatók szimpatikusak.
> »Die neuen Studenten sind sympathisch.«

Hat der Satz mehrere Subjekte, von denen jedes einzelne im Singular steht, kann das Prädikat sowohl im Singular als auch im Plural stehen:

> Monika és Péter Berlinben él(nek).
> »Monika und Peter leben in Berlin.«
> Monika és Péter egyetemi hallgató(k).
> »Monika und Peter sind Studenten.«

11. Wortfolge

Im stilistisch neutralen einfachen Satz im Ungarischen herrscht die Satzgliedfolge Subjekt — Prädikat:

> Monika tanul.
> »Monika lernt.«
> Az anya orvosnő.
> »Die Mutter ist Ärztin.«

Im erweiterten Satz besteht die Grundregel darin, daß das Prädikat der vom Standpunkt der Mitteilung wichtigsten Information folgt:

> **Monika és Péter tanul** a szobában.
> »**Monika und Peter lernen** im Zimmer.«
> Monika és Péter **a szobában tanul.**
> »Monika und Peter **lernen im Zimmer.**«
> Péter **németül beszél.**
> »Peter **spricht Deutsch.**«
> **Péter beszél** németül.
> »**Peter spricht** Deutsch.«

In der Ergänzungsfrage folgt das Prädikat dem Fragepronomen:

> **Hol él** Monika és Péter?
> »**Wo leben** Monika und Peter?«
> **Ki tanul** a szobában?
> »**Wer lernt** im Zimmer?«

In der Entscheidungsfrage gilt die gleiche Wortfolge wie im Aussagesatz:

> Szorgalmas vagy. »Du bist fleißig.«
> Szorgalmas vagy? »Bist du fleißig?«
> Péter németül beszél. »Peter spricht Deutsch.«
> Péter németül beszél? »Spricht Peter Deutsch?«

12. Intonation und Bejahung der Entscheidungsfrage

Die Entscheidungsfrage zeigt einen vom Deutschen abweichenden Tonverlauf. Die Stimme hebt sich vom Beginn der ersten Silbe des den Satzakzent tragenden Wortes zum Satzende hin allmählich, erreicht auf der vorletzten Silbe ihren höchsten Punkt, und sie fällt dann auf der letzten Silbe stark ab:

> Péter is beszél németül?
> »Spricht auch Peter deutsch?«

Péter németül is beszél?
»Deutsch spricht Peter auch?«

Péter beszél németül is?
»Spricht Peter auch Deutsch?«

Wenn der Satz nur aus einer Silbe besteht, erfolgt zwar der Sprung in die hohe Stimmlage, der Abfall bleibt jedoch weitgehend aus:

Én?
»Ich?«

Die Bejahung von Entscheidungsfragen erfolgt im Ungarischen zum Teil mit dem Modalwort **igen** »ja«:

Beszél Péter németül? **Igen.**
»Spricht Peter Deutsch?« **»Ja.«**

oder mit dem Modalwort **igen** »ja« und der Wiederholung des Satzglieds, nach dem gefragt wurde:

Beszél Péter németül? **Igen. Beszél.**
»Spricht Peter Deutsch?« **»Ja, spricht** er.«

Viel häufiger jedoch antwortet man nur mit dem Satzglied, dessen Bejahung erwartet wird:

Beszél Péter németül? **Beszél.**
»Spricht Peter Deutsch?« »Er **spricht.**«

Budapesti Péter? Budapesti.
»Ist Peter Budapester?« »Er ist **Budapester.«**

13. Das Ableitungssuffix -i

Mit Hilfe des Ableitungssuffixes -i können aus allen geographischen Eigennamen Adjektive gebildet werden:

Monika drezdai, Péter budapesti.
»Monika ist **Dresdenerin,** Peter ist Budapester.«

Die Ableitungen sind stets mit kleinem Anfangsbuchstaben zu schreiben.

Gyakorlatok és feladatok — Übungen und Aufgaben

1. Setzen Sie die angegebenen Wörter nacheinander in die Satzreihe ein.

a) Muster: Monika .... Péter is .... Ki ....? Kik .... ?
→ Monika áll.   Péter is áll.   Ki áll?   Kik állnak?

nevet, olvas, ül, vár, telefonál, dolgozik, tanul

b) Muster: A lányok .... Kik ....?
→ A lányok egyetemi hallgatók.   Kik egyetemi hallgatók?

iskolás, budapesti, magyar, külföldi, német, angol, orosz, diák

c) Muster: Monika .... Milyen .... Monika?
→ Monika fiatal lány.   Milyen lány Monika?

kitartó diák, jó orvosnő, kedves tanárnő, fiatal anya, új hallgató, szorgalmas lány

d) Muster: Monika és Péter .... Hol ....?
→ Monika és Péter a szobában ül(nek).   Hol ülnek?

Drezda — tanul, terem — beszélget, klub — olvas, Berlin — dolgozik,
szék — ül, egyetem — tanul, udvar — van, folyosó — beszélget, utca — találkozik,
oszlop — ül, bejárat — vár, kijárat — beszélget, asztal — áll, ablak — olvas

e) Muster: Monika ....
→ Monika magyarul tanul.

német — beszél, angol — beszél, magyar — olvas, orosz — ír, német — kérdez, orosz
— felel

f) Muster: Péter .... is ....
→ Péter oroszul is tud.

angol — beszél, német — olvas, magyar — beszél, angol — ír, német — tud

g) Muster: én / te / mi / ti - az iskola előtt - vár
→ Az iskola előtt várok / vársz / várunk / vártok

könyvespolc mögött — olvas, kollégium mellett — beszélget, egyetem előtt — áll, kórház
előtt — telefonál, tévé mellett — ül, iskola mögött — játszik

2. Übersetzen Sie.

---

a) Muster: Der Junge liest.
   → A fiú olvas.

Das Mädchen schreibt. Der Student lernt. Die Mutter kocht. Die Ärztin arbeitet. Der Junge spielt. Der Lehrer steht. Pisti lacht. Peter liest.

---

b) Muster: Der Junge und das Mädchen sind Studenten.
   → A fiú és a lány egyetemi hallgató(k).

Der Vater und die Mutter sind Lehrer. Der Junge und das Mädchen sind Schulkinder. Eva und Pisti sind Schüler. Die Mutter und der Vater sind Ärzte.

---

c) Muster: Monika ist ein nettes Mädchen.
   → Monika kedves lány.

Peter ist ein ungarischer Junge. Der Vater ist ein guter Lehrer. Die Mutter ist eine ausgezeichnete Ärztin. Pisti ist ein fleißiger Schüler. Der Junge ist ein ausländischer Student. Das Mädchen ist eine deutsche Studentin.

---

d) Muster: Peter ist Budapester. Ich bin auch Budapester.
   → Péter budapesti. Én is budapesti vagyok.

Monika ist Dresdenerin. Der Vater ist Berliner. Die Mutter ist Münchnerin. Der Junge ist Ausländer. Die Ärztin ist Hamburgerin. Der Lehrer ist Geraer.

---

e) Muster: Monika und Peter leben in Berlin.
   → Monika és Péter Berlinben él(nek).

Der Junge und das Mädchen unterhalten sich im Zimmer. Der Lehrer und der Student treffen sich im Unterrichtsraum. Peter und das Mädchen sitzen auf dem Hof. Das Radio und das Fernsehgerät sind auf dem Schrank. Der Tisch und der Schrank stehen an der Wand. Der Sessel und der Stuhl stehen am Fenster. Die Studenten stehen vor der Universität. Die Schulkinder spielen hinter der Schule.

---

f) Muster: Monika spricht auch Ungarisch. Sprecht ihr auch Ungarisch?
   → Monika magyarul is beszél. Ti is beszéltek magyarul?

Peter spricht auch Englisch. Der Lehrer kann auch Russisch. Peter spricht auch Deutsch. Die Ärztin kann auch Ungarisch.

g) Muster: Peter steht auf dem Korridor und wartet.
   → Péter a folyosón áll és vár.

Monika sitzt auf der Bank und liest. Der Vater steht am Fenster und telefoniert. Der Vater und die Mutter sitzen im Zimmer und lesen. Die Mädchen sitzen im Klub und unterhalten sich.

h) Muster: Die Eltern sind müde.
   → A szülők fáradtak.

Die Mädchen sind aufgeregt. Die Stühle sind bequem. Die Räume sind hell. Die Schränke sind niedrig. Die Straßen sind lang. Die Blumen sind schön. Die Wohnungen sind neu. Die Teppiche sind bunt.

i) Muster: Wie sind die Zimmer? Groß oder klein?
   → Milyenek a szobák? Kicsik vagy nagyok?

Wie sind die Tische? Rund oder lang?   Wie sind die Stühle? Alt oder neu?
Wie sind die Teppiche? Bunt oder grau?   Wie sind die Jungen? Fleißig oder faul?

3. Antworten Sie auf die Fragen.

Muster: Hol tanul Monika? (egyetem)
   → Monika az egyetemen tanul.

Hol van Péter? (folyosó)   Hol van a lakás? (Petőfi utca)
Hol van Pisti? (iskola)   Hol van a lány? (lépcsőház)
Hol van a tévé? (szekrény)   Hol ül Péter? (ablak)
Hol van a kollégium? (kórház mellett)   Hol olvas Monika? (klub)

4. Bilden Sie den Plural der Substantive.

ablak.....	folyosó.....	lány.....	szoba.....
anya.....	fotel.....	levél.....	szőnyeg.....
apa.....	függöny.....	madár.....	szöveg.....
asztal.....	helyiség.....	magyar.....	szülő.....
bejárat.....	iskola.....	munka.....	tanár.....
család.....	iskolás.....	oldal.....	tanév.....
kollégium.....	kijárat.....	oszlop.....	telefon.....
egyetem.....	klub.....	pad.....	terem.....
este.....	kórház.....	szék.....	udvar.....
fal.....	külföldi.....	szekrény.....	úr.....
fiú.....	lakás.....	szó.....	virág.....

5. Setzen Sie die Verben in der entsprechenden grammatischen Form in die
   Sätze ein.

siet, lakik, találkozik, játszik, akar, van, nevet, ül, dolgozik, olvas, kezd, főz, cseng

A hallgatók magyarul .... tanulni.

Én csak most .... tanulni angolul.

Pisti otthon .... Budapesten.

Ti is Budapesten ....?

Most én is nagyon ....

Mi is .... ma este a klubban?

A kis Pisti az iskola mögött ....

Apa a szobában .... és ....

Anya egy kórházban ....

Ma te is ....?

Pisti .... kezd.

A telefon ....

6. Bilden Sie die lokaladverbiale Form folgender Ortsnamen auf die Frage: Hol?

Berlin.....   Rostock.....   London.....   München.....
Budapest.....   Győr.....   Tokaj.....   Tihany.....
Debrecen.....   Pécs.....   Nyíregyháza.....   Miskolc.....
Szolnok.....   Drezda.....   Szeged.....   Eger.....

7. Bilden Sie Dialoge. °°

<table>
<tr><td>a) Muster: tanul
         → — Mit csinálsz? Tanulsz?   — Mit csináltok? Tanultok?
         ~ Igen. Tanulok.   ~ Igen. Tanulunk.</td></tr>
</table>

dolgozik, játszik, főz, telefonál, ír, olvas

<table>
<tr><td>b) Muster: tanul — szoba
         → — Hol tanulsz?
         ~ A szobában. És te?
         — Én is a szobában tanulok.</td></tr>
</table>

dolgozik — kórház, él — Berlin, telefonál — folyosó, lakik — kollégium, ír — asztal,
olvas — klub

```
c)  Muster:  magyar — van
    →  — Magyar vagy?              — Magyarok vagytok?
       ~ Igen. Magyar vagyok.      ~ Igen. Magyarok vagyunk.
```

német, angol, külföldi, budapesti, egyetemi hallgató, tanár

```
d)  Muster:  Monika / lent — kijárat
    →  — Hol van Monika?
       ~ Lent van a kijáratnál.
```

Péter / otthon — Budapest	Monika / fent — szoba
tanár / ott — terem	hallgató / lent — klub
anya / itt — kórház	kisfiú / itt — lépcsőház
Pisti / ott — udvar	orvos / itt — kórház

8. Übersetzen Sie.

Auf dem Bild ist eine Universität. Neben der Universität ist eine große Bibliothek (könyvtár). In der Bibliothek sitzen Studenten und lernen. Vor der Universität ist ein großer Platz. Auf dem Platz sind Autos (autó). Hinter der Universität ist das Seminargebäude (szemináriumi épület). Zwischen dem Seminargebäude und einem anderen großen Haus (ház) ist eine kleine Straße. Auf der Straße sind Studenten. Sie beeilen sich.

9. Ergänzen Sie die fehlenden Stellen im Dialog.

— Elnézést! Beszélsz német..... ?
~ Egy keveset. De beszél..... angol..... és orosz..... is.
— Én csak német..... beszélek és egy kicsit magyar..... is.
~ Itt tanul..... az egyetemen?
— Igen.
~ Hol lak.....?
— A Petőfi Sándor utca....., egy magyar család......
~ Én is itt tanul..... . Kovács Katalin vagy.....
— Jürgen Hoffmann .....
~ Biztosan találkoz..... még.
— Igen. Biztosan. Bocsánat! Vár..... a fiúk. Szervusz.
~ Szervusz.

10. Übersetzen Sie.

Ich wohne in einem neuen Haus in einer kleinen Wohnung. Die Wohnung ist klein, aber sehr bequem. Das Haus ist auch schön. Auf dem Hof sind Bäume (fa) und Blumen. Auf dem Hof sind auch Bänke und Stühle. Wenn (amikor) das Wetter schön ist, sitze ich hier und lese oder lerne. Vater und Mutter arbeiten in einem großen, alten Krankenhaus. Manchmal (néha) treffen wir uns. Wir sitzen auf dem Hof und unterhalten uns. Hier ist Stille und Ruhe (csend és nyugalom).

MÁSODIK LECKE

Mondatminták

Pisti az iskolából az uszodába megy. Jancsi is abba az uszodába jár, amelyikbe Pisti. Mindig Pistivel megy. Most villamossal mennek. A villamosban nincs hely. A két fiú nem tud leülni. Jancsi Pisti mellé áll, és vígan csevegnek az uszodáig.

Mária az angol óráról egy előadásra megy. Zoltán is megy erre az előadásra. Máriával megy. Az előtt a ház előtt találkoznak, amelyikben az előadás van. Már nincs elég hely. Zoltán Mária mögé ül. A professzor olyan halkan beszél, hogy alig lehet hallani.

Éva a fodrásztól jön, és a fogorvoshoz akar menni. Ahhoz a fogorvoshoz jár, amelyikhez Péter. Éva nem szeret egyedül fogorvoshoz menni. Péterrel megy. Kocsival mennek. Az utcán annyi autó van, hogy csak lassan tudnak menni.

Honnan?
Hová?
Melyikbe?
Melyikre?
Melyikhez?
Melyik előtt?
Ki mellé?
Meddig?
Kivel?
Mivel?
Hogyan?
Hány?
Mennyi?

mellett-i	→ melletti	Nagy Zoltán-né	→ Nagy Zoltánné
látni-való	→ látnivaló	orvos-nő	→ orvosnő

egy, kettő, három, négy, öt, hat, hét, nyolc, kilenc, tíz, tizenegy, ... húsz, ... harminc, ... negyven, ... száz, ... ezer

Szövegek

Budapest °°

Budapesten sok külföldi és magyar látogató megfordul. Érdemes sétálni a Duna mellett, az Állatkertben és a Váci utcában, és jó ülni a Margitszigeten az öreg fák alatt.

A városban sok érdekes látnivaló van.

Szépek a Duna-hidak, különösen a Lánchíd, a Margit híd, a Szabadság híd és az Erzsébet híd.

Szép a Parlament, amely a pesti oldalon áll. Ebben az épületben dolgozik a kormány és az országgyűlés.

Szép a Halászbástya, a Mátyás-templom és a Budai Vár. Ezek a történelmi emlékek a budai oldalon vannak.

Sok értékes állandó kiállítás van a fővárosi múzeumokban: a Nemzeti Múzeumban, a Szépművészeti Múzeumban és a Nemzeti Galéribában.

Nehéz választani a sok látnivaló közül.

A Humboldt Egyetem °°

A Humboldt Egyetem nemcsak Németországban, hanem egész Európában ismert. Ez a híres, régi egyetem Berlinben van az Unter den Linden sétányon.

Az egyetem mellett van a Német Állami Könyvtár és az Új Őrség. Az egyetem mögötti téren, a Hegel téren a szemináriumi épület áll. Az egyetemmel szemben a Német Állami Opera látható.

A közelben sok fontos épület áll: múzeumok, színházak, minisztériumok, követségek, szállodák, éttermek, könyvesboltok. Az egyetem előtt buszmegállók, az egyetem mögött villamosmegállók vannak.

A Humboldt Egyetemen sok német és külföldi diák tanul.

Unter den Linden (A Hársak Alatt) °°

Monika tolmácsol. Most éppen a Brandenburgi Kapunál áll egy magyar vendéggel.

M: Az Unter den Linden sétányon vagyunk. Ezen az úton sok szép régi épület van.
Balra a Brandenburgi Kapu látható.

V: Impozáns emlékmű.

M: Ezen az úton van a Német Állami Könyvtár, a Német Állami Opera és a
Német Történeti Múzeum is.

V: Itt jobbra és balra sok új épület is van.

M: Ezek követségek, szállodák és minisztériumok.

V: Szép utca. Ilyen szép időben kellemes sétálni a hársak alatt.

M: Nemsokára ahhoz a szállodához érkezünk, ahol ön lakik.

V: Jön ma este a csoporttal a színházba?

M: Nem, de holnap én megyek önökkel a múzeumba.

V: Akkor holnap ismét találkozunk.

M: Igen. A viszontlátásra!

V: Viszontlátásra!

Esti program °°

(Monika, Éva, Péter, Jürgen)

M: Hová mentek ma este!

P: Én moziba megyek. Ti nem jöttök!

É: Én nem megyek. Koncertre akarok menni Jürgennel.

M: Én szívesen megyek Péterrel moziba. Milyen film megy ma, Péter?

P: Egy érdekes új angol film.

J: Melyik moziba mentek?

P: Az International moziba.

É: Majd meséltek a filmről, mi pedig mesélünk a koncertről.

P-M: Szívesen.

Ki az a lány? °°

(András, Béla)
A: Ki az a lány?
B: Melyik? Az a szőke?
A: Nem. Az a magas, barna lány.
B: Hol?
A: Annál a szürke oszlopnál. Most éppen nevet.
B: Az Szabó Éva. Másodéves.
A: Milyen szakos?
B: Magyar-orosz szakos.
A: És ki az a szőke fiú, aki Éva mellett áll?
B: Egy elsőéves fiú. Éva és ő jó barátok.

Szavak

Igék

cseveg	plaudern, schwatzen	**leül**	sich setzen
ebédel	mittagessen	**megfordul vhol**	kommen nach
elmegy (elmenni)	hingehen, weggehen	**megáll**	stehenbleiben, halten
elül	sich wegsetzen	**megy (menni)**	gehen
hall	hören	**mesél**	erzählen
jár vhová	besuchen (regelmäßig)	**néz**	sehen, schauen
		sétál	spazierengehen
jön (jönni)	kommen	**szeret**	mögen, lieben
lát	sehen	**tolmácsol**	dolmetschen
lehet	man kann, es ist möglich	**ül**	sich setzen
		választ vmik közül	wählen unter

Főnevek

ajándék, -ok	Geschenk	**film, -ek**	Film
ajtó, -k	Tür	**fodrász, -ok**	Friseur
autó, -k	Auto	**fogorvos, -ok**	Zahnarzt
állatkert, -ek	Tierpark	**fordítóiroda, -k**	Übersetzungsbüro
áruház, -ak	Warenhaus	**forgalom**	Verkehr
barát, -ok	Freund	**földalatti, -k**	U-Bahn
busz, -ok	Bus	**főváros, -ok**	Hauptstadt
büfé, -k	Büfett	**gyógyfürdő, -k**	Heilbad
csoport, -ok	Gruppe	**hárs, -ak**	Linde
diákotthon, -ok	Studentenwohnheim	**ház, -ak**	Haus
		hely, -ek	Platz, Ort
dolgozó, -k	Angestellter, Mitarbeiter	**hétfő, -k**	Montag
		híd, hidak	Brücke
ebéd, -ek	Mittagessen	**igazgató, -k**	Direktor
előadás, -ok	Vorlesung, Vortrag	**kiállítás, -ok**	Ausstellung
		karácsony, -ok	Weihnachten
emlékmű, emlékművek	Denkmal	**kapu, -k**	Tor
		kert, -ek	Garten
épület, -ek	Gebäude	**kocsi, -k**	Wagen, Auto
étterem, éttermek	Restaurant	**koncert, -ek**	Konzert
év, -ek	Jahr	**konyha, -k**	Küche
fa, -k	Baum	**kormány, -ok**	Regierung

könyv, -ek	Buch	park, -ok	Park
könyvesbolt, -ok	Buchladen	pályaudvar, -ok	Bahnhof
könyvtár, -ak	Bibliothek	professzor, -ok	Professor
követség, -ek	Botschaft	program, -ok	Programm
lámpa, -k	Lampe	reggel, -ek	Morgen, morgens
látnivaló, -k	Sehenswürdigkeit	repülőgép, -ek	Flugzeug
látogató, -k	Besucher	séta, -k	Spaziergang
megálló, -k	Haltestelle	sétány, -ok	Promenade
minisztérium, -ok	Ministerium	szálloda, -k	Hotel
mozi, -k	Kino	szeminárium, -ok	Seminar
múzeum, -ok	Museum	szeptember, -ek	September
nap, -ok	Tag	színház, -ak	Theater
Németország	Deutschland	uszoda, -k	Schwimmbad
nő, -k	Frau	vár, -ak	Burg
operaház, -ak	Opernhaus, Oper	város, -ok	Stadt
országgyűlés, -ek	Parlament	vendég, -ek	Gast
orvos, -ok	Arzt	villamos, -ok	Straßenbahn
ősz, -ök	Herbst	vonat, -ok	Zug

Melléknevek és számnevek

állandó, -an	ständig	lassú, lassan	langsam
barna, -n	braun	látható, -an	sichtbar, ist zu
érdekes, -en	interessant		sehen
érdemes	lohnend, es lohnt	lengyel, -ül	polnisch
	sich	négy	vier
értékes	wertvoll	negyven	vierzig
ezer	tausend	nehéz, nehezen	schwer
fontos	wichtig	nyolc	acht
halk, -an	leise	olasz, -ul	italienisch
hangos, -an	laut	öreg, -en	alt (meist bio-
harminc	dreißig		logisch)
három	drei	öt	fünf
hat	sechs	rossz, -ul	schlecht
hét	sieben	sok	viel
húsz	zwanzig	száz	hundert
híres, -en	angesehen, berühmt	szőke, -n	blond
impozáns, -an	imposant	szürke, -n	grau
ismert	bekannt	tíz	zehn
két, kettő	zwei	tizenegy	elf
kilenc	neun	történelmi	geschichtlich,
kíváncsi, -an	neugierig		historisch
könnyű, könnyen	leicht	víg, -an	fröhlich

Határozószók

alig	kaum	**jobbra**	rechts
általában	im allgemeinen	**közel vmihez**	nahe bei
azután	danach	**különösen**	besonders
balra	links	**messze**	weit
egyedül	alleine	**mindig**	immer
először	zuerst	**nemsokára**	bald
éppen	gerade	**nemcsak**	nicht nur
holnap	morgen	**oda**	dorthin
ide	hierher	**onnan**	von dort
innen	von hier	**szemben vmivel**	gegenüber
ismét	wieder	**szívesen**	gern
itt	hier	**tovább**	weiter

Névmások

amelyik	welcher, der	**maga, maguk**	Sie *Anrede,*
az, -ok	jener		*umgangssprachlich*
annyi	so viel (wie jener)	**meddig?**	wie weit?
ennyi	so viel (wie dieser)	**melyik?**	welcher?
ez, -ek	dieser	**mennyi?**	wieviel?
hány?	wieviel?	**olyan, -ok**	solcher (wie jener)
honnan?	woher?	**ön, -ök**	Sie *Anrede, höflich*
hová?	wohin?	**valaki**	jemand
ilyen, -ek	solcher (wie dieser)	**valami**	etwas

Kötőszók

hanem	sondern	**pedig**	und
hogy	daß	**szintén**	ebenfalls

Más szófajok

nem	nein, nicht, kein	**sem**	auch nicht
nincs	es gibt nicht	**sincs**	es gibt auch nicht
például	zum Beispiel		

Szókapcsolatok

Első- (másod-, harmad-, negyed-, ötöd-) éves vagyok.	Ich bin im ersten (zweiten, dritten, vierten, fünften) Studienjahr.
Hányadéves?	Im wievielten Studienjahr sind Sie?
Jó estét kívánok!	Guten Abend (wünsche ich)!
Jó éjszakát kívánok!	Gute Nacht (wünsche ich)!
Jó napot kívánok!	Guten Tag (wünsche ich)!
Jó reggelt kívánok!	Guten Morgen (wünsche ich)!
Kezét csókolom!	Küß' die Hand!
Kérem!	Bitte! *Angebot, Antwort*
Milyen szakos?	Welches Fach studieren Sie?
történelmi emlék	historisches Denkmal

Tulajdonnevek

Brandenburgi Kapu	Brandenburger Tor
Budai Vár	Budaer Burg
Duna	Donau
Egyetemi Könyvtár	Universitätsbibliothek
Erzsébet híd	Elisabethbrücke
Halászbástya	Fischerbastei
Lánchíd	Kettenbrücke
Margit híd	Margaretenbrücke
Margitsziget	Margareteninsel
Mátyás-templom	Matthiaskirche
Nemzeti Galéria	Nationalgalerie
Nemzeti Múzeum	Nationalmuseum
Német Állami Könyvtár	Deutsche Staatsbibliothek
Német Állami Opera	Deutsche Staatsoper
Német Történeti Múzeum	Deutsches Historisches Museum
Szabadság híd	Freiheitsbrücke
Parlament (Országház)	Parlament
Új Őrség	Neue Wache

Nyelvtan

14. Präsens Indikativ der Verben **jön** »kommen« und **megy** »gehen«

	Infinitiv:	**jönni**	**menni**
Sg. 1. Ps. (én)		jövök	megyek
2. Ps.		jössz	mész
3. Ps.		jön	megy
Pl. 1. Ps.		jövünk	megyünk
2. Ps.		jöttök	mentek
3. Ps.		jönnek	mennek

15. Suffixe der lokaladverbialen Bestimmung auf die Frage **Hová?** »Wohin?«

-ra, -re	a rádió**ra**	»auf das Radio«
»an, auf, in, zu, nach«	az utcá**ra**	»auf die Straße«
	az asztal**ra**	»auf den Tisch«
	a szék**re**	»auf den Stuhl«
	az egyetem**re**	»auf die/zur Universität«
	a függöny**re**	»an den Vorhang«
-ba, -be	a rádió**ba**	»ins Radio«
»in, nach«	a szobá**ba**	»ins Zimmer«
	a terem**be**	»in den Saal«
-hoz, -hez, -höz	a rádió**hoz**	»zum Radio«
»zu«	az asztal**hoz**	»zum Tisch«
	a tanár**hoz**	»zum Lehrer«
	az orvosnő**höz**	»zur Ärztin«
	a szekrény**hez**	»zum Schrank«

Ungarische Ortsnamen, die nicht auf ein **-i, -j, -m, -n, -ny** oder **-r** ausgehen, verwenden bei Ortsangaben auf die Frage **Hová?** im allgemeinen das Suffix **-ra, -re**:

Nyíregyházá**ra**	»nach Nyíregyháza«
Budapest**re**	»nach Budapest«
Miskol**cra**	»nach Miskolc«
Kiskőrös**re**	»nach Kiskőrös«

Diese Regel gilt auch für den Landesnamen Magyarország »Ungarn«:

Magyarország**ra**	»nach Ungarn«.

16. Suffixe der lokaladverbialen Bestimmung auf die Frage **Honnan?** »Woher?«

-ról, -ről	a rádió**ról**	»vom Radio (herunter)«
»von, aus«	az utcá**ról**	»von der Straße«
	a szék**ről**	»vom Stuhl«
	az egyetem**ről**	»von der Universität«
	a függöny**ről**	»vom Vorhang«
-ból, -ből	a rádió**ból**	»aus dem Radio«
»aus«	a szobá**ból**	»aus dem Zimmer«
	a terem**ből**	»aus dem Saal«
-tól, -től	a rádió**tól**	»vom Radio (weg)«
»von«	az asztal**tól**	»vom Tisch«
	a tanár**tól**	»vom Lehrer«
	az orvosnő**től**	»von der Ärztin«
	a szekrény**től**	»vom Schrank«

Ungarische Ortsnamen, die nicht auf ein **-i, -j, -m, -n, -ny** oder **-r** ausgehen, verwenden bei Ortsangaben auf die Frage **Honnan?** im allgemeinen das Suffix **-ról, -ről**:

Nyíregyházá**ról**	»von Nyíregyháza«
Budapest**ről**	»von Budapest«
Miskolc**ról**	»von Miskolc«
Kiskőrös**ről**	»von Kiskőrös«

Diese Regel gilt auch für den Landesnamen Magyarország »Ungarn«:

Magyarország**ról**   »von Ungarn«.

17. Postpositionen der lokaladverbialen Bestimmung

Hol?		**Hová?**	**Honnan?**
alatt	»unter«	alá	alól
fölött	»über«	fölé	fölül
előtt	»vor«	elé	elől
mögött	»hinter«	mögé	mögül
mellett	»neben«	mellé	mellől
között	»zwischen«	közé	közül

18. **-ig**-Suffix der lokaladverbialen Bestimmung auf die Frage **Meddig?** »Bis wohin?«

Ez a vonat csak Debrecen**ig** megy.	A villamos a gyógyfürdő**ig** megy.
»Dieser Zug fährt nur **bis** Debrecen.«	»Die Straßenbahn fährt **bis zum** Heilbad.«

19. Das Suffix -n, -an, -en der modaladverbialen Bestimmung

Neben dem Suffix -ul, -ül dient als Bezeichnung der modaladverbialen Bestimmung das
Suffix -n, -an, - en, das bei der überwiegenden Zahl der Adjektive Verwendung findet:

> Monika és Péter halkan beszélgetnek.
> »Monika und Peter unterhalten sich leise.«
> Jancsi és Pisti vígan csevegnek az uszodáig.
> »Jancsi und Pisti plaudern fröhlich bis zum Schwimmbad.«

Abgeleitete Adjektive, die auf ein -i oder einen langen Vokal auslauten, verwenden
die Varianten -an, -en:

> Pisti kíváncsian néz.
> »Pisti guckt neugierig.«
> Péter nagyszerűen beszél németül.
> »Peter spricht großartig Deutsch.«
> Anya kitűnően főz
> »Mutter kocht ausgezeichnet.«

Eine Gruppe von Adjektiven, die auf -ú oder -ű auslautet, verliert bei der Modalbil-
dung ihren Endvokal. Die wichtigsten von ihnen sind:

> lassú   →   lassan   »langsam«
> hosszú   →   hosszan   »lang«
> könnyű   →   könnyen   »leicht«

Die Adjektive jó »gut« und rossz »schlecht« bilden ihre modaladverbiale Bestimmung
ähnlich wie die Gruppe der Sprachbezeichnungen (vgl. Abschnitt 5) mit einem -l bzw. -ul:

> jó   →   jól   »gut«
> rossz   →   rosszul   »schlecht«

20. Das Suffix der instrumental-komitativen Adverbialbestimmung -val, -vel

Die instrumental-komitative Adverbialbestimmung (im Deutschen meistens Objekt mit der
Präposition »mit«) wird im Ungarischen mit dem Suffix -val, -vel gekennzeichnet. Lautet
der Wortstamm auf einen Konsonanten aus, wird das -v des Suffixes ihm angeglichen:

> Autóval megyünk Budapestre.
> »Wir fahren **mit dem** Auto nach Budapest.«
> Évával megyek moziba.
> »Ich gehe **mit** Eva ins Kino.«
> Vonattal megyünk Szegedre.
> »Wir fahren **mit dem** Zug nach Szeged.«
> Péterrel megyek színházba.
> »Ich gehe **mit** Peter ins Theater.«

21. Das Demonstrativpronomen

Im Ungarischen existieren substantivische, adjektivische und numeralische Demonstrativpronomen. Sie treten stets in einer tief- und einer hochvokaligen Form auf, wobei die hochvokalige Form auf eine relativ nahe und die tiefvokalige Form auf eine relativ entfernt liegende Erscheinung hinweist.

Substantivische Demonstrativpronomen

Sg. **ez**   »dieser, diese, dieses«

    az   »jener, jene, jenes«

Pl. **ezek**   »diese«

    azok   »jene«

In attributiver Funktion nehmen die substantivischen Demonstrativpronomen im Gegensatz zum Adjektiv alle Suffixe ihres Bezugswortes an, und es folgt ihnen der bestimmte Artikel **a** oder **az**:

Ez a város a Duna mellett van.

»**Diese** Stadt ist/liegt an der Donau.«

Az az egyetem is nagyon híres.

»**Jene** Universität ist auch sehr berühmt.«

Ezek a diákok kollégiumban laknak.

»**Diese** Studenten wohnen im Studentenheim.«

Azok a hallgatók külföldiek.

»**Jene** Studenten sind Ausländer.«

Ezen az egyetemen tanul Péter is.

»**An dieser** Universität studiert auch Peter.«

Azokban a szobákban csak lányok laknak.

»**In jenen** Zimmern wohnen nur Mädchen.«

Bei konsonantisch anlautenden Suffixen gleicht sich das **z** des Demonstrativpronomens dem Anlaut des Suffixes an:

András **ebben** a városban lakik.

»András wohnt **in dieser** Stadt.«

Annál a megállónál találkozunk.

»Wir treffen uns **an jener** Haltestelle.«

Ist das Bezugswort mit einer Postposition verbunden, tritt dieselbe auch hinter das substantivische Demonstrativpronomen:

A megálló **ez előtt a ház előtt** van.

»Die Haltestelle ist **vor diesem Haus**.«

Azok mögött a házak mögött egy nagy park van.

»**Hinter jenen Häusern** ist ein großer Park.«

Lautet die Postposition auf einen Konsonanten an, fällt das **z** des Demonstrativpronomens im Singular aus:

A megálló **e mellett** a ház mellett van.
»Die Haltestelle ist neben diesem Haus.«
A mögött a ház mögött nagy park van.
»Hinter jenem Haus ist ein großer Park.«

Adjektivische Demonstrativpronomen

Sg.	**ilyen**	»solcher, solche, solches« (wie dieser usw.)
	olyan	»solcher, solche, solches« (wie jener usw.)
Pl.	**ilyenek**	»solche« (wie diese)
	olyanok	»solche« (wie jene)

Die adjektivischen Demonstrativpronomen verhalten sich syntaktisch wie Adjektive:

Ilyen házban lakunk mi is.
»In einem solchen Haus wohnen wir auch.«

In prädikativer Funktion entsprechen die adjektivischen Demonstrativpronomen dem deutschen Modalverb »so«:

Ez a ház is **ilyen**.
»Dieses Haus ist auch **so**.«
Az a ház is **olyan**.
»Jenes Haus ist auch **so**.«

Numeralische Demonstrativpronomen

ennyi »soviel« (wie dies)
annyi »soviel« (wie jenes)
Budapesten is **ennyi** autó van az utcákon.
»In Budapest sind auch **so viele** Autos auf den Straßen.«
Berlinben is **annyi** híd van.
»In Berlin sind auch **so viele** Brücken.«

22. Das Numerale als Attribut

Bei attributivischem Gebrauch verhalten sich die Numeralia wie Adjektive, d. h. sie nehmen keinerlei Suffixe an. Ihre Bezugswörter und infolgedessen das Prädikat des Satzes stehen stets im Singular:

Itt **sok virág van**.
»Hier **gibt es viele Blumen**.«

A három fiú ebben a szobában lakik.
»**Die drei Jungen** wohnen in diesem Zimmer.«
Ebben a négy szobában csak lányok laknak.
»**In diesen vier Zimmern** wohnen nur Mädchen.«

23. Die Verneinung

Die Verneinungspartikel im Ungarischen lautet:

nem »nein, nicht«

Sie steht immer unmittelbar vor ihrem Bezugswort. Verneinte Satzglieder stehen unmittelbar vor dem Prädikat des Satzes:

Éva **nem lakik** kollégiumban.
»Eva **wohnt nicht** im Studentenheim.«
Nem Éva lakik kollégiumban, hanem …
»**Nicht Eva wohnt** im Studentenheim, sondern …«
Éva **nem kollégiumban lakik**, hanem …
»Eva **wohnt nicht im Studentenheim**, sondern …«

Die Verneinung von **is** lautet **sem**:

Péter **is** beszél angolul?
»Spricht Peter **auch** englisch?«
Péter **sem** beszél angolul?
»Spricht Peter **auch nicht** englisch?«

Die Verneinung von **van** lautet **nincs** und von **vannak nincsenek**:

Pisti iskolában **van**.
»Pisti **ist** in der Schule.«
Pisti **nincs** az iskolában.
»Pisti **ist nicht** in der Schule.«

Itt **vannak** külföldiek is.
»Hier **gibt es** auch Ausländer.«
Itt **nincsenek** külföldiek.
»Hier **gibt es keine** Ausländer.«

Ő **is** itt **van**.
»Er **ist auch** hier.«
Ő **sincs** itt.
»Er **ist auch nicht** hier.«

Ők **is** itt **vannak**.
»Sie **sind auch** hier.«
Ők **sincsenek** itt.
»Sie **sind auch nicht** hier.«

24. Die höfliche Anrede

Die grammatische Form für die höfliche bzw. distanzierte Anrede ist die 3. Ps. Sg. In Abhängigkeit von der Beziehung zwischen den Gesprächspartnern gibt es verschiedene Möglichkeiten der Anrede. Im neutralen Fall die 3. Ps. Sg.:

> Hol **lakik?** »Wo **wohnen Sie?**«
> Hová **megy?** »Wohin **gehen Sie?**«

Als Form der Anrede können fungieren die Pronomen **ön** und **maga** »Sie«, **akademische Titel** (Professor, Doktor), manche **Berufe** (Lehrer, Anwalt, Ingenieur), **Dienstgrade** (Direktor, Vorsitzender) sowie **Namen der angeredeten Personen** plus **úr** »Herr«, **kolléga** »Kollege« usw. Es ist also zu beachten, daß nicht nur die Pronomen **ön** und **maga** für die Wiedergabe von »Sie« verwendet werden. Welche der genannten Formen gewählt wird, hängt traditionell ab von dem Unterschied in der gesellschaftlichen Stellung und im Alter sowie vom Vertraulichkeitsgrad zwischen den Gesprächspartnern. Die Form mit **ön** ist die distanzierteste und respektvollste Form der Anrede:

> **Ön** is a Humboldt Egyetemen tanít?
> »Lehren **Sie** auch an der Humboldt-Universität?«
> **Ön** a minisztériumban dolgozik?
> »Arbeiten **Sie** im Ministerium?«

Kennt man den **akademischen Titel, Beruf** oder **Dienstgrad** des angesprochenen, wird dieser als Anrede gewählt:

> **Professzor úr** is a Humboldt Egyetemen tanít?
> »Lehren Sie auch an der Humboldt-Universität, **Herr Professor?**«
> **Tanár úr** hol lakik?
> »Wo wohnen Sie, **Herr Lehrer?**«
> Az **igazgató úr** még mindig dolgozik?
> »Arbeiten Sie immer noch, **Herr Direktor?**«

Das Pronomen **maga** »Sie« wird in der Umgangssprache verwendet und drückt ein unpersönliches Verhältnis zwischen den Gesprächspartnern aus. Es kann mitunter schroff wirken, wenn es an ältere Personen oder Respektspersonen gerichtet wird:

> **Maga** is Budapesten lakik?
> »Wohnen **Sie** auch in Budapest?«
> **Maga** is jön moziba?
> »Kommen **Sie** auch ins Kino?«
> **Maga** hová megy?
> »Wo gehen **Sie** hin?«

Näher bekannte Personen werden im distanzierten Umgang mit ihren **Familiennamen** plus **úr** »Herr«, **kolléga** »Kollege« usw. angeredet:

> **Kertész úr** hol dolgozik?
> »Wo arbeiten Sie, **Herr Kertész?**«

Kertész kolléga kocsival jön?
»Kommen Sie mit dem Wagen, **Kollege Kertész?**«

Im vertraulichen Umgang werden Personen, die man gut kennt aber nicht duzt, mit dem Vornamen angeredet:

Éva jön ma este színházba?
»Kommen Sie heute abend mit ins Theater, **Eva?**«

Unter sehr guten Bekannten sind als Anrede Älteren gegenüber auch **néni** »Tante« und **bácsi** »Onkel« **mit dem Vor- oder Nachnamen** gebräuchlich:

Kovács bácsi hogy van?
»Wie geht es Ihnen, **Onkel Kovács?**«
Mária néni jól van?
»Geht es ihnen gut, **Tante Maria?**«

Wenn man sich mit einer persönlichen Anrede an den angesprochenen wendet, können — ähnlich wie im Deutschen — **Titel, Berufsbezeichnungen, Dienstgrade usw.** plus **úr** zusammen mit dem Pronomen verwendet werden:

Ön hol lakik, **professzor úr?**
»Wo wohnen **Sie, Herr Professor?**«
Ön még dolgozik, **igazgató úr?**
»**Sie** arbeiten noch, **Herr Direktor?**«

25. Das Ableitungssuffix -i

Zur Bildung von Beziehungsadjektiven wird das Ableitungssuffix -i neben Ortsnamen auch an Namen von Jahreszeiten, Monaten, Wochentagen, Tageszeiten, Kalenderfesttagen, an relative Tagesnamen sowie an Postpositionen angefügt:

őszi munka	»Arbeit im Herbst«
szeptemberi idő	»Wetter im September, Septemberwetter«
hétfői előadás	»Vorlesung am Montag«
reggeli séta	»Spaziergang am Morgen, Morgenspaziergang«
karácsonyi ajándék	»Weihnachtsgeschenk«
mai ebéd	»heutiges Mittagessen«
az ablak melletti kép	»das Bild am Fenster«

Ebenfalls können mit Hilfe des -i häufig aus Substantiven anderer semantischer Bereiche Adjektive gebildet werden. Die Ableitungen drücken meistens eine lokale oder possessivische Zugehörigkeit aus:

utcai lámpa	»Straßenlaterne« (Laterne auf der Straße)
múzeumi dolgozó	»Museumsangestellter« (Angestellter des/im Museum/s)
könyvtári könyv	»Buch aus der Bibliothek«
utcai fa	»Baum auf der Straße«

26. Das Ableitungssuffix -né

Nach der Eheschließung nimmt die Frau in Ungarn meistens den vollen Namen ihres Ehemannes an, dem das Suffix **-né** angefügt wird:

Kertész Péter	»Peter Kertész«
Kertész Péter**né**	»Frau (Peter) Kertész«

In neuerer Zeit werden zunehmend auch andere Formen der Namensgebung für die verheiratete Frau verwendet. Sie kann u. a. ihren Mädchennamen behalten:

Pálfi Katalin	»Katalin Pálfi«

Sie kann weiterhin ihren Mädchennamen zusammen mit dem Familiennamen des Ehemannes mit **-né** benutzen:

Kertész**né** Pálfi Katalin	»Frau Kertész, Katalin Pálfi«

Daneben ist es ebenfalls zulässig, wie im Deutschen, den Familiennamen des Mannes mit dem Taufnamen der Frau zu verbinden:

Kertész Katalin	»Katalin Kertész«

Es ist stets darauf zu achten, daß entsprechend der in Ungarn allgemeingültigen Reihenfolge der Familienname vor dem Taufnamen steht.

27. Die Zusammensetzungen mit **nő** und **való**

nő wird Substantiven angefügt, die Berufe, gesellschaftliche Funktionen, seltener persönliche Beziehungen ausdrücken, wenn es sich um eine Frau handelt:

orvos »Arzt«	→	orvos**nő** »Ärztin«
tanár »Lehrer«	→	tanár**nő** »Lehrerin«
professzor »Professor«	→	professzor**nő** »Professorin«
igazgató »Direktor«	→	igazgató**nő** »Direktorin«
barát »Freund«	→	barát**nő** »Freundin«

való wird dem Infinitiv von Verben angefügt. Die Wortfügung drückt Zielgerichtetheit auf ein bestimmtes Objekt aus:

látini**való**	»etwas zum Ansehen, das anzusehende«
olvasni**való**	»etwas zum Lesen, das zu lesende«
tanulni**való**	»etwas zum Lernen, das zu lernende«

Gyakorlatok és feladatok

1. Setzen Sie die angegebenen Wortpaare nacheinander in die Satzreihen
ein, und lesen Sie anschließend laut die fertigen Sätze.

> a) Muster: Éva .... jön, és .... megy.
> → Éva a házból jön, és az iskolába megy.

klub — lépcsőház, lakás — kollégium, mozi — park, könyvesbolt — szálloda, állatkert
— könyvtár, város — gyógyfürdő, étterem — klubhelyiség, kórház — étterem

> b) Muster: Mária .... jön, és .... megy.
> → Mária a szemináriumról jön, és az előadásra megy.

utca — udvar, egyetem — tér, előadás — kiállítás, pályaudvar — követség, kiállítás —
koncert, követség — pályaudvar, tér — egyetem, koncert — utca

> c) Muster: Péter .... jön, és .... megy.
> → Péter a megállótól jön, és az orvoshoz megy.

villamos — földalatti, ablak — asztal, bejárat — kijárat, vár — földalatti, vonat —
megálló, villamos — busz, kapu — híd, busz — csoport

> d) Muster: .... találkozunk.
> Mi is .... találkozunk.
> → A színház előtt találkozunk.
> Mi is az előtt a színház előtt találkozunk.

park mögött, híd alatt, múzeum mögött, fa alatt, színház előtt, vár mellett, kapu mel-
lett, egyetem előtt

> e) Muster: fiú — lány — mögött — ül / elül
> → A fiú a lány mögé ül. Azután elül a lány mögül.

Mária — Zoltán — előtt — ül / elül
diák — tanár — mellett — megy / elmegy
repülőgép — város — fölött — megy / elmegy
Pisti — asztal — alatt — ül / elmegy
Péter — Éva — Monika — között — ül / elül

---

f) Muster: Mária .... , Péter .... megy.
   Én is .... megyek, amelyikkel Péter.
   → Mária autóval, Péter vonattal megy.
   Én is azzal a vonattal megyek, amelyikkel Péter.

---

földalatti — villamos, vonat — busz, kocsi — földalatti, busz — repülőgép, repülőgép
— autó, kocsi — vonat, vonat — kocsi, repülőgép — busz

---

g) Muster: Monika — szép — beszél
   → Monika szépen beszél.

---

halk — nevet	izgatott — telefonál	nagyszerű — főz
kíváncsi — néz	kitartó — vár	kitűnő — tolmácsol
érdekes — mesél	szorgalmas — tanul	világos — beszél
kényelmes — ül	kedves — beszél	lassú — sétál

---

h) Muster: Nem megyek .... sem megyek.
   → Nem megyek az előadásra. A szemináriumra sem megyek.

---

koncert / kiállítás, kiállítás / koncert, állatkert / park, könyvesbolt / áruház, kórház /
gyógyfürdő, múzeum / könyvtár, színház / mozi, szálloda / büfé

2. Übersetzen Sie.

---

a) Muster: Er geht zum Schrank.
   → A szekrényhez megy.

Sie gehen ins Zimmer. Ich gehe zum Telefon. Geht ihr ins Krankenhaus? Wir gehen
ins Museum. Gehst du auf den Hof?

---

b) Muster: Sie kommen aus der Schule.
   → Az iskolából jönnek.

Er kommt vom Lehrer. Ich komme von der Straße. Kommst du aus dem Klubraum?
Kommt ihr vom Arzt? Wir kommen vom Hof.

---

c) Muster: Er fährt mit dem Bus.
   → Busszal megy.

Wir fahren mit der U-Bahn. Ich fahre mit dem Auto. Fahrt ihr mit dem Zug? Sie fahren
mit der Straßenbahn. Fährst du mit dem Wagen?

> d) Muster: Maria spricht leise.
>   → Mária halkan beszél.

Peter telefoniert laut. Vater sitzt bequem im Sessel. Pisti antwortet klug. Zoltán lernt fleißig. Mutter kocht ausgezeichnet. Éva spricht aufgeregt.

> e) Muster: Geht ihr nicht zur Vorlesung?
>   → Nem mentek előadásra?

Sprichst du nicht Ungarisch? Kocht ihr nicht? Sie beeilen sich nicht. Er spricht nicht mit Peter. Wir wohnen nicht in Berlin. Ich treffe mich nicht mit Eva.

> f) Muster: Zum Seminar geht ihr auch nicht?
>   → Szemináriumra sem mentek?

Deutsch sprichst du auch nicht? Mit Eva spreche ich auch nicht. Peter beeilt sich auch nicht. Zum Konzert gehen wir auch nicht. Dolmetschen gehen sie auch nicht. Ins Museum geht ihr auch nicht.

> g) Muster: Gibt es hier auch kein Theater?
>   → Nincs itt színház sem?

Gibt es hier auch kein Museum? Gibt es dort auch kein Heilbad? Gibt es hier auch keinen Stuhl? Gibt es dort auch keine Universität? Gibt es hier auch kein Büfett? Gibt es dort auch kein Kino?

> h) Muster: Auf dieser Seite gibt es drei freie Plätze.
>   → Ezen az oldalon három szabad hely van.

In dieser Wohnung gibt es vier Zimmer. An dieser Universität studieren viele ausländische Studenten. In dieser Gruppe gibt es fünf Mädchen. In dieser Straße gibt es viele historische Gebäude. An dieser Haltestelle stehen viele Menschen. In dieser Stadt gibt es zwei Theater. Mit diesem Zug fahren viele Schulkinder.

3. Bilden Sie die lokaladverbiale Form der Ortsnamen.

Hová?	Honnan?	Hová?	Honnan?
Berlin.....		Nyíregyháza.....	
Budapest.....		Tokaj.....	
Debrecen.....		Szeged.....	
Szolnok.....		Tihany.....	
Rostock.....		Frankfurt.....	
Győr.....		Miskolc.....	

4. Übersetzen Sie.

Wir fahren nach Budapest. Von Berlin fliegen wir mit dem Flugzeug nach Budapest.
In Budapest gehen wir zum Debrecener Zug. Der Debrecener Zug hält (megáll) in
Cegléd, Szolnok, Püspökladány, Hajdúszoboszló und Debrecen. Von Debrecen fährt
der Zug weiter nach Nyíregyháza.

5. Antworten Sie auf die Fragen. °°

Muster: Hová mész? (könyvtár)
→   A könyvtárba megyek.

Hol ebédel? (étterem)   Hol találkoztok? (színház előtt)
Honnan jön? (kiállítás)   Honnan telefonáltok (pályaudvar)
Hová ül? (másik oldal)   Hol tanítotok (általános iskola)
Hol sétál (park)   Honnan beszéltek? (Budapest)
Hová siet? (mozi)   Hová telefonáltok? (Berlin)

6. Erweitern Sie die Sätze. °°

Muster: Mária tanul. (ez, nagy, könyvtár)
→   Mária ebben a nagy könyvtárban tanul.

Anya dolgozik. (ez, nagy ferencvárosi kórház)
Apa tanít. (budapesti általános iskola)
A múzeumban kiállítás van. (két értékes, állandó)
Jó ülni a fák alatt. (ez, alatt, öreg margitszigeti)
Az épületben sok diák tanul. (ez, régi, szép, külföldi, és, német)

7. Verwenden Sie die entsprechenden Rektionsformen.

A megálló a kijárat........ jobbra van.
A könyvesbolt a színház........ balra van.
A gyógyfürdő a múzeum........ messze van.
Az iskola a lakás........ közel van.
Az étterem a mozi........ messze van.
A könyvespolc az ablak........ jobbra van.
Az operaház az egyetem........ szemben van.
Az a ház nincs messze a pályaudvar.........
A mozi........ szemben lakom.
A szálloda a könyvesbolt........ balra van.

8. Bilden Sie mit Hilfe des Ableitungssuffixes -i Adjektive, und verwenden Sie
   sie als Attribute.

kórház, lépcsőház, udvar, utca, város, szeminárium, múzeum, könyvtár, egyetem,
Duna, ház mögött, étterem fölött, egyetem mellett, főváros, ma, reggel, ősz, szeptember,
hétfő, karácsony, tegnap

.... ajándék	.... büfé	.... oszlop
.... óra	.... könyv	.... dolgozó
.... idő	.... kép	.... fa
.... ebéd	.... épület	.... lakás
.... séta	.... kórház	.... megálló
.... este	.... lámpa	.... múzeum
.... híd	.... ajtó	.... szeminárium

9. Setzen Sie die Ableitungen mit való in die Sätze ein. Verneinen Sie an-
   schließend das Subjekt.

---

a) Muster: A könyvtárban sok .... van.
   →   A könyvtárban sok olvasnivaló van.
   →   A könyvtárban nem sok olvasnivaló van.

---

tanulnivaló, látnivaló, írnivaló, mesélnivaló, néznivaló, főznivaló, nevetnivaló, kér-
deznivaló
Budapesten és Berlinben sok .... van.
A fiatal lányok között sok .... van.
A múzeumokban sok .... van.
A fordítóirodában sok .... van.
Az iskolában sok .... van.
Egy nagy családban sok .... van.
Otthon sok .... van.

10. Antworten Sie auf die Fragen zu den Texten 1—3.

Text 1:   Hol van Budapest?
          Hol érdemes sétálni Budapesten?
          Hol jó ülni?
          Milyen hidak vannak Budapesten?
          Hol van a Parlament?
          Mi dolgozik a Parlamentben?
          Hol van a Mátyás-templom és a Halászbástya?
          Milyen múzeumok vannak a magyar fővárosban?
          Milyen kiállítások vannak ezekben a múzeumokban?

Text 2: Hol van a Humboldt Egyetem?
Milyen egyetem ez?
Milyen épületek vannak az egyetem mellett?
Mi van az egyetem mögötti téren?
Mi van az egyetemmel szemben?
Milyen épületek állnak a közelben?
Vannak a közelben könyvesboltok is?
Van az egyetem előtt villamosmegálló?
Hol van a buszmegálló?
Kik tanulnak a Humboldt Egyetemen?

Text 3: Hol sétál Monika a magyar vendéggel?
Milyen régi épületek vannak az Unter den Linden sétányon?
Milyen új épületek vannak itt?
Milyen idő van?
Hová mennek a magyar vendégek este?

11. Übersetzen Sie. °°

A: Ist das ein schönes Gebäude! Was ist das?
B: Auf der Pester Seite?
A: Ja. Gegenüber der Fischerbastei.
B: Das ist das Parlament.
A: Ein sehr schönes Gebäude!
B: Ja. Das Parlament ist ein imposantes Gebäude.
A: Befindet sich im Parlament auch ein Museum?
B: Nein. Im Parlament befindet sich kein Museum. In diesem Gebäude arbeitet die ungarische Regierung.
A: Die ungarischen Donau-Brücken sind auch sehr schön. Besonders diese, hier gegenüber.
B: Das ist die Kettenbrücke. Links ist die Margaretenbrücke und rechts die Elisabethbrücke.
A: Bei so einem schönen Wetter ist die ganze Stadt schön.

12. Ergänzen Sie den Text.

Budapest..... sok látogató megfordul. A város..... sok látni.......... van. Mindenki szeret sétál..... a Duna ...., az Állatkert..... vagy a Margitsziget..... az öreg fák .... A látogatók elmennek a Parlament....., a Halászbástya....., a Budai Vár....., a múzeumok..... vagy az Állatkert....., a Margitsziget..... és a Váci utca...... . Ebben az év..... én is megyek Budapest...... . Elmegyek a Nemzeti Múzeum....., a Mátyás-templom....., a nagy könyvtárak..... és könyvesboltok...... .

13. Ergänzen Sie die fehlenden Stellen im Dialog. °°

Éva: Szervusz, Péter! Hová ....?
Péter: A klub..... me..... . Te nem ....?
Éva: Most még nem. Dolgoz..... akar..... .
Péter: Akkor még én sem ....
Éva: Én most a könyvtár..... megyek és olvas..... .
Péter: Én is .... Jó?
Éva: Jó. Jö..... ma este színház.....?
Péter: Melyik.....?
Éva: A Madách színház..... .
Péter: Nem me..... . Ma este tanul..... akar..... .

14. Übersetzen Sie.

Ich arbeite in einem Krankenhaus. Ich wohne nicht weit vom Krankenhaus entfernt.
Die Wohnung ist im ersten Stock (első emelet). In der Wohnung sind zwei Zimmer,
eine Küche (konyha) und ein Badezimmer (fürdőszoba). Die Wohnung ist sehr schön,
ich wohne gerne hier. Die Zimmer sind groß und hell. In dem einen Zimmer steht ein
großer Schrank, eine Liege (hevverő), ein großer Tisch und zwei Stühle. An den Wän-
den sind Bilder und Bücherborde. Ich lese und arbeite immer in diesem Zimmer, wenn
ich aus dem Krankenhaus nach Hause komme (hazajön). Vor der Wohnung ist eine
breite (széles) Straße. Auf dieser Straße ist wenig Verkehr. Vor dem Haus ist eine Bus-
haltestelle. Ich fahre jeden Morgen mit dem Bus ins Krankenhaus.

Ich lebe in Budapest. Wir wohnen in einem schönen alten Haus am Donau-Ufer (Duna-
part). Vom Fenster sind die Donaubrücken und die ganze Budaer Seite zu sehen. Im
Haus wohnen acht Familien: drei junge Ehepaare (házaspár), zwei alleinstehende (egye-
dülálló) Frauen und drei ältere (idősebb) Ehepaare. Im Haus sind zehn Kinder. Sie ge-
hen noch zur Schule.

HARMADIK LECKE

Mondatminták

<table>
<tr><td>
Jürgen augusztusban Budapestre megy.
Monika a nyáron Debrecenben volt.
A család karácsonykor együtt lesz.
Magyarország ősszel is szép.
Ma öt órától otthon leszek.
A koncert előtt kiállításra megyünk.
Pisti az ebéd után még otthon volt.
Egy óra alatt készen leszünk a munkával.
Munka közben nem beszélgetünk.
Az év során sok probléma volt otthon.
Egy hét múlva kezdődik a szünet.
Este felé mindig fáradt vagyok.
Nem akarok éjszaka dolgozni.
</td><td>Mikor?</td></tr>
<tr><td>
Vacsoráig dolgozom, azután lefekszem.
Jürgen egy hónapig marad Magyarországon.
Várok egy órát, azután indulok.
</td><td>Meddig?</td></tr>
<tr><td>
Már egy órája várok.
Szeptember óta tanulunk magyarul.
</td><td>Mióta?</td></tr>
<tr><td>
Reggel nyolctól délután négyig dolgoznak.
</td><td>Mettől, meddig?</td></tr>
</table>

A tolmács mindent megbeszél a minisztériumi megbízottal.
A tanár bejön a terembe, azután kimegy a teremből.
Pisti lefekszik. Ki fekszik le? Pisti fekszik le.
Mi még nem fekszünk le.
Akkor ebédelek, (a)mikor te (ebédelsz).
Addig alszom, ameddig te (alszol).
(A)míg te mosakszol, addig én megfésülködöm.

megbeszél-és → megbeszélés   fordít-ás → fordítás

Szövegek

Kedves István! °°

Szeptember órta berlini lakos vagyok. Albérletben lakom egy idős néninél. Berlinben tanulok. Egyetemre járok.

A hétköznapok majdnem mindig egyformán telnek. Reggel fél hétkor kelek. Fél óra alatt megmosakszom, megfésülködöm, felöltözöm. A reggeli körülbelül tíz percig tart. Reggeli után indulok az egyetemre. Nyolc órára általában ott is vagyok.

Az előadások és szemináriumok reggeltől késő délutánig tartanak. Az órák előtt és után beszélgetünk, tízóraizunk. Délben a menzán ebédelünk. Ha van idő az órák között, bemegyek a könyvtárba és olvasok.

Délután négy vagy öt óra körül bevásárolok, hazamegyek. Este tanulok, néha színházba vagy moziba megyek, vagy beszélgetek a házinénivel. Tizenegy óra felé lefekszem. Igy megy ez hétfőn, kedden, szerdán, csütörtökön és pénteken.

A szombat és a vasárnap szabad. Ezeken a nepokon általában későn kelek, sokat olvasok, múzeumba vagy kiállításca megyek. Jó időben kirándulunk az erdőbe vagy a tavakhoz.

Ebben az évben csak nyáron lesznek vizsgák. A vizsgák után Magyarországra megyünk. Négy hétig leszünk Debrecenben. Akkor majd találkozunk. Jó?

Te hogy élsz? Mit csinálsz? Dolgozol már vagy még tanulsz? Mikor jössz Berlinbe? Mikor találkozunk?

Üdvözöl Petra

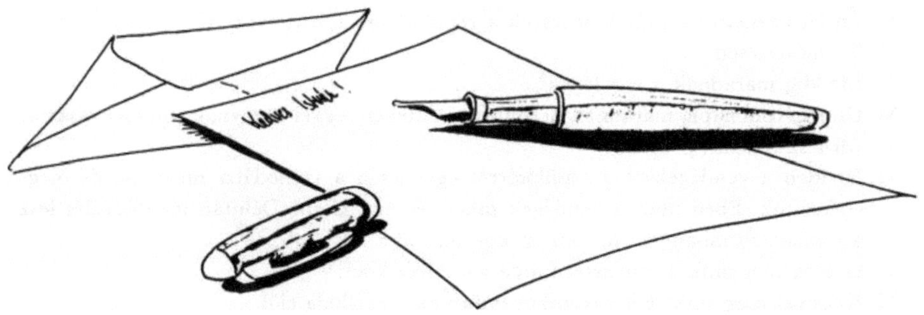

Vendégek érkeznek Budapestről °°

Kedden vendégek érkeznek Budapestről a minisztériumba. A program már készen van.
A tolmács (T) hétfőn mindent pontosan megbeszél a minisztériumi megbízottal (M).

T: Hány vendég érkezik?

M: Három vendég jön. Egy nő és két férfi.

T: Mikor érkeznek?

M: Kedden délben. A repülőgép tíz óra ötven perckor érkezik a repülőtérre. A vám-
és útlevélvizsgálat körülbelül öt-tíz percig tart. Ha minden jól megy, tizenegykor
indulnak a repülőtérről a szállodába.

T: Én fél tizenegykor már kint leszek a repülőtéren. Ön is ott lesz?

M: Természetesen.

T: Meddig maradnak a vendégek?

M: Csak három napig maradnak Berlinben. Pénteken reggel elutaznak a lipcsei vásárra.

T: Mi lesz a keddi program?

M: Kedden a vendégekkel a repülőtérről egyenesen a szállodába megyünk és meg-
ebédelünk. Ebéd után a vendégek pihennek egy kicsit. Délután megbeszélés lesz
a minisztériumban. Ez három órakor kezdődik.

T: Gyalog megyünk a minisztériumba vagy lesz kocsi?

M: Kocsival megyünk. Fél háromkor indulunk a szálloda elől.

T: Meddig tart a beszélgetés a minisztériumban?

M: Körülbelül másfél óráig. Ezután ön elmegy a vendégekkel egy kis városnézésre.
A vacsora hét órakor lesz a szállodában.

T: Kedden nem lesz más program?

M: Nem. Este a vendégek bizonyára fáradtak lesznek, és korán lefekszenek.

T: A szerdai és csütörtöki program is készen van már?

M: Természetesen. Tessék, itt van! De erről majd még beszélünk holnap.

T: Köszönöm. Holnap tehát találkozunk a repülőtéren.

M: Igen. Háromnegyed tizenegykor az előcsarnokban. Viszontlátásra!

T: A viszontlátásra!

Mikor indul a következő vonat? °°

(Utas, Vasúti alkalmazott)

U: Tessék mondani, mikor indul a következő vonat Balatonfüredre?

V: Nyolc óra ötven perckor. Öt perc múlva.

U: Melyik vágányról!

V: A C vágányról. Tessék sietni!

U: Ezzel a vonattal már nem megyek. Mikor indul a következő?

V: Egy jó óra múlva. Kilenc óra ötvenötkor a B vágányról.

U: Ez jó lesz. És mikor érkezik ez a vonat Balatonfüredre?

V: A menetidő egy óra tíz perc. Ha tehát pontos lesz, tizenegy óra öt perckor megérkezik Balatonfüredre.

U: Köszönöm, ezzel a vonattal megyek.

V: Kérem!

Hány óra van? °°

(Mária, János)

M: Nem kelsz még fel?

J: Hány óra van?

M: Negyed hét lesz öt perc múlva.

J: Már ilyen késő van? Jól jár az az óra?
Nem siet?

M: Inkább késik. A másik órán már
negyed hét múlt öt perccel.

J: Az biztosan siet.

M: Nem. Az pontosan jár.
Mikor indulsz az irodába?

J: Hétkor.

M: Nem akarsz reggelizni?

J: De igen!

M: Akkor siess, mert elkésel.

J: Jövök már.

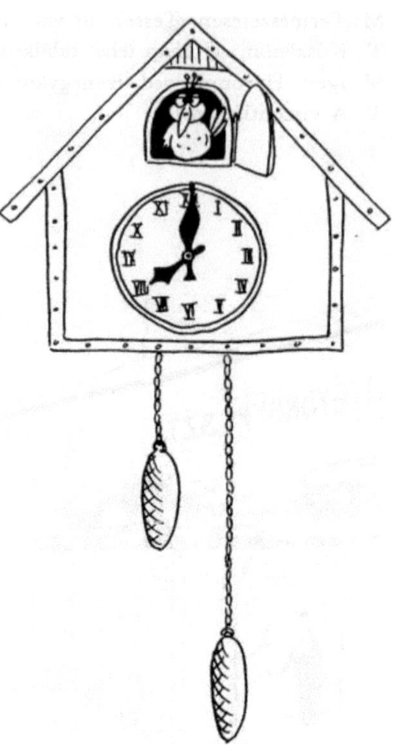

Szavak

Igék

alszik (aludni)	schlafen	késik	nachgehen (Uhr)
átmegy (átmenni)	hinübergehen	kijön (kijönni)	herauskommen
átszáll vmire	umsteigen	kimegy (kimenni)	hinausgehen
bejön (bejönni)	hereinkommen	kirándul	einen Ausflug
bemegy (bemenni)	hineingehen		machen
beszáll	einsteigen	kiszáll	aussteigen
bevásárol	einkaufen	lefekszik (lefe-	sich hinlegen
elkésik vhonnan	sich verspäten,	küdni)	
	zu spät kommen	lemegy (lemenni)	hinuntergehen
elkezdődik *intransitiv*	beginnen	marad	bleiben
elutazik	fahren, abreisen	megbeszél	besprechen
érkezik vhová	ankommen	megebédel	mittagessen
fekszik (feküdni)	liegen	megérkezik vhová	ankommen
felkel	aufstehen	megfésülködik	sich kämmen
felmegy (felmenni)	hinaufgehen	megmosakszik	sich waschen
felöltözik	sich anziehen	(megmosakodni)	
felszáll vmire	einsteigen	pihen	sich ausruhen
fordít	übersetzen	siet	vorgehen (Uhr)
hazajön (hazajön-	nach Hause	reggelizik	frühstücken
ni)	kommen	tart vmeddig	dauert
hazautazik	nach Hause fahren	tízóraizik	zweites Frühstück
indul	losgehen, losfahren		essen
kel	aufstehen	utazik	fahren, reisen
		üdvözöl	grüßen, begrüßen

Főnevek

albérlet	Untermiete	előcsarnok, -ok	Halle, Foyer
augusztus	August	erdő, -k	Wald
április	April	év, -ek	Jahr
beszélgetés, -ek	Gespräch	február	Februar
csütörtök, -ök	Donnerstag	félév, -ek	Halbjahr, Semester
december	Dezember	férfi, -ak	Mann
dél, delek	Mittag	gyár, -ak	Fabrik
délután, -ok	Nachmittag;	házinéni	Wirtin *vertraulich*
	nachmittags	hét, hetek	Woche
éjfél	Mitternacht	hétköznap, -ok	Wochentag,
éjszaka, -k	Nacht; nachts		Werktag

hónap, -ok	Monat	péntek, -ek	Freitag
idő, -k	Zeit	perc, -ek	Minute
iroda, -́k	Büro	probléma, -́k	Problem
január	Januar	reggeli, -k	Frühstück
június	Juni	repülőtér, repülő-	Flughafen
július	Juli	terek	
kedd, -ek	Dienstag	szerda, -́k	Mittwoch
lakos, -ok	Einwohner,	szombat, -ok	Sonnabend
	Bürger	szünet, -ek	Ferien
Lipcse	Leipzig	tavasz, -ok	Frühling
május	Mai	taxi, -k	Taxi
március	März	tél, telek	Winter
megbeszélés, -ek	Besprechung	tó, tavak	(der) See
megbízott, -ak	Beauftragter	tolmács, -ok	Dolmetscher
menetidő, -k	Fahrzeit	utas, -ok	Reisender
menza, -́k	Mensa	útlevélvizsgálat,	Paßkontrolle
minisztérium, -ok	Ministerium	-ok	
néni, -k	Tante	vacsora, -́k	Abendessen
november	November	vágány, -ok	Gleis, Bahnsteig
nyár, nyarak	Sommer	vasárnap, -ok	Sonntag
október	Oktober	vámvizsgálat, -ok	Zollkontrolle
óra, -́k	Stunde, Unter-	városnézés, -ek	Stadtrundfahrt
	richtsstunde, Uhr	vizsga, -́k	Prüfung

Melléknevek és számnevek

egyforma, -́n	gleichförmig	másfél	anderthalb
fél	halb	negyed	viertel
háromnegyed	dreiviertel	pontos, -an	pünktlich, genau
idős, -en	älter	részletes, -en	ausführlich
kész, -en	fertig	szabad, -on	frei, es darf, es
következő	nächster		kann, es ist
			erlaubt

Határozószók és névutók

azalatt	unterdessen	bizonyára	sicherlich, bestimmt
alatt	innerhalb, wäh-	egyenesen	direkt, geradewegs
	rend, binnen	együtt	zusammen
azonnal	sofort	előbb	vorhin, vorher
azóta	seitdem	éjjel	nachts, in der
azután	danach		Nacht

felé	gegen, um herum	**legkésőbb**	spätestens
gyalog	zu Fuß	**majdnem**	fast
idén	in diesem Jahr	**máris**	sogleich, schon
időben	rechtzeitig	**múlva**	nach
így	so, auf diese Weise	**nappal**	am Tage, tagsüber
inkább	lieber, eher	**néha**	manchmal
jövőre	im nächsten Jahr	**óta**	seit
későn	spät	**sokat**	viel
kint	draußen	**során**	im Laufe
korán	früh, zeitig	**tavaly**	im vergangenen
körül	gegen, um herum		Jahr
körülbelül	ungefähr	**tájban**	gegen, um herum
közben	während,	**tegnap**	gestern
	zwischendurch	**után**	nach

Névmások

meddig?	wie lange? bis wann?	**mikor?**	wann?
mettől?	von wann?	**mióta?**	seit wann?

Kötőszók, utalószók

addig ..., ameddig	solange, wie	**azóta ..., (a)mióta**	seit dem ..., seit
addig ..., (a)míg	solange ..., solange	**ha**	wenn
akkor ..., (a)mikor	dann ..., wenn	**tehát**	also

Szókapcsolatok

Az óra jár.	Die Uhr geht.
Az óra jól jár.	Die Uhr geht richtig
Az óra késik.	Die Uhr geht nach.
Az óra siet.	Die Uhr geht vor.
De igen!	Aber ja!
Hány óra van?	Wie spät ist es?
Negyed hét lesz öt perc múlva.	Es ist fünf Minuten vor Viertel sieben.
Negyed hét múlt öt perccel.	Es ist fünf Minuten nach Viertel sieben.
Siess!	Beeil' dich!
Természetesen!	Natürlich!
Telik a nap.	Der Tag verläuft, vergeht.
Tessék mondani, ...	Sagen Sie bitte, ...
vasúti alkalmazott	Bahnangestellter

Nyelvtan

28. Präsens Indikativ der Verben **alszik** »schlafen«, **fekszik** »liegen«, **mosakszik** »sich waschen«

	Infinitiv:	**aludni**	**feküdni**	**mosakodni**		
Sg.	1. Ps.	alszom	fekszem	mosakszom	—	mosakodom
	2. Ps.	alszol	fekszel	mosakszol	—	mosakodol
	3. Ps.	alszik	fekszik	mosakszik	—	mosakodik
Pl.	1. Ps.	alszunk	fekszünk	mosakszunk	—	mosakodunk
	2. Ps.	akzatok	fekszetek	mosakszotok	—	mosakodtok
	3. Ps.	alszanak	fekszenek	mosakszanak	—	mosakodnak

29. Präteritum und Futurum des Verbs **van** »sein«

		Präteritum	*Futurum*
Sg.	1. Ps.	voltam	leszek
	2. Ps.	voltál	leszel
	3. Ps.	volt	lesz
Pl.	1. Ps.	voltunk	leszünk
	2. Ps.	voltatok	lesztek
	3. Ps.	voltak	lesznek

30. Suffixe und Postpositionen der temporaladverbialen Bestimmung auf die Fragen **Mikor?** »Wann?«, **Meddig?** »Bis wann?«, »Wie lange?«, **Mettől, meddig?** »Von wann bis wann?« und **Mióta?** »Seit wann?«

	Mikor?	**»Wann?«**
-ban, -ben	évben	»im Jahr«
»in, an«	hónap**ban**	»im Monat«
	Január**ban**	»im Januar«
	dél**ben**	»am Mittag«
-n, -on, -en, -ön	hét**en**	»in der Woche«
»in, an«	kedd**en**	»am Dienstag«
	tél**en**	»im Winter«
	nyár**on**	»im Sommer«
	nap**on**	»an dem Tag«
-kor	két óra**kor**	»um zwei Uhr
»um, bei, zu«	ebéd**kor**	»beim Mittagessen«
	karácsony**kor**	»zu Weihnachten«

-val, -vel »in, an«	ősszel tavasszal éjjel nappal	»im Herbst« »im Frühling« »in der Nacht« »am Tage«
-tól, -től »ab«	öt órától déltől	»ab fünf Uhr« »ab Mittag«
előtt »vor«	reggeli **előtt** karácsony **előtt**	»vor dem Frühstück« »vor Weihnachten«
után »nach«	reggeli **után** öt óra **után**	»nach dem Frühstück« »nach fünf Uhr«
alatt »während«	fél óra **alatt** az egész beszéd **alatt**	»binnen einer halben Stunde« »während der ganzen Rede«
közben »während, bei, mitten in«	munka **közben** reggeli **közben** beszélgetés **közben**	»während der Arbeit« »beim Frühstück« »mitten im Gespräch«
között »zwischen«	nyolc és kilenc óra **között**	»zwischen acht und neun Uhr«
során »im Laufe«	az év **során**	»im Laufe des Jahres«
múlva »nach, in«	négy év **múlva**	»nach/in vier Jahren«
felé, körül »gegen, um herum«	dél **felé/körül**	»gegen Mittag«
ø »in, an«	este reggel éjszaka vasárnap	»am Abend« »am Morgen« »in der Nacht« »am Sonntag«
	Meddig?	»Bis wann? Wie lange?«
-ig »bis, lang« **-t** »lang«	vacsoráig egy hétig Várok egy órát.	»bis zum Abendessen« »eine Woche lang« »Ich warte eine Stunde lang.«
	Mettől, meddig?	»Von wann bis wann?«
-tól, -től, -ig »von - bis«	reggeltől estig	»von morgens bis abends«
	Mióta?	»Seit wann?«
-e, -ja »seit«	Már egy **órája** várok.	»Ich warte schon seit einer Stunde«
óta »seit«	szeptember **óta**	»seit September«

31. Das Verbalpräfix

Wie das deutsche, so kann auch das ungarische Verb Verbalpräfixe aufweisen. Mit ihrer
Hilfe lassen sich verschiedene Bedeutungsschattierungen ausdrücken. Die wichtigsten
sind:

Richtung der Handlung:

ki-	»hinaus«	**kimegy**	»hinausgehen«
be-	»hinein«	**bemegy**	»hineingehen«
le-	»hinunter«	**lemegy**	»hinuntergehen«
fel-	»hinauf«	**felmegy**	»hinaufgehen«
át-	»hinüber, hindurch«	**átmegy**	»hinübergehen«

Vollendung der Handlung:

Am häufigsten sind hier die Präfixe **meg-** und **el-**. Sie drücken die vom Sprecher vermu-
tete Vollendung der Handlung aus, während die präfixlosen Verbformen den prozes-
sualen Charakter der Handlung in den Vordergrund stellen:

> Monika reggelizik.
> »Monika frühstückt.«
> Monika **meg**reggelizik.
> »Monika frühstückt: Sie wird zu Ende frühstücken.«
> Gyorsvonat érkezik az első vágányra.
> »Ein Schnellzug hat Einfahrt auf Gleis 1.«
> A gyorsvonat **meg**érkezik az első vágányra.
> »Der Schnellzug kommt auf Gleis 1 an.«
> Öt perc múlva kezdődik az előadás.
> »In fünf Minuten beginnt die Vorlesung.«
> Öt perc múlva **el**kezdődik az előadás.
> »In fünf Minuten geht die Vorlesung los.«
> A professzor úr késik.
> »Der Herr Professor verspätet sich.«
> A professzor úr **el**késik.
> »Der Herr Professor kommt zu spät.«

32. Die Stellung des Verbalpräfixes

Trägt die präfigierte Verbform die Hauptinformation im Satz, bleibt das Präfix stets an
seinem Verb:

> Pisti **le**fekszik.
> »Pisti **legt sich hin**.«

Trägt die Hauptinformation ein anderes Satzglied, wird das Präfix vom Verb getrennt
und ihm nachgestellt:

> **Pisti** fekszik le.
> »**Pisti** legt sich hin«.
> **Mikor** fekszik le Pisti?
> »**Wann** legt sich Pisti hin?«
> **Nem** fekszik le Pisti, mert még nem álmos.
> »Pisti legt sich **nicht** hin, weil er noch nicht müde ist.«

33. Der Temporaladverbialsatz der Gleichzeitigkeit

Er wird im Hauptsatz gewöhnlich mit einem Hinweiswort wie **akkor** »dann«, **azóta** »seit
dem«, **addig** »bis dahin, solange« angekündigt und durch temporale Relativadverbien
wie **(a)mikor** »wenn«, **(a)mióta** »seitdem«, **ameddig, (a)míg** »solange« eingeleitet:

> **Akkor** ebédelek, **(a)mikor** te (ebédelsz).
> »Ich esse **dann** zu Mittag, **wenn** du (zu Mittag ißt).«
> **Azóta** lakom Berlinben, **(a)mióta** itt dolgozom.
> »Ich wohne (**seit dem**) in Berlin, **seitdem** ich hier arbeite.«
> **Addig** alszom, **ameddig** te (alszol).
> »Ich schlafe **solange, wie** du (schläfst).«
> **(A)míg** te mosakszol, **addig** én megfésülködöm.
> »**Während** du dich wäschst, kämme ich mich.«

34. Das Ableitungssuffix -ás, -és

Mit Hilfe des Ableitungssuffixes **-ás, -és** können aus Verben Substantive gebildet wer-
den. Die Ableitungsmöglichkeit erstreckt sich auf den größten Bereich der Verben. In
erster Linie drücken die Ableitungen Vorgänge und Prozesse aus:

> telefonálás   »das Telefonieren«
> főzés   »das Kochen«
> olvasás   »das Lesen«

Daneben können sie jedoch auch das Resultat von Vorgängen und Prozessen zum Aus-
druck bringen:

> utazás   »das Reisen, die Reise«
> írás   »das Schreiben, die Schrift«
> fordítás »das Übersetzen, die Übersetzung«

Die Verben **alszik** »schlafen«, **fekszik** »liegen«, **jön** »kommen« und **megy** »gehen« ver-
ändern ihren Stamm vor **-ás, -és**. Die Ableitungen lauten:

> alvás   »das Schlafen, der Schlaf«   jövés »das Kommen«
> fekvés   »das Liegen, die Lage«   menés »das Gehen«

Gyakorlatok és feladatok

1. Bilden Sie Sätze.

---

a) Muster: Mária — ez az év — már — dolgozik
→ Mária ebben az évben már dolgozik.

Éva — január — Lipcse — utazik
Mária — május — tolmácsol
Péter — a következő év — nem — lesz — Berlin
Anya — március — kórház — megy
Monika — ez a hónap — a menza — ebédel
A család — április — Magyarország — utazik
A gyerek — szeptember — már iskola — megy
A vizsga — július — lesz

---

b) Muster: Az iskolások — hétfő — kiállítás — megy
→ Az iskolások hétfőn kiállításra mennek.

A gyerekek — ez a hét — nem — megy — iskola
A vendégek — ez a nap — nem — megy — kiállítás
A hallgatók — kedd — koncert — megy
A dolgozók — péntek is — a gyár — van
Az emberek — tél — jó — felöltözik
A látogatók — szombat — az állatkert — megy
A szülők — csütörtök — nem — volt — otthon
A vendégek — már — péntek — elutazik — Lipcse

---

c) Muster: a magyar vendég — ma — hét óra — reggelizik — a szálloda
→ A magyar vendég ma hét órakor reggelizik a szállodában.

A német vendégek — holnap — fél egy — ebédel — a menza
Az orvos — este — tíz óra — jön — a gyerek
A Kertész család — karácsony — mindig — együtt — van
A szegedi vonat — tíz óra — indul — a C vágány
A magyar diákok — háromnegyed nyolc — találkozik — a klub
A csoportok — éjfél — indul — busz — a szálloda elől
A kis gyerekek — este — nyolc óra — már — alszik
Mária — minden reggel — hat óra — kel

---

d) Muster: A Kertész család — mindig — ősz — utazik
→ A Kertész család mindig ősszel utazik.

A múzeumok — tavasz — is — ősz — is — sok látogató — van

Tavasz — általában — Berlin — is — jó idő — van
Tamás — éj — dolgozik — és — nap — alszik
Az iskola — is — ősz — kezdődik
Ez a pályaudvar — éj — is — indul — vonatok
A kis gyerekek — nap — is — alszik
Apa — néha — éj — is — dolgozik
Ez a város — ősz — is — szép

---

e) Muster: Az igazgató — ma — hat óra — a gyár — lesz
    → Az igazgató ma hat órától a gyárban lesz.

Mária — tegnap — fél kilenc — a könyvtár — volt
Pisti — nyolc — minden nap — az iskola — van
Holnap — fél hét — az egész család — nem — lesz — otthon
Az orvos — ma — csak — délután — három óra — lesz — itt
Minden nap — este — hat óra — van (én) — otthon
Holnap — körülbelül — tíz óra — a könyvtár — lesz (mi)
A csoportok — ma — tizenegy óra — a múzeum — lesz
A szülők — holnap — öt óra — lesz — otthon

---

f) Muster: A gyerek — az egész beszélgetés alatt — a szoba — marad
    → A gyerek az egész beszélgetés alatt a szobában marad.

Egy fél óra alatt — készen — lesz (én) — az ebéd
Tíz perc alatt — készen — lesz (mi) — a munka
Öt perc alatt — készen — lesz — a vacsora
Péter — egy hét alatt — készen — lesz — a fordítás
A tolmácsok — a beszéd alatt — a terem — marad
Ez a munka — egy év alatt — sem — lesz (mi) — készen
A gyerekek — az egész program alatt — nevet
A két fiú — az egész óra alatt — beszélget

---

g) Muster: Ez a probléma — vacsora közben — beszélget (mi)
    → Erről a problémáról vacsora közben beszélgetünk.

A tolmács — reggelizés közben — beszélget — a vendégek
A megbeszélés közben — az egyik férfi — fáradt — volt
Az idős néni — séta közben — mindig — leül — ez a pad
Két hallgató — előadás közben — hangos — beszélget
A magyarok — utazás közben — is — szeret — beszélget
Majd — kimegy (én) — óra közben

---

h) Muster: A séta után — lefekszik (én)
→ A séta után lefekszem.

A megbeszélés után — a szálloda — megy (mi)
A gyerekek — vacsora után — lefekszik
A szülők — a koncert után — elmegy — egy étterem
A dolgozók — munka után — hazamegy
Reggeli után — indul (mi) — a kiállítás
A két férfi — ebéd után — megbeszélés — megy — a minisztérium
A program után — városnézés — megy (mi) — a vendégek
A hallgatók — elődás után — szeminárium — megy

---

i) Muster: Egy fél óra múlva — már — biztosan — nagyon fáradt — lesz (mi)
→ Egy fél óra múlva már biztosan nagyon fáradtak leszünk.

A vonat — tíz perc múlva — Debrecen — lesz
Öt perc múlva — indul (mi) — a színház
Ez az óra — tizenkét óra — lesz — három perc múlva.
Egy év múlva — már — nem — lesz (mi) — itt
Négy év múlva — már — jó — beszél (ti) — magyar
Egy hónap múlva — lesz — a vizsgák
Az előadás — két perc múlva — kezdődik
Az egyetem — csak — egy hónap múlva — kezdődik

---

j) Muster: A megbeszélés — dél — tart
→ A megbeszélés délig tart.

A vacsora — háromnegyed óra
A séta — két óra
Az ebéd — egy óra
Az útlevélvizsgálat — öt perc
A beszélgetés — reggel
Az előadás — este
A vámvizsgálat — két perc
A reggeli — nyolc óra

---

k) Muster: A vendégek — kedd óta — van — Berlin
→ A vendégek kedd óta vannak Berlinben.

Szeptember óta — Berlin — lakik (én)
Pisti — már — egy óra óta — telefonál
Karácsony óta — nem — volt (te) — otthon?
Ez óta a beszélgetés óta — barát — van (mi)
Monika — szerda óta — nem volt — az egyetem

Anya — tíz év óta — dolgozik — ez a kórház
A múlt nyár óta — nem — volt — szép idő
Tegnap óta — rossz idő — van — Berlin

2. Trennen Sie das Präfix vom Verb. °°

Muster: Apa hazajön.
   →   Ki jön haza? Apa jön haza.

Petra megfésülködik.   Éva felöltözik.
Péter elkésik.   Anya bevásárol.
Pisti bejön.   Bemennek a könyvesboltba.
A vendég elutazik.   Felmennek a hídra.
Az orvos kimegy.   Lemennek a Dunához
Beszállunk a vonatba.   Pisti kimegy a szobából.
Elmegyünk a kiállításra.   Mária átszáll a buszra.

3. Übersetzen Sie.

Sie waren zu Weihnachten mit der ganzen Familie in Budapest.
Ich war gestern mit den Nachbarn im Konzert.
Ihr wart vor dem Konzert mit den Gästen am Büffet.
Du warst nach dem Mittagessen mit den Kindern in der Küche.
Er war im Herbst mit den Kollegen im Ausland.
Sie werden gegen Abend mit dem Zug in Budapest sein.
Ich war um halb acht mit Peter in der Fabrik.
Wir werden in einem Monat mit den Kindern in Debrecen sein.
Du wirst während der Arbeit mit den Kollegen zusammensein.
Er wird ein Jahr lang mit der Gruppe in Szeged sein.

4. Setzen Sie die fehlenden Suffixe und Postpositionen der temporaladverbia-
   len Bestimmung in die Sätze ein.

A vonat tíz óra..... indul Berlinből. Ha nem késik, három óra .... Rostockban lesz.
Ezen az órán nyolc óra múlt három perc...... Hány perc .... indulunk?
Az órák .... nem beszélgetünk, de az órák .... igen.
Ma reggel..... dél..... dolgozom. Munka .... egy fél óra..... pihenek.
Ma este tíz óra..... lefekszünk. Csak fél tizenkettő..... alszunk, mert éjfél..... indulunk
Budapestre.
Három óra lesz öt perc .... Öt perc .... készen leszek.

Ezen a nyár..... Debrecenbe utazunk. Négy hét..... ott maradunk.
Mi..... vagy ilyen fáradt? Már dél .... fáradt vagyok.
Vannak vizsgák az első félév.....? Csak egy van. Február...... .
Hazautazol karácsony.....? Igen. Egy hét..... otthon leszek.
Mi..... voltál Magyarországon? A tél...... . De jövő tavasz..... is megyek.

5. Konstruieren Sie Minidialoge. °°

> Muster: Ki — bevásárol — ma / olvas
> →   — Ki vásárol be ma?
>   ~ Én nem vásárolok be. Olvasni akarok.

ki — felkel — először / alszik
ki — hazautazik — holnap / még marad
ki — lemegy — a büfé / tanul
ki — felmegy — a híd / pihen
ki — felszáll — a busz / még beszélget — Péter
ki — kiegy — a repülőtér / még alszik
ki — hazajön / még-vár
ki — lefekszik — először / még — olvas
ki — kiön — tanul — a park / tízóraizik
ki — eljön — a kiállítás / siet

6. Verneinen Sie jedes Satzglied im Satz.

> Muster: Most bemegyek az étterembe.
> →   Nem most megyek be az étterembe, hanem ...
>   Nem megyek be most az étterembe, mert ...
>   Nem az étterembe megyek be, hanem ...

Most átmegyek a másik oldalra. Holnap bevásárolok a büfében. Péter elkésik az óráról. A vonat délután megérkezik Berlinbe. Apa délben lefekszik az ágyra. Éva reggel felöltözik a fürdőszobában. Anya este hazajön a kórházból. A gyerek most kiszáll a buszból.

7. Stellen Sie Fragen nach jedem Satzglied in den Sätzen von Aufgabe 6.

> Muster: Most bemegyek az étterembe.
> →   Ki megy be az étterembe?
>   Mikor megy be az étterembe?
>   Hová megy be?

8. Übersetzen Sie.

Peter fährt nach Budapest. Die Fahrt dauert drei Stunden.
Der Zug fährt um acht Uhr ab. Vor der Abfahrt ist noch etwas Zeit.
Der Zug verspätet sich. Er fährt mit Verspätung ab.
Heute treffe ich mich mit der Gruppe. Das Treffen wird um acht Uhr sein.
Éva kämmt sich im Zimmer. Nach dem Kämmen frühstückt sie.
Die Gäste kommen auf dem Flugplatz an. Nach der Ankunft beginnt die Paß- und Zoll-
kontrolle.
Die Kinder ruhen sich aus. Nach dem Ausruhen gehen sie wieder spielen.
Monika übersetzt. Sie ist mit der Übersetzung gleich fertig.
Pisti telefoniert. Nach dem Telefonieren geht er aus dem Zimmer.
Pisti schläft jetzt. Nach dem Schlafen geht er ins Kino.
Vater legt sich hin. Vor dem Hinlegen liest er immer ein wenig.
Die Kinder kommen und gehen. Dieses Kommen und Gehen stört sehr.

9. Antworten Sie auf die Fragen zu den Texten 1-3.

Text 1: Mióta lakik Petra Berlinben?
        Mikor kel fel?
        Meddig tart a mosakodás, fésülködés és öltözés?
        Mikor indul az egyetemre?
        Meddig tartanak az előadások és szemináriumok?
        Hol ebédel Petra?
        Mikor vásárol be?
        Mit csinál este?
        Mikor fekszik le?

Text 2: Mikor érkeznek meg a magyar vendégek a repülőtérre?
        Mikor érkeznek meg a szállodába?
        Mit csinálnak a vendégek az érkezés után?
        Mi lesz a keddi program?
        Hol és mikor találkozik a tolmács és a minisztériumi
        megbízott kedden délben?

Text 3: Hová akar utazni az utas?
        Mikor indul az egyik vonat?
        Elmegy ezzel a vonattal?
        Miért nem megy el ezzel a vonattal?
        Mikor indul a másik?
        Mikor érkezik meg?
        Melyik vonattal megy Balatonfüredre?
        Miért?

10. Übersetzen Sie.

a) Ins Ministerium kommen Gäste aus Ungarn. Das Programm ist bereits fertig. Es gibt auch schon einen Dolmetscher. Der Dolmetscher geht ins Ministerium und spricht mit dem Beauftragten des Ministeriums über das Programm. Die Gäste — eine Frau und zwei Männer — kommen am Dienstag mittag auf dem Flughafen an. Der Dolmetscher und der Beauftragte des Ministeriums werden auf dem Flughafen sein. Sie treffen sich in der Halle.

Vom Flughafen fahren sie mit den Gästen direkt ins Hotel. Die Gäste werden drei Tage lang hier wohnen.

Nach dem Mittagessen fahren sie mit dem Dolmetscher zu einem Gespräch ins Ministerium. Das Gespräch dauert etwa anderthalb Stunden. Danach geht der Dolmetscher mit den Gästen zu einer kleinen Stadtbesichtigung. Das Abendessen wird um sieben Uhr im Hotel sein.

Das Programm für Mittwoch und Donnerstag ist ebenfalls fertig. Über dieses Programm spricht der Beauftragte des Ministeriums am nächsten Tag ausführlich mit dem Dolmetscher.

b) Ein Mann will nach Balatonfüred fahren. Er kommt spät am Bahnhof an. Der Zug, mit dem er fahren will, fährt gerade ab. Der Mann will sich nicht beeilen. Er fährt mit dem Zug, der eine Stunde später abfährt. Mit diesem Zug wird er binnen einer Stunde in Balatonfüred sein.

c) Es ist früher Morgen. János liegt noch im Bett. Mária kommt ins Zimmer. János ist noch sehr müde. Er will nicht aufstehen. Mária ist böse (haragszik). Die Arbeit im Büro beginnt um halb acht Uhr. Er kommt sicherlich wieder zu spät, weil er auch noch frühstücken will.

NEGYEDIK LECKE

Mondatminták

Eszünk kiflit, szőlőt, narancsot, mézet,
  gyümölcsöt, vajat, sonkát.
Hozunk poharat, kenyeret, cukrot, vizet.
Veszünk karajt, karfiolt, bort, tojást.
Várunk egy osztályt, egy rokont, egy lányt,
  egy buszt, egy kalauzt.
Asztalokat és székeket keresünk.
Ismerősöket és rokonokat várunk.
Látsz (engem)? — Igen, látlak (téged).
Látsz minket? — Igen, látlak titeket.

Kit?
Mit?
Kiket?
Miket?

Robert még soha nem/soha sem volt Debrecenben.
Még nem volt Debrecenben soha.
Robert Debrecenből még semmit nem/semmit sem ismer.
Robert senkit nem/senkit sem akar kihagyni.
Nem akar kihagyni senkit.
Veszek egy láda szőlőt. Ma egy egész ládával veszek.
Robert elmegy Istvánhoz, akit már régóta ismer.
Debrecenhez közel van a Hortobágy, amelyet Robert még nem ismer.
Robert mindent megnéz, amit még nem ismer.

szép-ség	→	szépség	
pontos-ság	→	pontosság	
barát-ság	→	barátság	
Kovács-ék	→	Kovácsék	

hegy-ség	→	hegység
lakos-ság	→	lakosság
egész-ség	→	egészség

Szövegek

Látogatás Debrecenben °°

Barbara és Robert Wolf - egy berlini házaspár - szabadságon vannak Budapesten. Már egy hete tartózkodnak a magyar fővárosban. Nagyon szeretnek Magyarországon lenni. Ismernek néhány magyar családot, és már több városban és faluban voltak. Amikor Barbara és Robert Magyarországon vannak, barátokhoz, ismerősökhöz is elmennek. Általában felkeresnek egy-egy olyan várost és falut is, ahol még nem jártak.

Most Debrecenbe mennek Kovácsékhoz. Debrecenben még soha nem voltak, pedig Robert Wolf és Kovács István régi jó ismerősök. Kollégák. Mindkét férfi vegyészmérnök. Gyakran találkoznak konferenciákon. Kovácsék már voltak Robertéknél Berlinben. Most Kovácsék lesznek a vendéglátók.

Barbara és Robert sok új élményt vár, hiszen Debrecenből alig ismernek valamit. Annyit azonban tudnak, hogy Debrecenben is sok érdekes történelmi épület van. István gyakran beszél vagy ír a híres Református Kollégiumról, a Nagytemplomról, a Déri Múzeumról és a Kossuth Lajos Tudományegyetemről. Néhány érdekes adatot már tudnak ezekről a nevezetességekről.

Arról is tudnak, hogy Debrecen modern nagyváros. A városban konzervgyár, orvosiműszergyár és gyógyszergyár van. István a gyógyszergyárban dolgozik.

Debrecenhez közel van a híres puszta, a Hortobágyi Nemzeti Park, ahová szinte minden turista ellátogat. A Hortobágy sok természeti szépséget, pusztai emléket őríz.

Barbara és Robert pénteken délben indul Budapestről Debrecenbe. Egy hetet töltenek ott. Mindent látni akarnak. Semmit sem akarnak kihagyni. Örömmel és izgalommal készülnek az útra.

Vásárlás °°

Üres a hűtőszekrény. Kovácsné bevásárol, mert pénteken vendégeket vár. Tejet, vajat, tojást, cukrot, lekvárt, kávét és teát vesz az ABC-ben. Ilyen dolgokat mindig ott vesz. Húst és felvágottat a hentesnél vásárol, mert ott nagy a választék. Kenyeret, zsemlét és kiflit a péktől hoz, mert ott mindig minden friss. Zöldséget és gyümölcsöt kap a zöldségesnél vagy a piacon. Csütörtökön mindent bevásárol, mert pénteken sok ember van az üzletekben.

A hentesnél °°

(Hentes, Kovácsné)
K: Jó reggelt kívánok!
H: Kezét csókolom! Mit parancsol?
K: Van friss sertéskaraj vagy comb?
H: Igen. Comb is van, karaj is van.
K: Mennyibe kerül egy kiló karaj?
H: 650 forint. Szabad egy kilót?
K: Igen. Kérek egy kilót.
H: Felvágott is lesz?
K: Igen. Kérek 30 deka párizsit, 20 deka kenőmájast,
   fél kiló szalámit és egy pár gyulait.
H: Más egyebet?
K: Köszönöm, mást nem kérek. Itt fizetek?
H: Nem. A pénztárnál tessék fizetni. Itt van a blokk.
K: Köszönöm.

A péknél °°

(Pék, Kovácsné)
K: Jó napot kívánok!
P: Jó napot kívánok! Tessék kérni!
K: Kérek hat zsemlét, nyolc kiflit és
   egy kiló kenyeret.
P: Kifli sajnos már nincs.
   Csak délután lesz újra.
K: Akkor csak zsemlét és
   kenyeret kérek. Mennyit fizetek?
P: 102 forint. Tessék!
K: Köszönöm. A viszontlátásra!
P: Viszontlátásra!

A piacon °°

(Zöldséges, Kovácsné)

K: Jó napot kívánok! Hogy a körte?
Z: 50 forint. De nagyon finom.
   Tessék megkóstolni!
K: Tényleg nagyon finom.
   Kérek másfél kilót.
   Szőlőt nem látok. Már nincs?
Z: De van! Itt van a ládában.
   Ebből is másfél kilót?
K: Két kilót kérek és egy kiló almát. Abból a szép pirosból.
Z: Tessék! Egy kicsit több. Nem baj?
K: Nem. Maradhat. Egy karfiolt is kérek. Mennyi lesz együtt?
Z: 320 forint. Nagyon köszönöm.
K: Viszontlátásra!
Z: Viszontlátásra!

Szavak

Igék

ad	geben	kihagy	auslassen
ellátogat vhová	hingehen, besuchen	köszön vmit	sich bedanken
eszik (enni)	essen	megkóstol	kosten, probieren
felkeres	aufsuchen	meglátogat	besuchen
fizet	bezahlen	parancsol	wünschen (eigentlich befehlen)
ismer	kennen	őríz	bewahren
iszik (inni)	trinken	szeret	mögen, lieben, gern haben
hisz (hinni)	glauben		
hív	rufen	talál	finden
hoz	bringen	tartózkodik	sich aufhalten
kap	bekommen	tesz (tenni)	tun, legen, stellen
kér vmit	bitten um	tölt	verbringen
keres	suchen	vár vkit	erwarten
kerül vmibe	kostet	vásárol	kaufen
készül vhová	sich anschicken (irgendwohin zu gehen)	vesz (venni)	nehmen, kaufen
		visz (vinni)	mitnehmen

Főnevek

adat, -ok	Angabe, Fakt	dolog, dolgok	Ding, Sache
alma	Apfel	élmény, -ek, -t	Erlebnis
ABC (áruház)	Kaufladen, Supermarkt	falu, faluk, falvak	Dorf
		felvágott, -ak	Aufschnitt
blokk, -ok	Kassenzettel	fillér, -t	Filler
bor, -ok, -t	Wein	forint	Forint
cigaretta, -k	Zigarette	gyógyszergyár, -ak	Arzneimittelfabrik
cipőbolt, -ok	Schuhgeschäft	gyufa	Streichholz
comb, -ok	Keule (Schnitzelfleisch)	gyümölcs, -ök	Obst
		házaspár, -ok, -t	Ehepaar
cukor, cukrot	Zucker	hegy, -ek	Berg
cukrászda, -k	Konditorei	hentes, -ek, -t	Fleischer
csésze, -k	Tasse	hús, -ok, -t	Fleisch
csomag -ok	Paket, Päckchen	hűtőszekrény, -ek, -t	Kühlschrank
darab, -ok	Stück		
deka	Dekagramm, 100 g	ismerős, ök, -t	Bekannter
doboz, -ok, -t	Schachtel, Büchse, Dose	izgalom, izgalmak	Aufregung
		kakaó	Kakao

kalauz, -ok, -t	Schaffner	rokon, -ok, -t	Verwandter
karaj, -ok, -t	Kotelett	ruhaüzlet, -ek	Konfektionsgeschäft
karfiol, -t	Blumenkohl	sertéskaraj, -ok, -t	Schweinekotelett
kávé, -k	Kaffee	sonka, -t	Schinken
kenőmájas, -ok, -t	Leberwurst	sör, -ök, -t	Bier
kenyér, kenyerek	Brot	szabadság	Urlaub
kifli	Hörnchen	szalámi	Salami
kiló, -k	Kilogramm	szomszéd, -ok	Nachbar
kolléga, -k	Kollege	szőlő	Weintraube
konferencia	Konferenz	talaj, -ok, -t	Boden
konzervgyár, -ak	Konservenfabrik	tea, -k	Tee
körte	Birne	tej, -et	Milch
láda, -k	Kiste	terv, -ek	Plan, Vorhaben
látogatás, -ok, -t	Besuch	tojás, -t	Ei
lekvár, -ok, -t	Marmelade	út, utak, utat	Weg
limonádé, -k	Limonade	üveg, -ek	Flasche
liter, -t	Liter	üzlet, -ek	Geschäft
mérnök, -ök	Ingenieur	vaj, -ak, -at	Butter
méz, -ek, -et	Honig	választék	Auswahl
narancs	Apfelsine, Orange	vásárlás, -ok	Kauf, Einkauf
nevezetesség, -ek	Sehenswürdigkeit	vegyészmérnök,	Chemieingenieur
osztály, -ok, -t	Klasse	-ök	
párizsi	Pariser (Auf- schnittsorte)	vendéglátó, -k virágüzlet, -ek	Gastgeber Blumenladen
pék, -ek	Bäcker	víz, vizek	Wasser
pénztár, -ak, -t	Kasse	zöldség, -ek	Gemüse
piac, -ok	Markt	zöldséges, -ek, -t	Gemüsehändler
pohár, poharak	Glas	zsemle	Brötchen

Melléknevek és számnevek

boldog, -ok, -an	glücklich	néhány	einige
egy-egy	je ein	piros, -an	rot
finom, -an	fein, gut	rövid, -en	kurz
friss, -en	frisch	sárga, -n	gelb
gazdag, -ok, -on	reich	több	mehrere
gyors, -an	schnell	üres, -en	leer
mindkét,	alle beide	vak, -ok, -on	blind
mindkettő		vastag, -on	dick

Határozószók és névutók

gyakran	oft	**szinte**	beinahe
hiába	umsonst	**talán**	vielleicht
inkább	eher, lieber	**tényleg**	tatsächlich, wirklich
régóta	seit langem	**újra**	wieder, aufs neue

Névmások

sehol	nirgendwo	**semmi**	nichts
sehonnan	nirgendwoher	**senki**	niemand, keiner
sehová	nirgendwohin	**soha**	nie, niemals

Kötőszók

azonban	aber, jedoch

Szókapcsolatok

gyulai kolbász	Gyulaer Wurst
Hogy a körte?	Was kosten die Birnen?
Maradhat.	Das kann so bleiben.
Más egyebet szabad?	Darf es noch etwas sein?
Még nem járt ott.	Er ist noch nicht da gewesen.
Mennyibe kerül?	Was kostet das?
Mit parancsol?	Was wünschen Sie?
Nem baj.	Das macht nichts.
Szabad egy kilót?	Darf es ein Kilogramm sein?
orvosiműszergyár	Fabrik für medizinische Instrumente
természeti szépség	Naturschönheit

Tulajdonnevek

Déri Múzeum	Déri Museum
Hortobágyi Nemzeti Park	Nationalpark Hortobágy
Kossuth Lajos Tudományegyetem	Lajos Kossuth Universität
Nagytemplom	Große Kirche
Református Kollégium	Reformiertes Kollegium

Nyelvtan

35. Präsens Indikativ der Verben **eszik** »essen«, **iszik** »trinken«, **tesz** »tun, stellen, legen«, **vesz** »nehmen, kaufen«, **hisz** »glauben«, **visz** »mitnehmen«

	Infinitiv:	**enni**	**inni**	**tenni**	**venni**	**hinni**	**vinni**
Sg.	1. Ps.	eszem	iszom	teszek	veszek	hiszek	viszek
	2. Ps.	eszel	iszol	teszel	veszel	hiszel	viszel
	3. Ps.	eszik	iszik	tesz	vesz	hisz	visz
Pl.	1. Ps.	eszünk	iszunk	teszünk	veszünk	hiszünk	viszünk
	2. Ps.	esztek	isztok	tesztek	vesztek	hisztek	visztek
	3. Ps.	esznek	isznak	tesznek	vesznek	hisznek	visznek

36. Suffix des Objekts

Das Suffix für die Bezeichnung des Objekts ist -t. Es wird durchgängig bei allen Nomina (Substantiven, Adjektiven und Numeralia) zum Ausdruck des Objekts verwendet. Das -t tritt im wesentlichen in derselben Weise an den Stamm an wie das Pluralzeichen -k. Eine relativ gut abgrenzbare Gruppe von *Ausnahmen* bilden die Substantive, deren Stamm auf

$$\text{-j, -l, -ly, -n, -ny, -r, -s, -sz, -z, -zs}$$

auslautet. Diese nehmen in der Regel das -t ohne Bindevokal an. Steht das Objekt im Plural, folgt das Suffix des Objektes dem Zeichen des Plurals -k. Der Bindevokal vor dem Objektsuffix -t ist hier stets -a- bzw. -e-.

Substantiv		*Adjektiv*	
Sg. **Kit? Mit?**		**Milyet? Melyiket?**	
fiút	»den Jungen«	kicsit	»den kleinen«
almát	»den Apfel«	sárgát	»den gelben«
estét	»den Abend«	feketét	»den schwarzen«
barátot	»den Freund«	csinosat	»den hübschen«
mérnököt	»den Ingenieur«	kedveset	»den lieben«
úr, urat	»den Herren«		
madár, madarat	»den Vogel«		
levél, levelet	»den Brief«		
torony, tornyot	»den Turm«		
forgalom, forgalmat	»den Verkehr«		
félelem, félelmet	»die Angst«		
ló, lovat	»das Pferd«		

Ausnahmen:

talajt	»den Boden«	gazdagot	»den reichen«
asztalt	»den Tisch«	szabadot	»den freien«
osztályt	»die Klasse«	vakot	»den blinden«
rokont	»den Verwandten«	vastagot	»den dicken«
szekrényt	»den Schrank«		
tanárt	»den Lehrer«		
orvost	»den Arzt«		
buszt	»den Bus«		
kalauzt	»den Schaffner«		
garázst	»die Garage«		

Plural:

fiúkat, almákat, barátokat ...
estéket, mérnököket, leveleket ...
gazdagokat, szabadokat, vakokat ...
kicsiket, feketéket, kedveseket ...

37. Objektform des Personalpronomens

Sg. 1. Ps. én	→	**engem** »mich«	Pl. mi	→	**minket, bennünket** »uns«
2. Ps. te	→	**téged** »dich«	ti	→	**titeket, benneteket** »euch«
3. Ps. ő	→	**őt** »ihn«	ők	→	**őket** »sie«

38. Besondere Konjugationsform für die 2. Ps. Sg. und Pl.

Steht das Subjekt im ungarischen Satz in der 1. Ps. Sg. und das Objekt in der 2. Ps. Sg. oder Pl. wird eine besondere Konjugationsform verwendet. Ihr Suffix lautet:

> **-lak, -lek**
> **-alak, -elek**

Die Objektform des Personalpronomens kann dabei im Singular ungenannt bleiben, während diese im Plural stets verwendet werden muß:

(Én) ismer**lek** (téged).	»Ich kenne dich«
(Én) ismer**lek** titeket, benneteket.	»Ich kenne euch.«
(Én) lát**lak** (téged).	»Ich sehe dich.«
(Én) lát**lak** titeket, benneteket.	»Ich sehe euch.«
(Én) tanít**alak** (téged).	»Ich unterrichte dich.«
(Én) tanít**alak** titeket, benneteket.	»Ich unterrichte euch.«

39. Gebrauch der negierten Indefinitpronomina

Steht in einem verneinten Satz ein negiertes Indefinitpronomen (**senki** »niemand«, **semmi** »nichts«, **sehol** »nirgendwo«, **soha** »niemals« usw.), wird im Gegensatz zum Deutschen auch das Prädikat des Satzes verneint. Geht das verneinte Indefinitpronomen dem Prädikat voran, können als Verneinungspartikel **nem** und **sem** verwendet werden:

> Robert még **soha nem/sem** volt Debrecenben.
> »Robert war noch **nie** in Debrecen.«

Folgt es dagegen dem Prädikat, kann nur **nem** verwendet werden:

> Robert még **nem** volt Debrecenben **soha**.
> »Robert war noch **nie** in Debrecen.«

40. Relativsätze

Die Relativsätze können im Ungarischen u. a. durch die Konjunktionen **akit/akiket** »den«/»die«, **amit** »was«, **amelyet/amelyeket** »welchen«/»welche« eingeleitet werden. Dabei beziehen sich **akit** »den« und **akiket** »die« auf Personen, **amit** »was« auf Abstrakta **amelyet** »welchen« und **amelyeket** »welche« auf konkrete, zählbare Dinge:

> Robert elmegy Istvánhoz, **akit** régóta ismer.
> «Robert besucht István, **den** er schon lange kennt.«
> Debrecenben laknak Kovácsék, **akiket** Robert jól ismer.
> »In Debrecen wohnen die Kovácss, **die** Robert gut kennt.«
> Robert mindent megnéz, **amit** még nem ismer.
> »Robert sieht sich alles an, **was** er noch nicht kennt.«
> Debrecenhez közel van a Hortobágy, **amelyet** Robert nem ismer.
> »Nahe bei Debrecen befindet sich die Hortobágy, **die/welche** Robert nicht kennt.«
> Robert elmegy olyan városokba is, **amelyeket** már ismer.
> »Robert besucht auch solche Städte, **die/welche** er schon kennt.«

41. Das Ableitungssuffix -ság, -ség (-aság, -eség)

Das Suffix **-ság, -ség (-aság, -eség)** tritt hauptsächlich an Adjektive an und dient der Bildung von Abstrakta:

> szép**ség**   »Schönheit«
> pontos**ság**   »Pünktlichkeit«
> frisse**ség**   »Frische«
> gyorsa**ság**   »Schnelligkeit«

Aus Substantiven bildet es überwiegend Kollektiva:

lakosság	»Einwohnerschaft, Bevölkerung«
hegység	»Gebirge«
hallgatóság	»Studentenschaft, Auditorium«
fiatalság	»Jugend, junge Leute«

Ableitungen von einigen Substantiven sind Abstrakta:

vendégség	»zu Besuch sein«
barátság	»Freundschaft«

Gelegentlich kommt es durch die Ableitung zu größeren Veränderungen der Bedeutung gegenüber dem Basiswort:

egészség	»Gesundheit«
újság	»Neuigkeit, Zeitung«
régiség	»Antiquität«
orvosság	»Medikament, Arznei«
zöldség	»Gemüse«

42. Das Ableitungssuffix -ék

Mit seiner Hilfe werden von Personenbezeichnungen Substantive mit kollektiver Bedeutung gebildet, die eine zu der genannten Person gehörende weitere Person oder Gruppe von Menschen bezeichnen. Es handelt sich stets um Pluraliatantum:

Wolfék	»die Wolfs, die Familie Wolf«
Istvánék	»István und seine Familie, István und die zu ihm gehörenden«
a szomszédék	»der Nachbar und seine Familie«
a tanár úrék	»der Herr Lehrer und seine Familie, bzw. die zu ihm gehörenden (Freunde, Kollegen u. ä. m.)«

Gyakorlatok és feladatok

1. Bilden Sie Analogsätze.

---
a) Muster: ma — alma — körte — vesz
   → Ma almát és körtét veszek.
---

holnap — gyümölcs — zöldség — hoz
ma — ebéd — vacsora — főz
délután — kávé — limonádé — iszik
reggel — kifli — méz — eszik
most — csak — narancs — és körte —
kér

délelőtt — szalámi — sonka — vesz
ez az év — lemezjátszó — rádió —
vásárol
csak — újság — olvas
délben — tej — zsemle — ebédel
este — párizsi — szőlő — eszik

---
b) Muster: Debrecen — meglátogat — gyógyszergyár
   → Debrecenben meglátogatunk egy gyógyszergyárat.

Berlin — megnéz — új kórház
az ABC — vesz — kis vaj
a könyv — lát — szép nagy tér
a szálloda — keres — külföldi úr
a büfé — kér — nagy pohár

a város — keres — nagy áruház
ez az utca — talál — jó étterem
a cukrászda — kér — kis cukor
a pék — vesz — kenyér
a kép — lát — régi ház — új gyár

---
c) Muster: bor is — kér/ti
   → Bort is kértek?
---

szállás — keres
hús — eszik
sör — iszik
tojás — vesz
lekvár — kér

ismerős — lát
szekrény — vásárol
doboz — visz
rokon — hoz
villamos — lát

---
d) Muster: iszik — egy kis tej
   → Iszol egy kis tejet?
---

kér — még — hús
gyümölcs — is — eszik
vesz — egy üveg lekvár
hoz — tíz deka vaj
méz — kér — vagy — lekvár

eszik — kenyér — is
tej — is — kér
vagy — inkább — tea — iszik
zsemle — vesz — vagy — kifli
hoz — zöldséges — egy kiló alma

---

e) Muster: ma — minden — bevásárol
      → Ma mindent bevásárolnak.

---

vesz — hús — és — felvágott — is

hoz — egy liter tej — és — egy csomag kávé

narancs — ma — nem — kap — zöldséges

majd — vesz — az ABC — kenyér — és cukor — is

ma — nem — eszik — friss kifli

zsemle — nem — kér

reggel — kenőmájas — és — vaj — eszik

iszik — egy jó kávé — vagy — kakaó

vesz — egy doboz cigaretta — és — gyufa

hoz — a piac — egy szép karfiol

2. Bilden Sie Minidialoge. °°

---

a) Muster: kér — szemle — kifli
      → — Mit kér? Zsemlét vagy kiflit?
        ~ Kiflit kérek.

---

vesz / szalámi — gyulai

eszik / kenyér — zsemle

iszik / tej — kakaó

hoz / tojás — gyümölcs

vesz / sonka — párizsi

főz / hús — zöldség

eszik / narancs — szőlő

iszik / bor — sör

hoz / alma — körte

keres / gyufa — cigaretta

---

b) Muster: kér — tej / tea
      → — Kérsz tejet?
        ~ Köszönöm. Nem kérek.
          Inkább teát iszom. (eszem)

---

bor / sör

limonádé / víz

kakaó / tea

tej / kávé

víz / bor

zsemle / kenyér

szőlő / narancs

tojás / gyümölcs

lekvár / méz

szalámi / hús

---

c) Muster: vásárol / függöny — szőnyeg
      → — Mit vásároltok?
        ~ Függönyt és szőnyeget

---

főz / hús — zöldség

eszik / kenyér — szalámi

iszik / bor — kávé

kér / kifli — vaj

vesz / hús — felvágott

olvas / újság

hoz / virág — pohár

ír / levél

vásárol / gyümölcs — zöldség

ebédel / zsemle — kávé

---

d) Muster: virágüzlet / szemben
    →   — Látsz itt valahol egy virágüzletet?
         ~ Igen. Ott szemben van egy.

---

ruhaüzlet / másik oldal	taxi / színház előtt
cipőbolt / mozi mellett	könyv / asztal
könyvesbolt / jobb oldal	szék / ablak
ABC / villamosmegálló	cukrászda / bal oldal
villamosmegálló / ABC előtt	szabad hely / Pista mellett
étterem / második emelet	mozi / szemben

3. Bilden Sie den Dialog. °°

Muster: lát — engem / minket
    →   — Látsz (engem)?   — Látsz minket?
         ~ Nem látlak (téged).   ~ Nem látlak benneteket.

---

ismer, vár, néz, keres, meglátogat, szeret, felkeres, felhív

4. Übersetzen Sie die Fragen und geben Sie bejahende Antworten. Achten Sie
   auf die Wortfolge. °°

Muster: Suchst du **mich**?
    →   — Engem keresel?   ~ Igen, téged kereslek.

Kennst du uns?	Besuchst du **uns**?
Erwartest du **mich**?	Suchst du **mich**?
Siehst du uns	Kennst du **mich**?
Liebst du mich?	**Unterrichtest** du mich?
Rufst du **mich**?	**Suchst** du uns **auf**?

5. Bilden Sie Sätze.

Muster: (ő) — soha — vesz — sör
    →   Soha nem vesz sört.

(én) — soha — iszik — bor	(mi) — soha — főz — gyümölcs
(te) — soha — vesz — kenyér	(én) — soha — vesz — autó
(ti) — soha — ír — levél?	(ti) — soha — hoz — vendég
(ő) — soha — olvas — újság	(te) — soha — eszik — ebéd?
(ők) — soha — eszik — hús	(ő) — soha — iszik — víz

6. Antworten Sie verneinend auf die Fragen.

> Muster: — Mit akar János?   — Kit vár Éva?
> →   ~ Nem akar semmit.   ~ Nem vár senkit.

Mit hoz Pista?	Mit adnak Szabóék?
Kit keresel?	Mit veszel?
Mit isztok?	Mit hoznak Pistéék?
Kit ismertek itt?	Mit kérdez Éva?
Mit nézel?	Mit feleltek?
Mit keresel?	Mit főztök?
Mit eszel?	Mit kérsz?
Kit várnak Jánosék?	Mit láttok?
Mit vásároltok?	Kit látogattok meg?
Kit hívsz?	Kit keresel fel?

7. Beenden Sie den Fragesatz.

> Muster: — Veszek egy láda szőlőt.
> →   ~ Csak egy ládával veszel?

Kérek egy csésze kakaót. Csak ....?
Veszek egy csomag teát. Csak ....?
Hozok egy láda sört. Csak ....?
Adnak egy pohár bort. Csak ....?
Veszünk egy doboz cigarettát. Csak ....?
Kérünk egy üveg tejet. Csak ....?
Kapunk egy láda körtét. Csak ....?
Hoznak egy csésze kávét. Csak ....?
Kérek egy csomag kávét. Csak ....?
Iszunk egy üveg bort. Csak ....?

8. Leiten Sie Substantive ab. Setzen Sie die Ableitungen in die Sätze ein.

kíváncsi, kényelmes, lassú, jó, szép, nehéz, egyforma, érdekes, pontos, fáradt, barát,
vendég
Pista és Robert régi barátok. Ez a .... már három év óta tart.
Kovácséknál vendégek vannak. Barbara és Robert ....ben vannak
Kovácséknál.
Este nagyon fáradt vagyok. A ....tól elalszom.
A diákok mindig pontosak. A .... nagyon fontos.
A kiállítás nagyon érdekes. Az igazgató beszél néhány ....ről.

Sok jó ember van. A .... szép tulajdonság.
Ez a kislány nem olyan szép. A .... nem mindig fontos.
Ez a munka nagyon nehéz. Sok ....et csak most látunk.
Pisti nagyon kíváncsi. A .... néha jó, néha rossz.
Nagyon lassúak vagytok. Ez a .... nagyon zavar.
Nagyon kényelmes vagy. Ez a .... már ....

9. Ergänzen Sie den Text.

Kovács..... vendég..... vár...... . Jó barát..... vár..... Berlin...... . Egy berlin..... házas-
pár..... , Barbara..... és Robert...... . Barbara és Robert Budapest..... indul Deb-
recen...... . Egy hét..... akar..... ott tölt...... . Sok élmény..... vár...... , mert Debrecen.....
még nem volt..... soha. Megnéz..... néhány nevezetesség..... : a Református Kollégi-
um..... , a híres Nagytemplom..... és a Kossuth Lajos Tudományegyetem..... is. Bizo-
nyára elmennek a Hortobágy..... is. Megnéz..... néhány gyár..... is. Elmennek a
konzervgyár..... és a gyógyszergyár...... . Sok minden..... akar..... lát...... . Öröm.....
és izgalom..... készül..... az út...... . Kovács..... is örülnek, hogy találkoz..... Barba-
ra..... és Robert...... .

10. Ergänzen Sie.

A: Jó .... kívánok!
B: Jó ....! Mi..... parancsol?
A: Kér..... egy kiló karaj...... .
B: Más valami.....?
A: Felvágott..... is kér...... .
B: Milyen felvágott..... kér? Párizsi..... , sonka.....?
A: Szalámi..... kér...... .
B: Mennyi.....?
A: Húsz deka...... .
B: Lesz még valami?
A: Nem, köszönöm. Mennyi..... kerül?
B: Százötven forint. A pénztár..... tessék fizet...... .

11. Antworten Sie auf die Fragen zu Text 1 auf Seite 78

Mióta tartózkodik Barbara és Robert Budapesten?
Mit csinálnak, ha Magyarországon vannak?
Hova mennek Budapestről?
Kit látogatnak meg?
Voltak már Debrecenben?

Ki Kovács István?
Volt már Berlinben?
Mit tud Robert és Barbara Debrecenről?
Milyen nevezetességekről beszél István gyakran?
Milyen város Debrecen?
Milyen gyárak vannak Debrecenben?
Hol dolgozik István?
Hol van a Hortobágyi Nemzeti Park?
Milyen sajátosságokat őríz a Hortobágy?
Mikor indul a berlini házaspár Debrecenbe?
Meddig maradnak a városban?
Milyen tervekkel mennek Debrecenbe?

12. Übersetzen Sie.

Barbara und Robert sind ein deutsches Ehepaar. Sie sind schon oft in Budapest gewesen. Sie sind sehr gern in Ungarn. In diesem Sommer verbringen sie eine Woche in Debrecen. In Debrecen besuchen sie eine bekannte Familie, die Kovácss. Barbara und Robert waren noch nie in Debrecen. Sie kennen nichts von dieser Stadt. Sie wollen deshalb (ezért) vieles sehen. Sie sehen sich solche Sehenswürdigkeiten an wie (mint) das berühmte Reformierte Kollegium, die Große Kirche und die Lajos Kossuth Universität. Auch der Nationalpark Hortobágy ist interessant. Die Hortobágy liegt in der Nähe von Debrecen. Sie fahren auch in die Hortobágy. Die Familie Kovács freut sich darüber, daß sie sich mit Barbara und Robert in Debrecen treffen.

ÖTÖDIK LECKE

Mondatminták

Látom a vonatot.
Látod Pétert is?
Éva látja őt/őket.
Látjuk önt/önöket.
Azt ti is látjátok.
Ők melyiket látják?
Ismerem a kisebbiket.
Ismered a másodikat?
Ő mindet ismeri.
Mi valamennyit ismerjük.
Ismeritek egymást?
Ők ismerik magukat.
Látjuk, hogy jön a vonat.

Levelet írok Jánosnak. Még ma írok neki.
A gyerekeknek is írok. Holnap írok nekik.　　　Kinek? Kiknek?
Örülök a könyvnek. Örülök a képeknek is.　　　Minek? Miknek?

Kell venni jegyet? Meg kell venni a jegyet?
Lehet venni jegyet? Meg lehet venni a jegyet?
Vajon milyen idő lesz holnap? Vajon jó idő lesz-e holnap?
Nem tudom, hogy jó idő lesz-e holnap.
Nem tudom, jó idő lesz-e holnap.

János	→	Jánoska	→	Jani	→	Jancsi	→	Jancsika
Éva	→	Évácska	→	Évi	→	Évike		
lány	→	lányka		fiú	→	fiúcska		
vékony	→	vékonyka		öreg	→	öregecske		

Szövegek

Magyarórán °°

Magyaróra van. A hallgatók már ismerik egymást és a tanárt. Tudják, hogy Szabó tanár úr magyar. Azt is tudják, hogy szereti a verseket és a népdalokat. Most éppen egy magyar népdalt gyakorolnak. Előbb éneklik, majd kórusban mondják. Azután Monika olvassa, Jürgen pedig próbálja fordítani. Lefordítja az első sort, a másodikat, a harmadikat. A negyedik azonban nem megy. Nem ismeri az első szót. Zavarba jön. A tanár segít neki. Tudja, hogy Jürgen sokáig beteg volt, és még nem érzi jól magát. Befejezik a fordítást, és kezdik az új nyelvtant.

A titkárságon °°

(Titkárnő, Ullmann úr)

U: Jó napot kívánok! Stefan Ullmann vagyok. Szabó tanár urat keresem. Itt van már?

T: Bocsánat! Melyik tanárt keresi?

U: Szabó János tanár urat.

T: Sajnos, még órán van. De azt hiszem, mindjárt jön. Milyen ügyben keresi?

U: Vendéghallgató leszek. Szeretném megkérdezni a tanár úrtól, hogy mikor vannak az órák.

T: Megnézem, hogy jön-e már.

U: Köszönöm szépen!

A titkárnő bemegy a tanterembe. Éppen szünet van, de a tanár még beszélget a hallgatókkal. A titkárnő megmondja neki, hogy egy vendéghallgató várja a titkárságon. A tanár behívja Ullmann urat a tanterembe, és bemutatja őt a hallgatónknak.

El tudom-e vajon végezni ezt a sok dolgot?

Mindig eltervezem, hogy szombaton és vasárnap elvégzem mindazt, amire hét közben nem jut idő. De a terv általában terv marad. E héten is megpróbálom. Felírom egy cédulára, hogy mik a teendők. Igen. Ez jó lesz. Mindent pontosan felírok.
Tehát:
— fel kell készülni a hétfői órákra,
— meg kell nézni azt a kiállítást, amelyik csak hétfőig lesz nyitva a Régi Múzeumban,
— meg kell hallgatni a rádióban egy magyar rádiójátékot,
— meg kell írni három levelet,
— meg kell látogatni nagymamát,
— el kell végezni a házi munkákat.
Vajon most el tudok-e végezni mindent?
Talán csak jó sorrendet kell választani?
Igen, a sorrend bizonyára nagyon fontos.
Először is megveszem az élelmiszert. Igen. Az élelmiszereket veszem meg először, mert az ABC szombaton csak délig tart nyitva. Azután elmegyek nagymamához. Már nagyon vár. Ennyi elég lesz szombat délelőttre.
Ha nagymamától hazamegyek, megfőzöm az ebédet. Valami egyszerű ebédet főzök. Vagy talán nem is főzök. Eszem valami hideget. Mosni is kell. Elég sok mosnivaló van.
Ebéd után kitakarítom a lakást.
Azután leülök, és meghallgatom a rádiójátékot. Ez háromkor kezdődik. Remélem, készen leszek háromig a takarítással. Következnek a levelek. Megírom a leveleket. Na ... mondjuk ... megírok egy levelet. Anyának írok. Ez eltart vacsoráig. Anya nagyon szereti a hosszú beszámolókat.
Ennyi elég is lesz szombatra.
Este elmegyek Pistával vacsorázni. Ha meghív ...
Vasárnap délelőtt felkészülök a hétfői órákra.
De mi lesz a kiállítással? Meg a másik két levéllel?
Majd meglátjuk!

Merre kell menni az állatkertbe? °°

(Idegen, Berlini)

I: Jó napot kívánok! Bocsánat, tessék mondani, merre kell menni az állatkertbe.

B: Az állatkertbe? Egy pillanat! Oda földalattival kell menni. Tudja, hol van a
megálló?

I: Sajnos, nem. Most vagyok először Berlinben.

B: Látja azt az áruházat? Ott a másik oldalon!

I: Azt a nagy új épületet gondolja?

B: Nem. Azt, amelyik a lámpával szemben van. Látja?

I: Igen, igen. Most már látom.

B: Szóval, átmegy itt a lámpánál a másik oldalra. Azután jobbra fordul. A megál-
ló az áruház mögött van. Az áruháztól már látja a nagy kék U betűt.

I: Értem. Még valamit szeretnék kérdezni. Lehet ott jegyet váltani?

B: Természetesen.

I: Köszönöm a felvilágosítást. A viszontlátásra!

B: Nagyon szívesen. A viszontlátásra!

Szavak

Igék

befejez	beenden	leül	sich hinsetzen
bemutat	vorstellen	magyaráz	erklären
elolvas	lesen	megért	verstehen
eltart	dauern	megfőz	kochen
elvégez, elvégzi	tun, fertig werden	meghallgat	anhören
	mit, erledigen	megír	schreiben
énekel, énekli	singen	meghív	einladen
érez, érzi	fühlen	megkérdez	fragen
ért	verstehen	meglát	sehen
felír	aufschreiben	megmond	sagen
felkészül vmire	sich vorbereiten	megpróbál	versuchen
fordul vmerre	einbiegen	megvalósít	verwirklichen
gondol	denken, meinen	mond	sagen
gyakorol	üben	odaad	geben, reichen
jelent	bedeuten	próbál	versuchen
kell	müssen, nötig	remél	hoffen
	sein, brauchen	segít	helfen
kimos	waschen, aus-	szégyelli magát	sich schämen
	waschen	talál	finden
kitakarít	sauber machen	tart vmit	halten
köszön vkinek	grüßen	telefonál vkinek	telefonieren
következik *intransitiv*	folgen	tervez	planen
lefordít	übersetzen	vált	lösen (Karte)
lehet	es ist möglich, es		
	kann sein, man kann		

Főnevek

beszámoló, -k	Bericht	hölgy, -ek	Dame
betű, -k	Buchstabe	idegen, -ek, -t	Fremder
cédula, ⁼k	Zettel	jegy, -ek	Karte
élelmiszer, -ek, -t	Lebensmittel	készülék, -ek	Apparat
egyetemista, ⁼k	Student	kórus, -ok, -t	Chor
felvilágosítás,	Auskunft, Infor-	lámpa, ⁼k	Ampel
-ok, -t	mation	mondat, -ok	Satz
fiatalember,	junger Mann	nagymama, ⁼k	Großmutter
-ek, -t		népdal, -ok, -t	Volkslied
fordítás, -ok, -t	Übersetzung	nyelvtan, -ok, -t	Grammatik

pénz, -ek, -t	Geld	titkárság, -ok	Sekretariat
rádiójáték, -ok	Hörspiel	tükör, tükrök	Spiegel
ruha, -k	Wäsche, Kleid	ügy, -ek	Angelegenheit,
sor, -ok, -t	Zeile, Reihe		Sache
sorrend, -ek	Reihenfolge	üzlet, -ek	Geschäft
szótár, -ak, -t	Wörterbuch	vendéghallgató, -k	Gasthörer
tanterem, -termek	Unterrichtsraum	vers, -ek	Gedicht
teendő, -k	Aufgabe	vicc, -ek	Witz
titkárnő, -k	Sekretärin	világ	Welt

Melléknevek és számnevek

beteg, -en	krank	kék	blau
egyszerű, -en	einfach	a kisebbik	der kleinere
hideg, -en	kalt	a többi	die anderen

Határozószók

egyszer	einmal	rögtön	sofort, augen-
elég	genug, ziemlich		blicklich
megint	wieder	sokáig	lange
mindjárt	gleich, sofort	vajon	ob
nyitva	geöffnet	végre	endlich
ritkán	selten		

Névmások

egymás, -t	einander	mindaz, -t	all das
ilyen, ilyet	solcher (wie dieser)	olyan, olyat	solcher (wie jener)
merre	in welcher Richtung	valamennyi	alle, sämtliche
mind	all		

Kötőszók

meg	und

Szókapcsolatok

bocsánatot kér	um Entschuldigung bitten
Egy pillanat!	Ein Moment!
elég vmire	reichen, genügen für
házi feladat	Hausaufgabe
jegyet vált vmire	eine Karte lösen
jut idő vmire	die Zeit reicht für
kell	es ist nötig, man muß, man braucht
lehet	es ist möglich, man kann
Mik a teendők?	Was gibt es zu tun?
nyitva tart	geöffnet sein
Szeretném tudni ...	Ich möchte wissen ...
zavarba jön	in Verlegenheit geraten

Nyelvtan

43. Präsens Indikativ der Verben — Bestimmte Konjugation

tud »wissen, können«, **ismer** »kennen«, **köszön** »sich bedanken«

Sg.	1. Ps.	tudom	ismerem	köszönöm
	2. Ps.	tudod	ismered	köszönöd
	3. Ps.	tudja	ismeri	köszöni
Pl.	1. Ps.	tudjuk	ismerjük	köszönjük
	2. Ps.	tudjátok	ismeritek	köszönitek
	3. Ps.	tudják	ismerik	köszönik

olvas »lesen«, **kérdez** »fragen«, **főz** »kochen«, **érez** »fühlen«

Sg.	1. Ps.	olvasom	kérdezem	főzöm	érzem
	2. Ps.	olvasod	kérdezed	főzöd	érzed
	3. Ps.	olvassa	kérdezi	főzi	érzi
Pl.	1. Ps.	olvassuk	kérdezzük	főzzük	érezzük
	2. Ps.	olvassátok	kérdezitek	főzitek	érzitek
	3. Ps.	olvassák	kérdezik	főzik	érzik

tesz »tun, stellen, legen«, **vesz** »nehmen, kaufen«, **hisz** »glauben«, **visz** »mitnehmen«, **eszik** »essen«, **iszik** »trinken«

Sg.	1. Ps.	teszem	veszem	hiszem
	2. Ps.	teszed	veszed	hiszed
	3. Ps.	teszi	veszi	hiszi
Pl.	1. Ps.	tesszük	vesszük	hisszük
	2. Ps.	teszitek	veszitek	hiszitek
	3. Ps.	teszik	veszik	hiszik

Sg.	1. Ps.	viszem	eszem	iszom
	2. Ps.	viszed	eszed	iszod
	3. Ps.	viszi	eszi	issza
Pl.	1. Ps.	visszük	esszük	isszuk
	2. Ps.	viszitek	eszitek	isszátok
	3. Ps.	viszik	eszik	isszák

44. Anwendungsbereiche der unbestimmten und bestimmten Konjugation

Im Ungarischen richtet sich die Konjugationsform nicht nur nach dem Subjekt, sondern auch nach dem Objekt, wobei letzteres immer ein Akkusativobjekt ist. Im ungarischen Satz wird das Objekt als bestimmt oder als unbestimmt aufgefaßt. Diese Unterscheidung erfolgt teils nach logischen, teils aber auch nach rein formalen Gesichtspunkten. Dementsprechend gibt es bei den transitiven Verben zwei Konjugationsformen. Bei unbestimmten Objekten bzw. in Sätzen, in denen kein Objekt vorkommt, wird die uns bereits bekannte unbestimmte Konjugation und bei bestimmten Objekten die bestimmte Konjugation verwendet.

Als unbestimmte Objekte gelten:

Gattungsnamen ohne Artikel

> **Felvágottat** veszek. »Ich kaufe **Aufschnitt.**«
> **Magyar barátokat** is meglátogatunk. »Wir besuchen auch **ungarische Freunde.**«
> **Több magyar családot** ismerek. »Ich kenne **mehrere ungarische Familien.**«

Gattungsnamen mit unbestimmtem Artikel

> **Egy könyvet** veszek. »Ich kaufe **ein Buch.**«

Interrogativpronomen (mit Ausnahme von melyik »welcher«) und Gattungsnamen, die ein Interrogativpronomen als Attribut haben

> **Mit** veszel? »**Was** kaufst du?«
> **Kit** ismersz itt? »**Wen** kennst du hier?«
> **Milyet** veszel? »**Was für einen** kaufst du?«
> **Mennyit** veszel? »**Wieviel** kaufst du?«
> **Hányat** veszel? »**Wieviel** (Stück) kaufst du?«
> **Milyen gyümölcsöt** veszel? »**Was für Obst** kaufst du?«
> **Mennyi gyümölcsöt** veszel? »**Wieviel Obst** kaufst du?«
> **Hány narancsot** veszel? »**Wieviel** (Stück) **Apfelsinen** kaufst du?«

Relativ-, Indefinit- und Universalpronomen (mit Ausnahme der Pronomen auf -ik, sowie mind »alle« und valamennyi »sämtliche«)

> Robert elmegy Istvánhoz, **akit** már régóta ismer.
> »Robert besucht István, **den** er schon lange kennt.«
> Kérsz **valamit?** »Möchtest du **etwas?**«
> Vársz **valakit?** »Erwartest du **jemanden?**«
> **Mindent** megnézek. »Ich sehe mir **alles** an.«
> **Mindenkit** meglátogatok. »Ich besuche **alle/jeden.**«
> **Semmit** sem veszek. »Ich kaufe **nichts.**«
> **Senkit** sem várok. »Ich erwarte **niemanden.**«

Adjektivische und numeralische Demonstrativpronomen

> **Olyat** kérek én is. »**Ein solches** möchte ich auch.«
> **Annyit** kérek én is. »**Soviel** möchte ich auch.«

Personalpronomen der 1. und 2. Person Singular und Plural

> János ismer **engem**. »János kennt **mich**.«
> János ismer **téged**. »János kennt **dich**.«
> János ismer **minket**. »János kennt **uns**.«
> János ismer **titeket**. »János kennt **euch**.«

Als bestimmte Objekte gelten:

Gattungsnamen mit dem bestimmten Artikel

> A hallgatók már ismerik **a tanárt**. »Die Studenten kennen **den Lehrer** schon.«

Eigennamen

> A hallgatók ismerik **Pétert/Budapestet**. »Die Studenten kennen **Peter/Budapest**.«

Substantivische Demonstrativpronomen oder Gattungsnamen, die ein Demonstrativpronomen als Attribut haben

> **Azt/azokat** én is látom. »**Dasjenige/diejenigen** sehe ich auch.«
> **Azt a lányt** én is látom. »**Jenes Mädchen** sehe ich auch.«

Achtung: Das Demonstrativpronomen kann auch im partitivischen Sinne gebraucht werden. In diesem Falle gilt es als unbestimmtes Objekt:

> Én is **azt** kérek. »**Das/davon** möchte ich auch.«

Objekt ist Interrogativpronomen oder Universalpronomen auf -ik, gesteigertes Adjektiv oder Ordnungszahl

> **Melyiket** kéred? »**Welchen** möchtest du?«
> **Mindegyiket** megnézem. »Ich sehe mir **jeden einzelnen** an.«
> **A kisebbiket** kérem. »Ich möchte **das kleinere**.«
> **A másodikat** kérem. »Ich möchte **das zweite**.«

Reflexiv- und Reziprokpronomen sowie die Universalpronomen mind »alle« und valamennyi »sämtliche«

> Jürgen szégyelli **magát**. »Jürgen schämt **sich**.«
> Ismeritek **egymást**? »Kennt ihr **euch/einander**?«
> **Mindet** meghallgatom. »Ich höre mir **alle** an.«
> **Valamennyit** meghívom. »Ich lade **sämtliche** ein.«

Personalpronomen der 3. Person Singular und Plural sowie Personalpronomen der höflichen Anrede

> A hallgatók ismerik **őt/őket**. »Die Studenten kennen **ihn/sie**.«
> A hallgatók ismerik **önt/magát**. »Die Studenten kennen **Sie**.«

Objektsätze

Tudom, **hogy jön.** »Ich weiß, **daß er kommt.**«

Achtung: Im Ungarischen wird das Objekt oft nicht ausgedrückt, aber mitgedacht:

Előbb éneklik, majd kórusban mondják. Azután Monika olvassa, Jürgen pedig próbálja fordítani.
»Zuerst singen sie **es**, dann sagen sie **es** im Chor. Dann liest Monika **es** vor, und Jürgen versucht **es** zu übersetzen.«

45. Das Suffix -nak, -nek

Seine wichtigste Funktion entspricht der des Dativs im Deutschen und bezeichnet zusammen mit seinem Bezugswort das indirekte Objekt des Satzes:

Irok Péternek egy levelet. »Ich schreibe Peter einen Brief.«
Veszek a gyereknek egy könyvet. »Ich kaufe **dem** Kind ein Buch.«

Das Suffix tritt in derselben Weise an die Substantive wie die Suffixe der lokaladverbialen Bestimmung.

46. Personalformen des Suffixes -nak, -nek

Sg. 1. Ps. én → **nekem** »mir«	Pl. 1. Ps. mi → **nekünk** »uns«
2. Ps. te → **neked** »dir«	2. Ps. ti → **nektek** »euch«
3. Ps. ő → **neki** »ihm«	3. Ps. ők → **nekik** »ihnen«

Bei besonderem Nachdruck können die Personalpronomen vor die Personalform des Suffixes **-nak, -nek** treten:

énnekem, teneked, őneki »mir, dir, ihm«
minekünk, tinektek, őnekik »uns, euch, ihnen«

47. Das Reflexivpronomen als Objekt

Zum Ausdruck der Reflexivität verwendet das Ungarische vorwiegend Wortbildungsmittel. Nur wo diese nicht vorhanden sind, benutzt man Reflexivpronomen. Es dient der Bezeichnung des Objektes in Sätzen, in denen Subjekt und Objekt ein und dieselbe Person sind und gilt als bestimmtes Objekt:

Jól érzem **magam(at).** Ich fühle **mich** wohl.«
Kipihenik **magukat** »Sie ruhen **sich** aus.«

Objektform des Reflexivpronomens

Sg. 1. Ps. **magam(at)** »mich«	Pl. 1. Ps. **magunkat** »uns«
2. Ps. **magad(at)** »dich«	2. Ps. **magatokat** »euch«
3. Ps. **magát** »sich«	3. Ps. **magukat** »sich«

Anmerkung: Das Reflexivpronomen kann natürlich auch andere Satzgliedfunktionen erfüllen. So kann es als lokale, instrumental-komitative und als adverbiale Bestimmung stehen:

Sokat beszél **magáról**. »Er spricht viel **von sich.**«

Kabátot is visz **magával**. »Er nimmt auch einen Mantel **mit (sich)**.

Magamnak is veszek egy képet. »Ich kaufe auch **für mich (selbst)** ein Bild.«

48. Die Modalverben **kell** »müssen« und **lehet** »können«

Die Modalverben **kell** und **lehet** treten in unpersönlichen Sätzen in der Bedeutung »es ist nötig, man muß« bzw. »es ist möglich, man kann« auf:

Itt **kell** jegyet venni. »Hier **muß man** Karten kaufen.«

Szombaton meg **kell** látogatni nagymamát. »Am Sonnabend **muß man** Großmutter besuchen.«

Itt **lehet** jegyet venni. »Hier **kann man** Karten kaufen.«

Ezen az állomáson meg **lehet** venni a jegyet. »An dieser Station **kann man** die Karten kaufen.«

49. Stellung des Verbalpräfixes in Verbindung mit Modalverben

Ist in einem ungarischen Satz ein Modalverb Teil des Prädikats, so folgt es unmittelbar dem Satzglied, das die vom Standpunkt der Mitteilung wichtigste Information trägt:

Ma akarom meglátogatni Pétert. »Ich **will** Peter **heute** besuchen.

Nem akarom meglátogatni Pétert. »Ich **will** Peter **nicht** besuchen.

Ist das präfigierte Verb Träger dieser Information, tritt das Modalverb zwischen Präfix und Infinitiv des Verbs:

Meg akarom **látogatni** Pétert. »Ich will Peter **besuchen.**«

Meg kell **látogatni** Pétert. »Man muß Peter **besuchen.**«

Meg lehet **látogatni** Pétert. »Man kann Peter **besuchen.**«

50. Die Fragepartikel **vajon** und **-e**

Sie dienen dem Ausdruck des Zweifels oder der Unsicherheit im Fragesatz. Sie können allein oder in Verbindung miteinander auftreten. Die Partikel **-e** wird dem Prädikat mit einem Bindestrich angefügt. Enthält der Satz ein Interrogativpronomen, wird **-e** niemals verwendet:

> **Vajon** milyen idő lesz holnap?
> »Was wird **wohl** morgen für ein Wetter sein?«
> Jön-**e** már a vonat?
> »Kommt der Zug **denn** schon.«
> **Vajon** jó idő lesz-**e** holnap?
> »**Ob wohl** morgen schönes Wetter sein wird?«

Im abhängigen Fragesatz entspricht die Partikel **-e** dem deutschen »ob«. Solche Fragesätze können durch **hogy** »daß« oder seltener durch **vajon** eingeleitet werden. Die Konjunktion kann auch gänzlich fehlen:

> Nem tudom, **hogy** jön-**e** már a vonat.
> Nem tudom, **vajon** jön-**e** már a vonat.
> Nem tudom, jön-**e** már a vonat.
> »Ich weiß nicht, **ob** der Zug schon kommt.«

51. Die Deminutivsuffixe

Das Ungarische verfügt über einen reichhaltigen Bestand an Ableitungssuffixen, die Verkleinerung, Kosen, Necken oder Spaßhaftigkeit ausdrücken, und es wird in der Alltagssprache — vor allem bei Personennamen, aber auch bei Gattungsnamen — reger Gebrauch von ihnen gemacht. Die Verwendung der einzelnen Suffixe hängt einerseits davon ab, welche der oben genannten Bedeutungen realisiert werden soll. Andererseits gibt es synonyme Suffixe, deren Wahl von dem Auslaut des Basiswortes bestimmt wird. Einige der Deminutivsuffixe treten — ähnlich wie im Deutschen — an einen verkürzten Stamm an. Die Suffixe können auch gehäuft, miteinander gekoppelt verwendet werden. Die aktivsten und produktivsten Deminutivsuffixe sind:

> **-ka, -ke**
> **-cska, -cske** (**-acska, -ecske**)
> **-i**
> **-csi**
> **-ika, -ike**

-ka, -ke
-cska, cske (**-acska, -ecske**)
Sie sind synonyme Suffixe für die liebevolle Verkleinerung und die Bildung von Koseformen bei Vornamen und Gattungsnamen. Bei Adjektiven drücken sie die Abschwächung einer Eigenschaft aus. Die Suffixform **-ka, -ke** kommt vorwiegend bei Substantiven

und Adjektiven zum Tragen, deren Stamm auf den Konsonanten -l, -m, -m, -ny, -r,
-s oder auf die Vokale -ó, -ő und -i auslautet. Das Suffix -cska, -cske wird bei Stäm-
men anderer Auslaute — vor allem Vokale — verwendet.

Anna	→	Annácska	János	→	Jánoska
fa	→	fácska	madár	→	madárka
fiú	→	fiúcska	lány	→	lányka
öreg	→	öregecske	vékony	→	vékonyka

-i

Es tritt an den verkürzten Stamm an und drückt bei Vornamen verhaltene Vertraulich-
keit aus. Bei Gattungsnamen herrscht die scherzhaft-vertrauliche Bedeutungsnuance vor,
und die Ableitungen werden vorwiegend in der Jugendsprache verwendet:

Ágnes	→	Ági	Zoltán	→	Zoli
Katalin	→	Kati	László	→	Laci
Mária	→	Mari	Róbert	→	Robi
Erzsébet	→	Erzsi	Sándor	→	Sanyi
Éva	→	Évi	József	→	Józsi
csokoládé	→	csoki	óvoda	→	ovi
cigaretta	→	cigi	születésnap	→	szülinap

-csi

Relativ produktives Suffix bei Vornamen. Es tritt ebenfalls an den verkürzten Stamm
an. Die Ableitungen sind spielerische Nuancen:

János	→	Jancsi	Károly	→	Karcsi
Júlia	→	Julcsi	Mária	→	Marcsi

Bei Gattungsnamen drückt es ebenfalls die scherzhafte Verkleinerung aus. Die Ablei-
tungen werden — ähnlich wie bei -i — vorwiegend in der Jugendsprache gebraucht:

pulóver	→	pulcsi	repülő	→	repcsi

-ika, -ike

Suffixanhäufung. Sehr produktiv bei Vornamen:

Mária	→	Marika	Pál	→	Palika
Júlia	→	Julika	Ferenc	→	Ferike
Éva	→	Évike	József	→	Józsika

Weniger produktive Deminutivsuffixe, die eine neckende oder geringschätzende Hal-
tung ausdrücken sind u. a.:

-kó	Pál	→	Palkó	-is	András	→	Andris
	Ferenc	→	Ferkó		Mária	→	Maris
-ó	Sándor	→	Sanyó				
	János	→	Janó				

Gyakorlatok és feladatok

1. Bilden Sie die Objektform folgender Adjektive.

boldog	sárga	egyszerű	ismert	nehéz	színes
finom	szabad	fontos	lusta	okos	szorgalmas
friss	üres	pontos	világos	öreg	kényelmes
gazdag	kis	hideg	kíváncsi	rossz	
piros	új	érdekes	könnyű	fáradt	
rövid	beteg	híres	lassú	kedves	

2. Bilden Sie die Objektform folgender Pronomen.

az	ön	egyik	mennyi	minden	mindaz
azok	melyik	olyan	valaki	ki	ami
ők	mind	annyi	valami	kik	mindenki
ő	egymás	milyen	senki	mi	ilyen
önök	ez	hány	semmi	mik	másik

3. Bilden Sie Sätze.

> a) Muster: Péter — tanul — a magyar nyelv
> → Péter tanulja a magyar nyelvet.

lát(én) — a debreceni vonat
keres(mi) — a magyar tankönyv
megnéz(te) — az angol film?
megfőz(ők) — a mai ebéd?

kitakarít(én) — az egész lakás
kimos(te) — az összes ruha?
lefordít(mi) — az egész szöveg
megmagyaráz(ti) — a házi feladat?

> b) Muster: Péter — ismer — Monika
> → Péter ismeri Monikát.

lát(te) — ma — Jürgen?
ismer — Petra — Nagy János?
Lukács István — vár — a hallgatók?
meglátogat(te) — Debrecen — Kovácsék — is?

felkeres(ti) — Berlin — Pista — is?
meghív(mi) — a koncert — Jürgen — is
bemutat(én) — a vendégek — Éva — is
meghallgat (ők) — Nagy professzor — is

---

c) Muster: Melyik tanár — keres — Péter?
→ Melyik tanárt keresi Péter?

Melyik lány — nem ismer(te)?
Melyik film — megnéz(mi) — holnap?
Melyik szó — nem ismer(ők) — a szöveg?
Melyik — akar(te) — megtanul?

Melyik — keres — Péterék?
Melyik vonat — vár(ti)?
Melyik utca — keres(te) — most?
Melyik család — felkeres — Robert?

---

d) Muster: Péter — megmutat — ez a kép — is
→ Péter megmutatja ezt a képet is.

---

már régóta — ismer(én) — ez a lány
megkóstol(te) — ez a finom körte?
ez a vers — is — megtanul(ti)?
megvesz(én) — ez a szép ruha
ez a jó film — mindenki — megnéz

holnap — bemutat(én) — neked — az
a lány
az egész család — meghallgat — az
az új rádiójáték
meghív(mi) — az a magyar fiú — is?

---

e) Muster: nagyon — ritkán — lát(mi) — egymás
→ Nagyon ritkán látjuk egymást.

---

nagyon — szeret(ti) — egymás?
már — régóta — ismer(ők) —
egymás
csak — egyszer — egy év — lát(mi) —
egymás
jól — megért(ti) — egymás?

gyakran — meglátogat(ők) — egymás
minden vasárnap — felkeres(mi) —
egymás
órák után — mindig — megvár(ők) —
egymás
ritkán — lát(mi) — egymás

---

f) Muster: holnap — meglátogat(mi) — ő is
→ Holnap meglátogatjuk őt is.

---

nem ismer(én) — ön
miért nem — meghív(ti) — ők is?
mikor — lát(mi) — önök?
miért — keres — a vendég — ő?

nagyon — ritkán — lát(én) — ön
majd — bemutat(mi) — neked — ő is.
nagyon — megért(én) — ön
ha meghallgat(te) — ő —, megért(te)

---

g) Muster: sajnos — nem — érez(mi) — jól — magunkat
→ Sajnos nem érezzük jól magunkat.

---

a szünet — jól — kipihen(én) — magam(at)
miért — szégyell(ti) — magatokat?
gyakran — rosszul — érez(te) —
magad(at)?
hogy — érez(ti) — magatokat?

lát(mi) — magunkat — a tükör
jól — kipihen(ti) — magatokat — a
nyár?
hogy — érez — magát — a beteg?
te — ért — magadat?

---

h) Muster: tud(én), mikor jön — vendégek
    →   Tudom, mikor jönnek a vendégek.

---

remél(mi), jól — van(ti)
nem ért(ő), mit — mond(én)
nem lát(te), milyen beteg — van(én)?
nem tud(ők), mikor — érkezik — a vonat

nem tud(ti), milyen kiállítás — van —
a múzeum?
nem ért(ő), mit — akar(mi)
remél(én), eljön(ti) — a születésnap
tud(te), elmarad — az óra?

---

i) Muster: nem tud(én), jön(ő)-e — az óra
    →   Nem tudom, (hogy) jön-e órára.

---

megy(mi) — e — mozi
lesz — e — ma — szeminárium
jön — e — holnap — a vendégek
beteg — e — ma — Jürgen

vesz — e — Pista — hús
iszik — e — János — kávé
van — e — otthon — vaj
jó idő — lesz — e — holnap

4. Übersetzen Sie.

Wir suchen das Buch, aber wir finden es nicht.
Ihr seht den Film, aber ihr versteht ihn nicht.
Sie lesen den Text, aber sie übersetzen ihn nicht.
Er hört den Satz, aber er versteht ihn nicht.
Ich lese den Brief, aber ich verstehe ihn nicht.
Wir erwarten János, aber wir sehen ihn nicht.

5. Sie haben das Objekt des Satzes nicht richtig gehört. Fragen Sie nach. °°

Muster: Hozom a kenyeret.
    →   — Mit hozol?

Kérem a cukrot.
Látom a hallgatókat.
Remélen, holnap jó idő lesz.
Régóta ismerem Jánost.
Várom az orvost.
Olvasom a levelet.

Fordítom a szöveget.
Szabó tanárnőt keresem.
Megfőzöm az ebédet.
Bemutatom neked holnap a vendéget.
Megnézem a filmet.
Odaadom neki ezt a könyvet.

6. Übersetzen Sie.

> Muster: Der Lehrer gibt dem Studenten ein Buch. Er gibt ihm ein Buch.
> → A tanár könyvet ad a hallgatónak. Könyvet ad neki.

Éva schreibt Peter einen Brief. Pisti erzählt den Jungen Witze. Vater zeigt Mutter die Bilder. Die Mädchen helfen der Mutter viel. Mutter kauft Pisti ein Buch. Der Arzt gibt den Kranken Medikamente. Jürgen schreibt Monika ein Gedicht. Pisti grüßt die Nachbarn. Éva telefoniert mit Großmutter. Peter glaubt Éva.

7. Bilden Sie den Dialog. °°

> Muster: ír(te) — az a levél / Pista
> → — Kinek írod azt a levelet?
> ~ Pistának.

ad(ti) — ezek a mozijegyek / a német vendégek
vesz(te) — ez a sok gyümölcs / egy nagy család
elmesél(ti) — ezek a viccek / minden ismerős
telefonál(te) — már megint / nagymama
megmutat(ti) ezek a szép képek / senki
visz(te) — ezek a gyógyszerek / egy beteg
ad(te) — ezek a szép virágok / a professzor úr
vesz(ti) — ez a sok élelmiszer / az egész csoport
ír(te) — ez a hosszú levél / anya és apa
hisz(ti) — én vagy ő / ő

8. Übersetzen Sie. Achten Sie auf die genaue Wortfolge!

> Muster: Kauft ihr mir/für mich keine Theaterkarte?
> → Nekem nem vesztek színházjegyet?

Erzählst du uns diesen Witz nicht? Zeigt ihr ihm diese Bilder nicht? Gibst du mir keine Blumen? Glaubt ihr mir nicht? Schreibt ihr ihnen keinen Brief? Telefoniert er mit euch nicht? Stellt ihr ihn uns nicht vor? Geben Sie ihm keine Medikamente? Gibt er euch kein Geld? Antwortest du ihm nicht?

9. Bilden Sie den Dialog. Achten Sie auf die Stellung des Präfixes! °°

> Muster: ma — megír — akar(én) — az egyik levél / mikor — a másik
> → — Ma meg akarom írni az egyik levelet.
> ~ És mikor akarod megírni a másikat?

délután — kitakarít — akar(mi) — a fürdőszoba / mikor — a konyha
itt — bedob — kell — a pénz / hol — a jegy
ma — felkészül — kell — a holnapi óra / mikor — a mai óra
a nyár — megvesz — akar(én) — a tankönyv / mikor — a szótár
délután — meghallgat — akar(mi) — a rádiójáték / mikor — a koncert
ma este — meglátogat — akar(ő)- Péter / mikor — nagymama
délelőtt — elmegy — kell — a kiállítás / mikor — az előadás
itt — megfőz — lehet — a vacsora / hol — az ebéd
ez a hét — felkeres — akar(én) — Kovácsék / mikor — Szabóék
ma — megvesz — kell — a kenyér / mikor — hús
a lámpa — átmegy — lehet — a másik oldal / hol — a megálló
ez az étterem — megebédel — lehet / hol — megvacsorázik

10. Übersetzen Sie.

Ein junger Mann kommt ins Sekretariat (bejön). Er grüßt. Die Sekretärin (titkárnő) fragt ihn (megkérdez), in welcher Angelegenheit er kommt. Der junge Mann sagt, daß er Herrn Szabó sucht. Er ist Gasthörer, und er will Herrn Szabó fragen, wann der Unterricht stattfindet. Die Sekretärin sagt ihm, daß Herr Szabó gerade Unterricht hat (órán van). Sie glaubt aber, daß er gleich kommt. Die Sekretärin sieht nach (megnéz), ob er schon kommt. Sie geht in den Unterrichtsraum. Sie sagt Herrn Szabó, daß er von einem jungen Mann erwartet wird. Herr Szabó ruft den Gasthörer herein (behív), und er stellt ihn den anderen Studenten vor.

Ein Fremder steht ratlos (tanácstalanul) auf der Straße. Er ist zum ersten Mal in Berlin. Er will in den Tierpark. Er weiß aber nicht, wie er dort hinkommt. Er fragt einen Berliner, wie man fahren muß. Der Berliner gibt Auskunft. Er sagt, daß man in den Tierpark mit der U-Bahn fahren muß. Er zeigt (megmutat) dem Fremden, wie er dort hinkommt (eljut). Der Fremde bedankt sich. Er fragt aber noch, ob man bei der Station Karten kaufen kann.

11. Bilden Sie die Verkleinerungsform folgender Substantive:

asztal, szék, virág, fa, kert, ház, lámpa, ágy, hajó, falu, város, utca, tér, sziget, folyó, cipő, ruha, kabát, sapka, nadrág, baba, ló, kocsi, ember, fiú, lány, gyermek, állat, légy, csésze, tányér, pohár

12. Wie könnte die offizielle Form folgender Kosenamen lauten?

Misi, Sárika, Karcsi, Évike, Laci, Margitka, Pali, Andi, Pisti, Ilonka, Zolika, Juli, Feri, Katika, Gyuri, Mariska, Erzsike, Sanyi, Márti, Robi, Magdi, Gyuszi, Imi, Ildi

HATODIK LECKE

Mondatminták

Nevem Nagy Katalin. Foglalkozásom egyetemi hallgató.
Lakóhelyem Szeged. Szüleim és testvéreim is itt laknak.
Bemutatom a családomat.
Beszélek a szüleimről és a testvéreimről.

> Kije?
> Mije?

Katalin családja Szegeden él.
Katalin családjának a lakóhelye Szeged.
Ennek a lánynak a családja Szegeden él.

> Kinek a ...?
> Minek a ...?

Van barátod! — Igen, van (barátom).
        Nekem van (barátom).
       — Nincs (barátom).
        Nekem nincs (barátom).
Vannak ismerőseid? — Igen, vannak (ismerőseim).
        Nekem vannak (ismerőseim).
       — Nincsenek (ismerőseim).
       — Nekem nincsenek (ismerőseim).

> Kije van?
> Mije van?

Nem kell (illik, szabad, érdemes, szükséges, fölösleges, kár, jó, rossz, fontos ...) megnéznünk ezt a filmet.
Van egy jegyem a szombati koncertre.
A pénztárat délben nyitják.

Szövegek

Szeged °°

Szeged, Csongrád megye székhelye Délkelet-Magyarországon fekszik. Úgy mondják, hogy Szeged főutcája a Tisza. Szeged belvárosa a Tisza jobb partján, az új lakótelepek nagy része pedig a Tisza bal partján terül el.

A Tisza vízjárása szélsőséges. Három árvize van: a kora tavaszi, a kora nyári (»zöld ár«) és az őszi. Ha a Duna és a Tisza kora tavaszi áradása egybeesik, a Tisza vize nem tud befolyni a Dunába, és ez árvizet okoz.

Szeged lakosságára jellemző, hogy az értelmiségiek aránya magas. Szeged iskolaváros, egészségügyi és művelődési központ. Szeged iparában jelentős a textilipar. A másik hagyományos iparág az élelmiszeripar. Országosan ismert a szalámigyár, a paprikafeldolgozó és a konzervgyár. A faipar szintén jelentős.

A városban két egyetem, három főiskola, számos középiskola, szakmunkásképzők és egészségügyi szakiskolák vannak. A tanulók száma fölér egy közepes magyar város lakosságával. Szeged minden évben több mint kétezer diplomást bocsát útjára.

Bemutatkozás °°

Nevem Nagy Katalin. Egyetemi hallgató vagyok. A szegedi József Attila Tudományegyetemen tanulok.

Egész családunk Szegeden lakik. Itt laknak a nagyszüleim, a szüleim, a testvéreim és a rokonaink. Igazi nagycsalád vagyunk. Van egy bátyám, egy nővérem, egy húgom és egy öcsém. Apám a szegedi textilgyárban dolgozik. Mérnök. A gyár tervezési osztályának a vezetője.

Anyám foglalkozása könyvtáros. A Somogyi Könyvtárban dolgozik. István, a bátyám orvos. Az egyetemi kórházban dolgozik. Most éppen szakorvosi vizsgájára készül. Még nőtlen.

Zsuzsa, a nővérem óvónő. Nagyon szereti a kicsi gyerekeket. Neki is van egy kisfia.

Az öcsém és a húgom még iskolások. Árpád, az öcsém az általános iskola hetedik osztályába jár, Andrea, a húgom még csak ötödikes.

Az egyetem elvégzése után valószínűleg én is Szegeden keresek magamnak állást. Szeretem ezt a várost. Családunk minden tagja jól érzi itt magát, hiszen minden rokonunk, barátunk és jó ismerősünk a közelünkben van.

Farsang °°

(Pista, Kati, Márti, Éva)

M: Van már valami programotok a hét végére?

K: Nekem színházjegyem van vasárnapra, de szombat estére még nincs semmi programom.

U: Az én hétvégi programom már kész. Hazautazom a szüleimhez. Apámnak születésnapja lesz.

É: Nekem ezen a hétvégén nem sok dolgom lesz. Szombat estig mindent el tudok végezni.

P: Nem akartok eljönni a német ösztöndíjasok farsangi bulijára? Az tavaly is nagyon jó volt. Úgy tudom, mindenkit szívesen látnak, aki el akar jönni. Az est első részében beszélnek a különböző német vidékek farsangi szokásairól, azután pedig tánc lesz. A jelmez, persze kötelező.

K: Jaj, de jó lesz! Csak az a baj, hogy nincs jelmezem.

É: Nekem sincs. De majd kitalálunk valamit.

P: A német lányok biztosan segítenek majd. Az ő jelmezeik mindig nagyon ötletesek. Csak gyertek nyugodtan!

M: Kár, hogy nem leszek itt! Elmesélitek majd, hogy milyen volt?

P: Természetesen.

K: Mennyibe kerül a belépőjegy?

P: Nekünk nem kell fizetnünk. Csak azoknak kell fizetniük, akiknek nem lesz jelmezük.

É: Akkor mindenesetre jelmezben jövünk.

K: Viszünk magunkkal enni- és innivalót. Üres kézzel nem illik mennünk.

P: Megmondom a német csoportnak, hogy jöttök. Rendben?

K és É: Rendben!

Az apja vagy az anyja? (Anekdota) °°

Az teniszversenyen így szól egy öreg úr a szomszédjához:
— Hallatlan, hogy néznek ki ezek a mai fiatal lányok! Nézze csak azt ott, alig lehet egy fiatalembertől megkülönböztetni.
~ Ah, az az én lányom!
— Bocsánat, uram! Nem tudtam, hogy ön az apja.
~ Pardon, én az anyja vagyok!

Szavak

Igék

befolyik	münden	képez	ausbilden
egybeesik vmivel	zusammenfallen mit	készül vmire	sich vorbereiten
elmesél	erzählen	kitalál	sich ausdenken
elterül	sich erstrecken, liegen	következik *intransitiv*	folgen
fáj	schmerzen	letesz	ablegen
fél vmitől	sich fürchten, Angst haben	megkülönböztet	unterscheiden
		nyit	öffnen
fölér vmivel	gleichen, entsprechen	okoz	verursachen
		sikerül	gelingen
		szól	sagen
illik	sich gehören	táncol	tanzen

Főnevek

ajtó, -k, ajtaja	Tür	egészségügy	Gesundheitswesen
alkalmazott, -ak, -ja, -ai	Angestellter	édesanya, -ʹk, -anyja	Mutter
állás, -ok, -t	Stellung, Stelle	édesapa, -ʹk, -apja	Vater
ár, -ok, -t	Strömung	élelmiszeripar, -t	Lebensmittelindustrie
arány, -ok, -t	Anteil, Verhältnis, Proportion	ellátás, -t	Versorgung
árvíz, -vizek	Hochwasser, Überschwemmung	erő, -k, ereje	Kraft
báty, -ák, -ja	(älterer) Bruder	értelmiségi, -ek	Intelligenz, Intellektueller
belépőjegy, -ek	Eintrittskarte	étvágy	Appetit
belváros, -ok, -t	Innenstadt	faipar, -t	Holzindustrie
benzin, -t	Benzin	farsang, -ja	Fasching
blúz, -ok, -t	Bluse	fehérnemű, -k	Wäsche
bőrönd, -ök, -je	Koffer	fej, -ek, -et	Kopf
buli, -k *ugs.*	Fete	feladat, -ok	Aufgabe
bútor, -ok, -t	Möbel	feleség, -ek	Ehefrau
ceruza, -ʹk	Bleistift	férj, -ek, -et	Ehemann
cipő, -k	Schuh	fésű, -k	Kamm
csónak, -ok, -ja	Boot	fog, -ak	Zahn
delegáció, -k	Delegation	fogas, -ok, -t	Kleiderhaken
diplomás, -ok, -t	Absolvent	foglalkozás, -ok, -t	Tätigkeit, Beruf
ebédjegy, -ek	Essenmarke	főiskola, -ʹk	Hochschule
egészség	Gesundheit	főnök, -ök	Chef

főutca, -k	Hauptstraße
fül, -ek	Ohr
fizet, -ek	Heft
gyomor, gyomrok, gyomra	Magen
haj, -at	Haar
hang, -ok, -ja	Stimme
hanglemez, -ek	Schallplatte
harisnya, -k	Strumpf
has, -ak	Bauch
hát, -ak	Rücken
hétvég, -ek	Wochenende
holmi, -k	Zeug, Sache
húg, -ok	(jüngere) Schwester
igazgatás, -t	Verwaltung
igazolvány, -ok, -t	Ausweis
ing, -ek	Hemd
ipar, -t	Industrie
iparág, -ak	Industriezweig
iskolaváros, -ok, -t	Schulstadt, Bildungszentrum
jelmez, -ek, -t	Kostüm (Verkleidung)
jövedelem, jövedelmek	Einkommen
kabát, -ok, -ja	Mantel
kalap, -ok, -ja	Hut
kar, -ok, -t, -ja	Arm
kedv	Lust, Stimmung, Laune
kéz, kezek	Hand
könyvtáros, -ok, -t	Bibliothekar
középiskola, -k	Mittelschule (Gymnasium)
központ, -ok, -ja	Zentrum
kulcs, -ok	Schlüssel
lakóhely, -ek	Wohnort
lakosság	Einwohner
lakótelep, -ek	Neubaugebiet, Wohnsiedlung
láb, -ak	Bein, Fuß
leves, -ek, -t	Suppe
ló, lovak, lova	Pferd
medence, -k	Becken
megye, -k	Komitat (Verwaltungseinheit in Ungarn)
munkahely, -ek	Arbeitsstelle
mű, művek, műve	Werk
művelődés, -t	Bildung
nadrág, -ok, -ja	Hose
nagyszülő, -k	Großeltern
név, nevek, neve	Name
nővér, -ek, -t	(ältere) Schwester
ország, -ok	Land
óvoda, -k	Kindergarten
óvónő	Kindergärtnerin
öcs, -ék, öccse	jüngerer Bruder
ösztöndíjas, -ok, -t	Stipendiat
ötödikes, -ek, -t	Schüler der fünften Klasse
paprikafeldolgozó, -k	Paprikaverarbeitungsbetrieb
part, -ok, -ja	Ufer
polc, -ok	Regal
pulóver, -ek, -t	Pullover
rektor, -ok, -t	Rektor
rész, -ek, -t	Teil
sapka, -k	Mütze
sál, -ak, -ja, -ai	Schal
szakmunkás, -ok	Facharbeiter
szakiskola, -k	Fachschule
szakorvos, -ok, -t	Facharzt
szám, -ok	Zahl
székhely, -ek	Sitz, Hauptstadt
szem, -ek	Auge
szokás, -ok, -t	Brauch
szoknya, -k	Rock
születésnap, -ok, -ja	Geburtstag
szülőváros, -ok, -t	Geburtsstadt
tag, -ok, -ja	Mitglied, Glied
találkozó, -k	Treffen
tánc, -ok	Tanz
tanítvány, -ok, -t	Schüler von
táska, -k	Tasche
teniszverseny, -ek, -t	Tennisspiel

testvér, -ek, -t	Geschwisterteil (Bruder oder Schwester)	váza, -k	Vase
		vese, -k	Niere
		vezető, -k	Leiter
textilgyár, -ak	Textilfabrik	vidék, -ek	Gegend
Tisza	Theiß	vízjárás, -t	Wasserführung
torok, torkok, torka	Hals (Kehle)	zokni, -k, -jai	Socke
		zseb, -ek	Tasche
üzem, -ek	Betrieb	zsebkendő, -k	Taschentuch

Melléknevek

délkelet	Südost	közepes, -en	mittlerer, mittelgroß
egészséges, -en	gesund		
fölösleges, -en	überflüssig	nőtlen, -ül	unverheiratet (Mann)
hagyományos, -an	traditionell		
hallatlan, -ul	unerhört	nyugodt	ruhig
igaz	wahr	számos	zahlreich
jelentős, -en	bedeutend	szélsőséges	extrem unterschiedlich
jellemző vmire	charakteristisch		
kora	früh	zöld	grün
kötelező	pflicht-, obligatorisch		

Más szófajok

alig	kaum	valószínűleg	wahrscheinlich
úgy	so		

Szókapcsolatok

egészségügyi szakiskola	Fachschule für Gesundheitswesen
Gyere! Gyertek!	Komm! Kommt!
kár	es lohnt sich nicht, schade
mindenesetre	auf jeden Fall
Nézze csak!	Schauen Sie mal!
sok dolga van	er hat viel zu tun
Somogyi Könyvtár	Somogyi Bibliothek (größte Bibliothek von Szeged)
szakmunkásképző szakiskola	Berufsschule
tervezési osztály	Abteilung für Planung
több mint	mehr als
útjára bocsát	auf den Weg schicken, entlassen

Nyelvtan

52. Die Personalsuffigierung des Infinitivs **csinál** »machen«, **beszél** »sprechen«,
ül sitzen«

Sg.	1. Ps.	csinálnom	beszélnem	ülnöm
	2. Ps.	csinálnod	beszélned	ülnöd
	3. Ps.	csinálnia	beszélnie	ülnie
Pl.	1. Ps.	csinálnunk	beszélnünk	ülnünk
	2. Ps.	csinálnotok	beszélnetek	ülnötök
	3. Ps.	csinálniuk	beszélniük	ülniük

53. Anwendungsbereich des personalsuffigierten Infinitivs

Der personalsuffigierte Infinitiv wird zur Verdeutlichung des Personenbezuges verwendet:
— bei unpersönlichen (über kein vollständiges Paradigma verfügenden) und unpersön-
lich gebrauchten Verben wie **kell** »müssen«, **sikerül** »gelingen«, **illik** »sich gehören«
und
— bei einigen Nomina wie **szabad** »erlaubt«, **érdemes** »lohnend«, **tilos** »verboten«, **szük-
séges** »notwendig«, **fölösleges** »überflüssig«, **jó** »gut«, **rossz** »schlecht« u. a. m.
In diesen Fällen haben die genannten Verben und Nomina die Funktion des Prädi-
kats, während die personalsuffigierten Vollverben das Subjekt ausdrücken:

Sokat **kell** pihennem. »Ich **muß** viel ruhen.«

Nem illik nevetnünk. »Es **gehört sich** nicht, daß wir lachen.«

Nem **szabad** felkelnie. »Er **darf** nicht aufstehen.«

Érdemes megnézned ezt a filmet. »Es **lohnt sich** (für dich) diesen Film anzusehen.«

Nem **szükséges** jönnötök. »Es ist nicht **nötig**, daß ihr kommt. Ihr braucht nicht
zu kommen.«

Fölösleges ennivalót hoznod. »Es ist **überflüssig**, daß du etwas zu essen mit-
bringst.«

Kár erről beszélnünk. »Es **lohnt sich nicht** (für uns), darüber zu reden.«

Jó lesz találkoznunk. »Es wird **schön** sein (für uns), sich zu treffen.«

Rossz volt elválnunk. »Es war **schlecht/unangenehm** (für uns), sich zu trennen.«

Wird das logische Subjekt konkret genannt, wird es mit dem Suffix **-nak, -nek** versehen:

Évának sokat **kell** pihennie. »**Éva muß** viel ruhen.«

A betegnek **szabad** ennie. »**Der Kranke** darf essen.«

A szülőknek nem **kell** jönniük. »**Die Eltern müssen** nicht kommen.«

oder:

Neki (Évának) sokat **kell** pihennie. »**Sie** (Éva) muß viel ruhen.«

Nekik (a szülőknek) nem **kell** jönniük. »**Sie** (die Eltern) müssen nicht kommen.«

Bei der konkreten Nennung des Subjektes kann in der Umgangssprache die Personal-
suffigierung des Vollverbs entfallen:

Évának sokat kell pihenni. »Éva muß viel ruhen.«
A szülőknek nem kell jönni. »Die Eltern müssen nicht kommen.«

Soll ein allgemeines Subjekt ausgedrückt werden, entfällt die Personalsuffigierung
ebenfalls:

Itt nem szabad dohányozni. »Hier darf man nicht rauchen.«
Itt kell jegyet váltani. »Hier muß man Fahrkarten lösen.«

54. Das System der Possessivsuffixe

Die Funktion der Possessivpronomen des Deutschen übernehmen im Ungarischen in
den meisten syntaktischen Positionen die Possessivsuffixe (besitzanzeigende Suffixe). Sie
werden den Substantiven in der gleichen Weise angefügt wie das Plural-**k**:

Einbesitz — auf Vokal auslautende Substantive

autó »das Auto«, **tévé** »das Fernsehgerät«, **cipő** »der Schuh«, **ruha** »das Kleid«, **lecke**
»die Lektion«, **erő** »die Kraft«, **ajtó** »die Tür«, **ló** »das Pferd«, **mű** »das Werk«

Sg.	1. Ps.	autóm	tévém	cipőm	ruhám	leckém
	2. Ps.	autód	tévéd	cipőd	ruhád	leckéd
	3. Ps.	autója	tévéje	cipője	ruhája	leckéje
Pl.	1. Ps.	autónk	tévénk	cipőnk	ruhánk	leckénk
	2. Ps.	autótok	tévétek	cipőtök	ruhátok	leckétek
	3. Ps.	autójuk	tévéjük	cipőjük	ruhájuk	leckéjük

Veränderung des Endvokals in der 3. Ps. Sg. und Pl. bei den Substantiven vom Typ
erő und **ajtó**:

Sg.	3. Ps.	ereje	ajtaja
Pl.	3. Ps.	erejük	ajtajuk

Stammveränderung bei den Substantiven vom Typ **ló** und **mű**:

Sg.	1. Ps.	lovam	művem
	2. Ps.	lovad	műved
	3. Ps.	lova	műve
Pl.	1. Ps.	lovunk	művünk
	2. Ps.	lovatok	művetek
	3. Ps.	lovuk	művük

Verstärkte Betonung der Person des Besitzers:

Sg.	1. Ps.	az én autóm	»mein Auto«
	2. Ps.	a te autód	»dein Auto«
	3. Ps.	az ő autója	»sein Auto«
Pl.	1. Ps.	a mi autónk	»unser Auto«
	2. Ps.	a ti autótok	»euer Auto«
	3. Ps.	az ő autójuk	»ihr Auto«

Einbesitz — auf Konsonant auslautende Substantive

rokon »der Verwandte«, nővér »die Schwester«, ismerős »der Bekannte«, ház »das Haus«, kéz »die Hand«, madár »der Vogel«, levél »der Brief«, gyomor »der Magen«, szorgalom »der Fleiß«, jövedelem »das Einkommen«, darab »das Stück«, család »die Familie«, hang »die Stimme«, kalap »der Hut«, barát »der Freund«, csónak »das Boot«

Sg.	1. Ps.	rokonom	nővérem	ismerősöm
	2. Ps.	rokonod	nővéred	ismerősöd
	3. Ps.	rokona	nővére	ismerőse
Pl.	1. Ps.	rokonunk	nővérünk	ismerősünk
	2. Ps.	rokonotok	nővéretek	ismerősötök
	3. Ps.	rokonuk	nővérük	ismerősük

Abweichungen bzw. Stammveränderung bei einer Gruppe von Substantiven wie bei der Pluralbildung:

> házam, kezem, madaram, levelem, gyomrom, szorgalmam, jövedelmem usw.

Abweichungen in der 3. Ps. Sg. und Pl. bei vielen, vor allem tiefvokaligen Substantiven auf -b, -d, -g, -p, -t und -k:

Sg.	3. Ps.	darabja	családja	hangja	kalapja	barátja	csónakja
Pl.	3. Ps.	darabjuk	családjuk	hangjuk	kalapjuk	barátjuk	csónakjuk

Einbesitz — Abweichungen im Bereich der Verwandtschaftsbezeichnungen
apa »der Vater«, anya »die Mutter«, fiú »der Sohn«, báty »der ältere Bruder«, öcs »der jüngere Bruder«

Sg.	1. Ps.	apám	anyám	fiam	bátyám	öcsém
	2. Ps.	apád	anyád	fiad	bátyád	öcséd
	3. Ps.	apja	anyja	fia	bátyja	öccse
Pl.	1. Ps.	apánk	anyánk	fiunk	bátyánk	öcsénk
	2. Ps.	apátok	anyátok	fiatok	bátyátok	öcsétek
	3. Ps.	apjuk	anyjuk	fiuk	bátyjuk	öccsük

Mehrbesitz — auf Vokal auslautende Substantive

Sg.	1. Ps.	autóim	tévéim	ruháim	leckéim	lovaim	műveim
	2. Ps.	autóid	tévéid	ruháid	leckéid	lovaid	műveid
	3. Ps.	autói	tévéi	ruhái	leckéi	lovai	művei
Pl.	1. Ps.	autóink	tévéink	ruháink	leckéink	lovaink	műveink
	2. Ps.	autóitok	tévéitek	ruháitok	leckéitek	lovaitok	műveitek
	3. Ps.	autóik	tévéik	ruháik	leckéik	lovaik	műveik

Bei Substantiven auf **i**:

kocsijaim, kocsijaid, kocsijai ... »meine Wagen, deine Wagen, seine Wagen ...«

Mehrbesitz — auf Konsonant auslautende Substantive

Sg.	1. Ps.	rokonaim	ismerőseim
	2. Ps.	rokonaid	ismerőseid
	3. Ps.	rokonai	ismerősei
Pl.	1. Ps.	rokonaink	ismerőseink
	2. Ps.	rokonaitok	ismerőseitek
	3. Ps.	rokonaik	ismerőseik

Stammveränderung wie bei der Pluralbildung:

madaraim, madaraid ... »meine Vögel, deine Vögel ...«
leveleim, leveleid ... »meine Briefe, deine Briefe ...«

Bei Substantiven auf -b, -d, -g, -p, -t, -k:

kalapjaim ... »meine Hüte ...«, darabjaim ... »meine Stücke ...«,
csónakjaim ... »meine Boote ...« usw.

Vor Substantiven mit Possessivsuffix steht in der Regel der bestimmte Artikel:

az autóm »**mein** Auto«
a tévém »**mein** Fernsehgerät«
a cipőm »**meine** Schuhe«

In der gehobenen Umgangssprache und in der Literatursprache wird der bestimmte
Artikel oft auch weggelassen:

Péter várja barátját. »Peter erwartet seinen Freund.«
Budán lakom szüleimmel. »Ich wohne mit meinen Eltern in Buda.«

Besonders häufig steht die artikellose Form am Satzanfang:

Országunk a Kárpát medencében fekszik. »Unser Land liegt im Karpatenbecken.«

Steht vor einem Substantiv mit Possessivsuffix der unbestimmte Artikel **egy** »ein«, so entspricht dies dem deutschen »einer von«:

Egy barátom külföldön dolgozik. »**Einer** von meinen/**meiner** Freunde arbeitet im Ausland.«

Soll die Person des Besitzers hervorgehoben werden, tritt vor das Substantiv mit Possessivsuffix das entsprechende Personalpronomen. Dabei wird in der 3. Ps. Pl. ebenso wie im Sg. das Personalpronomen ő »er« verwendet. In diesen Fällen darf der bestimmte Artikel nicht fehlen:

az én cipőm »**meine** Schuhe«, **a te** cipőd »**deine** Schuhe«, **az ő** cipőjük »**ihre** Schuhe«

Treten die possessivsuffigierten Substantive als Objekte im Satz auf, sind sie stets bestimmt:

Péter várja **(a) barátját**. »Peter erwartet **seinen Freund**.«
Keresem **(a) kollégáimat**. »Ich suche **meine Kollegen**.«

Wird ein Substantiv mit mehreren Suffixen versehen, treten zuerst die Possessivsuffixe an:

A **házunkban** kilenc család lakik.
»**In unserem** Haus wohnen neun Familien.«
Együtt lakom a barát**ommal**.
»Ich wohne zusammen **mit meinem** Freund.«
Meglátogatom az ismerő**seimet**.
»Ich besuche **meine** Bekannten.«

55. Das Possessivattribut

Dem deutschen Genitivattribut entspricht im Ungarischen das Possessivattribut. Genau wie bei adjektivattributiven Fügungen geht dabei das determinierende Glied dem Determinierten voran, wobei letzteres stets mit dem Possessivsuffix der 3. Ps. Sg. (Ein- oder Mehrbesitz) versehen ist:

A lány családja Szegeden lakik.
»**Die Familie des Mädchens** wohnt in Szeged.«
Az egyetem dolgozói a menzán ebédelnek.
»**Die Mitarbeiter der Universität** essen in der Mensa.«
A lányok öltözője a bal oldalon van.
»**Der Umkleideraum der Mädchen** ist auf der linken Seite.«
Az egyetemek rektorai februárban találkoznak.
»**Die Rektoren der Universitäten** treffen sich im Februar.«

Das determinierende Glied der attributiven Fügung kann mit dem Suffix **-nak, -nek**
versehen werden. In diesem Falle darf der bestimmte Artikel vor dem Determinierten
nicht fehlen:

> A lánynak a családja ... »Die Familie des Mädchens ...«
>
> Az egyetemnek a dolgozói ... »Die Mitarbeiter der Universität ...«
>
> A lányoknak az öltözője ... »Der Umkleideraum der Mädchen ...«
>
> Az egyetemeknek a rektorai ... »Die Rektoren der Universitäten ...«

Obligatorisch ist die Kennzeichnung des determinierten Gliedes durch **-nak, -nek** in
folgenden Fällen:

— Bei mehrgliedrigen Possessivattributen zur Kennzeichnung des letzten determinie-
renden Gliedes:

> A lány apjának a főnöke jó szakorvos.
>
> »Der Chef des Vaters des Mädchens ist ein guter Facharzt.«
>
> Az egyetemek rektorainak a találkozója februárban lesz.
>
> »Das Treffen der Rektoren der Universitäten findet im Februar statt.«

— Wenn das determinierende Glied mit einem Demonstrativpronomen verbunden oder
wenn es ein Interrogativpronomen ist:

> **Ennek** a lánynak a családja Szegeden lakik.
>
> »Die Familie dieses Mädchens wohnt in Szeged.«
>
> **Kinek** a családja lakik Szegeden?
>
> »Wessen Familie wohnt in Szeged?«

— Wenn zwischen das determinierende und das determinierte Glied andere Satzteile
treten:

> A lánynak Szegeden lakik **a családja**.
>
> »In Szeged wohnt die Familie des Mädchens.«

56. Ausdruck des deutschen transitiven Verbs »haben«

Dem deutschen transitiven Verb »haben« entspricht im Ungarischen die Konstruktion
van bzw. **vannak** plus **possessivsuffigiertes Substantiv**:

> **Van** időm. »Ich habe Zeit.«
>
> **Vannak** barátaim. »Ich habe Freunde.«

Die verneinten Formen lauten:

> **Nincs** időm. »Ich habe keine Zeit.«
>
> **Nincsenek** barátaim. »Ich habe keine Freunde.«

Zur Hervorhebung des Besitzers dienen die Personalformen des Suffixes **-nak, -nek**:

> **Nekem van** időm. »Ich habe Zeit.«
>
> **Nekem vannak** barátaim. »Ich habe Freunde.«

Soll der Besitzer explizit genannt werden, wird das Suffix **-nak, -nek** verwendet:

Péternek van ideje. »**Peter** hat Zeit.«

Péternek vannak barátai. »**Peter** hat Freunde.«

Für den Ausdruck der Zeit des Sachverhalts werden die Zeitformen des Verbs **van** verwendet:

Van időm. »Ich **habe** Zeit.«

Volt időm. »Ich **hatte** Zeit.«

Lesz időm. »Ich **werde** Zeit haben.«

57. Das allgemeine Subjekt

Eine Möglichkeit für den Ausdruck des allgemeinen Subjekts (Handlungsträger unbekannt, oder er soll oder kann nicht genannt werden) bietet die 3. Ps. Pl. des Verbs. Diese Form wird häufig als Äquivalent für die deutsche Passivkonstruktion verwendet:

A moziban egy új angol filmet **játszanak**.

»Im Kino **spielt man/wird gespielt** ein neuer ungarischer Film.«

Az élelmiszerüzleteket nyolc órakor **nyitják**.

»Die Lebensmittelgeschäfte **öffnet man/werden geöffnet** um acht Uhr.«

58. Das Suffix -ra, -re als finaladverbiales Suffix

Das Suffix **-ra, -re** kann auch in finaler Bedeutung auftreten. Seine deutsche Entsprechung ist in dieser Funktion meistens die Präposition »für«:

Van egy jegyem a szombati előadá**sra**.

»Ich habe eine Karte **für** die Vorstellung am Sonnabend.«

Nincs időm bevásárlá**sra**.

»Ich habe keine Zeit **für** den Einkauf.«

Nincs pénzem egy világkörüli utazá**sra**.

»Ich habe kein Geld **für** eine Reise rund um die Erde.«

Gyakorlatok és feladatok

1. Bilden Sie die Mehrbesitzform.

gyár	feladat	igazolvány	munkatárs	rokon	terv
barát	főnök	ismerős	nadrág	ruha	testvér
báty	ing	kabát	nővér	szokás	üzem
blúz	sapka	kalap	ország	szoknya	zsebkendő
bőrönd	holmi	lány	pulóver	szülő	város
bútor	húg	munkahely	rész	táska	orvos

2. Bilden Sie Sätze.

> Muster: könyv — táska
> → A könyvem a táskámban van.

pulóver — szekrény	rádió — szoba	váza — szekrény
cipő — ágy alatt	útlevél — bőrönd	pénz — zseb
füzet — táska	ing — szekrény	igazolvány — asztal
szótár — asztal	kalap — fogas	jegy — barát
kabát — ágy	kocsi — garázs	szoknya — szekrény
sapka — polc	virág — ablak	nadrág — szék

3. Bilden Sie den Dialog. °°

> Muster: főnök / szoba
> → — Hol van a főnököd/főnöke?
> ~ A szobájában.

vendég / szoba	húg / barát	gyerek / ágy
apa / főnök	feleség / fogorvos	nővér / barátnő
anya / barátnő	férj / iroda	báty / egy ismerős
öcs / tanár	ismerős / egy barát	főnök / az ő főnök
barát / orvos	titkárnő / szoba	férj / munkahely

4. Bilden Sie den Dialog. °°

Muster: bőrönd / fehérnemű, nadrág, ruha, szoknya, pulóver
→ — Mi van a bőröndödben/bőröndjében?
~ A fehérneműm, a nadrágom, a ruhám, a szoknyám és
a pulóverem.

---

asztal / füzet, könyv, ceruza, szótár, toll, váza
szoba / ágy, asztal, szék, szőnyeg, rádió, tévé
táska / fésű, igazolvány, útlevél, zsebkendő
szekrény / bőrönd, cipő, fehérnemű, ruha szoknya, blúz
autó / táska, kabát, kalap, sál
zseb / zsebkendő, kulcs, mozijegy

5. Bilden Sie den Dialog. °°

Muster: táska / igazolvány, személyes holmi
→ — Mi van a táskátokban/táskájukban?
~ Csak az igazolványunk és a személyes holmijaink.

---

bőrönd / útlevél, meleg ruha   szekrény / bőrönd, nyári ruha
asztal / váza, magyar könyv   polc / sapka, hanglemez
szoba / tévé, bútor   ágy / kabát, téli holmi
lakás / szőnyeg, összes könyv   ágy fölött / egy polc, könyv
zseb / mozijegy, igazolvány   asztal / táska, füzet

6. Bilden Sie den Dialog.

Muster: fej / torok
→ — Fáj a fejed?
~ A fejem nem fáj, de a torkom nagyon fáj.

---

szem / fül   has / vese
hát / láb   fej / szem
kéz / kar   fog / fej
hát / gyomor   gyomor / has

7. Bilden Sie Sätze.

Muster: Magyarország — főváros — Budapest
→ Magyarország fővárosa Budapest. Minek a fővárosa Budapest?

---

a) a szomszéd — fiú — az udvar — játszik
   Éva — ismerős — is — jön — színház?
   Monika — kabát — a fogas — van
   Péter — édesapa — Budapest — él
   Éva — férj — Szeged — lakik
   Pisti — táska — nagyon nehéz
   Éva — báty — orvos — Szeged
   a család — lakás — a harmadik emelet — van

b) Szabó — főnök — szoba — a második emelet — van
   Pista — húg — barátnő — egyetemista
   az egyetem — busz — vezető — vár — mi
   Péter — apa — kolléga — holnap — jön — Budapest
   Éva — anya — egyik ismerős — megvesz — a színházjegyek
   Monika — barátnő — férj — általános iskola — tanít
   Pista — feleség — barátnő — könyvtár — dolgozik
   Péter — barát — feleség — kórház — van

c) a szomszéd (mi) — gyerekek — az udvar — játszik
   a báty (én) — gyerekek — már — alszik
   a testvér (én) — barátok — ma este — nem — jön
   a gyár (mi) — dolgozók — megbeszélés — tart
   a szomszéd (ti) — vendégek — mikor — jön?
   a család (ők) — ismerősök — ez a város — lakik
   a szoba (ők) — ablakok — a Duna — néz
   az apa (ő) — kollégák — holnap — érkezik

8. Bilden Sie den Dialog. °°

+--+
| a) Muster: könyv — szótár |
| →   — Van már könyved? |
| ~ Könyvem már van, de szótáram még nincs. |
+--+

+--+
| b) Muster: könyv — szótár (Péter) |
| →   — Van már Péternek könyve? |
| ~ Könyve már van, de szótára még nincs. |
+--+

tévé — rádió (János)   mozijegy — hely (Pisti)
szőnyeg — lakás (nővéred)   útlevél — vízum (édesanyád)
bútor — hűtőszekrény (húgod)   meghívó — jelmez (Petra)
ismerős — barát (öcséd)   munkahely — lakás (bátyád)
színházjegy — program (Éva)   kocsi — garázs (Szabó)

9. Bilden Sie den Dialog. Geben Sie bejahende oder verneinende Antworten.

Muster: Évának van lakása.
→   — Neked is van lakásod?
~ Igen. Nekem is van.
~ Nem. Sajnos, nekem nincs.

A szomszédunknak van kocsija.
Péternek vannak barátai Berlinben.
Monikának van munkahelye.
Pistának van vonatjegye.
Évának van jelmeze.
Jürgennek van meghívója.

Annának van férje.
Gézának van felesége.
Az öcsémnek van igazolványa.
Évának van gyereke.
A tanárunknak már van helye.

10. Übersetzen Sie.

Ich war gestern nicht im Theater. Ich hatte keine Lust.
Er war gestern nicht im Unterricht. Er hatte keine Zeit.
Wir waren gestern nicht im Kino. Wir hatten kein Geld.
Sie waren gestern nicht im Konzert. Sie hatten keine Zeit.
Du warst gestern nicht in der Mensa. Hattest du keine Essenmarke?
Ihr wart gestern nicht im Restaurant. Hattet ihr kein Geld?
Du warst gestern nicht bei der Faschingsfeier. Hattest du kein Kostüm?
Ihr wart gestern nicht am Bahnhof. Hattet ihr keinen Wagen?

11. Übersetzen Sie.

Kommt ihr morgen ins Theater? Wenn wir Karten haben werden, kommen wir.
Kommst du heute abend ins Kino? Wenn ich Zeit haben werde, komme ich.
Gehen wir morgen ins Restaurant? Wenn wir Geld haben werden, gehen wir.
Kommt Monika morgen ins Konzert? Wenn sie Zeit haben wird, kommt sie.
Fahren Péter und Éva morgen zum Flughafen? Wenn sie ein Auto haben werden, fahren sie.
Geht ihr morgen zur Vorlesung? Wenn wir Bücher haben werden, gehen wir.
Kommst du morgen zur Faschingsfeier? Wenn ich ein Kostüm haben werde, komme ich.

12. Übersetzen Sie.

> a) Muster: Wer hat Zeit? Ich.
> → Kinek van ideje? Nekem.

Wer hat eine Essenmarke? Wir. Wer hat ein Kostüm? Wir.
Wer hat eine Wohnung? Sie. Wer hat ein Fernsehgerät! Ich.
Wer hat ein Programm? Du? Wer hat Geld? Ihr.
Wer hat eine Uhr? Ihr? Wer hat Lust? Wir.

> b) Muster: Habt ihr viel zu tun? Nein, wir haben nicht viel zu tun.
> → Sok dolgotok van? Nem, nincs sok dolgunk.

Hast du viele Pläne? Nein ... Haben wir viel Geld? Nein ...
Habt ihr eine große Wohnung? Nein ... Hast du gute Laune? Nein ...
Haben Sie gute Plätze? Nein ... Habt ihr viele Verwandte? Nein ...
Hat er viele Freunde? Nein ... Hat er viel Zeit? Nein ...

13. Bilden Sie den Dialog.

> Muster: Korán kell kelnem.
> → — Neked is korán kell kelned? / Önnek is korán kell kelnie?
> ~ Igen, nekem is korán kell kelnem. / Nem, nekem nem kell korán kelnem.

Sokat kell tanulnom. Berlinbe kell utaznom.
Az egyetemen kell ebédelnem. Magyarországra kell mennem.
Szállodában kell laknom. Dolgoznom kell.
Irnom kell egy levelet. Sietnem kell.

14. Antworten Sie auf die Fragen.

a) Hol fekszik Szeged? Melyik megye székhelye Szeged? Hol fekszik a belváros? Hol terül el a lakótelepek nagy része? Milyen a Tisza vízjárása? Mi történik, ha a Duna és a Tisza kora tavaszi áradása egybeesik? Mi jellemző Szeged lakosságára? Milyen város Szeged? Milyen gyárak vannak a városban? Milyen iskolák és egyetemek vannak Szegeden? Mennyi a tanulók száma? Hány diplomást bocsát a város évente útjára?

b) Hol lakik Nagy Katalin? Mi a foglalkozása? Hol tanul? Hol lakik a családja? Hány testvére van Katalinnak? Hol dolgozik az édesapja? Mi a foglalkozása? Hol dolgozik az édesanyja? Mi a foglalkozása a bátyjának? Hol dolgozik a nővére? Van már gyereke? Hányadik osztályba jár az öccse és a húga? Hol akar Katalin állást keresni az egyetem elvégzése után? Miért?

15. Übersetzen Sie.

Kati, Márti, Éva und Pista unterhalten sich über ihr Wochenendprogramm. Kati weiß
noch nicht, was sie am Sonnabend machen wird. Márti fährt zu ihren Eltern, weil ihr
Vater Geburtstag hat. Éva hat am Wochenende nicht viel zu tun. Sie denkt, daß sie
bis Sonnabend abend alles schafft. Pista hat eine gute Idee. Er weiß, daß die deutschen
Studenten, die in Szeged studieren, eine Faschingsfete veranstalten. Er lädt die Mäd-
chen zu dieser Feier ein. Sie freuen sich sehr über die Einladung. Aber sie haben ein
Problem: sie haben kein Kostüm. Sie glauben aber, daß sie eine Lösung finden werden.

HETEDIK LECKE

Mondatminták

A tied ez a lakás? Nem az enyém, a Pistáé. Az övé. ⎤ Kié?
A tietek ez a lakás? Nem a mienk, a Pistáéké. Az övék. | Kiké?
Voltál már a Pista lakásában? A Pistáéban? Az övében. ⎦ Kiében?

Sok virág van a kertben. Sok szép virág van benne. ⎤
Váza van az asztalon. Egy szép régi váza van rajta. | Hol?
Már voltam Katinál. Tegnap voltam nála. ⎦

Cukrot teszek a teába. Egy kis cukrot teszek bele. ⎤
Virágot teszek az asztalra. Friss virágot teszek rá. | Hová?
Elmegyek az orvoshoz. Holnap elmegyek hozzá. ⎦

Kiveszem a kulcsot a táskámból. Kiveszem belőle. ⎤
Leveszem a vázát az asztalról. Leveszem róla. | Honnan?
Most jövök a péktől. Éppen most jövök tőle. ⎦

Éva játszik az öccsével. Minden nap játszik vele. ⎤ Kivel?

Szabóéknak szükségük van egy új lakásra.
Szabóék egy szép régi házban szeretnének lakni.

Március tizenötödike ünnepnap. ⎤ Hányadika?

gond-os	→	gondos	gond-atlan	→ gondatlan
rend-es	→	rendes	rend-etlen	→ rendetlen
fekete haj-ú	→	fekete hajú	kék szem-ű	→ kék szemű
érdekes témá-jú	→	érdekes témájú	nagy ere-jű	→ nagy erejű

Szövegek

A Váci utca °°

Ha kinézünk a P.család nappali szobájának ablakán, látjuk a Kígyó utcát, az Erzsébet hidat, az egyetemet. Az utca kövezetéből napközben szinte semmi sem látszik. Sok-sok ember megfordul itt, különösen nyári és őszi délelőttökön és délutánokon. Sétálnak, kirakatokat nézegetnek, vásárolnak. Vannak, akik betérnek valamelyik presszóba vagy étterembe.

A P.család a Váci utcában lakik, a felújított régi házak egyikében. Otthonuk tágas, világos, kényelmes. Szeretnek itt lakni, bár az ablakokat nappal be kell csukni, ha érteni akarják egymás szavát.

A Váci utcában lakni jó. Úgy mondják, ez Budapest szíve. Az ember úgy érzi, hogy minden körülötte történik.

A Váci utcában lakni rossz. Mert az embernek nincs egy nyugodt pillanata. Óriási a hangzavar, a tülekedés. A belvárosban nem lehet pihentető sétára menni.

Régen is üzletnegyed volt ez a városrész, ma is kereskedelmi, idegenforgalmi centrum.

A Váci utca nemcsak a fővárosé, hanem az egész országé.

Krúdy Gyula író szerint »a Váci utcában mindig tavasz van ... Magyarország legszebb utcája, hozzá nem hasonlítható a földkerekség egyetlen utcája sem.«

Örkény István: Apróhírdetés — Örök nosztalgia

»Joliot Curie téri, ötödik emeleti, kétszobás, alkóvos, beépített konyhabútorral fölszerelt, Sashegyre néző lakásomat sürgősen, ráfizetéssel is elcserélném Joliot Curie téri, ötödik emeleti, kétszoba alkóvos, beépített konyhabútorral fölszerelt lakásra, a Sashegyre néző kilátással.«

Péntek délután °°

(Anya, Zsuzsi)
A: Kié ez a fél pár zokni? A tied, Zsuzsi?
Zs: Nem az enyém, anyu. Az a Pistié. Tudod, milyen rendetlen. Mindig szétszór mindent.
A: És kié ez a blúz, itt a széked alatt?
Zs: Jaj, bocsánat! Az az enyém. Éppen most akarom kimosni.
A: Nekem is ki kell mosnom egy pulóveremet. És az apád fehér ingét. Holnap szüksége lesz rá.
Zs: Akkor az én blúzomat is odaadom, anyu. Leszel olyan kedves, és kimosod? Nagyon szépen kérlek! Nekem rengeteg dolgom van.
A: Hová rohansz már megint?
Zs: Hát először is meg kell írnom egy levelet. Ezt még ma fel akarom adni a postán. Azután fel kell hívnom a barátnőmet. Meg kell mondanom neki, hogy holnap nem tudok elmenni hozzá, de vasárnap meglátogatom. Mi is volt még? Jaj, igen! Vissza kell vinnem egy könyvet a könyvtárba.
A: Tudod mit, Zsuzsikám? Amíg te megírod a levelet, addig én kimosom a holmijainkat. Azután pedig elmegyünk együtt bevásárolni. Segítened kell nekem, apádnak most nincs ideje rá. Útközben feladjuk a levelet és felhívod a barátnődet a postán. Amíg én a vacsorát készítem, addig te visszaviszed a könyvet a könyvtárba. Rendben?
Zs: Tulajdonképpen igazad van. Mire apu és Pisti hazajön, mindennel készen leszünk.

Szavak

Igék

becsuk	schließen	**meggondol**	überlegen
berendez	einrichten	**nézeget**	betrachten, sehen
betér	einkehren	**rohan**	rennen, laufen
érdekel vkit vmi	sich interessieren	**segít vkit**	unterstützen
folyik	verlaufen, fließen	**szétszór**	verstreuen, hin-
jár vhol	irgendwo sein,		schmeißen
	irgendwo hin-	**téved**	sich irren
	kommen	**történik**	geschehen
keres	verdienen	**visszavisz**	zurückbringen
készít	machen, zubereiten	**vonz**	anziehen
látszik	zu sehen sein, scheinen		

Főnevek

anyu	Mutti	**múlt, -at, -ja**	Vergangenheit
apróhírdetés, -ek, -t	Annonce, Inserat	**nosztalgia**	Nostalgie
		otthon, -ok, -t	Heim, Zuhause
apu	Vati	**pedagógus, -ok, -t**	Pädagoge
bank, -ok, -ja	Bank	**pillanat, -ok**	Augenblick,
cél, -ok, -t, -ja	Ziel		Moment
cím, -ek	Titel	**posta, -̇k**	Post
érdeklődő, -k	Interessent	**presszó, -k**	Espresso, kleines
évtized, -ek	Jahrzehnt		Café
figyelem, figyelme	Aufmerksamkeit	**század, -ok**	Jahrhundert
földkerekség	Erdenrund, die	**szív, -ek**	Herz
	ganze Welt	**terület, -ek**	Gebiet
gond, -ok, -ja	Sorge	**történelem, tör-**	Geschichte,
hangzavar, -t	Stimmengewirr	**ténelmet**	Historie
helyzet, -ek	Lage, Situation	**turista, -̇k**	Tourist
kilátás, -ok, -t	Aussicht, Blick	**tülekedés, -t**	Gedränge
kirakat, -ok	Schaufenster	**ünnepnap, -ok, -ja**	Feiertag
konyhabútor, -ok, -t	Küchenmöbel	**üzletnegyed, -ek**	Geschäftsviertel
		városrész, -ek, -t	Stadtteil
kötet, -ek	Band	**vég**	Ende
kövezet, -ek	Pflaster	**vélemény, -ek, -t**	Meinung, Auf-
lehetőség, -ek	Möglichkeit		fassung
megoldás, -ok, -t	Lösung	**Zsuzsi, Zsuzsika**	Susi, Susannchen

Melléknevek

alkóvos	mit Schlafnische	**megfelelő, -en**	entsprechend
beépített	eingebaut	**óriási**	übergroß, riesig
drága, -'n	teuer	**összkomfortos**	mit allem Komfort, Vollkomfort-
egyetlen	einziger		
elég	ziemlich, genug	**pihentető, -en**	erholsam
felújított	rekonstruiert, saniert	**rendes, -en**	ordentlich
		rendetlen, -ül	unordentlich
fölszerelt	ausgestattet	**rengeteg**	sehr viel, eine Unmenge
háromszobás	mit drei Zimmern, Dreizimmer-	**saját**	eigener
kedvező, -en	günstig	**sötét, -en**	dunkel, finster
kulturális	kulturell	**sürgős, -en**	dringend
legszebb	schönster	**tágas, -an**	geräumig, weit

Határozószók

ezután	demnächst, danach, in Zukunft	**napközben**	am Tage
körülötte	um ihn herum	**régen**	früher, seit langem

Kötőszók

bár	obwohl	**valamint**	sowie
mire	bis		

Más szófajok

főleg	hauptsächlich	**mennyire**	wie sehr
hasonlítható vmihez	vergleichbar	**tulajdonképpen**	eigentlich
		valóban	tatsächlich, wirklich

Szókapcsolatok

egyre több	immer mehr	**kertes ház**	Haus mit Garten
elcserélném	ich würde tauschen	**nappali szoba**	Wohnzimmer
idegenforgalmi centrum	Fremdenverkehrszentrum	**Nem csoda!**	Es ist kein Wunder!
igaza van	er hat recht	**ráfizetéssel**	mit Wertausgleich
kereskedelmi centrum	Handelszentrum	**Sashegyre néző**	mit Blick auf Sashegy

Nyelvtan

59. Präsens Konditional des Modalverbs **szeret** »mögen«

	unbestimmte Konjugation	*bestimmte Konjugation*	
Sg. 1. Ps.	szeret**nék**	szeret**ném**	»ich möchte«
2. Ps.	szeret**nél**	szeret**néd**	»du möchtest«
3. Ps.	szeret**ne**	szeret**né**	»er möchte«
Pl. 1. Ps.	szeret**nénk**	szeret**nénk**	»wir möchten«
2. Ps.	szeret**nétek**	szeret**nétek**	»ihr möchtet«
3. Ps.	szeret**nének**	szeret**nék**	»sie möchten«

60. Ausdruck des deutschen Modalverbs »**brauchen**«

Sg. 1. Ps.	Szükségem van	
2. Ps.	Szükséged van	
3. Ps.	Szüksége van	egy lakásra.
Pl. 1. Ps.	Szükségünk van	»Ich, du, er, wir usw.
2. Ps.	Szükségetek van	brauchen eine Wohnung.«
3. Ps.	Szükségük van	

Verneinung:

Sg. 1. Ps.	Nincs szükségem	
2. Ps.	Nincs szükséged	
3. Ps.	Nincs szüksége	lakásra.
Pl. 1. Ps.	Nincs szükségünk	»Ich, du, er, wir usw.
2. Ps.	Nincs szükségetek	brauchen keine Wohnung.«
3. Ps.	Nincs szükségük	

Verstärkter Personenbezug:

Nekem szükségem van egy lakásra. »**Ich brauche** eine Wohnung.«
Pistának szüksége van egy lakásra. »**Pista braucht** eine Wohnung.«

Umgangssprachliche Form:
Nekem kell egy lakás. Etwa: »Ich will/muß eine Wohnung haben.«

61. Das Possessivpronomen als Prädikat

			Kié? — Einbesitz »Wessen ist …?« »Wem gehört …?«	**Kiéi?** — Mehrbesitz »Wessen sind …?« »Wem gehören…?«
Sg.	1.	Ps.	**az enyém** »der meine«	**az enyéim** »die meinen«
	2.	Ps.	**a tied** »der deine«	**a tieid** »die deinen«
	3.	Ps.	**az övé** »der seine«	**az övéik** »die seinen«
Pl.	1.	Ps.	**a mienk** »der unsere«	**a mieink** »die unseren«
	2.	Ps.	**a tietek** »der eu(e)re«	**a tieitek** »die eu(e)ren«
	3.	Ps.	**az övék** »der ihre«	**az övéik** »die ihren«

Beispiele:

Kié ez a könyv? »**Wem gehört** dieses Buch?«

Ez a könyv **az enyém, a tanáré, az öné** … »Dieses Buch **gehört mir, dem Lehrer, Ihnen** …«

Kiéi ezek a könyvek? »**Wem gehören** diese Bücher?«

Ezek a könyvek **az enyéim, a tanáréi, az önéi** … »Diese Bücher **gehören mir, dem Lehrer, Ihnen** …«

a tanár könyve	→ a tanáré »das Buch des Lehrers«	→ »**das des** Lehrers«
a tanár könyvében	→ a tanáréban »im Buch des Lehrers«	→ »**in dem des** Lehrers«
a tanár könyvei	→ a tanáréi »die Bücher des Lehrers«	→ »**die des** Lehrers«
a tanár könyveiben	→ a tanáréiban »in den Büchern des Lehrers«	→ »**in denen des** Lehrers«
a tanárok könyve	→ a tanároké »das Buch der Lehrer«	→ «**das der** Lehrer«
a tanárok könyvei	→ a tanárokéi »die Bücher der Lehrer«	→ »**die der** Lehrer« usw.

62. Pronominaladverbien — Pronomen mit Personenbezug

Hol? »Wo?«	Singular	Plural
-ban, -ben	**bennem, benned, benne**	**bennünk, bennetek, bennük**
-n, -on, -en, -ön	**rajtam, rajtad, rajta**	**rajtunk, rajtatok, rajtuk**
-nál, -nél	**nálam, nálad, nála**	**nálunk, nálatok, náluk**

Beispiele:

Képek vannak a **könyvben**.	→	Képek vannak **benne**.
»**Im Buch** sind Bilder.«	→	»Bilder sind **darin**.«
Könyvek vannak **az asztalon**.	→	Könyvek vannak **rajta**.
»**Auf dem** Tisch sind Bücher.«	→	»Bücher sind **darauf**.«
Egy beteg van **az orvosnál**.	→	Egy beteg van **nála**.
»**Ein Patient ist beim Arzt**.«	→	»Ein Patient ist **bei ihm**.«

Hová? »Wohin?«   Singular   Plural

-ba, -be   belém, beléd, bele   belénk, belétek, beléjük
-ra, -re   rám, rád, rá   ránk, rátok, rájuk
-hoz, -hez, -höz   hozzám, hozzád, hozzá   hozzánk, hozzátok, hozzájuk

Beispiele:

    Kávét töltök **a pohárba.**   → Kávét töltök **bele.**
    »Ich gieße Kaffee **ins Glas.**«   → »Ich gieße Kaffee **hinein.**«
    Sokat goldolok **anyámra.**   → Sokat gondolok **rá.**
    »Ich denke oft **an meine Mutter.**«   → »Ich denke oft **an sie.**«
    Elmegyek **az orvoshoz.**   → Elmegyek **hozzá.**
    »Ich gehe **zum Arzt.**«   → »Ich gehe **zu ihm.**«

Honnan? »Woher?«   Singular   Plural

-ból, -ből   belőlem, belőled, belőle   belőlünk, belőletek, belőlük
-ról, -ről   rólam, rólad, róla   rólunk, rólatok, róluk
-tól, -től   tőlem, tőled, tőle   tőlünk, tőletek, tőlük

Beispiele:

    Pistából tanár lesz.   → Tanár lesz **belőle.**
    »**Aus Pista** wird ein Lehrer.«   → »Es wird ein Lehrer **aus ihm.**«
    A gyerek leszalad **az udvarról.**   → Leszalad **róla.**
    »Das Kind läuft **vom Hof.**«   → »Es läuft **von ihm herunter.**«
    Éva most jön **az orvostól.**   → Most jön **tőle.**
    »Éva kommt gerade **vom Arzt.**«   → »Sie kommt gerade **von ihm.**«

Kivel? »Mit wem?«   Singular   Plural
Mivel? »Womit?«
-val, -vel   velem, veled, vele   velünk, veletek, velük

Beispiele:

    A moziba megyek **anyámmal.**   → A moziba megyek **vele.**
    »Ich gehe **mit meiner Mutter** ins Kino.« → »Ich gehe ins Kino **mit ihr.**«
    Régóta írok **ezzel a tollal.**   → Régóta írok **vele.**
    »Ich schreibe schon lange   → »Ich schreibe schon lange
    mit diesem Füllfederhalter.«   **damit.**«

63. Zusammenfassende Darstellung der Stellung des Verbalpräfixes im Satz

1. Die wichtigste Information ist die durch das verbale Prädikat ausgedrückte Handlung:

    Éva **felveszi** a kabátját. »Éva **zieht** ihren Mantel **an.**«
    Felveszi Éva a kabátját? »**Zieht** Éva ihren Mantel **an?**«

Treten Modalverben, Hilfsverben oder die Konjunktion **is** in Verbindung mit dem verbalen Prädikat als wichtigste Information auf, treten diese zwischen Präfix und Verb:

Éva **fel akarja venni** a kabátját. »Éva **will** ihren Mantel **anziehen.**«
Éva **fel szeretné venni** a kabátját. »Éva **möchte** ihren Mantel **anziehen.**«
Éva **fel is veszi** a kabátját. »Éva **zieht** ihren Mantel **auch an.**«

2. Die wichtigste Information tragen andere syntaktische Einheiten im Satz. Ihnen folgt unmittelbar das verbale Prädikat in der Reihenfolge **Verbstamm** plus **Verbalpräfix:**

Ki veszi fel a kabátját? »**Wer zieht** seinen Mantel **an?**«
Nem Éva veszi fel a kabátját. »**Nicht Éva zieht** ihren Mantel **an.**«
Éva veszi fel a kabátját. »**Éva zieht** ihren Mantel **an.**«
A kabátját veszi fel Éva. »**Ihren Mantel zieht** Éva **an.**«

3. Die wichtigste Information tragen gleichzeitig mehrere syntaktische Einheiten. Ihnen folgt das präfigierte Verb als Teil des Prädikats:

Kinek kell felvennie a kabátját? »**Wer muß** seinen Mantel **anziehen?**«
Évának kell felvennie a kabátját. »**Éva muß** ihren Mantel **anziehen.**«
A kabátját kell felvennie Évának. »**Ihren Mantel muß** Éva **anziehen.**«
Nem Évának kell felvennie a kabátját. »**Nicht Éva muß** ihren Mantel **anziehen.**«
Nem a kabátját kell felvennie Évának. »**Nicht ihren Mantel muß** Éva **anziehen.**«

64. Das Datum

Bei der Datumsangabe wird an erster Stelle das Jahr genannt. Ihm folgt der Monat und der Tag. Das jeweils letzte Glied trägt das Possessivsuffix der 3. Ps. Sg.:

A forradalom kezdete: 1848. március tizenötödike.
»Beginn der Revolution: der 15. März 1848.«
Március tizenötödike ünnepnap. »Der 15. März ist ein Feiertag.«
A forradalom kezdete: 1848 márciusa. »Beginn der Revolution: März 1848.«

Die Relationssuffixe werden dem Possessivsuffix auf die bereits bekannte Weise angefügt:

A forradalom 1948. március tizenötödik**én** volt.
»Die Revolution war **am** 15. März 1848.«
A forradalom 1848 március**ában** volt.
»Die Revolution war **im** März 1848.«

Das offizielle Datum kann wie folgt angegeben werden:

1848, március 15. ┬
1848. márc. 15.
1848. III. 15.   15.3.1848
1848, 3. 15. ┴

65. Das Ableitungssuffix -s (-os, -as , -es, -ös)

Mit seiner Hilfe werden aus Nomen (Substantiven, Adjektiven und Numeralia) Adjektive und Substantive gebildet. Das Ableitungssuffix tritt an die Basiswörter in derselben Weise an, wie das Pluralzeichen -k.

1. Liegt der Ableitung ein Substantiv zugrunde, haben die gebildeten Adjektive die Grundbedeutung »mit dem genannten versehen, ausgestattet, behaftet«:

> vajas kenyér »Butterbrot«
> erdős terület »bewaldetes Gebiet«
> rendes gyerek »ordentliches Kind«

Mit Hilfe des Suffixes -s können bei Konkreta lokale und besitzähnliche Beziehungen zu einer Person, einem Ding u. ä. m. ausgedrückt werden. Daraus resultiert seine hohe Produktivität bis hin zu Gelegenheitsbildungen:

> neves professzor »namhafter Professor«
> ötletes fiú »einfallsreicher Junge«
> családos ember »Mann mit Familie«
> kalapos hölgy »Dame mit Hut«
> kertes ház »Haus mit Garten«
> szemüveges bácsi »bebrillter Onkel«

2. Liegt der Ableitung ein Substantiv zugrunde, das einen Zeitraum bezeichnet, so drückt das entstandene Adjektiv verbunden mit einer Numeralergänzung eine Zeitdauer aus:

> tízperces szünet »Pause von zehn Minuten«
> egyéves részképzés »einjähriges Teilstudium«
> kéthetes szabadság »zweiwöchiger Urlaub«
> egyórás előadás »einstündiger Vortrag«

3. Liegt der Bildung ein Adjektiv zugrunde, so bezeichnen die Ableitungen die im Adjektiv ausgedrückte Eigenschaft in abgeschwächter Form:

> fiatalos »jugendlich«
> beteges »kränklich«
> barnás »bräunlich«

4. Liegt der Ableitung ein Numerale zugrunde, bedeutet das Adjektiv primär »mit der entsprechenden Zahlenangabe versehen«:

> tízes szoba »Zimmer Nummer zehn«
> hatos villamos »Straßenbahn Nummer sechs«
> a százas »der Hunderter (Banknote)«

Hierher gehören auch die Substantivierungen der Kardinalzahlen:

> az egyes »die Eins«
> a kettes »die Zwei«

Die mit Hilfe des Ableitungssuffixes **-s** abgeleiteten Adjektive nehmen häufig den Charakter von Substantiven an. Auch in diesem Bereich kommt es in der Umgangssprache zu zahlreichen Gelegenheitsbildungen:

>   autós »der Autofahrer«
>   büfés »der, der am Büfett bedient«
>   taxis »Taxifahrer«

Solche Bildungen können bleibenden Charakter annehmen:

>   pénztáros »Kassierer«
>   táncos »Tänzer«
>   iskolás »Schulkind«

Auf diese Weise sind auch einige Berufsbezeichnungen entstanden:

>   órás »Uhrmacher«
>   asztalos »Tischler«
>   vasutas »Eisenbahner«
>   zöldséges »Gemüsehändler«
>   munkás »Arbeiter«

66. Das Ableitungssuffix **-tlan, -tlen** (**-talan, -telen, -atlan, -etlen**)

Das Ableitungssuffix **-tlan, -tlen** bildet vor allem aus Substaniven und Verben Adjektive mit der Bedeutung »das im Basiswort genannte entbehrend, nicht enthaltend«. Diese Ableitungen stellen somit das negative Gegenstück zu den **-s**-Adjektiven dar:

>   fátlan »baumlos«
>   rendetlen »unordentlich«
>   ismeretlen »unbekannt«

Das Suffix tritt in drei Varianten auf:

1. **-tlan, -tlen** tritt an vokalisch auslautende Stämme:

>   erőtlen »kraftlos«
>   hibátlan »fehlerlos«
>   békétlen »friedlos«

2. Die Variante **-talan, -telen** tritt an Stämme, die auf einen Konsonanten auslauten:

>   értéktelen »wertlos«
>   haszontalan »nutzlos«

3. Die Variante **-atlan, -etlen** tritt an Nominalstämme, die auf mehr als einen Konsonanten auslauten, sowie an alle Verbalstämme:

>   gondatlan »nachlässig«
>   váratlan »unerwartet«
>   kéretlen »ungebeten«

Nur selten tritt **-atlan, -etlen** auch an Nominalstämme, die auf nur einen Konsonanten auslauten:

> fületlen »henkellos«
> ízetlen »geschmacklos«

Gelegentlich dient die Verwendung der einen oder anderen Variante zur Bedeutungsdifferenzierung:

> ízetlen »geschmacklos, abstrakte Eigenschaft«
> íztelen »geschmacklos, konkrete Eigenschaft«
> gondatlan »nachlässig, ohne Sorgfalt«
> gondtalan »sorglos, ohne Sorgen«
> lélektelen »unbeseelt«
> lelketlen »seelenlos, herzlos«

Bemerkung: Die in diesem Paragraphen dargestellten Adjektive bilden ihre modaladverbiale Form mit dem Suffix **-ul, -ül**:

> Ezek a gyerekek gondtalan**ul** élnek. »Diese Kinder leben sorglos.«

67. Das Ableitungssuffix -ú, -ű (-jú, -jű)

Das Suffix **-ú, -ű** bildet vorwiegend aus Substantiven Adjektive, die eine ähnliche Funktion haben wie die **-s**-Adjektive. Es bildet Adjektive von Substantiven, die bereits mit einem Attribut versehen sind. Die so entstandenen Ableitungen haben die Bedeutung »versehen, ausgestattet, behaftet mit dem genannten«:

> fekete hajú lány »Mädchen mit schwarzen Haaren«
> kék szemű kisfiú »Junge mit blauen Augen«
> jó étvágyú beteg »Patient mit einem guten Appetit«
> érdekes témájú könyv »ein Buch mit einem interessanten Thema«

Die auf **-ú, -ű** abgeleiteten Adjektive bezeichnen stets Eigenschaften, die mit dem Merkmalträger fest verbunden bzw. verwachsen sind. Handelt es sich dagegen um eine lose Verbindung zwischen Eigenschaften und ihren Trägern, so wird auch bei Bildungen von attributiven Substantiven das Suffix **-s** verwendet:

> hosszú ruhás lány »Mädchen mit langem Kleid«
> *aber:*
> hosszú hajú lány »Mädchen mit langem Haar«

Werden Bildungen auf **-ú, -ű** in übertragener Bedeutung gebraucht, so werden sie zusammengeschrieben:

> jószívű ember »gutherziger Mensch«
> jókedvű gyerekek »gutgelaunte Kinder«
> jólelkű ember »gutherziger Mensch«
> jóízű bor »wohlschmeckender Wein«

Gyakorlatok és feladatok

1. Bilden Sie Dialoge nach dem angebebenen Muster. °°

> a) Muster: könyv / én
>   → — Kié ez a könyv?
>   ~ Ez a könyv az enyém.

toll / ő	ház / ők
szemüveg / Monika	lakás / Kovács család
táska / te	sok pénz / ti
igazolvány / Pista barátja	útlevél / egyik hallgató
kabát / tanárunk	ruha / Petra édesanyja
autó / apám kollégája	óra / mi

> b) Muster: tied — kocsi / enyém / apám
>   → — A tied ez a kocsi?
>   ~ Nem az enyém. Az apámé.

tietek — lakás / mienk / szüleink
övé — szoknya / övé / Éva
mienk — kenyér / mienk / Jürgenék
enyém — mozijegy / tied / egy másik lány
tied — kabát / enyém / János barátnője
övék — sok könyv / övék / szomszédaik
öné — kalap / enyém / barátom
önöké — hely / mienk / vendégeink
tied — kék blúz / enyém / anyám
tietek — szótár / mienk / tanárunk

> c) Muster: tollam — ír / enyém
>   → — Nem az én tollammal írsz?
>   ~ Nem. Az enyémmel írok.

helyem — ül / Pista	csoportunk — van / magyar lányok
szobánk — tanul / Monikáék	könyve — használ / enyém
házunk — lakik / szomszédotok	vendégetek — jön / tietek
kocsid — megy / barátom	könyvem — olvas / enyém
tollunk — ír / Jürgenék	tanárunk — vár / barátom

2. Bilden Sie Sätze nach dem angegebenen Muster.

---

a) Muster: pulóver / Monika
→   Ez a pulóver olyan, mint a Monikáé.
gyerekek / mienk
→   Ezek a gyerekek olyanok, mint a mieink.

---

szoknya / én   igazolványok / övé
szoba / mi   bútorok / anyám
kabát / Éva   székek / tietek
táska / te   házak / mienk
zokni / ő   kalapok / nagymama
nadrág / ők   zsebkendők / övék
bőrönd / vendégünk   blúzok / tied
kocsi / barátom   füzetek / enyém

---

b) Muster: Tegnap Katiéknál voltam.
→   Tegnap náluk voltam.

Kávét töltök a csészékbe.   Nem gondolsz Jánosra?
Sokat gondolok anyámékra.   Nem mész el Katihoz?
Bort töltök a pohárba.   Budapestre megy a szüleivel.
Beszélek a barátainkkal.   A moziba megy a gyerekkel.
Nagyon kedves a gyerekekhez.   Katin fehér blúz van.
Gyakran ír a testvéreimről.   Éva elbúcsúzik Pistától.

3. Übersetzen Sie!

Warst du schon bei uns?   Er ist lieb zu ihr.
Kommst du mit mir?   Du bist gut zu uns.
Denkst du an mich?   Sie kommen von uns.
Kommt ihr zu uns?   Sie lacht über uns.
Arbeitest du mit uns?   Er erzählt viel von dir.
Gehen sie weg von uns?   Sie sprechen viel über euch.

4. Bilden Sie den Dialog. °°

Muster: tanár úr / szobája / bemegy
→   — Hol van a tanár úr?
~ A szobájában.
— Bemegyek hozzá.

füzet / táskám / kivesz	fésű / táskám / kivesz
mozijegy / Jóska / elkér	gyerekek / szobájuk / bemegy
Éva / klub / elkér — könyv	fiúk / kollégium / beszél
kávé / asztalod / van cukor?	Éva / otthon / voltál már?
Pista / első emelet / felmegy	István / Szeged / mikor beszélsz?

5. Bilden Sie Dialoge. Achten Sie auf die Stellung des Verbalpräfixes! °°

---
a) Muster: mikor — felhív — öcs / ma délután
                      kell / este nem lesz otthon
          →   — Mikor hívod fel az öcsédet?
              ~ Ma délután hívom fel. Tudod, ma délután
                 kell felhívnom, mert este nem lesz otthon.

---

hol — megvesz — kabát / az a kis üzlet / kell / máshol nincs
mikor — felad — levél / ma dél / akar / akkor még ma elmegy
hol — bevásárol / belváros / szeretne / sok dologra van szükségem
hol — megvesz — kenyér / pék / szeretne / ott mindig van friss
mikor — hazautazik / holnapután / akar / otthon lesz a bátyám is

---
b) Muster: kabát — megvesz — másik / ez / szeretném
          →   — Ezt a kabátot veszed meg vagy azt a másikat?
              ~ Ezt veszem meg. Ezt szeretném megvenni.

---

vers — lefordít — másik / az / szeretném
dal — elénekel — másik / ez / tudom
felvágott — megvesz — másik / másik / akarom
levél — elolvas — másik / másik / akarom
szoknya — felvesz — másik / ez / szeretném
lány — meghív — másik / ez / akarom

---
c) Muster: bevásárol / ma nem kell
          →   — Nem vásároltok be?
              ~ Nem vásárolunk be. Ma nem kell bevásárolnunk.

---

hazautazik / ma nem tud	lefekszik / nem akar ilyen korán
meglátogat — szüleid / ma nem tud	megmosakszik / nem kell
elköszön — Pistától / nem akar	hazamegy / nem tud
elmegy — barátnődhöz / nem tud	átszáll / nem kell

<table><tr><td>

d) Muster: elmegy — kell — Pista
    → — El kell mennetek Pistához?
    ~ Nem. Nem kell elmennünk hozzá.

</td></tr></table>

bevásárol — akar
megvesz — akar — bor
felvesz — kell — ez a ruha
megvesz — akar — ez a hús
átszáll — kell — busz

megtanul — kell — ez a vers
felkel — tud — korán reggel
megmagyaráz — tud — nyelvtan
hazautazik — kell — szombat
lefordít — tud — szöveg

<table><tr><td>

e) Muster: meglátogat — szülők / hét végén
    → — Nem akarják meglátogatni a szüleiket?
    ~ De igen. A hét végén meg akarjuk látogatni őket.

</td></tr></table>

hazautazik / a jövő hónapban

elmegy — ebédel / az előadás után

átszáll — a másik villamos / a következő megállónál

megmosakodik / ha elmennek a vendégek

felad — a levél / ebéd után

beszáll — a vonat / már régen

meghallgat — egy dal / a vocsora után

bevásárol — néhány dolog / ha lesz időnk

6. Leiten Sie -s-Adjektive von den Substantiven und Adjektiven ab.

bőrönd	láz	bor	hús	tej	dísz
család	név	cukor	kakaó	víz	forma
egészség	ötlet	doboz	kávé	pénz	fiatal
férj	sör	gyümölcs	máj	polc	öreg
jelmez	influenza	nő	lekvár	virág	beteg
sapka	szemüveg	üveg	méz	erő	kék
kabát	tükör	vaj	pohár	ház	zöld
kalap	alma	sonka	szalámi	kert	barna

7. Wandeln Sie die Sätze in attributive Fügungen um. Erweitern Sie diese durch
ein weiteres Attribut, und ergänzen Sie die so gewonnene Konstruktion zu
einem Satz.

<table><tr><td>

a) Muster: Sapka van a gyereken.
    → sapkás gyerek / az — kék — Pisti
    → Az a kék sapkás gyerek Pisti.

</td></tr></table>

Blúz van a lányon. / az — fehér — egy ismerősöm
Kabát van a fiún. / az — barna — Péter
Pulóver van a vendégen. / az — piros — orvosnő
Kalap van a hölgyön. / az — fekete — a feleségem
Szemüveg van a férfin. / az — sötét — a férjem
Szoknya van a kislányon. / az — zöld — az én lányom
Ruha van a nőn. / az — fehér — az angol tanárnőm
Nadrág van a gyereken. / az — rövid — az én fiam

---

b) Muster: Vaj van a kenyeren.
    → vajas kenyér / szeretem
    → Szeretem a vajas kenyeret.

Sonka van a zsemlén. / kérsz?
Gyümölcs van a ládában. / hol van?
Lekvár van az üvegben. / a polcon van
Tej van a kávéban. / a kislányom nagyon szereti
Szalámi van a zsemlén. / kértek?
Polcok vannak a szekrényben. / veszek egy
Kakaó van a csészében. / kimosom
Víz van a pohárban. / kérem

---

c) Muster: Az embernek családja van.
    → családos ember / Pista már
    → Pista már családos ember.

A nőnek férje van. / Kati már
A betegnek láza van. / a kis Éva már napok óta
A gyereknek sok (jó) ötlete van. / Pisti
A professzornak (jó) neve van. / Pista édesapja
A városnak (jó) híre van. / Szeged
Az embernek (sok) pénze van. / a mi családunkban nincs
A városnak (nagy) forgalma van. / Budapest
A fiúnak biciklije van. / Éva barátja

---

d) Muster: A lakásban három szoba van.
    → háromszobás lakás / lakunk
    → Egy háromszobás lakásban lakunk.

A háznak négy ablaka van. / lakik a nagymamám
A szekrénynek három ajtaja van. / szeretnék venni
A filmnek két része van. / játszanak a moziban
A könyvnek hatszáz oldala van. / olvasok
A ruhának két része van. / veszek

A könyvtárnak ezer kötete van. / vezetője vagyok
Az apának hat gyermeke van. / sok dolga van
A családban sok gyerek van. / ma már nagyon kevés van

---

e) Muster: Az előadás két óráig tart.
    →   kétórás előadás / meghallgatok

A szabadság két hétig tart. / Holnap .... megyünk.

A külföldi út három hónapig tart. / A férjem .... megy.

A konferencia öt napig tart. / Berlinben .... lesz.

A képzés négy évig tart. / Az egyetemen .... folyik.

A szünet négy hétig tart. / A nyáron .... lesz.

A vizsga egy óráig tart. / Ez .... lesz.

A munka egy félóráig tart. / Ez csak .... lesz.

Az utazás három óráig tart. / Apám nem volt fáradt .... után.

8. Beschreiben Sie folgende Tätigkeiten und Berufe.

Muster: büfés
    →   Az, aki a büfében dolgozik.

---

presszós	kocsis	énekes
vasutas	éjszakás	üveges
asztalos	taxis	zöldséges
iskolás	pénztáros	mentős
óvodás	ösztöndíjas	tanácsos
autós	táncos	vámos
filmes	nyugdíjas	traktoros

9. Übersetzen Sie.

Muster: Pisti ist ein Junge mit großem Appetit.
    →   Pisti nagy étvágyú fiú.

Éva ist ein Mädchen mit einem klugen (guten) Kopf.
Hier braucht man einen Menschen mit einem guten Namen.
Die Ärztin war eine Frau mit braunem Haar und dunklen Augen.
Örkény war ein Schriftsteller mit einem guten Humor.
Es war ein Buch mit einem interessanten Thema.
Er war ein Mensch mit sehr guten Augen.
Mein Großvater war früher ein Mann mit/von großer Kraft.
Das war ein Buch mit einem anderen Titel.

10. Leiten Sie -tlan-, -tlen- (-talan-, -telen-, -atlan-, -etlen-) Adjektive von den
    Substantiven und Verben ab, und kontrollieren Sie die Bedeutungen der
    Ableitungen in einem Wörterbuch!

ismer	vár	befejez	akar
keres	erő	olvas	tanul
kedv	hív	elvégez	nő
készül	kér	szem	lakik
őríz	hang	lehet	öröm
egészség	név	ír	szó
illik	fej	idő	gond
apa	ember	pénz	tud

11. Setzen Sie die richtige Ableitung an die richtige Stelle. Achten Sie darauf,
    daß das Suffix der modaladverbialen Bestimmung bei -tlan-, -tlen-Adjek-
    tiven -ul, -ül ist!

eseménytelen; egészségtelen; váratlan; étvágytalan; erőtlen; névtelen; nőtlen; őrizet-
len; olvasatlan; embertelen; ismeretlen; kedvetlen

Géza nagyon .... él, sokat eszik, sokat iszik, nem sportol.

Molnárné nem szereti a .... vendégeket.

A .... leveleket el kell dobni.

Pistának még nincs felesége. Még ....

Éva betegsége alatt nagyon .... volt.

Pistának .... fáj a gyomra.

Ha .... hagyod a táskádat, elviszi valaki.

Sajnos, ez a nap is .... telik.

Tegnap nem csináltam semmit. Nagyon .... voltam.

Üdvözlöm a barátodat .... is.

Nagyon rossz az idő. Mindenki ....

12. Erweitern Sie die Sätze.

Látom az egész utcát. (ha, kinéz, én, ablak, hosszú)

Több ember megfordul itt. (ezer, belváros, nyári, őszi, délutánok)

A Váci utcában lakik. (ez, az, ismerős, magyar, család, egy, felújított, lakás)

Az ablakokat be kell csukni. (ha, beszélget, akar, egymás, mi, mert, nem, lehet, ért,
egymás, szó)

A belváros üzletnegyed. (régen, is, ma, is, az)

A Váci utca az országé. (nemcsak, a budapestiek, hanem, az, egész, lakosság)

A Váci utca szépül. (egyre, mert, eltünik, foghíjak, új, homlokzat, portál, vár, látogatók)

NYOLCADIK LECKE

Mondatminták

— Péter levelet írt a szüleinek.
Megírta nekik, hogy meglátogatja őket.

— Éva sokat mesélt.
Elmesélte, milyen volt a film.

— A tolmács mindent lefordított.
Lefordította az egész beszédet.

— Értett az az úr magyarul?
Megértette, amit mondtak neki.

— Anya süteményt sütött.
Megsütötte az almás süteményt.

— Mit mondott Pista?
Azt mondta, hogy jön.

— Mit kérdezett Éva?
Azt kérdezte, hány óra van?

Peter hazament, evett, ivott, megmosakodott,
lefeküdt és aludt reggelig.

Mit csinált?

Szövegek

Berlin °°

Berlin, Németország legnagyobb városa Európa közepén, a Spree folyó két partján fekszik. Területe több mint 880 négyzetkilométer. Kiterjedt erdőségek, tavak veszik körül. Magában a városban is sok a zöldterület, az erdő és a tó.

A második világháború után többmillió köbméter törmelék borította a várost. 1949-ig a romoknak mindössze egynegyedét sikerült eltakarítani. A romok eltakarítása szinte kizárólag kézi erővel folyt.

A város újjáépítése és a nagy városrendezési munkálotok már az ötvenes években megkezdődtek. Az új utcasorok építésével párhuzamosan megkezdték a műemlékek rekonstrukcióját is.

Berlint sohasem tartották szép városnak. A bérkaszárnyákat, amelyeket a múlt század végén építettek, nem építőművészek tervezték. Berlint rajongói »Spree-parti Athén«-nak, gúnyolói »Spree-parti Chicago«-nak nevezték. Hűséges hívei mindig is tudták, hogy Berlin csak önmagához hasonlítható.

Berlin a nagy ellentétek városa volt: a királyi palota pompájáról álmélkodással számoltak be a külföldi követek. A palotától alig egy utcányira szegény halászcsaládok viskói álltak. A századfordulón az újgazdag luxus árnyékában a Heinrich Zille rajzairól ismert reménytelen nyomor húzódott meg.

Ma a látogatókat főleg Berlin múzeumai, kulturális élete és szép környéke vonzzák. Mindenki elmegy a Pergamon Múzeumba vagy a Charlottenburgi Kastélyba, és mindenki megnézi az Unter den Linden klasszicista épületeit. Este operaházak, hangversenytermek és színházak egész sora várja a zene és irodalom kedvelőit. A természet rajongói a zöld környezetében találják meg a pihenés és kikapcsolódás számos lehetőségét.

A berlini levegőről és a berliniek humoráról egyaránt azt állítják, hogy csípős. Ez azonban már ízlés dolga.

Péter levele szüleinek °°

Berlin, 1996. jan. 17.

Kedves Anya, kedves Apa,

joggal haragudtok rám, belátom, igazatok van, hiszen berlini tartózkodásom óta csak egy levelet kaptatok tőlem.

Remélem, mégis megértetek. Annyi élményem volt itt, és annyi munkám is, hogy kicsit megfeledkeztem Magyarországról, nem gondoltam olyan gyakran rátok.

Szeretném jóvátenni a hibámat, ezért a jövő hét végén hazautazom. Igaz, csak néhány napra megyek, de mivel most nem lesz más programom Budapesten, lesz elég időnk a beszélgetésre.

Szükségem van már egy kis kikapcsolódásra is a vizsgáim előtt. Az utóbbi időben sok munkám volt, talán túl sokat is vállaltam. Például most fejeztem be egy fordítást. Egy német novellát for-

dítottam le magyarra. Egészen jól sikerült. Fordítással később is szeretnék folglalkozni, ha visz-szamegyek Magyarországra. Elvégeztem az autóvezetői tanfolyamot is. Gratulálhattok a jogosítvá-nyomhoz.

Berlin pezsgő, érdekes város. Az ember minden idejét igénybe veszi, ha csak a kiemelkedő kulturá-lis eseményeket akarja is figyelemmel kísérni.

Nagyon jók az irodalmi előadások az egyetemen. Szeretnék még egy évig itt maradni. De ezen még gondolkodnom kell.

Szombat este érkezem a határás géppel. Nagyon örülök a találkozásnak. Jó lesz végre otthon lenni. Szeretettel üdvözöl benneteket

Péter

A civil Richard (Anekdota) °°

Richard Wagner egy kölni hangversenye után kora reggel arra ébredt, hogy katonazenekar muzsikál a szállodája ablaka alatt. Kipattant az ágyból, s miközben magára kapkodta ruháit arra gondolt, milyen csodálatos dolog a hírnév.

Pár perc múlva már rohant is le az utcára, és hálásan szorongatta a karmester kezét.

Az meglepetten bámulta.

— Maga kicsoda ? — kérdezte.

A zeneszerző megmondta.

— Aha! Szóval maga is Richard? Mostmár értem a tévedést. Csakhogy a zene nem önnek, hanem Richard Pöltz tábornok úrnak szól. Majd megcsóválta a fejét:

— Csak nem képzeli, hogy térzenét adunk egy közönséges civilnek.

Szavak

Igék

állít	behaupten	**kipattan**	herausspringen
bámul	anstarren	**kísér**	begleiten
belát	einsehen	**körülvesz**	umgeben
beszámol vmiről	berichten	**köhög**	husten
borít	bedecken	**lehúny**	schließen (Augen)
dob	werfen	**megfeledkezik**	vergessen
ébred vmire	wach werden	**vmiről**	
eltakarít	wegräumen	**meghúzódik**	sich verbergen
elvisz	mitnehmen	**megkezd**	beginnen
épít	bauen	**muzsikál**	musizieren, spielen
foglalkozik	sich beschäftigen	**nevez vminek**	nennen
fut	laufen	**süt**	backen, braten
gondolkodik vmin	nachdenken, überlegen	**szorongat**	drücken
		szól vkinek	gelten jdm.
gratulál	gratulieren	**tart vminek**	halten für
haragszik (haragudni)	böse sein	**ujjáépít**	neu aufbauen
		úszik	schwimmen
hív vkinek	heißen, nennen	**vállal**	übernehmen
jóvátesz	wiedergutmachen	**vált**	wechseln
képzel	sich einbilden, denken		

Főnevek

álmélkodás, -t	Staunen, Bewunderung	**folyó, -k**	Fluß
		gúnyoló, -k	Spötter
árnyék, -ok	Schatten	**halászcsalád,**	Fischerfamilie
bérkaszárnya, -k	Mietskaserne	**-ok, -ja**	
autóvezető, -k	Autofahrer	**hangverseny,**	Konzert
ellentét, -ek	Gegensatz	**-ek, -t**	
építés, -ek, -t	Bau	**hangversenyterem, -termek**	Konzertsaal
építőművész, -ek, -t	Baumeister, Architekt	**hiba, -k**	Fehler
erdőség, -ek	Waldgebiet, Wälder	**hírnév**	Ruhm
		irodalom, irodalmak	Literatur
esemény, -ek, -t	Ereignis, Begebenheit	**jog, -ok**	Recht
fagylalt, -ok, -ja	Speiseeis	**jogosítvány, -ok, -t**	Führerschein

karmester, -ek, -t	Kapellmeister, Dirigent	**rajz**	Zeichnung
kastély, -ok, -t	Schloß	**rekonstrukció, -k**	Rekonstruktion
katonazenekar, -ok, -t	Militärkapelle	**rom, -ok, -ja**	Trümmer
kedvelő, -k	Anhänger, Liebhaber	**sütemény, -ek, -t**	Gebäck, Kuchen
		századforduló, -k	Jahrhundertwende
kikapcsolódás, -t	Entspannung	**tábornok, -ok**	General
környék, -ek	Umgebung	**tanfolyam, -ok**	Lehrgang, Kurs, Ausbildung
köbméter, -ek, -t	Kubikmeter	**tartózkodás, -ok, -t**	Aufenthalt
követ, -ek	Gesandter, Botschafter	**természet**	Natur
		térzene, -k	Platzkonzert
levegő	Luft	**tévedés, -ek, -t**	Irrtum
luxus, -t	Luxus	**törmelék, -ek**	Schutt
négyzetkilométer, -t	Quadratkilometer	**világháború, -k**	Weltkrieg
		viskó, -k	Hütte
nyomor, -t	Elend	**zene**	Musik
pihenés, -t	Erholung	**zeneszerző, -k**	Komponist
pompa	Pomp, Prunk	**zöldterület, -ek**	Grünfläche
rajongó, -k	Schwärmer		

Melléknevek

civil	zivil	**meglepett, -en**	überrascht
csípős, -en	bissig, scharf, spitz	**mély, -en**	tief
csodálatos, -an	wunderbar	**önálló, -an**	selbständig
hálás, -an	dankbar	**párhuzamos, -an vmivel**	parallel
húséges, -en	treu		
kiemelkedő, -en	herausragend	**pezsgő**	sprudelnd
kiterjedt	ausgedehnt, weit	**reménytelen, -ül**	hoffnungslos
klasszicista	klassizistisch	**szegény, -en**	arm
közönséges, -en	gewöhnlich	**újgazdag**	neureich
legnagyobb	größter	**utóbbi, -ak**	letzterer

Határozószók

később	später	**túl**	zu sehr
korábban	früher		

Kötőszók

csakhogy	allerdings	**miközben**	während

Névmások

kicsoda?	wer?	**önmaga**	er selbst

Más szófajok

egyaránt	gleichermaßen	**mindössze**	insgesamt
kizárólag	ausschließlich		

Szókapcsolatok

autóvezetői tanfolyam	Fahrschule
egy utcányira vmitől	eine Straße entfernt
figyelemmel kísér	mit Aufmerksamkeit verfolgen
hűséges híve vkinek	treuer Anhänger von
királyi palota	königliches Schloß
magára kap vmit	etwas schnell überziehen, überwerfen
megcsóválja a fejét	den Kopf schütteln
napról napra	von Tag zu Tag
szeretettel üdvözöl	herzlich grüßen
városrendezési munkálatok	städtebauliche Arbeiten, Städteplanungsarbeiten
kézi erővel	manuell, mit der Hand

Nyelvtan

68. Präteritum des Verbs

Das moderne Ungarisch kennt nur eine Vergangenheit, das Präteritum. Das Zeichen des Präteritums ist -t, das in den Varianten -t, -ott, -ett und -ött auftritt. Das Antreten von **-ott**, **-ett** und **-ött** folgt den Gesetzen der Vokalharmonie, so daß nur zwei Varianten übrigbleiben: die konsonantische Variante -t und die vokalische Variante -ott, -ett und -ött. An das Präteritalzeichen treten die Personalsuffixe der Vergangenheit an. Sie sind denen des Präsens ähnlich, aber mit ihnen nicht identisch:

		unbestimmte Konjugation	*bestimmte Konjugation*
Sg.	1. Ps.	-am, -em	-am, -em
	2. Ps.	-ál, -él	-ad, -ed
	3. Ps.	o	-a, -e
Pl.	1. Ps.	-unk, -ünk	-uk, -ük
	2. Ps.	-atok, -etek	-átok, -étek
	3. Ps.	-ak, -ek	-ák, -ék
		1. Ps. Sg. bei Objekt in der 2. Ps. Sg. oder Pl.: -alak, -elek	

In der Vergangenheit erfolgt niemals eine labiale Angleichung. Je nachdem, welche Variante des Zeichens der Vergangenheit die einzelnen Verben zur Bildung des Präteritums verwenden, lassen sich drei Gruppen unterscheiden:

1. Die konsonantische Variante -t in allen Personen verwenden Verben, deren Stamm mit den Konsonanten **-j**, **-ly**, **-l**, **-n**, **-ny** oder **-r** endet wie fáj »schmerzen«, folyik »fließen«, talál »finden«, kíván »wünschen«, lehúny »die Augen schließen«, kér »bitten« usw.

Ebenfalls ausschließlich die konsonantische Variante verwenden die mehrsilbigen intransitiven Verben, deren Stamm auf **-d** ausgeht wie marad »bleiben«, szalad »laufen«, halad »vorankommen« usw.

		unbestimmte Konjugation		*bestimmte Konjugation*	
Sg.	1. Ps.	találtam	kértem	találtam	kértem
	2. Ps.	találtál	kértél	találtad	kérted
	3. Ps.	talált	kért	találta	kérte
Pl.	1. Ps.	találtunk	kértünk	találtuk	kértük
	2. Ps.	találtatok	kértetek	találtátok	kértétek
	3. Ps.	találtak	kértek	találták	kérték
		1. Ps. Sg. bei Objekt in der 2. Ps. Sg. oder Pl.: találtalak, kértelek			

2. Die Verben einer weiteren Gruppe zeigen in allen Personen als Zeichen des Präteritums die vokalische Variante -ott, -ett, -ött. Hierher gehören die Verben,

— deren Stamm auf mehr als einen Konsonanten auslautet wie játszik »spielen«, ugrik »springen«, ért »verstehen«, tart »halten« ...

— deren Stamm auf -ít auslautet wie tanít »unterrichten«, épít »bauen«, fordít »übersetzen« ...

— sowie einsilbige Verben, deren Stamm auf -t endet wie fut »laufen«, nyit »öffnen«, süt »backen, braten« ...

Eine Ausnahme bildet hier das Verb lát »sehen«, das sein Präteritum nach dem Muster der Gruppe 3 bildet.

		unbestimmte Konjugation			*bestimmte Konjugation*		
Sg.	1. Ps.	tartottam	építettem	sütöttem	tartottam	építettem	sütöttem
	2. Ps.	tartottál	építettél	sütöttél	tartottad	építetted	sütötted
	3. Ps.	tartott	épített	sütött	tartotta	épített	sütötte
Pl.	1. Ps.	tartottunk	építettünk	sütöttünk	tartottuk	építettük	sütöttük
	2. Ps.	tartottatok	építettetek	sütöttetek	tartottátok	építettétek	sütöttétek
	3. Ps.	tartottak	építettek	sütöttek	tartották	építették	sütötték
	1. Ps. Sg. bei Objekt in der 2. Ps. Sg. oder Pl.: -ottalak, -ettelek, -öttelek						

3. Eine dritte Gruppe von Verben verwendet in der 3. Ps. Sg. der unbestimmten Konjugation die vokalische Variante -ott, -ett, -ött, in allen übrigen Personen jedoch die konsonantische Variante -t. In diese Gruppe gehören die Verben,

— deren Stamm auf -b, -g, -k, -p, -s, -sz, -v oder -z auslautet wie dob »werfen«, köhög »husten«, lakik »wohnen«, kap, »bekommen«, olvas »lesen«, úszik »schwimmen«, hív »ruhen«, néz »ansehen« ...

— deren Stamm auf -t auslautet, wenn vor dem -t ein kurzer Vokal steht wie mutat »zeigen«, szeret »lieben« ...

— sowie die transitiven Verben auf -d wie ad »geben«, kezd »beginnen« ...

		unbestimmte Konjugation			*bestimmte Konjugation*		
Sg.	1. Ps.	adtam	néztem	küldtem	adtam	néztem	küldtem
	2. Ps.	adtál	néztél	küldtél	adtad	nézted	küldted
	3. Ps.	adott	nézett	küldött	adta	nézte	küldte
Pl.	1. Ps.	adtunk	néztünk	küldtünk	adtuk	néztük	küldtük
	2. Ps.	adtatok	néztetek	küldtetek	adtátok	néztétek	küldtétek
	3. Ps.	adtak	néztek	küldtek	adták	nézték	küldték
	1. Ps. Sg. bei Objekt in der 2. Ps. Sg. oder Pl.: adtalak, néztelek, küldtelek						

Die Verben, die ihr Präsens unregelmäßig gebildet haben, gelten auch im Präteritum als unregelmäßig:

— Präteritum der Verben **jön** »kommen« und **megy** »gehen«

		unbestimmte Konjugation	
Sg.	1. Ps.	jöttem	mentem
	2. Ps.	jöttél	mentél
	3. Ps.	jött	ment
Pl.	1. Ps.	jöttünk	mentünk
	2. Ps.	jöttetek	mentetek
	3. Ps.	jöttek	mentek

— Präteritum der Verben **eszik** »essen«, **iszik** »trinken«, **tesz** »tun, stellen, legen«, **vesz** »nehmen, kaufen«, **hisz** »glauben«, **visz** »mitnehmen« und **lesz** »sein«:

		unbestimmte Konjugation			*bestimmte Konjugation*		
Sg.	1. Ps.	ettem	ittam	tettem	ettem	ittam	vettem
	2. Ps.	ettél	ittál	tettél	etted	ittad	vetted
	3. Ps.	evett	ivott	tett	ette	itta	vette
Pl.	1. Ps.	ettünk	ittunk	tettünk	ettük	ittuk	vettük
	2. Ps.	ettetek	ittatok	tettetek	ettétek	ittátok	vettétek
	3. Ps.	ettek	ittak	tettek	ették	itták	vették

— Eine besondere Gruppe bilden die mehrstämmigen Verben wie **alszik** »schlafen«, **fekszik** »liegen«, **mosakszik** »sich waschen«, **haragszik** »böse sein« usw. Diese Verben bilden ihr Präteritum von dem Infinitivstamm **alud-, feküd-, mosakod-, haragud-** usw. ohne weitere Unregelmäßigkeiten. Mit Ausnahme der Verben **alszik** und **fekszik** tritt in dieser Gruppe in der 3. Ps. Sg. ähnlich wie in der Gruppe 3 -ott, -ett oder-ött auf:

		unbestimmte Konjugation		
Sg.	1. Ps.	aludtam	feküdtem	mosakodtam
	2. Ps.	aludtál	feküdtél	mosakodtál
	3. Ps.	aludt	feküdt	mosakodott
Pl.	1. Ps.	aludtunk	feküdtünk	mosakodtunk
	2. Ps.	aludtatok	feküdtetek	mosakodtatok
	3. Ps.	aludtak	feküdtek	mosakodtak

Gyakorlatok és feladatok

1. Bilden Sie die 3. Ps. Sg. der unbestimmten Konjugation Präteritum folgender Verben:

beszámol...	felébred...	tervez...
dob...	olvas...	úszik...
elfárad...	tud...	szeret...
elvisz...	muzsikál...	sétál...
épít...	mutat...	fáj...
fut...	nevez...	fél...
haragszik...	sorol...	csinál...
hív...	süt...	ad...
köhög...	szól...	kísér...
táncol...	tart...	tolmácsol...

2. Bilden Sie Dialoge. °°

> a) Muster: tolmácsol — már / egyszer — már
> → — Tolmácsoltatok már?
> ~ Egyszer már tolmácsoltunk.

ír — már — a barátod / még — nem
talál — már — ajándék — édesanyád / még — nem
sokat — mesél — a gyerekek / nagyon sokat
mikor — felébred / fél nyolc
kire — gondol / nem — senki
sétál — már — a Váci utca / még nem — soha
beszél — már — Pista / tegnap este
mit — felel — neki / nem — semmi
miért — feláll / kimegy — akar
fél — a vizsga / nem — tőle

> b) Muster: megért — a mondat
> → — Megértetted/Megértette a mondatot?
> ~ Nem értettem meg.

lefordít — a szöveg   megért — amit mond (én)
kitakarít — a lakás   kitölt — a kávé
megsüt — a sütemény   megtart — az előadás
felépít — a ház   megtanít — a vers
elkészít — az ebéd   bevált — a pénz

c) Muster: kit — lát — a gyerek / az anyja
→ — Kit látott a gyerek?
~ Az anyját látta.

mit — keres — a bátyád / a kalapja
mit — odaad — neked — a barátod / a lakása kulcsa
kit — meglátogat — János / a nővére
mit — megnéz — a vendégetek — az opera / a Tannhäuser
kit — meglátogat — Robert — Debrecen / Szabóék
mit — mond — Éva / azt — hogy jön
mit — meghallgat — anya — a rádió / a hírek
mit — kérdez — a húgod / azt — hová — megy (mi)

d) Muster: mikor — lefekszik / fél tizenegy
→ — Mikor feküdt/feküdtek le?
~ Fél tizenegykor feküdtem/feküdtünk le.

mikor — elalszik / nagyon későn
miért — lefekszik / mert — rosszul — érzi — magát
miért — elalszik / mert — fáradt — van
mikor — megmosakszik / ma reggel
miért — megharagszik / nem
mikor — lefekszik / nem — tud
hol — megmosakszik / a fürdőszoba
nem — megharagszik / nem

e) Muster: mit — eszik — vacsora / csak — egy sonkás zsemle
→ — Mit ettél/ettetek vacsorára?
~ Csak egy sonkás zsemlét ettem/ettünk.

mit — iszik — a presszó / egy csésze kávé
honnan — jön / Budapest
miért — hisz — neki / mert rendes ember
mit — vesz — az ABC / tej — és — kenyér
miért — hazamegy — olyan korán / mert — sok munka — van
mit — tesz — az asztal / virág
mit — visz — a kórház / virág — és csokoládé
mikor — jön / tegnap
hova — megy / a pályaudvar
mi — lesz — Monika / tolmács

---

f)　Muster:　tegnap este / otthon / tévé — néz
　→　— Hol voltál/voltatok tegnap este?
　　　~ Otthon voltam/voltunk. Tévét néztem/néztünk.

---

a hét vége / Frankfurt / meglátogat — a szüleink
ez a nyár / Budapest / ott — tölt — a szabadság
az előbb / a büfé / iszik — egy csésze kávé
vasárnap / mozi / megnéz — egy jó film
tegnap délután / egy kiállítás / azután — eszik — egy fagylalt
órs előtt / a könyvtár / egy könyv — keres
múlt hét / kórház / beteg — van
ma délelőtt / az orvos / nagyon fáj — a fog
kedd / városnézés / busz — megy
tegnapelőtt / itt Berlin / dolgozik

---

g)　Muster:　régen — nem — lát / beteg — van / nem — külföld — van
　→　— Régen nem láttalak. Beteg voltál?
　　　~ Nem, külföldön voltam.

---

tegnap — keres / a klub — van / nem — az ABC — van
délután — felhív / nem — van — otthon / nem — mozi — van
nem — megtalál / hol — van / a könyvtár — van — olvas
nem — megismer / új kalap — van / nem — fodrász — van

3. Transformieren Sie folgende Sätze in die Präteritumsform.

Levelet akarok írni.	Lefordítja a szöveget.
El kell mennie.	Hazamegyünk és lefekszünk.
Elvállalják ezt a munkát?	Iszol kávét?
Nem látlak.	Esztek zsemlét.
Itt találkoztok velük?	Mennek tovább.
Nagyon félek.	Felkeressük ismerőseinket.
Nem hisznek neki.	Péter sokat gondol Évára.
Látom ezt a képet.	Nem tudtok semmit?
Mindent megértenek.	Beteg leszek.
Megnézem a filmet.	Megjönnek a vendégek.

4. Lesen Sie den Text »Berlin«. Antworten Sie auf die Fragen.

Hol fekszik Berlin?
Hány négyzetkilométer Berlin területe?
Mi veszi körül Berlint?

Hogy nézett ki Berlin a második világháború után?
Mikor kezdődött a város újjáépítése?
Milyen városnak tartották Berlint régen?
Miért tartják Berlint a nagy ellentétek városának?
Kinek a rajzairól ismerjük a századvégi Berlint?
Mi vonzza ma Berlin látogatóit?
Mit állítanak a berlini levegőről?
És a berliniek humoráról?

5. Verbinden Sie die Wörter zu einem Satz.

Berlin — Európa közepe — a Spree — két partja — fekszik
Berlin — nagy erdő — és — sok tó — körülvesz
a háború után — a romok — eltakarít
az ötvenes évek — megkezd — a város újjáépítése
Berlin — a nagy ellentét — város — van
a pompás királyi palota — közel — szegény halászcsalád — lakik
a szegény berlini családok — élete — Zille — rajz — ismer (mi)
a turisták — ma — Berlin — múzeumok — és — környezet — vonz
este — a látogatók — színház — egész sor — vár
a berliniek — humor — és — a berlini levegő — elég csípős

6. Übersetzen Sie folgende genitivattributive Fügungen.

dieser Teil der Stadt
ein Viertel der Trümmer
das Wegräumen der Trümmer
die Schwärmer von Berlin
die Spötter der Stadt
die treuen Anhänger Berlins
das Leben der Menschen

die Stadt der großen Gegensätze
der Pomp des königlichen Palastes
die Hütten der armen Fischer
der Schatten des neureichen Luxus
die Zeichnungen von Heinrich Zille
die Museen und Umgebung von Berlin
der Humor der Berliner

7. Setzen Sie die Wörter in die Sätze ein.

építés; épület; építőművész; újjáépít; épít

A városnegyedet teljes szépségében ....
A rekonstrukcióval párhuzamosan megkezdődött az új utcasorok ....
A múlt század végi bérkaszárnyákat nem .... építették.
Berlinben ma is sok új házat ....
Minden látogató megnézi az Unter den Linden klasszicista .... is.

8. Ergänzen Sie die Sätze. Achten Sie auf die Rektion der Verben!

tart vminek; nevez vminek; hasonlít vmihez; beszámol vmiről; ismert vmiről; vonz vkit;
állít vkiről; borít vmit; tervez vmit; ellátogat vhová
Berlint sohasem tartották szép ....
Berlint rajongói .... nevezik.
Berlin csak .... hasonlít.
A külföldi követek lelkesen számoltak be ....
A századvégi Berlin .... ismert.
A .... ma főleg Berlin múzeumai vonzzák.
A berlini levegő............... azt állítják, hogy csípős.
.... a második világháború után romok borították.
A berlini .... nem építőművészek tervezték.
A turisták ellátogatnak .... is.

9. Übersetzen Sie.

Die Gesamtfläche von Berlin beträgt 883 Quadratkilometer, jedoch nur ein Drittel die-
ser Fläche ist bebaut. Das übrige Gebiet ist landwirtschaftliche Nutzfläche, Wald, Park
und Wasser. Laut Städteplaner sind das günstige Proportionen für eine Stadt. Einige
bewohnte Gebiete von Berlin sind dennoch überfüllt.

10. Setzen Sie die Verben in den Text ein. (Beachten Sie, daß es sich um einen
    zusammenhängenden Text handelt.)

megmond; felkel; lefekszik; hisz; csodálkozik; megkérdez; felvilágosít; örül; hall; van;
felébred; lerohan; felöltözik; megköszön; közöl
Wagnernek egyszer Kölnben .... hangversenye. Nagyon későn ....
..... le. Rövid idő múlva .... Zenét .... az ablaka alatt. Gyor-
san ...., és .... Nagyon ...., mert azt ....,
hogy a térzene neki szól. .... az utcára, és hálásan .... a kar-
mesternek a zenét. A karmester nagyon ...., és .... Wagnertől,
hogy ő kicsoda. Wagner .... neki. A karmester .... Wagnert,
hogy a térzene nem neki szól. Azután .... vele, hogy katonazenekar közön-
séges civilnek nem ad térzenét.

11. Antworten Sie anhand der Anekdote »A civil Richard« auf folgende Fragen.

Ki volt Richard Wagner? Melyik városban volt koncertje? Hol lakott? Mire ébredt? Mit
csinált, amikor felébredt? Mire gondolt öltözködés közben? Hogyan köszönte meg a zenét
a karmesternek? Értette a karmester a dolgot? Kinek szólt a térzene? Minek nevezte a
karmester Wagnert?

KILENCEDIK LECKE

Mondatminták

Péter édesapja kíváncsi, édesanyja kíváncsibb, de a
legkíváncsibb a nagymamája. ⟶ Milyen?

Berlin nagyobb város, mint Frankfurt.
Berlin nagyobb város Frankfurtnál.
Berlin sokkal nagyobb város, mint Frankfurt. ⟶ Mennyivel nagyobb?

Tegnap jobban éreztem magam.
Ma rosszabbul érzem magam, mint tegnap. ⟶ Hogyan?

Sokan vannak az utcán.
Legalább ezren vannak az utcán. ⟶ Mennyien? Hányan?

Az egyetem az operaházzal szemben van.
Kati a férjével együtt megy bevásárolni.
Péter a barátjához képest magas.
A professzor a városon kívül lakik.
A városon belül mindig nagy a forgalom.

Mivel szemben?
Kivel együtt?
Kihez képest?
Min kívül?
Min belül?

Az ajtó automatikusan záródik.
A gép a levegőbe emelkedik.
Péter bemutatkozik.

A férj megjavíttatja a porszívót a szerelővel.
Itt van két hely, leülhetünk.
Éva írása olvasható, a Pistáé olvashatatlan.

Szövegek

Péter meglátogatja szüleit °°

Hét közben Péter elvégezte a legszükségesebb tennivalókat, csomagolt és repülőgéppel hazautazott Budapestre.

Szülei nagyon örültek látogatásának, mert több mint három hónapja nem látták. Ritkán írt levelet is. Levél helyett inkább felhívta őket, de telefonon csak dióhéjban tudta közölni velük a legújabb híreket. Most persze annál több mesélnivalója volt.

Péter édesapját az érdekelte a legjobban, mi újság van Berlinben, és hogy hogyan halad Péter a német és angol irodalommal. Édesanyjának most az volt fontosabb, hogy eszik-e Péter rendesen, és alszik-e eleget. A nagymama tudni akarta, hogy van-e Péternek Berlinben barátnője. Mellékesen megállapította, hogy Péter most sokkal vékonyabb és idegesebb, mint legutóbb volt.

Péter kicsomagolt, megmosakodott, és kényelmesen elhelyezkedett a nagy családi asztalnál. Kedvesen megnyugtatte az édesanyját és a nagymamáját, hogy nincs semmi baja. Véleménye szerint inkább hízott, mert kevesebb ideje volt sportolásra, mint régen, de nem akart vitatkozni a családdal. A nagymamájának megígérte, hogy ha alkalom adódik, minden kérdésére válaszol.

Péter édesanyja és édesapja érdeklődéssel hallgatták fiuk beszámolóját berlini életéről. Ők is többször voltak már külföldön, de Berlinbe még nem sikerült eljutniuk. A következő nyárra terveztek egy nyugat-európai utat, Berlinben is eltöltenek majd néhány napot. Péter lesz az idegenvezetőjük, hiszen ő már jól ismeri a várost.

Apa és fia - hogyan is lehetne ez másként - a politikai élet legújabb eseményeit is megvitatták. Sok mindenben nem értettek egyet, de ehhez már hozzászoktak. Senki sem haragszik meg, a beszélgetés így sokkal érdekesebb.

Mindent nem lehet elmondani egy este. Ezt Kertészék is tudják, s amikor kiürült a borosüveg, jó éjszakát kívántak egymásnak.

Külföldön tanulni jó °°

Külföldön tanulni olyan élmény, amelyet nem pótolhatunk, bár azoknak a fiataloknak, akik külföldi egyetemeken tanulnak, nincs mindig könnyű életük. Különösen a kezdet nehéz, hiszen új életformára kell átállniuk, új nyelven kell gondolkodniuk. Ugyanakkor megismerkedhetnek egy másik néppel, e nép életével, szokásaival, kultúrájával, és kipróbálhatják önmaguk erejét, képességeit.

A nyelvtanulásban segíthetnek az egyetemi előadások és szemináriumok, a tévé, a mozi, a színház és természetesen a helybeli barátok is. Aki igazán akarja, rövid időn belül jó barátokra találhat egy idegen országban is.

A barátság különösen fontos, mert csak ha megismerjük, akkor érthetjük meg egymást.

Javítási gondok °°

Feleség:	Ezzel a porszívóval csinálhatok, amit akarok, nem működik.
Férj:	Meg kell nézetni a szerelővel.
Feleség:	Valóban az lesz a legjobb, ha holnap elviszed és megjavíttatod.
Férj:	Nem hiszem, hogy lesz rá holnap időm.
Feleség:	Tudod, mennyire nélkülözhetetlen egy porszívó a háztartásban. Minél előbb meg kell csináltatni!
Férj:	Mindjárt megnézem. Hátha magam is meg tudom javítani.
Feleség:	Úgy, mint a múlt héten a kávédarálót?
Férj:	Az egészen más volt. Tudod, hogy hiányzott egy alkatrész.
Feleség:	Te hozzám képest műszaki zseni vagy — ez vitathatatlan — de szerintem a porszívóval sem érdemes időt töltened.
Férj:	Nyertél. Holnap beadom a kávédarálóval együtt a javítóba. Melyik van a legközelebb?
Feleség:	A Jókai utcai. Az, amelyik az autósbolttal szemben van. Ott esetleg meg is lehet várni, amíg készen lesznek. Benézel addig az autósboltba.
Férj:	Irigylésreméltó humorod van. De azért megpróbálhatom.
Feleség:	Te vagy a legjobb férj az egész világon!

Szavak

Igék

adódik	sich ergeben	megállapít	feststellen
átáll	sich umstellen	megharagszik	böse werden auf
csodálkozik vmin	sich wundern	vkire	
csomagol	packen, den Kof-	megjavít	reparieren
	fer packen	megynyugtat	beruhigen
egyetért	einverstanden sein	megüt	stoßen, schlagen
elhelyezkedik	Platz nehmen, sich	megvitat	diskutieren
	bequem machen	múködik	funktionieren
eljut vhová	kommen, gelangen	nyer	gewinnen
felemel	heben, anheben	összeütközik	aneinanderprallen
felemelkedik	sich erheben	vmivel	
fésül	kämmen	pótol vmivel	ersetzen durch
halad	vorankommen	rendelkezik	verfügen
hallgat	hören, anhören	vmivel	
hiányzik	fehlen	sportol	Sport treiben
hozzászokik	sich gewöhnen	vág	schneiden
vmihez		válaszol	antworten, er-
hízik	zunehmen		widern
ígér	versprechen	véd	schützen, ver-
ismétel	wiederholen		teidigen
ismétlődik	sich wiederholen	védekezik	sich schützen, sich
kicsomagol	auspacken		verteidigen
kínál	anbieten	vitat	diskutieren
kínálkozik	sich bieten	vitatkozik vmin	sich streiten
kiürül	sich leeren, leer	zár	schließen
	werden	záródik	sich schließen

Főnevek

adottság, -ok	Gegebenheit	élet	Leben
alkalom,	Gelegenheit	életforma, -ʼk	Lebensform
alkalmak		érdeklődés, -t	Interesse, Interes-
alkatrész, -ek, -t	Ersatzteil		sengebiet
autósbolt, -ok, -ja	Geschäft für Auto-	forgalom, for-	Verkehr
	zubehör	galmat	
barátnő, -k	Freundin	gondolat, -ok	Gedanke
borosüveg, -ek	Weinflasche	gyógyszerész,	Pharmazeut,
dióhéj, -ak	Nußschale	-ek, -t	Apotheker

gyors	Schnellzug	kezdet, -ek	Anfang, Beginn
gyűlés, -ek, -t	Versammlung	nép, -ek	Volk
háztartás, -ok. -t	Haushalt	nyelvtanulás, -t	Sprachenlernen
hír, -ek, -t	Nachricht	nyugat	Westen, West
humor, -t	Humor	porszívó, -k	Staubsauger
idegenvezető, -k	Fremdenführer	szakma, -k	Beruf, Tätigkeit
javító, -k	Reparatur(werkstatt)	szerelő, -k	Monteur
		tett, -ek	Tat
javítás, -ak, -t	Reparatur	újság, -ok, -ja	Neuigkeit, Zeitung
kávédaráló, -k	Kaffeemühle	viselkedés, -ek, -t	Benehmen, Verhalten
képesség, -ek	Fähigkeit, Begabung	zseni, -k	Genie

Melléknevek

automatikus, -an	automatisch	nélkülözhetetlen, -ül	unentbehrlich
bátor, bátran	tapfer		
bő, bőven	weit, reichlich	olcsó, -n	billig
helybeli	ortsansässig, dortig	politikai	politisch
idegen, -ül	fremd	rendszeres, -en	regelmäßig
ideges, -en	nervös	ritka, -n	selten
irigylésreméltó, -an	beneidenswert	sűrű, -n	dicht, oft
kedvelt	beliebt	szigorú, -an	streng
kiváló, -an	hervorragend	udvarias, -an	höflich
magas, -an	hoch, groß	vékony, -an	dünn, schlank
mellékes, -en	beiläufig, nebenbei	vitathatatlan, -ul	unbestreitbar
műszaki	technisch		

Határozószók és névutók

belül vmin	innerhalb	kívül vmin	außerhalb
együtt vmivel	zusammen	legutóbb	letztens, neulich
hamar Adv.	schnell, in kurzer Zeit	nélkül	ohne
		régebben	früher
helyett	anstelle	szemben vmivel	gegenüber
képest vmihez	gemessen an, im Vergleich mit	többször	oft, mehrmals

Más szófajok

esetleg	eventuell	hátha	möglicherweise, vielleicht

legalább	wenigstens, mindestens	összesen	insgesamt
legfeljebb	höchstens	ugyanakkor	gleichzeitig
		ugyanígy	genauso

Szókapcsolatok

annál több	um so mehr
az lesz a legjobb, ha...	das beste wird sein, wenn ...
Hogy is lehetne ez másként?	Wie könnte es auch anders sein?
megismerik egymást	sich kennenlernen
minél előbb	so schnell wie möglich
Mi újság van?	Was gibt es Neues?
Nincs semmi baja.	Es fehlt ihm nichts.
Sajnálom.	Es tut mir leid. Ich bedaure es.
sok mindenben egyetért vkivel	in vieler Hinsicht der gleichen Meinung sein
véleménye szerint	seiner Meinung nach

Nyelvtan

69. Die Steigerung

Im Ungarischen können Adjektive, Adverbien, einige Numeralia und Pronomen sowie Substantive, die charakteristische Eigenschaften ausdrücken, gesteigert werden. Wie im Deutschen unterscheiden wir drei Stufen: den Positiv, den Komparativ und den Superlativ. Das Zeichen des Komparativs ist nach vokalisch auslautenden Stämmen **-bb** (**a** und **e** werden vor dem Zeichen des Komparativs zu **á** und **é** gedehnt) und nach konsonantisch auslautenden Stämmen **-abb**, **-ebb**. Den Superlativ erhalten wir, wenn die Komparativform mit dem Präfix **leg-** versehen wird.

Positiv	*Komparativ*	*Superlativ*
olcsó »billig«	olcsó**bb** »billiger«	a **leg**olcsó**bb** »am billigsten«
régi »alt«	régi**bb** »älter«	a **leg**régi**bb** »am ältesten«
drága »teuer«	drágá**bb** »teurer«	a **leg**drágá**bb** »am teuersten«
fontos »wichtig«	fontos**abb** »wichtiger«	a **leg**fontos**abb** »am wichtigsten«
kedves »lieb«	kedves**ebb** »lieber«	a **leg**kedves**ebb** »am liebsten«
távol »fern«	távol**abb** »ferner«	a **leg**távol**abb** »am fernsten«
közel »nahe«	közel**ebb** »näher«	a **leg**közel**ebb** »am nächsten«
kevés »wenig«	keves**ebb** »weniger«	a **leg**keves**ebb** »am wenigsten«
gyerek »Kind«	gyerek**ebb** »mehr ein Kind«	a **leg**gyerek**ebb** »am meisten ein Kind«

Bei der Steigerung treten die gleichen Stammveränderungen auf wie bei der Pluralbildung, d. h. Vokalverkürzung, Vokalausstoß bzw. Stammerweiterung:

Positiv	*Komparativ*	*Superlativ*
nehéz »schwer«	nehez**ebb** »schwerer«	a **leg**nehez**ebb** »am schwersten«
bátor »tapfer«	bátr**abb** »tapferer«	a **leg**bátr**abb** »am tapfersten«
bő »weit«	bő**vebb** »weiter«	a **leg**bő**vebb** »am weitesten«

Unregelmäßig gesteigert werden u. a. die Adjektive **jó, szép, kicsi, sok, lassú, könnyű** sowie eine Reihe von Adverbien wie **fent, lent, kint, bent, elöl, hátul** usw.

Positiv	*Komparativ*	*Superlativ*
jó »gut«	j**obb** »besser«	a **leg**j**obb** »am besten«
szép »schön«	sz**ebb** »schöner«	a **leg**sz**ebb** »am schönsten«
kicsi »klein«	kis**ebb** »kleiner«	a **leg**kis**ebb** »am kleinsten«
sok »viel«	t**öbb** »mehr«	a **leg**t**öbb** »am meisten«
lassú »langsam«	lass**abb** »langsamer«	a **leg**lass**abb** »am langsamsten«
könnyű »leicht«	könny**ebb** »leichter«	a **leg**könny**ebb** »am leichtesten«
fent »oben«	felj**ebb** »weiter oben«	a **leg**felj**ebb** »am weitesten oben«
lent »unten«	lejj**ebb** »weiter unten«	a **leg**lejj**ebb** »am weitesten unten«

Positiv	*Komparativ*	*Superlativ*
kint »draußen«	kijjebb »weiter draußen«	a **legkijjebb** »am weitesten draußen«
bent »drinnen«	beljebb »weiter drinnen«	a **legbeljebb** »am weitesten drinnen«
elöl »vorne«	elörébb »weiter vorne«	a **legelörébb** »am weitesten vorne«
hátul »hinten«	hátrább »weiter hinten«	a **leghátrább** »am weitesten hinten«

Die Adjektive auf **-só, -ső** bilden den Superlativ durch Anfügen des Präfixes **leg-** an den Positiv:

> alsó »der untere« → **alsó**bb »der weiter unten gelegene« → a **legalsó** »der am weitesten unten gelegene«;
> felső »der obere« → **felső**bb »der weiter oben gelegene« → a **legfelső** »der am weitesten oben gelegene«.

In festen Wortverbindungen kann mitunter auch die vom Komparativ gebildete Form vorkommen:

> a **Legfelsőbb** Bíróság »der Oberste Gerichtshof«

70. Der Vergleich

Vergleich identischer Größen

Als Konjunktion fungiert **mint** »wie«:

> Ez a gyerek már olyan okos, **mint** az apja. »Dieses Kind ist schon so klug **wie** sein Vater.«
> Pista olyan messze lakik az egyetemtől, **mint** a tanára. »Pista wohnt so weit entfernt von der Universität **wie** sein Lehrer.«
> Olyan keveset eszel, **mint** egy veréb. »Du ißt so wenig **wie** ein Spatz.«

Vergleich unterschiedlicher Größen

Als Konjunktion fungiert hier ebenfalls **mint** in der Bedeutung von »als«, oder das Wort, das die verglichene Größe repräsentiert, wird mit dem Suffix **-nál, -nél** versehen:

> Józsi magas**abb**, **mint** az apja. = Józsi magas**abb** az apjá**nál**.
> »Józsi ist größ**er als** sein Vater.«
> Éva messz**ebb** lakik az egyetemtől, **mint** a tanára. = Éva messz**ebb** lakik az egyetemtől a tanárá**nál**.
> »Eva wohnt **weiter** entfernt von der Universität **als** ihr Lehrer.«
> Keves**ebbet** eszel, **mint** én. = Keves**ebbet** eszel **nálam**.
> »Du ißt weniger **als ich**.«

Die Variante mit **-nál, -nél** kann jedoch nur dann verwendet werden, wenn das betreffende Wort nicht bereits mit einem Suffix versehen ist. Bei bereits suffigierten Wörtern wird ausschließlich die Vergleichsstruktur mit der Konjunktion **mint** verwendet:

> Budapesten nagy**obb** a forgalom, **mint** Szegeden.
> »In Budapest ist der Verkehr **reger als** in Szeged.«

In der Vergleichsstruktur wird der Grad des Unterschiedes durch das Suffix **-val, -vel** gekennzeichnet:

> Józsi öt centiméter**rel** magas**abb**, mint az apja.
> »Józsi ist **um** fünf Zentimeter **größer als** sein Vater.«
> Éva sok**kal** messz**ebb** lakik az egyetemtől, **mint** a tanára.
> »Eva wohnt **viel** weiter entfernt von der Universität **als** ihr Lehrer.«
> Valami**vel több**bet eszel, **mint** én. »Du ißt etwas **mehr als** ich.«

Der absolute Superlativ wird durch das Vorsetzen des Präfixes **leges-** vor die Form des Superlativs gebildet:

> a **leges**leg**olcsóbb** »**am aller**billigsten«
> a **leges**leg**kevesebb** »**am aller**wenigsten«

71. Die modaladverbiale Form der gesteigerten Adjektive

Die gesteigerten Adjektive erhalten in der Funktion der modaladverbialen Bestimmung die gleichen Suffixe, die auch in der nicht gesteigerten Form verwendet werden. Eine Ausnahme bildet hier das Adjektiv jó »gut«:

> Ezt a ruhát olcsó**bban** vettem, **mint** a másikat.
> »Dieses Kleid habe ich **billiger** gekauft **als** das andere.«
> A szülők ezen a napon türelmetlen**ebbül** várták a gyereket, **mint** máskor.
> »Die Eltern haben das Kind an diesem Tag **ungeduldiger** erwartet **als** sonst.«
> Ma már jo**bban** érzem magamat. »Heute fühle ich mich schon **besser**.«

72. Das Numeraladverb

Das Suffix **-an, -en** bildet von bestimmten und unbestimmten Numeralia Numeraladverbien:

> **Hányan** laktok egy szobában? »**Zu** wievielt wohnt ihr in einem Zimmer?«
> Most csak kett**en** lakunk egy szobában.
> »Jetzt wohnen wir nur **zu** zweit in einem Zimmer.«
> **Hányan** jönnek ma ebédre? »Wie viele (**Leute**) kommen heute zum Mittagessen?«
> Ma sok**an** jönnek ebédre. »Heute kommen viele (**Leute**) zum Mittagessen.«

Nach Numeraladverbien steht das Prädikat immer im Plural.

73. Postpositionen, die ein bestimmtes Suffix fordern

Im Gegensatz zu den meisten Postpositionen regieren einige bestimmte Suffixe. So nimmt das Bezugswort der Postpositionen **együtt** »zusammen, gemeinsam« und **szemben** »gegenüber« das Suffix **-val, -vel, kívül** »außerhalb, außer« und **belül** »innerhalb« das Suffix **-n, -on, -en, -ön** und **képest** »im Vergleich, gemessen« das Suffix **-hoz, -hez, -höz** an:

A porszívóval **együtt** a kávédarálót is elvittük a javítóba. »Wir haben den Staubsauger **zusammen mit der** Kaffeemühle in die Reparatur gebracht.«

A javító az autósbolttal **szemben** van. »Die Reparaturwerkstatt ist **gegenüber vom** Geschäft für Autozubehör.«

Apámhoz **képest** én alacsony vagyok. »**Gemessen an** meinem Vater bin ich klein.«

Hozzám képest te műszaki zseni vagy. »**Im Vergleich zu mir** bist du ein technisches Genie.«

A professzor a városon **kívül** lakik. »Der Professor wohnt **außerhalb der** Stadt.«

Rajtad kívül mindenki ott volt. »**Außer dir** sind alle da gewesen.«

A városon **belül** nagy forgalom van. »**Innerhalb der** Stadt herrscht ein reger Verkehr.«

Egy héten **belül** készen leszünk a munkával. »**Innerhalb/binnen einer** Woche sind wir mit der Arbeit fertig.«

74. Bildung von reflexiven Verben

Die Reflexivität der Handlung wird im Ungarischen häufiger noch als durch das Reflexivpronomen **maga** »sich« durch **Ableitungssuffixe** ausgedrückt. Sie treten in der Regel an aktive Basiswörter. Die häufigsten Ableitungssuffixe sind:

-ódik, -ődik

Ma hét órakor zárják az üzleteket. »Heute schließt man die Geschäfte um sieben Uhr.«

Ez az ajtó automatikusan zár**ódik**. »Diese Tür schließt **sich** automatisch.«

Éva ismétli a mondatot. »Eva wiederholt den Satz.«

Ez a mondat egy oldalon háromszor ismétl**ődik**. »Dieser Satz wiederholt **sich** dreimal auf einer Seite.«

-kodik, - kedik, -ködik (Bei einsilbigen Wörtern: **-akodik, -ekedik, -öködik**)

Petra a fürdőszobában mossa a blúzát. »Petra wäscht ihre Bluse im Badezimmer.«

Petra a fürdőszobában mosa**kodik**. »Petra wäscht **sich** im Badezimmer.«

Éva fésüli a haját. »Eva kämmt ihre Haare.«

Éva fésül**ködik**. »Eva kämmt **sich**.«

Felemelem a bőröndöt. »Ich hebe den Koffer an.«

A repülőgép a levegőbe emel**kedik**. »Das Flugzeug erhebt **sich** in die Luft.«

-kozik, -kezik, -közik

Anyám süteménnyel kínálja a vendégeket. »Meine Mutter bietet den Gästen Kuchen an.«

Még nem kínál**kozott** alkalom beszélgetésre. »Es hat **sich** noch keine Gelegenheit zum Gespräch geboten.«

A sportolónak védenie kell az egészségét. »Der Sportler muß seine Gesundheit schützen.«

A sportoló véd**ekezik** a betegségek ellen. »Der Sportler schützt **sich** gegen Krankheiten.«

Megütötte a lábát. »Er hat sein Bein gestoßen.«

Két vonat összeüt**között**. »Zwei Züge prallten (stießen) aneinander.«

75. Das Ableitungssuffix -at, -et, (-tat, -tet)

Mit seiner Hilfe werden in erster Linie aus aktiven Verben sogenannte faktitive Verben gebildet. Sie drücken aus, daß das Subjekt die Handlung nicht selbst ausführt, sondern einen anderen veranlaßt, die Handlung durchzuführen. Wird der Handlungsträger genannt, erhält er das Suffix -val, -vel. Im Deutschen entspricht dem ungarischen faktitiven Verb in der Regel die Konstruktion **lassen** plus **Infinitiv**:

Le**vágatom** a hajamat. »**Ich lasse** meine Haare abschneiden.«

Megjaví**ttatjuk** a porszívót a szerelő**vel**. »**Wir lassen** den Staubsauger **vom** Monteur reparieren.«

Die Variante **-at, -et** tritt an alle einsilbigen Verben, mit Ausnahme derjenigen, die auf **Vokal** plus **t** auslauten:

néz**et** »ansehen lassen«; mos**at** »waschen lassen«; ad**at** »geben lassen«; ír**at** »schreiben lassen«

Die Variante **-tat, -tet** erhalten alle mehrsilbigen Verben und die einsilbigen, deren Stamm auf **Vokal** plus **t** auslautet:

olvas**tat** »lesen lassen«; kérdez**tet** »fragen lassen«; jut**tat** »zukommen lassen«; süt**tet** »backen, braten lassen«.

Die faktitive Form der unregelmäßigen Verben:

tesz	→	tetet »tun, legen, stellen lassen«
vesz	→	vetet »nehmen, kaufen lassen«
hisz	→	hitet »glauben lassen«
visz	→	vitet »mitnehmen lassen«
eszik	→	etet »füttern«
iszik	→	itat »trinken lassen, tränken«
megy	→	meneszt »gehen lassen, entlassen«
alszik	→	altat »einschläfern«
fekszik	→	fektet »hinlegen«

76. Das Ableitungssuffix -hat, -het

Mit seiner Hilfe werden Möglichkeitsverben gebildet. Es kann mit Ausnahme von Verben mit passiver Bedeutung an alle Verben antreten und bezeichnet in erster Linie die Möglichkeit, eine Handlung auszuführen. Die -hat-, -het-Ableitungen haben im heutigen Ungarisch keine Infinitivform. Ebenso tritt das -ik-Element der -ik-Verben in der Möglichkeitsform nicht auf. Im Deutschen entspricht der Ableitung **können** plus **Infinitiv**:

> Megjött a buszunk, beszállhatunk. »Unser Bus ist da, **wir können** einsteigen.«
> Van elég hely, leülhetünk. »Es gibt genügend Plätze, **wir können** uns hinsetzen.«

Das Möglichkeitsverb kann auch eine Erlaubnis bezeichnen. In diesem Falle entspricht ihm im Deutschen das Modalverb **dürfen** plus **Infinitiv**:

> Vége van az órának, hazamehetünk. »Die Stunde ist zu Ende, **wir können/dürfen** nach Hause gehen.«
> Fell kell hívnom az orvosomat. Telefonálhatok innen? »Ich muß meinen Arzt anrufen. **Kann/darf ich** von hier telefonieren?«

Gelegentlich kann eine konzessive (einräumende) Bedeutung beobachtet werden. Die deutsche Entsprechung ist in solchen Fällen **mögen** plus **Infinitiv**:

> Gondolhat, amit akar. »**Mag er** denken, was er will.«
> Mondhatsz, amit akarsz. »**Du magst** sagen, was du willst.«

Eine Nouance des Zweifels kann durch **-hat, -het** ebenfalls zum Ausdruck gebracht werden:

> Mennyibe kerülhet ez a pulóver? »Was **mag (wohl)** dieser Pullover kosten?«

Das Suffix **-hat, -het** tritt unmittelbar an den Verbstamm an:

> mos**hat** »waschen können«; kérdez**het** »fragen können«

Die Möglichkeitsform der unregelmäßigen Verben:

tesz	→	te**het** »tun, legen, stellen können«
vesz	→	ve**het** »nehmen, kaufen können«
hisz	→	hi**het** »glauben können«
visz	→	vi**het** »mitnehmen können«
eszik	→	e**het** »essen können«
iszik	→	i**hat** »trinken können«
jön	→	jö**het** »kommen können«
megy	→	me**het** »gehen können«
alszik	→	al**hat** »schlafen können«
fekszik	→	fek**het** »liegen können«
mosakszik	→	mosakod**hat** »sich waschen können«
lesz	→	le**het** »sein können«

Die Form **lehet** »sein können« kann auch unpersönlich gebraucht werden:

>**Lehet. »Es kann/mag sein.«**
>Itt mindent **lehet** kapni. »Hier **kann man** alles bekommen.«
>Itt nem **lehet** parkolni. »Hier **kann/darf man** nicht parken.«

Wird ein Verb sowohl mit dem Suffix **-at, -et, -tat, -tet,** als auch mit dem Suffix **-hat, -het** versehen, so steht zuerst immer **-at, -et, -tat, -tet** und ihm folgt **-hat, -het**:

>Pali ma nem javíttat**hat**ja meg a porszívót, mert nincs ideje. »Pali **kann** den Staubsauger heute nicht reparieren **lassen**, weil er keine Zeit hat.«

Achtung!

»Können« in der Bedeutung »fähig, in der Lage sein«, d. h. eine von den näheren persönlichen Umständen (geistige und physische Fähigkeiten mit eingeschlossen) abhängige Möglichkeit des Sprechers/Hörers wird im Ungarischen mit dem Modalverb **tud** »wissen, können« ausgedrückt:

>Még nem **tudok** magyarul, de szeretnék megtanulni. »**Ich kann** noch nicht Ungarisch, aber ich möchte es lernen.«
>**Tudsz** úszni? »**Kannst du** schwimmen?«
>El **tudod** készíteni ezt a fordítást ma estig? »Kannst du diese Übersetzung bis heute abend anfertigen?«

77. Die Ableitungssuffixe **-ható, -hető** und **-hatatlan, -hetetlen**

Das Suffix **-ható, -hető** bildet Adjektive aus Verben. Die Ableitungen drücken die Möglichkeit der Ausführung der Handlung als Eigenschaft aus. Ihre Negierung erfolgt in der Regel durch das Suffix **-hatatlan, -hetetlen**:

>Éva írása olvas**ható**, Pistáé olvas**hatatlan**. »Evas Schrift ist leser**lich**, Pistas Schrift ist **unleserlich**.«
>A barátom viselkedése ér**hető**, de a barátnőmé ért**hetetlen**. »Das Verhalten meines Freundes ist verständ**lich**, aber das Verhalten meiner Freundin ist **unverständlich**.«
>Ez megbocsát**ható** hiba. »Das ist ein verzeih**licher** Fehler.«
>Ez megbocsát**hatatlan** tett. »Das ist eine **unverzeihliche** Tat.«

Gyakorlatok és feladatok

1. Bilden Sie den Komparativ.

alacsony...	érdekes...	lent...	ritka...
biztos...	értékes...	fent...	beteg...
fáradt...	fontos...	egyenes...	sürgős...
fiatal...	halk...	késő...	csípős...
hosszú...	híres...	kint...	hálás...
jó...	ismert...	pontos...	közönséges...
kedves...	könnyű...	részletes...	önálló...
kényelmes...	lassú...	szabad...	jelentős...
kicsi...	nehéz...	idős...	kedvelt...
kitartó...	öreg...	boldog...	fölösleges...
lusta	szegény...	finom...	olcsó...
nagy...	egyszerű...	reménytelen...	szigorú...
sápadt...	rossz...	egészséges...	okos...
szép...	közel...	friss...	szimpatikus...
új...	távol...	rövid...	

2. Bilden Sie Sätze nach dem angegebenen Muster.

> Muster: az én bőrönd — nehéz / az övék
> →   Az én bőröndöm nehezebb, mint az övék.
> →   Az én bőröndöm nehezebb az övéknél.

a mi ügy — sürgős / a tietek   ez a gyerek — okos / az enyém
az én feladat — egyszerű / a tied   ez a film — érdekes / a tegnapi
ez a levél — fontos / minden más   ez az út — egyenes / a másik
az én szülőváros — közel — Berlin / az övé   ez a dolog — fontos / az életem
az én szoba — szép / Éva   ez a könyv — értékes / a másik

3. Bilden Sie Dialoge. °°

> Muster: ki — fiatal — a család / a húgom / a húgom kislánya — sok
> →   — Ki a legfiatalabb a családban?
> ~ A húgom. Jaj, bocsánat, tévedtem.
> — A húgom kislánya sokkal fiatalabb.

ki — szorgalmas — a csoport / Monika / a Monika barátnője — valami
ki — szimpatikus — a tanárok közül / Kiss tanár úr / Kovács professzor úr — jó

ki — ismert — a német írók közül / Heinrich Müller / Heinrich Böll — sok
ki — híres — a magyar költők közül / Nagy Endre / Petőfi, Ady és József Attila — sok
ki — magas — a testvéreid közül / én / a bátyám — öt centiméter
ki — idős — a családotok / nagymamám / a nagymamám nővére — egy év
mi — finom étel / a palacsinta / a somlói galuska — még sok
mi — fontos — az életed / a munkám a családom / éppolyan

4. Bilden Sie Dialoge. Achten Sie auf die modaladverbiale Bestimmung! °°

> Muster: szorgalmas — tanul — a Pista lánya / a fia
> →   — Szorgalmasan tanult a Pista lánya?
> ~ Igen, de a fia még szorgalmasabban tanul.

csípős — szeret — (te) — a húsleves / a halászlé
érthető — beszél — a német professzor / az angol professzor
könnyű — megtalál — (ti) — az — étterem / a múzeum
hamar — megérkezik — a budapesti gyors / a szegedi
nehéz — ért — a tanárok — az előadás / a hallgatók
nagyon lassú — megy — a villamos / a busz
nyugodt — viselkedik — a gyerek — az orvos / otthon
késő — érkezik — a nővéred / a húgom
rossz — érez — magát — édesanyád / én
részletes — beszámolt — Péter — az utazás / Berlin

5. Bilden Sie Sätze.

> Muster: három — lakik(ők) — egy szoba
> →   Hárman laknak egy szobában.

hány — megy (ti) — a kirándulás?
jó idő esetén — huszonnégy — megy (mi)
hány — marad — otthon?
négy — marad — otthon — , mert ők — beteg
mi — kettő — előkészít — az úti program
nem lesz jó , — ha — nagyon — sok — lesz (mi)
az sem jó, — ha — kevés — van (mi)
öt — áll — az ajtóm — előtt
ma — csak — hat — van (mi) — az óra
száz — áll — a színház — előtt

6. Setzen Sie die Postpositionen in die Sätze ein. Achten Sie auf die Rektion!

szemben; együtt; helyett; képest; kívül; belül; szerint; nélkül; után; előtt

Apám mindig anyám..... .... megy bevásárolni.

A villamosban egy idős néni ült Pista..... ....

A kirándulás .... inkább moziba megyünk.

A két éves Marci kora..... .... szépen beszél.

Péter..... .... csak egy fiú van a csoportunkban.

Alapos felkészülés .... nem szabad külföldre menni.

Az érkezés .... megkezdődött az útlevélvizsgálat.

A vonat fél óra..... .... a határra érkezik.

Véleményem .... ezt a problémát meg kell beszélnünk.

Evés .... mindig meg kell mosni a kezeteket.

7. Übersetzen Sie.

Im Vergleich zu euch waren wir gut. Er geht immer mit ihr zusammen einkaufen. Mir gegenüber benahm er sich höflich. Außer uns war keiner im Saal. Gemessen an ihm bin ich klein. Mit uns zusammen waren insgesamt zwölf Gäste da. Ihm gegenüber steht ein fremder Mann. Außer dir sind alle Kollegen in Budapest gewesen. Außer euch hat keiner gefehlt. Er geht mit mir zusammen essen.

8. Setzen Sie die entsprechende Verbform in die Sätze ein.

kezd	— kezdődik	ad	— adódik
befejez	— befejeződik	talál	— találkozik
kifizet	— kifizetődik	becsuk	— becsukódik
megismer	— megismerkedik	vonz	— vonzódik
elhelyez	— elhelyezkedik	vitat	— vitatkozik
ismétel	— ismétlődik	kínál	— kínálkozik
érdekel	— érdeklődik	bemutat	— bemutatkozik

Majd .... (te) valakit, aki segít a munkában.

Tegnap .... (én) egy ismerősömmel.

A professzorunkat csak a könyvek ....

.... kell, hogy mikor indul a vonat.

Mivel Gézát régen nem láttam, nem .... azonnal.

Amikor .... még nagyon fiatalok voltunk.

Tegnap .... az orvosok világkongresszusa.

Az egyik orvos most .... a beszédét.

Ebben az évben hamarabb .... a szemeszter.

A professzor .... az előadását és kiment.

Ha elmegyek otthonról, mindig .... az ablakot.

Amikor kimentem a lépcsőházba .... mögöttem az ajtó.

A legtöbb berlini turistát a múzeumok ....

Apám nagyon szimpatikus ember. Sokan .... hozzá.

Az idegen szavakat gyakran kell ....

Ha egy szó gyakran .... , hamarabb megtanuljuk.

Mi ezt a problémát már gyakran ....

Nem jó, hogy olyan gyakran .... (ti).

A magyar vendégeket egy kis szállodában ....

Amikor .... az asztalnál, már hozták is a vacsorát.

Apám borral .... a vendégeket.

Több alkalom nem .... az ismerkedésre.

Sajnos, nem .... alkalom beszélgetésre.

Alkalmat .... (mi) Pistának a bemutatkozásra.

Szeretném .... a barátomat.

A barátom kezet csókolt anyámnak, és ....

9. Leiten Sie mit Hilfe des Suffixes **-at, -et, -tat, -tet** Verben ab.

ad...	tesz...	érez...	köt...
keres...	tud...	megért...	nyit...
fizet...	vesz...	felír...	táncol...
ismer...	visz...	lefordít...	üdvözöl...
iszik...	alszik...	gyakorol...	elfogad...
eszik...	fekszik...	mos...	jár...
hisz...	kidob...	javít...	készít...
hív...	olvas...	leül...	épít...
hoz...	elvégez...	megfőz...	ismétel...
kér...	énekel...	megnéz...	süt...

10. Bilden Sie Sätze.

Muster: István — megvesz — a helyjegyek
→ Jóskának nem volt ideje, ezért Istvánnal vetette meg a helyjegyeket.
→ Jóskának van ideje, megveheti a helyjegyeket.
→ Jóska nem vetetheti meg Istvánnal a helyjegyeket, mert annak sincs ideje.

János — megvásárol — a szükséges dolgok

testvére — kimos — a fehérneműje
barátja — megkérdez — mikor — indul — a vonat
Pista — elkísér — a felesége — a mozi
Éva — becsuk — az ablak
felesége — megmagyaráz — a gyerek — a házi feladat
kislánya — hoz — egy üveg bor — a vendégek
anyja — kiválaszt — az ajándék — a barátnő
felesége — ír — levél — anyja
barátja — lefordít — levél

11. -hat, -het oder tud? Übersetzen Sie die Sätze.

Ihr könnt essen und trinken, soviel ihr wollt.
Kann deine Tochter morgen zu meinem Geburtstag kommen?
Wenn ihr wollt, könnt ihr euch auch baden.
Er konnte machen was er wollte, keiner sprach mit ihm.
Ich konnte die Tür nicht öffnen, weil ich keinen Schlüssel hatte.
Man kann auch in einem fremden Land Freunde finden.
Wieviel Geld kannst du im Monat sparen?
Er konnte an der Versammlung nicht teilnehmen, weil er krank war.
Kannst du schwimmen! Kannst du mir eine Mark geben?

12. Leiten Sie von den Verben Adjektive ab. Kontrollieren Sie die Bedeutungen im Wörterbuch.

a) -ható, -hető; b) -hatatlan, -hetetlen

olvas...	vitat...	nélkülözik...	fordít...
lát...	javít...	elér...	megtanul...
eszik...	használ...	tart...	megmagyaráz...
iszik...	ért...	elképzel...	ment...
mos...	pótol...	elfogad...	tűr

13. Ergänzen Sie die Sätze mit Hilfe der in Aufgabe 12 gebildeten Ableitungen.

A tegnapi ebéd még .... volt, de a mai teljesen ....
Egy hosszabb külföldi tartózkodás .... élményt jelent.
Ez a ruha .... anyagból készült.
A kávédaráló még .... , de a porszívó már ....
A lakásban a tévé .... , de a könyvek ....
Az .... , hogy a vonat késik, hiszen tél van.
.... , hogy apám késik, hiszen mindig pontos.

Vannak ...., és vannak .... célok.

.... tény, hogy mindenki szereti a békét.

Géza mindig elkésik, ... , hogy mindenki haragszik rá.

A képen Budapest egyik legszebb része ....

14. Antworten Sie anhand des Textes »Péter látogatása ...« auf die Fragen.

Mikor utazott Péter Budapestre?
Mivel utazott?
Mi érdekelte a legjobban az édesapját?
Mit kérdezett tőle az édesanyja?
Mit akart tudni a nagymamája?
Mit állapított meg Péterről a nagymamája?
Igazat adott neki Péter?
Mit csinált Péter megérkezése után?
Hogyan nyugtatta meg édesanyját és nagymamáját?
Miről beszélgetett a család vacsora közben?
Milyen tervei vannak a családnak a jövő nyárra?

15. Übersetzen Sie.

Peters Eltern haben sich sehr gefreut, daß Peter nach Hause gekommen ist, denn sie haben ihn seit drei Monaten nicht gesehen. Nach der Ankunft von Peter nahm die ganze Familie am Tisch Platz. Sie unterhielten sich den ganzen Abend. Peter erzählte über seine Erlebnisse in Berlin. Die Eltern sprachen über ihre Sommerpläne. Sie waren schon in vielen Ländern. Im nächsten Sommer machen sie eine Reise durch Westeuropa. Sie verbringen auch einige Tage in Berlin. Da Peter Berlin schon sehr gut kennt, wird er ihr Fremdenführer sein.

16. Ergänzen sie den Text.

Magyarország........ német fiatalok is .... egyetemre. Ezek........ a hallgatók........ nincs mindig könnyű dolguk. Az előadás........ egy rész........ magyar .... folyik, és a legtöbb........ csak keveset tud........ magyarul. Természetesen vannak német nyelv........ előadás........ is. Az első hónapok nehézség........ után a legtöbb fiatal jó........ érzi magát. Nemcsak szakma........ tanulnak, hanem megtanul........ a nyelv........ is. Megismerked........ Magyarország........, a nép élete........, szokásai........, kultúrája........ A nyelvtanulás........ segít........ a mozi, a színház, az előadás........, szeminárium........ és természetes........ a helybeli barát........ Aki akar........ , rövid idő........ belül jó barátok........ találhat.

TIZEDIK LECKE

Mondatminták

Vár.	→	Várj!	Olvas.	→	Olvass!	
Kérdez.	→	Kérdezz!	Úszik.	→	Ússz!	
Tölt.	→	Tölts!	Segít.	→	Segíts!	
Hallgat.	→	Hallgass!	Fizet.	→	Fizess!	Mit csináljak?
Fest.	→	Fess!	Halaszt.	→	Halassz!	
Jön.	→	Jöjj! Gyere!	Megy.	→	Menj!	
Eszik.	→	Egyél!	Iszik.	→	Igyál!	
Tesz.	→	Tegyél!	Hisz.	→	Higgy!	

Hadd kérdezzek valamit!
Ülj le! Ne ülj le!
Kértem, hogy írj.
Nagyon fontos, hogy írj.
Úgy oszd be az idődet, hogy tudj írni.
Azért ültél le, hogy írj.
Már nincs szükség arra, hogy írj.

A rossz idő miatt otthon maradtunk.
Az ügy elintézése végett jöttem.
Apámat mindenki dícséri munkájáért.
Elmegyünk a gyerekért az óvodába.
Eladtuk a gyerekkocsit ezer forintért.

Mi miatt?
Mi végett?
Miért?
Kiért?
Mennyiért?

Szövegek

Kästnerék Magyarországra készülnek °°

Kästnerék nagyon szeretnek utazni. Már sok országban voltak. Ebben az évben Magyarországra készülnek.

Még sok kérdés tisztázatlan. Mikor utazzanak? Meddig maradjanak? Hogyan szerezzenek szállást? Milyen programot tervezzenek?

Kästnerék egyik ismerőse azt mondta, hogy ne nyáron utazzanak, mert akkor sok a turista Magyarországon. Nehezebben lehet szállást kapni. Ha mégis nyáron mennek, foglaljanak szállást. Ha csak Budapestet akarják megnézni, menjenek repülővel vagy vonattal.

Egy másik ismerősük azt tanácsolta, hogy télen utazzanak Magyarországra. Budapestet hagyják ki a programjukból. Nézzék meg Pécset, Szegedet vagy Debrecent. Menjenek el kisebb városokba is. Ismerkedjenek a tájjal, az emberekkel. Az lesz a legjobb, ha kocsival mennek.

A Kästner házaspárnak is hasonló elképzelései vannak. De télen mégsem akarnak utazni. Kästner úr szerint az ősz a legalkalmasabb utazásra. Legjobb barátaik, Günterék, szintén mindig ősszel mennek szabadságra. Az ő véleményüket is meg kell hallgatni.

Günter úr határozott ember, szeret mások helyett is dönteni, de emellett nagyon jószívű és segítőkész. Szerinte ne gondolkodjanak Kästnerék olyan sokáig, hanem cselekedjenek. Ha az őszt szeretik, utazzanak ősszel. Majd ő szerez nekik szállást. Csak mondják meg a pontos időpontot. Már másnap ír ismerőseinek. Vagy inkább írjanak Kästnerék maguk. Odaadja nekik a címet. Ő ugyan nem akar beleszólni, de szerinte

az lesz a legjobb, ha Kästnerék októberben utaznak. Magyarországon akkor szüretel-
nek. Ceglédi ismerőseinek gyönyörű szőlőjük van, örülnek, ha lesz segítségük. Kästne-
rék tanuljanak addig egy kicsit magyarul. Még van idejük rá.

   Kästneréknek ez a javaslat tetszik a legjobban. A legfontosabb kérdés így megoldó-
dott. A további részleteket majd még megbeszélik Günterékkel.

Este otthon °°

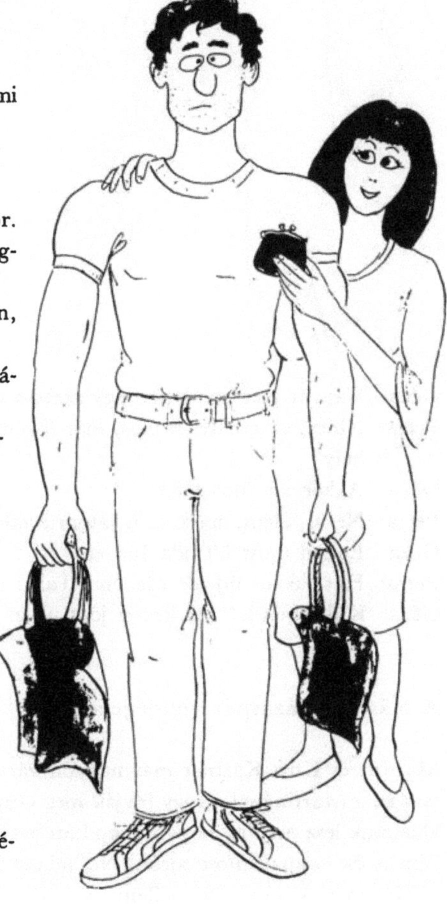

Kati: Mit együnk vacsorára?
Pali: Együk meg a töltöttkáposztát, ami
        megmaradt ebédről.
Kati: És mit igyunk hozzá?
Pali: Sört.
Kati: Csak az a baj, hogy nincs itthon sör.
Pali: Lemegyünk és veszünk néhány üveg-
        gel.
Kati: Nekem még nagyon sok dolgom van,
        egyedül kell menned.
Pali: Tudod, hogy nem szeretek egyedül vá-
        sárolni. Gyere te is!
Kati: Hidd el, Palikám, nekem most iga-
        zán nincs időm!
Pali: Na, jó! Melyik szatyrot vigyem?
Kati: Vidd azt a nagy kéket! Tedd bele
        az üres üvegeket is, és vidd vissza
        őket az üzletbe!
Pali: Parancsol még valamit,
        asszonyom?
Kati: Jó, hogy szólsz! Majdnem elfe-
        lejtettem, hogy ásványvizünk
        sincs. Hozzál néhány üveg
        ásványvizet is, légy szíves!
        És siess, mert már nagyon
        éhes vagyok! Addig én gyorsan elké-
        szítem a vacsorát.
Pali: Igenis! Már itt sem vagyok.

Szabad ez a hely? °°

Géza: Van itt még melletted egy szabad hely, Petra?
Petra: Nincs, ez a hely, sajnos, már foglalt. De előttem is, mögöttem is van még egy hely.
Géza: Akkor ide ülök eléd.
Petra: Ne ülj elém, mert nem látom a táblát! Ülj inkább mögém!
Géza: Éppen most ült oda Jürgen.
Petra: Hát, akkor ülj ide mellém! Talán nem is jön már Pista.
Géza: Különben is! Aki későn jön, üljön oda, ahol még van hely.

A Kästner házaspár vendégeket vár °°

Martina és Kurt Kästner már nagyon várta, hogy találkozzon Günterékkel. Kurt azt javasolta Martinának, hogy hívják meg Günteréket szombaton vacsorára. Így legalább alkalmuk lesz arra is, hogy nyugodtan beszélgessenek magyarországi útjukról. Egyébként is ők vannak most soron. Ne halasszák tovább a meghívást.

Martinának is ez volt a véleménye. Mivel nem akarta, hogy minden az utolsó percre maradjon, pontos tervet készített. Mindig úgy osztotta be a munkáját, hogy mindent nyugodtan el tudjon végezni. Nem gondolkodott sokáig, kiosztotta a feladatokat a család többi tagjának is. Két fiukat úgy nevelték, hogy segítsenek a szüleiknek a háztartásban, ha szükség van rá.

A fiúk azt a feladatot kapták, hogy a hét folyamán vegyék meg az italokat, és takarítsák ki a szobájukat. Édesanyjuk nem írta elő nekik, hogy mit, mikor csináljanak. Csak az volt a fontos, hogy időben készen legyenek.

Kurt az utóbbi időben nagyon sokat dolgozott. Egy ideig beteg is volt. Az orvos megtiltotta neki, hogy dohányozzon. Ismerősei azt tanácsolták neki, hogy hagyja az autóját a garázsban, és menjen kerékpárral a munkahelyére. Mozogjon sokat a friss levegőn. Azóta mindig ő vásárol be.

Természetesen Martinának is jutott elég tennivaló. Azt akarta, hogy vendégeik jól érezzék magukat náluk, ezért a legapróbb részletekig mindent átgondolt. Szívesen tette. Családjáért, barátaiért és jó ismerőseiért mindig mindent örömmel megtesz.

Telefon °°

Deák:	Halló! Számítóközpont, tessék!
Kovácsné:	Kivel beszélek?
Deák:	Deák László vagyok.
Kovácsné:	Jaj, maga az, Laci? Nem ismertem meg a hangját. Kovácsné vagyok. A férjemmel szeretnék beszélni.
Deák:	Kézcsókom, Katika! Pali az előbb leszaladt a büfébe tejért. De várjon egy kicsit, úgy látom éppen jön.
Kovács:	Kovács vagyok, tessék!
Kovácsné:	Szervusz, Pali! Én vagyok, Kati. Ma reggel elfelejtettük megbeszélni, hogy ki megy el a gyerekért az óvodába. Tudod, nekem ma nem lesz időm rá.
Kovács:	Ma én is később végzek. Egy hiba miatt még egyszer végig kell mennem egy számítási programon. De azt hiszem, négyre kész leszek, és el tudok menni Pistiért.
Kovácsné:	Jó! Gondolj arra, hogy a Petőfi utcába útépítés miatt nem tudsz behajtani. Parkolj valamelyik mellékutcában!
Kovács:	Jó, hogy mondod! Egyébként ..., hazahoztad már a szürke öltönyömet a tisztítóból? A holnapi tanácskozás miatt öltönyben kell megjelennem.
Kovácsné:	Holnap megyek el érte. Ma már nem lesz rá időm. Vedd fel a barna öltönyödet!
Kovács:	Azt is felvehetem.
Kovácsné:	Palikám, most abba kell hagynom. A kolléganőm is telefonálni akar, ne várjon miattam.
Kovács:	Várjál csak egy kicsit! Hadd mondjak egy jó hírt! Eladtam a gyerekkocsit az egyik kollégámnak. Szombaton jön érte.
Kovácsné:	Mennyiért adtad el?
Kovács:	Ezer forintért.
Kovácsné:	Nem sok, de a mi mostani helyzetünkben az is jó.
Kovács:	A vacsora miatt ne legyen gondod! Azt ma én csinálom. Szervusz.

Szavak

Igék

abbahagy	aufhören	**készül vmire**	etwas vorhaben,
átgondol	durchdenken		sich vorbereiten
behajt	einfahren, einbiegen	**kinyit**	öffnen
beleszól	hineinreden,	**kioszt**	austeilen
	sich einmischen	**követel**	fordern
cselekszik	handeln	**leszalad**	hinuntergehen
(cselekedni)		**megenged**	erlauben
dicsér	loben	**megismétel**	wiederholen
dohányzik	rauchen	**megjelenik**	erscheinen
(dohányozni)		**megmarad**	übrigbleiben
dönt	entscheiden	**megoldódik**	sich lösen
elad	verkaufen	**megtilt**	verbieten
elbúcsúzik	sich verabschieden	**mozog**	sich bewegen
elfelejt	vergessen	**nevel**	erziehen
előír	vorschreiben	**növeszt**	wachsen lassen
fest	malen	**parkol**	parken
hagy	lassen	**rendel**	bestellen
halaszt	aufschieben	**szerez**	besorgen
hazahoz	nach Hause brin-	**szerkeszt**	redigieren
	gen, abholen	**szüretel**	Wein ernten
javasol	vorschlagen	**tanácsol**	raten
jut vkinek	jdm. zukommen,	**tetszik**	gefallen
	zufallen	**végigmegy vmin**	durchgehen

Főnevek

ásványvíz, -vizek	Mineralwasser	**kerékpár, -ok, -t,**	Fahrrad
béke	Frieden	**-ja**	
cím, -ek	Adresse, Titel	**lakásügy, -ek**	Wohnungsangele-
elintézés, -t	Erledigung		genheit
elképzelés, -ek, -t	Vorstellung	**mellékutca, -k**	Nebenstraße
előkészület, -ek	Vorbereitung	**öltöny, -ök, -t**	Anzug
garázs, -ok, -t	Garage	**részlet, -ek**	Detail, Einzelheit
gyerekkocsi, -k	Kinderwagen	**segítség, -ek**	Hilfe, Unterstützung
időpont, -ok, -ja	Zeitpunkt, Termin	**szakáll, -ak**	Bart
ital, -ok, -t	Getränk	**szállás, -ok, -t**	Unterkunft
javaslat, -ok	Vorschlag	**számítóközpont, -ja**	Rechenzentrum
kérdés, -ek, -t	Frage	**szatyor, szatyrok**	Einkaufsbeutel, -netz

szőlő, -k	Wein, Wein- pflanzung	**táj, -ak, -at**	Landschaft
tábla, -k	Tafel	**tisztító, -k**	Reinigung
tanácskozás, -ok, -t	Beratung	**útépítés, -ek, -t**	Straßenbau- arbeiten

Melléknevek

alkalmas, -an	geeignet, günstig	**határozott, -an**	entschlossen, resolut
alapos, -an	gründlich	**jószívű, -en**	gutherzig, herzens- gut
apró	winzig, klein		
éhes, -en	hungrig	**mostani**	jetzig
foglalt	besetzt	**segítőkész, -en**	hilfsbereit
gyönyörű, -en	wunderschön, sehr schön	**tisztázatlan, -ul**	ungeklärt
		további	weiterer
hasonló, -an	ähnlich	**utolsó**	letzter

Határozószók és névutók

egyedül	allein	**miatt**	wegen, infolge, um … willen
emellett	daneben		
folyamán	im Laufe	**végett**	wegen, zwecks
másnap	am nächsten Tag		

Kötőszók

mégsem	dennoch nicht

Más szófajok

egyébként	im übrigen	**igenis**	jawohl
előre	im voraus	**ugyan**	zwar

Szókapcsolatok

Jó, hogy szólsz!	Gut, daß du es sagst! Gut, daß du mich erinnerst!
Kézcsókom!	Küß' die Hand!
Légy szíves!	Sei so nett! Sei so lieb!
Már itt sem vagyok!	Ich bin schon weg!
töltött káposzta	gefüllter Kohl, Kohlroulade
van ideje rá	er hat Zeit dafür

Nyelvtan

78. Der Adhortativ

Der Adhortativ drückt eine Aufforderung, einen Wunsch, einen Ratschlag oder eine Zustimmung zum Vollzug einer Handlung aus. Die deutschen Entsprechungen sind in der 2. Ps. Sg. und Pl. der Imperativ, in der 1. Ps. Pl. der inklusive (die angesprochene(n) Person(en) und den Sprecher mit einschließende) **Imperativ**, sowie »**sollen**« und »**mögen**« plus **Infinitiv**:

> **Menj** egyedül! »**Geh** allein«
> **Menjetek** a másik szobába! »**Geht** ins andere Zimmer«
> Mit **együnk** vacsorára? »Was **essen wir** zum Abendbrot?«
> **Együnk** hideg vacsorát! »**Essen wir** kaltes Abendbrot!«
> **Menjen** Pali! »Pali **soll gehen**!«
> **Utazzanak** ősszel! »**Sollen/mögen sie** im Herbst **fahren**«
> Günter úr azt mondta, **menjünk** kocsival. »Herr Günter sagte, **wir sollen/ sollten** mit dem Wagen **fahren**.«

Die Wunschbedeutung des Adhortativs wird durch die Partikel **hadd** verstärkt:

> **Hadd üljek** melléd! »**Laß mich** neben dich **setzen**!«
> Menj el velük a színházba, **hadd nézzék meg** ők is a darabot! »Geh mit ihnen ins Theater, **sollen/mögen sie sich** das Stück auch **ansehen**!

Der Adhortativ verfügt über ein vollständiges Paradigma, d. h., er kann in allen Personen gebildet werden. Sein Zeichen ist **-j**. Ihm folgen die Personalsuffixe.

		unbestimmte Konjugation	*bestimmte Konjugation*
Sg.	1. Ps.	-j-ak, -ek	-j-am, -em
	2. Ps.	-j-ál, -él	-j-ad, -ed
		-j	-d
	3. Ps.	-j -on, -en, -ön	-j-a, -e
Pl.	1. Ps.	-j-unk, -ünk	-j-uk, -ük
	2. Ps.	-j-atok, -etek	-j-átok, -étek
	3. Ps.	-j-anak, -enek	-j-ák, -ék

> 1. Ps. Sg. bei Objekt in der 2. Ps. Sg. und Pl.:
> -j-alak, -j-elek

In der 2. Ps. Sg. gibt es zwei Formen: eine Kurzform und eine Langform. Die lange Form drückt eine abgeschwächte Aufforderung aus. Sie wird im modernen Ungarisch zunehmend seltener gebraucht.

Die -ik-Verben besitzen in der 3. Ps. Sg. neben dem Personalsuffix **-on, -en, -ön** auch die Form **-ék**:

ússzon / ússzék »er soll schwimmen«

Die Form **-ék** wird jedoch weit seltener als die Form **-on, -en, -ön** gebraucht. Überhaupt tritt im Adhortativ der typische Charakter der **-ik**-Verben in den Hintergrund, und es wird in der 1. Ps. Sg. der unbestimmten Konjugation kaum noch ein Unterschied zwischen den **-ik**-Verben und den übrigen Verben gemacht.

1. Konjugation der Verben **vár** »warten«, **kér** »bitten«, **küld** »schicken«

		unbestimmte Konjugation			*bestimmte Konjugation*		
Sg.	1. Ps.	várjak	kérjek	küldjek	várjam	kérjem	küldjem
	2. Ps.	várjál	kérjél	küldjél	várjad	kérjed	küldjed
		várj	kérj	küldj	várd	kérd	küldd
	3. Ps.	várjon	kérjen	küldjön	várja	kérje	küldje
Pl.	1. Ps.	várjunk	kérjünk	küldjünk	várjuk	kérjük	küldjük
	2. Ps.	várjatok	kérjetek	küldjetek	várjátok	kérjétek	küldjétek
	3. Ps.	várjanak	kérjenek	küldjenek	várják	kérjék	küldjék

2. Bei bestimmten Stammauslauten wird das Adhortativzeichen **-j** assimiliert:
a) **-s, -sz, -z** plus **-j** → **-ss, -ssz, -zz**
   olvas »lesen«, **úszik** »schwimmen«, **kérdez** »fragen«

		unbestimmte Konjugation			*bestimmte Konjugation*	
Sg.	1. Ps.	olvassak	ússzak (-am)	kérdezzek	olvassam	kérdezzem
	2. Ps.	olvassál	ússzál	kérdezzél	olvassad	kérdezzed
		olvass	ússz	kérdezz	olvasd	kérdezd
	3. Ps.	olvasson	ússzon (-ék)	kérdezzen	olvassa	kérdezze
Pl.	1. Ps.	olvassunk	ússzunk	kérdezzünk	olvassuk	kérdezzük
	2. Ps.	olvassatok	ússzatok	kérdezzetek	olvassátok	kérdezzétek
	3. Ps.	olvassanak	ússzanak	kérdezzenek	olvassák	kérdezzék

b) **-t** nach Konsonanten und langen Vokalen plus **-j** → **-ts**
   tart »halten«, **épít** »bauen«

		unbestimmte Konjugation		*bestimmte Konjugation*	
Sg.	1. Ps.	tartsak	építsek	tartsam	építsem
	2. Ps.	tartsál	építsél	tartsad	építsed
		tarts	építs	tartsd	építsd
	3. Ps.	tartson	építsen	tartsa	építse
Pl.	1. Ps.	tartsunk	építsünk	tartsuk	építsük
	2. Ps.	tartsatok	építsetek	tartsátok	építsétek
	3. Ps.	tartsanak	építsenek	tartsák	építsék

c) **-t** nach kurzen Vokalen plus **-j** → **-ss**
   hallgat »anhören«, **szeret** »lieben, mögen«

	unbestimmte Konjugation		*bestimmte Konjugation*	
Sg. 1. Ps.	hallgassak	szeressek	hallgassam	szeressem
2. Ps.	hallgassál	szeressél	hallgassad	szeressed
	hallgass	szeress	hallgasd	szeresd
3. Ps.	hallgasson	szeressen	hallgassa	szeresse
Pl. 1. Ps.	hallgassunk	szeressünk	hallgassuk	szeressük
2. Ps.	hallgassatok	szeressetek	hallgassátok	szeressétek
3. Ps.	hallgassanak	szeressenek	hallgassák	szeressék

In diese Gruppe gehören als Ausnahmen die Verben **lát** »sehen« und **bocsát** »verzeihen, entschuldigen«.

d) **-st, -szt** plus **-j** → **-ss, -ssz**
   fest »malen«, **mulaszt** »versäumen«

	unbestimmte Konjugation		*bestimmte Konjugation*	
Sg. 1. Ps.	fessek	mulasszak	fessem	mulasszam
2. Ps.	fessél	mulasszál	fessed	mulasszad
	fess	mulassz	fesd	mulaszd
3. Ps.	fessen	mulasszon	fesse	mulassza
Pl. 1. Ps.	fessünk	mulasszunk	fessük	mulasszuk
2. Ps.	fessetek	mulasszatok	fessétek	mulasszátok
3. Ps.	fessenek	mulasszanak	fessék	mulasszák

3. Unregelmäßige Verben
a) **jön** »kommen«, **megy** »gehen«

	unbestimmte Konjugation	
Sg. 1. Ps.	jöjjek	menjek
2. Ps.	jöjjél	menjél
	jöjj, gyere	menj
3. Ps.	jöjjön	menjen
Pl. 1. Ps.	jöjjünk	menjünk
2. Ps.	jöjjetek, gyertek	menjetek
3. Ps.	jöjjenek	menjenek

b) **eszik** »essen«, **iszik** »trinken«

	unbestimmte Konjugation		*bestimmte Konjugation*	
Sg. 1. Ps.	egyek (-em)	igyak (-am)	egyem	igyam
2. Ps.	egyél	igyál	egyed	igyad
			edd	idd
3. Ps.	egyen (-ék)	igyon (-ék)	egye	igya
Pl. 1. Ps.	együnk	igyunk	együk	igyuk
2. Ps.	egyetek	igyatok	egyétek	igyátok
3. Ps.	egyenek	igyanak	egyék	igyák

c) **hisz** »glauben«, **tesz** »tun, stellen, legen«

	unbestimmte Konjugation		*bestimmte Konjugation*	
Sg. 1. Ps.	higgyek	tegyek	higgyem	tegyem
2. Ps.	higgyél	tegyél	higgyed	tegyed
	higgy	tégy	hidd	tedd
3. Ps.	higgyen	tegyen	higgye	tegye
Pl. 1. Ps.	higgyünk	tegyünk	higgyük	tegyük
2. Ps.	higgyetek	tegyetek	higgyétek	tegyétek
3. Ps.	higgyenek	tegyenek	higgyék	tegyék

Die Verben **lesz** »sein«, **vesz** »nehmen, kaufen«, **visz** »bringen, nehmen, tragen« bilden ihren Adhortativ wie das Verb **tesz** »tun, stellen, legen«. Die mehrstämmigen Verben wie **alszik** »schlafen«, **fekszik** »liegen«, **mosakszik** »sich waschen« usw. bilden ihren Adhortativ von dem Stamm **alud-, feküd-, mosakod-** usw., gehören somit also in die Gruppe ohne Assimilationserscheinungen.

79. Das Verbot

Soll ein Prädikat im Adhortativ verneint werden, werden die Verneinungspartikeln (Verbotspartikeln) **ne** und **se** verwendet:

> **Ne** üljön az első sorba! »Setzen Sie sich **nicht** in die erste Reihe!«
> Géza **se** üljön az első sorba! »**Auch** Géza möge/soll sich **nicht** in die erste Reihe setzen!«
> **Ne** menjünk! »Gehen wir **nicht**!«
> Mi **se** menjünk! »Gehen wir **auch nicht**!«

80. Stellung des Präfixes im Satz mit einem Prädikat im Adhortativ

Bezeichnet der Adhortativ eine ausdrückliche Aufforderung bzw. ein Verbot, so wird bei präfigierten Verben das Präfix dem Stamm nachgestellt:

> Üljetek **le**! »Setzt euch **hin**!«
> **Ne** üljetek **le**! »Setzt euch **nicht hin**!«

In Fragesätzen bzw. bei ausgesprochen emphatischen Aufforderungen kommt es nicht zur Präfixtrennung:

> **Leüljek?** »**Soll** ich mich setzen?«
> **Hazamenjünk?** »**Sollen/wollen** wir nach Hause gehen?«
> **Leülj!** »Setz dich ja hin!«
> **Hazamenjetek!** »Geht ja nach Hause!«

81. Der Adhortativ im Nebensatz

Im Ungarischen wird in einigen Nebensatztypen, in denen im Deutschen der Indikativ steht, häufig der Adhortativ verwendet:

Objektsatz

Wenn im Hauptsatz eine Willensäußerung (Wille, Bitte, Wunsch, Aufforderung, Befehl, Ratschlag, Verbot, Erlaubnis usw.) ausgedrückt wird:

> Nem akarom, hogy jöjjetek. »Ich will nicht, daß ihr kommt.«
> Kértem, hogy várjon a mozi előtt. »Ich bat ihn, vor dem Kino auf mich zu warten.«
> Azt kívánom, hogy boldog légy. »Ich wünsche, daß du glücklich wirst.«
> Követelte, hogy nyissuk ki az ajtót. »Er verlangte, daß wir die Tür öffnen.«
> Megparancsolták, hogy maradjunk otthon. »Man befahl uns, zu Hause zu bleiben.«
> Az orvos azt tanácsolta, hogy néhány napig maradjak ágyban. »Der Arzt hat mir geraten, einige Tage im Bett zu bleiben.«
> Az orvos megengedte, hogy felkeljek. »Der Arzt hat mir erlaubt aufzustehen.«
> Az orvos megtiltotta, hogy dolgozzak. »Der Arzt hat mir verboten zu arbeiten.«

Subjektsatz

Wenn im Hauptsatz eine Notwendigkeit oder eine Unmöglichkeit ausgedrückt wird:

> Nagyon fontos, hogy egyél. »Es ist sehr wichtig, daß du ißt.«
> Feltétlenül szükséges, hogy holnap korán keljek. »Es ist unbedingt notwendig, daß ich morgen früh aufstehe.«
> Lehetetlen, hogy itt maradjak. »Es ist unmöglich für mich, hier zu bleiben.«

Adverbialsatz

Modaladverbialer Satz

> Úgy öltözz, hogy ne fázz! »Ziehe dich so an, daß du nicht frierst.«
> Úgy tanulj, hogy jól vizsgázhass! »Lerne so, daß du gut durch die Prüfung kommst.«

Finaladverbialer Satz

> Elmentem az utazási irodába, hogy megrendeljem a szállást. »Ich ging ins Reise-
> büro, um die Unterkunft zu bestellen.«
> Azért mentem el az utazási irodába, hogy megrendeljem a szállást. »Ich ging des-
> halb ins Reisebüro, damit ich die Unterkunft bestelle.«

Nebensatz mit einer ständigen Adverbialbestimmung

> Nincs alkalom (szükség, idő) arra, hogy beszélgessünk. »Es gibt keine Gelegen-
> heit (Notwendigkeit, Zeit) dafür, daß wir uns unterhalten.«
> Jogom van ahhoz, hogy megmondjam a véleményemet. »Ich habe das Recht da-
> zu, meine Meinung zu sagen.«
> Nincs kedvem ahhoz, hogy vitatkozzam veled. »Ich habe keine Lust dazu, mich
> mit dir zu streiten.«

82. Ausdruck der kausal- und finaladverbialen Bestimmung

Die am häufigsten verwendeten grammatischen Mittel zum Ausdruck der kausal- und
finaladverbialer Bestimmung sind die Postpositionen **miatt** »wegen, infolge, um … wil-
len« und **végett** »wegen, zwecks« sowie das Suffix **-ért** »für«:

miatt

bezeichnet die Ursache, den Grund für eine Handlung, für einen Prozeß oder einen
Zustand:

> A rossz idő **miatt** itthon maradunk. »Wegen des schlechten Wetters bleiben wir
> zu Hause.«
> Egy súlyos baleset **miatt** lezárták az utat. »**Infolge/wegen** eines schweren Unfalls
> hat man die Straße gesperrt.«
> Az üzlet betegség **miatt** zárva van. »Das Geschäft ist **wegen** Krankheit geschlossen.«
> Csak **miattad** mentem el a kirándulásra. »Nur **deinetwegen** bin ich zu dem Aus-
> flug gegangen.«

végett

bezeichnet den Zweck, das Ziel einer Handlung oder eines Prozesses:

> A pénz **végett** jöttem. »Ich bin **wegen** des Geldes gekommen.«
> Az ügy elintézése **végett** jöttem. »Ich bin **zwecks** Erledigung der Angelegenheit
> gekommen.«

-ért

kann sowohl die Ursache als auch den Zweck von Handlungen bezeichnen. Eine kausale Bedeutung liegt vor, wenn der in der kausalen Bestimmung genannte Umstand (Ursache) der Handlung zeitlich vorangeht:

> Apámat mindenki dicséri jó munkájáért. »Mein Vater wird von allen **für** seine gute Arbeit gelobt.«
> Eredményes szerepléséért dicséretet kapott. »Er hat **für** seine erfolgreiche Mitwirkung ein Lob bekommen.«

Eine finale Bedeutung liegt vor, wenn der in der finaladverbialen Bestimmung genannte Umstand (Ziel) zum Zeitpunkt der Handlung noch nicht vorliegt, sondern erst entsteht:

> Mindezt az egészségünkért tesszük. »All das tun wir **für** unsere Gesundheit.«
> Ezt értetek is tettük. »Das taten wir auch **für euch**.«

In Verbindung mit Verben der Fortbewegung wie **megy** »gehen«, **jön** »kommen«, **szalad** »laufen«, **rohan** »rennen« usw. hat das Suffix **-ért** die Bedeutung des Vollverbs »holen«:

> Kenyérért megyek az üzletbe. »Ich gehe ins Geschäft, um Brot zu **holen**.«
> Elmegyek a gyerekért az óvodába. »Ich gehe in den Kindergarten, um das Kind **abzuholen**.«
> Kocsival mentünk **érte** a pályaudvarra. »Wir **holten ihn** mit dem Wagen vom Bahnhof ab.«

Das Suffix **-ért** kann auch ein Tauschverhältnis ausdrücken. Daraus erklärt sich auch seine Verwendung bei Preisangaben:

> Elcserélte a kocsiját egy motorkerékpárért. »Er hat seinen Wagen **gegen/um** ein Motorrad getauscht.«
> Eladta a gyerekkocsit ezer forintért. »Er hat den Kinderwagen **für** tausend Forint verkauft.«

Gyakorlatok és feladatok

1. Bilden Sie Dialoge. °°

---

a) Muster: beszél — a gyerek
    → — Beszéljek a gyerekkel?
    ~ Beszélj vele!

ír — a debreceni barátom
felel — a kérdésed
telefonál — apám
táncol — a barátod
rendel — neked is — egy pohár bor

sétál — a kislányod
marad — Katiék
ad — Pisti — pénz — mozi
hív — taxi — a vendégek
mesél — a film — a gyerek

---

b) Muster: mit — főz / egy tojás
    → — Mit főzzek?
    ~ Főzz/Főzzön egy tojást!

---

mikor — dolgozik / holnap este
mit — olvas / egy jó regény
hol — öltözik / a hálószoba
kivel — levelez / valaki, aki nem
tud németül
hol — úszik / ott, ahol kevés ember van

mikor — tízóraizik / mosakodás után
kivel — játszik / a nővérem kisfia
hol — mos / a fürdőszoba
kivel — vitatkozik / a főnöke
mivel — utazik / vonat vagy busz

---

c) Muster: tanít — egy év
    → — Tanítson/Tanítsanak egy évig!
    ~ Én tanítsak / Mi tanítsunk?

---

tart — egy előadás
tölt — egy pohár bor
segít — János
készít — ebéd

takarít — a hét vége
fordít
tanít — egy iskola
épít — egy kis ház

---

d) Muster: siet — hölgyeim — uraim / a tolmács
    → — Siessenek, hölgyeim és uraim!
    ~ Mit mondott a tolmács?
    — Azt mondta, hogy siessünk.

---

beszélget — a magyarok / a tanárunk
mutat — néhány kép / a vendég
hallgat — gyakrabban — hírek / az az úr
ismertet — a vendégek — a program /
a főnök

fut — minden nap — egy óra / az
orvos
fizet — a pénztár / az eladó
járat — a motor / a szerelő
siet — mert — elkésik / a házinéni

---

    e) Muster: fest / miért
          →   — Fessetek!
               ~ Miért fessünk?

---

választ — új igazgató / miért   fest — nekem — egy kép / mikor
növeszt — hosszú haj / miért   választ — a képek közül / most rögtön
szerkeszt — egy újság / mikor   növeszt — szakáll / miért

2. Übersetzen Sie.

    Muster: Soll ich dich besuchen?
          →   Meglátogassalak?

Soll ich dich vorstellen? ... kämmen? ... anhören? ... beruhigen? ... wählen? ... er-
schrecken? ... erwarten? ... grüßen? ... nach Hause bringen? ... anrufen? ... suchen?
... bedauern? ... finden? ... auslachen?

3. Bilden Sie Sätze.

    Muster: megismétel — (te) — minden mondat
          →   Ne ismételj meg minden mondatot!

---

elmesél — (ön) — mindent   hazakísér — (ön) — én
elbúcsúzik — (mi) — ők   kinyit — (ők) — minden ajtó
kitakarít — (te) — minden szoba   becsuk — (ti) — minden ablak
elfelejt — (ti) — ír — mi   felhív — (te) — én — ma
megtilt — (ők) — minden — a gyerek   kicsomagol — (mi) — minden
lefektet — (te) — olyan korán — a gyerek   meghív — (ti) — mindenki

4. Übersetzen Sie.

Trinke einen starken Kaffee!   Laufen Sie schnell!
Kommen Sie morgen zu mir!   Glaubt mir!
Gehen wir ins Kino!   Nimm noch ein bißchen Zucker!
Kommt mal schnell her!   Trinkt ein Glas Wasser!
Essen Sie noch Fleisch!   Gehen Sie weiter!

Soll ich essen?   Wollen wir die Bücher mitnehmen?
Sollen wir kommen?   Wollen wir essen?
Soll er gehen?   Wollen wir trinken?
Sollen wir ihm glauben?   Wollen wir gehen?
Soll ich gehen?   Wollen wir ihm glauben?
Soll er eins kaufen?   Wollen wir verreisen?

5. Bilden Sie Dialoge. °°

> Muster: felhív — Pista
> →   — Felhívjam Pistát?
> ~ Ne hívd fel! / Ne hívja fel!

megír — a levél
odaad — Éva — a könyv
becsuk — az ablak
megismétel — a mondat
megmond — mit akar
megtart — az előadás
elkészít — a reggeli
lefektet — a gyerek
bemutat — a barátom
kinyit — az ablak

befejez — a munka
kifest — a szoba
elhalaszt — a vizsga
megnöveszt — a hajam
megeszik — a leves
kitakarít — a fürdőszoba
megjavít — a porszívó
meglátogat — Szabóék
meghallgat — a hírek
kifizet — a vacsora

6. Antworten Sie anhand des Textes »Kästnerék Magyarországra készülnek« auf die Fragen.

Melyik országba szeretnének Kästnerék utazni?
Kiktől kérnek tanácsot az utazást illetően?
Mit tanácsol nekik egyik ismerősük?
Hogyan okolja meg tanácsát?
Mit tanácsol egy másik ismerősük?
Milyen elképzelései vannak a Kästner házaspárnak?
Mit tanácsol nekik legjobb barátjuk?
Milyen ember Günter úr?
Hogyan segít Günter úr a barátainak?
Milyen tanácsokat ad nekik?
Melyik javaslat tetszik a Kästner házaspárnak a legjobban?

7. Übersetzen Sie

Pali und Kati sind ein junges Ehepaar. Sie unterhalten sich darüber, was sie zum Abendbrot essen sollten. Pali schlägt vor, die Kohlrouladen zu essen, die vom Mittagessen übriggeblieben sind. Kati fragt ihn, was er trinken will. Pali möchte Bier trinken. Sie stellen aber fest, daß sie kein Bier haben. Kati bittet Pali, in den Laden zu gehen und Bier zu kaufen. Pali hat keine Lust, allein zu gehen. Er bittet Kati, mit ihm zu gehen. Kati hat keine Zeit, weil sie das Abendessen vorbereiten muß. Pali geht allein einkaufen. Er bringt die leeren Flaschen in den Laden zurück, kauft vier Flaschen Bier und zwei Flaschen Mineralwasser.

8. Setzen Sie die entsprechenden adverbialen Formen der Postpositionen
helyett, miatt und **nélkül** in die Sätze ein.

> Muster: Kati ma nem tudott jönni. Éva jött helyette.

Miért nem segítesz? Nem leszek kész .... a munkával.
Keljetek fel gyorsan! Még elkésünk ....
Ha te nem utazol, más utazik ....
Pista nagyon szereti Katit. Nem tud élni ....
Ne várj rám! Félek, hogy lemaradsz .... a vonatról.
Ha nem akartok színházba menni, majd mi megyünk ....
Pihenjetek egy kicsit. Ezt a munkát .... is el tudjuk végezni.
Pisti sokáig beteg volt. Szülei nagy gondban voltak ....
Nincs időm. Ma .... kell mennetek.
Miért nem beszélsz Jánossal. Csak .... jött el.
Van egy jegyem, de nem tudok moziba menni. Ki megy el ....?

9. Formen Sie die Sätze um.

> Muster: Elmentem az utazási irodába, és megrendeltem a jegyeket.
> →   Elmentem az utazási irodába, hogy megrendeljem a jegyeket.

Bement az üzletbe, és vett egy kiló kenyeret.
Magyarországra ment, és tanulta a magyar nyelvet.
Korán felkeltünk, és idejében el tudtunk indulni.
A kórházba ment, és meglátogatta Évát.
Pisti bement a szobába, és kinyitotta az ablakot.
Kivettem a kulcsot a zsebemből, és kinyitottam vele az ajtót.
Kijöttünk az ajtó elé, és megnéztük ki csöngetett.
Az utasok beszálltak a vonatba, és elfoglalták helyeiket.
A határőr jött, és ellenőrízte az útleveleket.
Leültem a rádió mellé, és meghallgattam a híreket.

10. Antworten Sie auf die Fragen ohne den Hauptsatz zu wiederholen.

> Muster: Mi a legfontosabb? / egészséges — (én) — van
> →   Hogy egészséges legyek.

Mi nem fontos? / nagy lakás — (én) — van
Mi szükséges? / csend — van — a szoba
Mi a leglényegesebb? / megtanul — (én) — egy szakma
Mit kíván? / kinyit — (én) — az ajtó

Mit akar? / mehet — (én) — tovább
Mit tanácsolsz? / marad — (te) — ágy
Hogy öltözzünk? / ne — fázik — (ti)
Hogy neveljük a gyerekünket? / okos — és — jószívű — van
Hogy írjak? / lehet — elolvas
Mire nincs alkalmuk? / nyugodt — beszélget — önök
Mire van szükségetek? / senki — zavar — mi
Mihez van jogotok? / megmond — (mi) — vélemény

11. Übersetzen Sie.

> Muster: Ich gehe in den Laden, um Milch zu holen.
> →   Tejért megyek az üzletbe.

Ich gehe zur Post, um Briefmarken zu kaufen.
Ich gehe in den Kindergarten, um Paulchen abzuholen.
Ich gehe in den Laden, um Brot und Fleisch zu holen.
Ich gehe zum Bahnhof, um die Gäste abzuholen.
Ich gehe in die Apotheke, um Medikamente zu holen.
Ich gehe zum Bäcker, um Brötchen und Kuchen zu holen.
Ich gehe in die Reinigung, um den Anzug meines Mannes abzuholen.
Ich gehe zurück, um meinen Mantel zu holen.
Ich laufe, um den Arzt zu holen.
Geh deinen Vater holen!

12. Ergänzen Sie den Text!

Kovácsné felhív...... a férje...... a munkahely...... A férje nem volt a szobája......, mert leszalad...... a büfébe, tej...... A kollégája vette ...... a telefon...... Azt mond...... Kati......, hogy vár......, már jön is a férje. Kati meg akar...... beszél...... a férje......, hogy ki megy ...... este a gyerek...... az óvoda...... Kati...... nem volt ideje. Pali...... is sok dolga volt, de úgy gondol......, hogy el tud menni Pisti...... az óvodába. Felesége figyelmeztet......, hogy a Petőfi utca...... útépítés ...... nem tud behajt...... Azt javasol...... neki, hogy parkol...... az egyik mellékutca...... Pali még megkérdez...... Kati......, hogy hazahozta-e már az öltöny...... a tisztító...... Kati másnap akar...... elmenni ...... Azt mond...... a férje......, hogy vegye fel a tanácskozás...... a másik öltöny...... Kati be akar...... fejez...... a beszélgetés......, mert a kolléganője is telefonál...... akar...... Pali még mond...... neki egy jó hír......: elad...... a gyerekkocsi...... ezer forint...... Kati örült. Elbúcsúz......

TIZENEGYEDIK LECKE

Mondatminták

— Hol töltöd a nyári szabadságodat?
~ Debrecenbe fogok menni.

— Mit csinálsz Debrecenben?
~ Részt veszek a Nyári Egyetemen.

— Tudsz már magyarul?
~ Meg fogok tanulni.

Mit fogsz csinálni?

A Budapestről érkező vonatok tele vannak fiatalokkal.
A vonatokban sok olvasó fiatalt lehet látni.
Mindenki magával viszi a Budapesten vásárolt könyveket.
A pályaudvaron üdvözlik a külföldről érkezett vendégeket.
Mindenki oldott hangulatban van.
Szépek az együtt töltött napok.
A fogadáson tartandó beszédet most írják.
A kiküldendő meghívókat már megcímezték.
Az első oldalt elolvasva becsuktuk a könyveket.
Debrecenbe megérkezve felhívtam családomat Berlinben.
Tedd fel az asztalon levő könyvet a polcra!
Fontos a nyelvvel való foglalkozás.
A költő által fordított vers természetesen sokkal szebb volt, mint az általam fordított vers.

porszívó	útlevél	áruház
résztvevő	konyhabútor	képeskönyv
útépítés	ennivaló	hűtőszekrény

Szövegek

A debreceni Nyári Egyetem °°

»Voltál-e már Debrecenben, barátom? Láttad-e a pusztai várost …?« — írta egykor Petőfi Sándor Debrecenre emlékezve.

A költő által említett »pusztai város« helyén ma modern nagyvárost találunk. Debrecenbe látogatva újonnan épült lakónegyedek, újjáépített városrészek, virágokkal, fákkal beültetett parkok, széles, modern utak tárulnak elénk.

A pályaudvar előtt várakozó villamosok kivisznek bennünket Debrecen legszebb városrészébe, a Nagyerdőbe. Elhaladva az Aranybika Szálló, a híres Nagytemplom és a Református Kollégium mellett rövid időn belül megérkezünk a Kossuth Lajos Tudományegyetem impozáns épülete elé. Minden évben itt rendezik meg a Nyári Egyetemet.

A Nagyerdő kellemes környezetébe harmonikusan beleilleszkedő egyetem és a közvetlen szomszédságában fekvő diákotthonok minden nyáron várják a Nyári Egyetem résztvevőit. A világ legkülönbözőbb országaiból érkező vendégek szívesen tanulnak ebben a környezetben. A felkínált lehetőségeket kihasználva mindenki gyarapíthatja nyelvi tudását, és bővítheti ismereteit a magyar tudomány és kultúra sok területén. Az előadásokat, szemináriumokat és nyelvgyakorlatokat ismert szakemberek, gyakorlott fordítók és tapasztalt nyelvtanárok tartják.

Magyarország megismerését szolgálják a kirándulások és a kulturális programok is. A Nyári Egyetem résztvevői ellátogatnak a Hortobágyra, Egerbe, Miskolcra és más helyekre. Este hangversenyek, folklór rendezvények, filmvetítések, népdal- és néptánctanulás várnak rájuk.

A Nyári Egyetem legtöbb résztvevője szívesen emlékszik vissza a Debrecenben töltött szép napokra, a számtalan baráti beszélgetésre, az ott tanult népdalokra és versekre, a hortobágyi kirándulásra. A puszta ma már nem olyan romantikus, mint Petőfi idejében volt, a költő szavait mégis találónak érezzük:

> »Hortobágy, dicső rónaság, te vagy az isten homloka. Mennyivel hosszabb utat tesz itt a Nap, mint máshol! Megmérhetetelen a láthatár, s olyan, mint egy kerek asztal, beborítva az ég világoskék üvegharangjával …«

Vajon milyen lesz a Nyári Egyetem? °°

A nyári szünetben sok hallgató megy Debrecenbe a Nyári Egyetemre. Akik még nem voltak, kíváncsiak arra, milyen lesz a program, hol fognak lakni, jó lesz-e az ellátás, kapnak-e elég zsebpénzt. Ute már többször volt Debrecenben. Türelmesen válaszol a kérdésekre.

Monika: Ha jól tudom, az előadások mellett minden nap lesz gyakorlati nyelvóránk is. Ezeket kik fogják tartani?

Ute: A nyelvórákat ottani nyelvtanárok tartják. Jó, ha ezekre rendszeresen jártok, mert szórakozva tanulhattok. Az órák érdekesek és változatosak.

Jürgen: Én feltétlenül el fogok menni a filmvetítésekre is. Úgy tudom, mindig bemutatják a legújabb magyar filmeket.

Ute: Igen, így van. Ezeket nézzétek meg! Még akkor is hasznotok lesz belőle, ha nem értetek meg mindent.

Petra: Én elhatároztam, hogy csak magyarul fogok beszélni. Az egyetemen, az utcán, a boltokban, mindenütt.

Ute: Mivel diákotthonban fogtok lakni, a szobátokban is lesz alkalom arra, hogy magyarul beszéljetek. Általában mindenki más nemzetiségűekkel lakik együtt, így a közös nyelv legtöbbször a magyar. Ezenkívül az étkezések közben is magyarul fogtok társalogni a többiekkel.

Monika: Igazi magyar ételeket kapunk?

Ute: Igen. A magyarok egy kicsit zsírosabban főznek, de hamar hozzá fogtok szokni. Nagyon finom a töltött káposzta, a rántott hús és a sült kolbász.

Petra: Egy ismerősünk tavaly volt Debrecenben. Mesélte, hogy az egyik étteremben nagyon finom pulykasültet evett. Lehetett kapni rántva és sajttal töltve. Abba az étterembe én is el fogok menni.

Ute: Nem ajánlom. Jó drága lesz. Azért a pénzért inkább könyveket vagy lemezeket vegyél!

Petra: A szüleim meg fognak látogatni Debrecenben, mert ők is Magyarországon lesznek. A pulykasültet ők fizetik. Már elhatároztam, hogy a zsebpénzemből megveszem a nagy német-magyar szótárt.

Jürgen: Eddig mindenkitől azt hallottam, hogy jól érezte magát Debrecenben. Nekünk is biztosan jó nyarunk lesz.

Ute: Biztos vagyok benne.

Lomb Kató: Így tanulok nyelveket

Azokat a gondolatokat, amelyeket a nyelvtanulás mezejére kirándulva gyüjtöttem csokorba, igyekeztem rendezni az alábbi kis összefoglalásban. Nevezzük - a világért se tízparancsolatnak - legfeljebb tíz kérésnek.

I.

Foglalkozz mindennap a nyelvvel — ha többre nem jut idő, legalább egy tízperces monológ erejéig! A reggeli órák különösen értékesek e szempontból: ki korán kel, szókincset lel.

II.

Ha tanulási kedved túl hamar ellankad, ne »forszírozd«, de ne is hagyd abba a tanulást! Vedd elő valamilyen más formáját: olvasás helyett a rádióhallgatást, leckeírás helyett a szótárnézegetést stb.!

III.

Sohase elszigetelt egységeket, hanem mindig kontextusba ágyazott szavakat, nyelvtani formákat tanulj!

IV.

Soron kívül írj ki és vágj be minden olyan részmondatot, amelyet mint »előregyártott elemet« tudsz a beszélgetés során felhasználni!

V.

Szem előtt elvillanó reklámszöveget, kapuszámot, fül mellett elsuhanó beszélgetést még fáradt agynak is pihenés gyorsan, »kapásból«, önmagának lefordítani.

VI.

Betanulni azonban csak azt szabad, amit a tanár kijavított. Saját lektorálatlan írásaidat ne olvasgasd, nehogy a hiba belédgyökerezzék! Ha egyedül tanulsz, a megtanulandó egység csak akkora legyen, amekkora kizárja a hiba lehetőségét.

VII.

A különleges nyelvi fordulatokat mindig egyes szám első személyre átalakítva jegyezd meg!

VIII.

Az idegen nyelv: vár. Célszerű minden irányból egyszerre ostromolni: újság és rádió, szinkronizálatlan film és szakértekezés, tankönyv és szomszédék vendége felől.

IX.

Ne riasszon vissza a megszólalástól, hogy esetleg hibákat csinálsz, de kérd meg a partneredet, hogy javítsa ki őket! És ne sértődj meg, ha — ami nem valószínű — ezt meg is teszi.

X.

Légy szilárdan meggyőződve arról, hogy nyelvzseni vagy! Ha a tények az ellenkezőjét bizonyítják, inkább szidd az elsajátítandó nyelvet, a szótárakat vagy ezt a könyvecskét, mint tenmagadat!

Szavak

Igék

átalakít	umformen, transformieren	**igyekszik** **(igyekezni)**	streben, sich anstrengen
ajánl	empfehlen, raten	**kizár**	ausschließen
beborít	bedecken	**kiküld**	hinausschicken
belegyökerezik	sich einwurzeln, festsetzen	**követ vkit** **megcímez**	folgen adressieren
beleilleszkedik	sich einfügen	**meggyőződik**	sich überzeugen
bemutat	vorführen, aufführen	**vmiről** **megjegyez**	sich merken
betanul	sich einprägen	**megrendez**	veranstalten
beültet	bepflanzen	**megsértődik vmin**	beleidigt sein
bevág	sich einhämmern, einbleuen, einpauken	**megszervez** **megtesz** **szolgál vmit**	organisieren tun dienen
bizonyít	beweisen	**old**	lösen
bővít	erweitern	**olvasgat**	herumlesen, immer wieder lesen
elhalad vmi **mellett**	vorbeigehen, vorbeifahren	**ostromol**	belagern
elhatároz	beschließen, sich vornehmen	**rendez** **repül**	ordnen fliegen
ellankad	schwächer werden, nachlassen	**szellőztet** **szid vmit**	lüften schimpfen
elmúlik	vergehen	**szokik vmihez**	sich gewöhnen an
elővesz	nehmen, hervorholen	**szolgál** **szórakozik**	dienen sich amüsieren,
elsajátít	sich aneignen		zerstreuen, unter-
elsuhan vmi **mellett**	vorbeiziehen, vorbeihuschen	**társalog**	halten plaudern, Konver-
elvillan	aufblitzen		sation machen
emlékszik **(emlékezni)**	sich erinnern	**tárul vki elé** **terít**	sich eröffnen den Tisch decken
említ	erwähnen	**várakozik**	warten
felkínál	anbieten	**visszaemlékszik**	zurückdenken
forszíroz	forcieren	**(-emlékezni)**	
gyarapít	vermehren	**visszariaszt**	abschrecken
használ	nutzen, nützen		

Főnevek

agy, -ak	Gehirn		mező, mezeje	Wiese
ég, egek	Himmel		nap, -ok	Sonne
egység, -ek	Einheit		nemzetiség, -ek	Nationalität
ellátás, -ok, -t	Versorgung		nyelvzseni, -k	Sprachgenie
esküvő, -k	Hochzeit, Trauung, Eheschließung		összefoglalás, -ok, -t	Zusammenfassung
			példa, -k	Beispiel
étkezés, -ek, -t	Mahlzeit		pulykasült, -ek, -je	Putenbraten
filmvetítés, -ek, -t	Filmvorführung		reklámszöveg, -ek	Werbetext
fogadás, -ok, -t	Empfang		rendezvény, -ek, -t	Veranstaltung
foglalkozás, -ok, -t	Beschäftigung		résztvevő, -k	Teilnehmer
fordulat, -ok	Wendung		rónaság, -ok	Heideland
forma, -k	Form		sajt, -ok, -ja	Käse
hangulat, -ok	Stimmung		szakértekezés, -ek, -t	Studie, Abhandlung
haszon, hasznot	Nutzen			
homlok, -ok	Stirn		szomszédság	Nachbarschaft
irány, -ok, -t	Richtung		szempont, -ok, -ja	Gesichtspunkt
isten, -ek, -t	Gott		szókincs	Wortschatz
kérés, -ek, -t	Bitte		tény, -ek, -t	Fakt, Tatsache
költő, -k	Dichter		tízparancsolat	die zehn Gebote
környezet, -ek	Umgebung		tudomány, -ok, -t	Wissenschaft
labda, -k	Ball		újság, -ok	Zeitung
lakónegyed, -ek	Wohnviertel		ünnepség, -ek	Feierlichkeit
láthatár, -ok, -t	Horizont		üvegharang, -ok, -ja	Glasglocke
lemez, -ek, -t	Platte, Schallplatte			
megszólalás, -ok, -t	Sprechen, Losreden		zsebpénz, -ek, -t	Taschengeld

Melléknevek

baráti, -an	freundschaftlich		meglevő	vorhanden
célszerű, en	zweckmäßig		megmérhetetelen, -ül	unermeßlich
dicső	herrlich			
elszigetelt, -en	isoliert		nyelvi	sprachlich
gyakorlott, -an	geübt		romantikus, -an	romantisch
harmonikus, -an	harmonisch		számtalan, -ul	zahlreich, unzählig
helyes, -en	richtig		széles, -en	breit
közös, -en	gemeinsam		szilárd, -an	fest, unverrückbar
közvetlen, -ül	unmittelbar		szinkronizálatlan, -ul	nicht synchronisiert
különleges, -en	speziell, spezifisch			
lektorálatlan, -ul	nicht lektoriert, unkorrigiert		találó, -an	treffend
			tapasztalt, -an	erfahren

tele	voll	**változatos, -an**	abwechselungsreich
türelmes, -en	geduldig	**világoskék, -en**	hellblau
valószínű, -leg	wahrscheinlich	**zsíros, -an**	fett

Határozószók és névutók

alább	unten, tiefer unten	**ezenkívül**	außerdem
által	durch, von	**máshol**	anderswo
eddig	bisher	**mindenütt**	überall
egykor	einst		

Kötőszók

akkora ...,	soviel ..., soviel ...	**s**	und
amekkora ...			

Más szófajok

feltétlenül	unbedingt	**legtöbbször**	meistens
legfeljebb	höchstens	**nehogy**	nicht, daß

Szókapcsolatok

autót vezet	Auto fahren
A világért sem!	Nicht um alles in der Welt!
	Um Gottes willen!
az ellenkezője	das Gegenteil davon
biztos vagyok benne	dessen bin ich sicher
csokorba gyűjt	zu einem Strauß binden
egyes szám	Einzahl, Singular
egyszerre	auf einmal
előregyártott elem	vorgefertigtes Teil, Fertigbauelement
erejéig	bis zur Länge, bis zur Höhe, bis
első személy	erste Person
kapásból	aus dem Stegreif, sofort
Ki korán kel, aranyat lel.	»Morgenstund' hat Gold im Mund«.
	(Wer früh aufsteht, findet Gold.)
kontextusba ágyazva	in den Kontext eingebettet, im Kontext
pusztai város	Stadt in der Pußta, Pußtastadt
rántott hús	paniertes Fleisch, paniertes Schnitzel

sült kolbász — gebratene Wurst (ungarische Spezialität)
tenmagad = önmagad — dich selbst
újonnan épült — neugebaut

Tulajdonnevek

Aranybika Szálló — Hotel zum Goldenen Stier

Nyelvtan

83. Das Futur

Ein morphologisches Zeichen für die Bildung des Futurs gibt es im heutigen Ungarisch nicht. Häufiger noch als im Deutschen wird zum Ausdruck des Futurs die Präsensform der Verben benutzt:

> Nektek is rendelünk szobát. »Wir werden auch für euch ein Zimmer bestellen.«
> Felhívsz? »Wirst du mich anrufen?«

Präfigierte Verbformen haben besonders häufig Futurbedeutung:

> Megnézzük ezt a filmet. »Wir werden diesen Film ansehen.«
> Megvesszük a színházjegyeket. »Wir werden die Theaterkarten kaufen.«

Die Zukunftsbedeutung kann durch Temporaladverbien unterstrichen werden:

> **A következő nyáron** Magyarországra utazunk. »**Im nächsten Sommer** fahren wir nach Ungarn.«
> **Később** beszélgetünk. »Wir werden uns **später** unterhalten.«

Ein speziell auf die Zukunft verweisendes Wort ist das Temporaladverb **majd**:

> **Majd** meglátjuk. »Wir **werden** sehen.«
> **Majd** holnap tanulunk. »Wir **werden** morgen lernen.«

Soll die Zukunftsbedeutung besonders unterstrichen werden, verwendet man die konjugierte Form des Hilfsverbs **fog** plus **Infinitiv** des Vollverbs:

> A bátyám is **jönni fog** a születésnapomra. »Mein Bruder **wird** auch zu meinem Geburtstag **kommen**.«
> Végre **látni fogom** a tengert. »Ich **werde** endlich das Meer **sehen**.«

Das Hilfsverb **fog** wird wie die regelmäßigen Vollverben konjugiert:

tanul »lernen«

		unbestimmte Konjugation	*bestimmte Konjugation*
Sg.	1. Ps.	tanulni fog**ok**	tanulni fog**om**
	2. Ps.	tanulni fog**sz**	tanulni fog**od**
	3. Ps.	tanulni fog	tanulni fog**ja**
Pl.	1. Ps.	tanulni fog**unk**	tanulni fog**juk**
	2. Ps.	tanulni fog**tok**	tanulni fog**játok**
	3. Ps.	tanulni fog**nak**	tanulni fog**ják**

Wie alle übrigen Hilfs- und Modalverben tritt **fog** bei präfigierten Verben zwischen Präfix und Verbstamm:

Ezt a könyvet feltétlenül **el fogom olvasni**. »Dieses Buch **werde ich** unbedingt **lesen**.«
Meg fogok tanulni autót vezetni. »**Ich werde** Auto fahren **lernen**.«

Das Suffix **-lak, -lek** beim Objekt in der 2. Ps. Sg. und Pl. tritt ebenfalls regelmäßig an das Hilfsverb:

Meg foglak látogatni a kórházban. »**Ich werde dich** im Krankenhaus **besuchen**.«
Meg foglak hívni benneteket az esküvőmre. »**Ich werde euch** zu meiner Hochzeit **einladen**.«

84. Das Partizip Präsens

Es wird mit Hilfe des Ableitungssuffixes **-ó, -ő** gebildet, das an den Verbstamm angefügt wird. Im Gegensatz zum Deutschen wird es im Ungarischen fast nur in attributiver, seltener in prädikativer und niemals in adverbialer Funktion verwendet:

Karjára vette az **alvó** gyermeket. »Er nahm das **schlafende** Kind auf seinen Arm.«
A **repülő** labda után nézett. »Er blickte dem **fliegenden** Ball nach.«

Entsprechend seinem verbalen Charakter kann es durch Objekte oder durch adverbiale Bestimmungen erweitert werden. Der mit einem Objekt erweiterten Partizipkonstruktion entspricht im Deutschen meistens ein Relativsatz, der mit einer adverbialen Bestimmung erweiterten Konstruktion meistens ein Präpositionalattribut:

Egy újságot olvasó ember ült a padon. »**Ein Mann** saß auf der Bank, **der eine Zeitung las.**«
Egyre magasabb lett a **munkát kereső emberek** száma. »Die Zahl derer, **die eine Arbeit suchten,** wurde/stieg immer höher.«
Az ablak mellett álló polc még üres. »**Das Regal neben dem Fenster** ist noch leer.«
A **sarokban ülő férfi** már fizetett. »**Der Mann in der Ecke** hat schon bezahlt.«

Das Partizip Präsens der unregelmäßigen Verben:

jön	→	**jövő**	tesz	→	**tevő**	lesz	→	**levő, való**
megy	→	**menő**	vesz	→	**vevő**	alszik	→	**alvó**
eszik	→	**evő**	hisz	→	**hivő**	fekszik	→	**fekvő**
iszik	→	**ivó**	visz	→	**vivő**	mosakszik	→	**mosakodó**

Die mit Hilfe der Formen **levő** und **való** des Verbs **lesz** gebildeten Partizipkonstruktionen sind wichtige Mittel zur Wiedergabe deutscher Präpositionalattribute. Die Form **levő** kann nur in Verbindung mit einer lokaladverbialen Bestimmung verwendet werden:

Az asztalon levő könyvet már olvastam. »**Das Buch auf dem Tisch** habe ich schon gelesen.«
Az előszobában levő asztal a nagyapámé volt. »**Der Tisch im Vorraum** gehörte meinem Großvater.«

A diákokkal való beszélgetés nagyon érdekes volt. »**Das Gespräch mit den Studenten** war sehr interessant.«

A gyerekeinkkel való foglalkozás nagyon fontos. »**Die Beschäftigung mit unseren Kindern** ist sehr wichtig.«

85. Das Partizip Präteritum

Sein Ableitungssuffix ist -t oder -tt, und es entspricht somit der Form der 3. Ps. Sg. des Präteritums der unbestimmten Konjugation. Wird es von transitiven Verben gebildet, hat es passiven Charakter, ist es von intransitiven Verben abgeleitet, hat es im allgemeinen aktivische Bedeutung:

> Pisti jól **nevelt** gyerek. »Pisti ist ein gut **erzogenes** Kind.«
>
> A család a **terített** asztalnál ül. »Die Familie sitzt am **gedeckten** Tisch.«
>
> Sokat gondolok az **elmúlt** szép időkre. »Ich denke oft an die **vergangenen** schönen Zeiten.«

Ähnlich wie das Partizip Präsens läßt sich auch das Partizip Präteritum durch adverbiale Bestimmungen erweitern:

> Megkaptam **a múlt héten megrendelt** könyvet. »Ich habe **das in der vorigen Woche bestellte** Buch bekommen.«
>
> Kicsomagoltam **a Budapesten vett** lemezeket. »Ich habe **die in Budapest gekauften** Platten ausgepackt.«
>
> Évának már van **egy szépen berendezett** lakása. »Eva hat schon **eine schön eingerichtete** Wohnung.«

86. Das Partizip Futur

Es bezeichnet ein Geschehen, das in der Zukunft eintreten wird. Aus intransitiven Verben abgeleitet hat es aktivische Bedeutung, von transitiven Verben abgeleitet weist es passivischen Charakter auf. In letzterem Falle drückt das Partizip Futur gleichzeitig eine Notwendigkeit für die Durchführung einer Handlung aus. Sein Ableitungssuffix ist -andó, -endő:

> Odaadtam a hallgatóknak a **megoldandó** feladatokat. »Ich habe den Studenten die **zu lösenden** Aufgaben gegeben. / Ich habe den Studenten die Aufgaben gegeben, **die gelöst werden sollen.**«
>
> Ez nem éppen **követendő** példa. »Das ist gerade kein **nachzuahmendes/nachahmenswertes** Beispiel. / Das ist gerade kein Beispiel, **das man nachahmen sollte.**«
>
> A **jövendő** generáció ezt már nem fogja megérteni. »Die **kommende/künftige** Generation wird das nicht mehr verstehen.«
>
> A **leendő** tolmácsoknak ezt tudni kell. »Die **werdenden/künftigen** Dolmetscher müssen das wissen.«

87. Das Adverbialpartizip

Es drückt die Art und Weise einer Handlung, eines Vorgangs oder eines Zustands aus, und es ist die modaladverbiale Form sowohl des Partizip Präsens als auch des Partizip Präteritum. Daher kann das Adverbialpartizip sowohl eine Gleichzeitigkeit als auch eine Vorzeitigkeit zur Handlung des Satzes bezeichnen. Sein Ableitungssuffix ist **-va, -ve** (seltener **-ván, -vén**):

> Pista mindig **sietve** eszik. »Pista ißt immer **eilend/eilig/in Eile.**«
> Nem tudok **ülve** dolgozni. »Ich kann nicht **sitzend/im Sitzen** arbeiten.«
> Éva **felöltözve** ült a z ágyán. »Eva saß **angezogen** auf ihrem Bett.«
> Az ajtót **zárva** találtam. »Ich fand die Tür **verschlossen.**«

Ähnlich wie die anderen Partizipformen, kann das Adverbialpartizip erweitert werden:

> A vendég **ebédjét kifizetve** felállt az asztaltól. »Der Gast stand **sein Mittagessen bezahlt habend/nachdem er sein Mittagessen bezahlt hatte** vom Tisch auf.«
> **Az ebédre várva** beszélgettünk a konyhában. »**Auf das Mittagessen wartend/während wir auf das Mittagessen warteten**, unterhielten wir uns in der Küche.«
> Éva **csinosan felöltözve** várta a vendégeket. »**Hübsch angezogen** wartete Eva auf die Gäste.«

Das Adverbialpartizip kann zusammen mit der finiten (konjugierbaren) Form von **lenni** »sein« auch in prädikativer Funktion verwendet werden. In diesen Fällen entspricht es dem deutschen Zustandspassiv. Im Gegensatz zum Deutschen sind solche Konstruktionen jedoch im Ungarischen nur dann zu verwenden, wenn sie das Ergebnis einer deutlich wahrnehmbaren, qualitativen Zustandsveränderung bezeichnen:

> A szoba **ki van szellőztetve.** »Das Zimmer **ist gelüftet.**«
> Az ajtó **ki van nyitva.** »Die Tür **ist geöffnet.**«

Nicht dagegen:

> Pista **meg van híva** vacsorára. »Pista **ist** zum Abendessen **eingeladen.**«

Sondern:

> Pistát meghívták vacsorára. »Pista wurde zum Abendessen eingeladen.«

88. Die Zusammensetzungen

Neben der Ableitung ist die Zusammensetzung eine der produktivsten Methoden der Wortbildung im Ungarischen. Ähnlich wie im Deutschen ist es jedoch nicht möglich, für die Bildung von Zusammensetzungen eindeutige Regeln zu formulieren. In den meisten Fällen ist eine gewisse syntaktische Abhängigkeit der Glieder voneinander erkennbar. Die häufigsten unter ihnen sind:
a) Das erste Glied ist Objekt des zweiten Gliedes, wobei das erste Glied häufig ein

Substantiv, das zweite ein Partizipialadjektiv oder ein Substantiv ist, das einen Vorgang
bezeichnet:

> lemezjátszó »Plattenspieler«
> porszívó »Staubsauger«
> kávédaráló »Kaffeemühle«
> résztvevő »Teilnehmer«
> városnézés »Stadtbesichtigung«
> filmvetítés »Filmvorführung«
> útépítés »Straßenbau«
> részvétel »Teilnahme«

b) Das erste Glied drückt eine Adverbialbestimmung des zweiten Gliedes aus. Das erste
Glied ist meistens ein Substantiv, das zweite kann ebenfalls ein Substantiv oder ein Par-
tizipialadjektiv sein:

> útlevél »Reisepaß«
> konyhabútor »Küchenmöbel«
> ennivaló »etwas zum Essen«
> bérharc »Lohnkampf«

c) Das erste Glied ist Attribut des zweiten Gliedes. Beide Glieder können im allgemei-
nen Substantive oder Adjektive sein:

> háztető »Hausdach«
> áruház »Warenhaus«
> képeskönyv »Bilderbuch«
> házaspár »Ehepaar«
> repülőgép »Flugzeug«
> hűtőszekrény »Kühlschrank«

Gyakorlatok és feladatok

1. Übersetzen Sie die Sätze.

<table>
<tr><td>

Muster: Wo werdet ihr wohnen?
    →   Hol fogtok lakni?

</td><td>

Muster: Ich werde lesen.
    →   Olvasni fogok.

</td></tr>
</table>

Was wirst du machen?	Er wird schreiben.
Wohin werden Sie ziehen?	Wir werden übersetzen.
Wann wird er schreiben?	Ihr werdet sprechen.
Wann werden wir fahren?	Du wirst warten.
Was werdet ihr sagen?	Sie werden fahren.

2. Transformieren Sie die Sätze in die Futurform. Stellen Sie anschließend eine
   Frage nach einem beliebigen Satzglied. Achten Sie auf die Präfixtrennung. °°

> Muster: Kiviszem a bőröndömet a folyosóra.
> →   Ki fogom vinni a bőröndömet a folyosóra.
> →   Mit fogsz kivinni a folyosóra?

A Nyári Egyetemet minden évben megrendezik.
Minden lehetőséget kihasználunk a tanulásra.
Az ismerőseidet is meglátogatod?
Mindenkit bemutatok a barátomnak.
Megnézitek az új filmeket is?
Megsértődsz, ha megmondom az igazat.
Felhívlak az egyetemen.
Felkereslek benneteket a szállásotokon.
Gyakran meglátogatlak.
Megtalállak benneteket.

3. Bilden Sie die Partizipformen folgender Verben.

ír; olvas; néz; mond; vár; tanul; tanít; tolmácsol; választ; keres; befejez; elvégez; meg-
ért; tart; kinyit; becsuk; meggondol; elkészít; ismétel; javít; zár

4. Übersetzen Sie.

a) ein gut schreibender Füllfederhalter
   ein fleißig lernendes Kind
   die in der Straßenbahn sitzenden Menschen
   der an der Universität lehrende Professor
   der in der Fabrik arbeitende Ingenieur
   der seine Gruppe suchende Tourist
   eine falsch (rosszul) gehende Uhr
   die vor dem Bahnhof stehenden Menschen
   der Zeitung lesende Mann
   der in den Bahnhof einfahrende Zug

b) die richtig gelernten Wörter
   das vor zwei Jahren gewählte Studienfach
   die endlich abgeschlossene Arbeit
   das während der Ferien geborgte Buch
   das gestern geöffnete Fenster
   der in der Küche gedeckte Tisch
   der für morgen geplante Ausflug
   der völlig ausgepackte Koffer
   die halb geschlossene Tür
   der gestern erhaltene Brief

c) die morgen zu wählende Komission
   die heute zu erledigenden Arbeiten
   die sofort zu übersetzende Rede
   die in der Bibliothek zu öffnenden Fenster
   eine gründlich zu überlegende Angelegenheit
   die sofort zu tauschende Wohnung
   die bei der Feierlichkeit vorzustellenden Gäste
   der morgen zu reparierende Staubsauger
   die in den nächsten Jahren zu bauenden Häuser
   der sofort zu zahlende Betrag

d) singend sprechen   stehend arbeiten
   sitzend schlafen   eilend/eilig essen
   beleidigt (da) stehen   liegend lesen
   lachend erzählen   etwas gewaschen essen
   nachdenkend arbeiten   etwas gekocht mögen

5. Übersetzen Sie die Sätze. Formen Sie sie anschließend nach dem Muster um.

> Muster: Azok a hallgatók, akik kollégiumban laknak, szombaton kirándulásra
> mennek.
> → A kollégiumban lakó hallgatók szombaton kirándulásra mennek.

Az a barátom, aki Budapesten él, általános iskolában tanít.
Azok a fiatalok, akik külföldön tanulnak, kedvező helyzetben vannak.
Azt a csoportot, amelyik a szálló előtt várakozik, múzeumba visszük.
Azt a vendéget, amelyik János mellett áll, még nem ismerem.
Azzal az utassal, amelyik mellettem ült, sokáig beszélgettem.
Azokkal a vonatokkal, amelyek délután indulnak, nem mehetünk.
Azokra a csomagokra, amelyek a kocsiban maradtak, csak holnap lesz szükségünk.
Azok a vendégek, akik németül értenek, ebbe a buszba szálljanak!

6. Erklären Sie die Partizipkonstruktionen nach dem angegebenen Muster.

> Muster: a Debrecenben újjáépített városrészek
> → azok a városrészek, amelyeket Debrecenben újjáépítettek

virágokkal, fákkal beültetett parkok   a jól megtanult nyelv
különböző országokból érkezett vendégek   a tegnap befejezett munka
a nyáron felkínált lehetőségek   a múlt hétre tervezett kirándulás
a Debrecenben töltött napok   az asztalra tett ajándék
a konyhában megterített asztal   a félig nyitott ajtó

7. Bilden Sie Sätze.

> Muster: a megválasztandó bizottság — két tag — áll
> → A megválasztandó bizottság két tagból áll.

az elintézendő feladatok — mind — a kollégám — vár
a fordítandó szöveg — hosszúság — három oldal
a bemutatandó vendégek között — két professzor — volt
a következő évek — építendő lakások — ár — magas — lesz
a megjavítandó porszívó — elvisz — a férjem — a javító
a leendő mamák — az orvos — várószoba — ül
az aláírandó papirok — bevisz (én) — a főnököm
ezek — nagyon alapos — meggondolandó — dolog

8. Setzen Sie die fehlenden Suffixe und Adverbialpartizipien in die Sätze ein.

várva; befejezve; ülve; állva; nevetve; elgondolkodva; megmosva; kifizetve; felolvasva; megérkezve

János a munka..... .... felállt az asztaltól.

Apám mély..... .... jött-ment a szobában.

Pisti hangos..... .... mesélte barátainak a vicceket.

A gyárakban gyakran a nehéz munkákat is .... végzik.

Ezeket a sportgyakorlatokat egy alacsony szék..... .... kell végezni.

A költő verse..... .... felállt, és kiment a teremből.

Kezem..... .... azonnal leültem az asztalhoz.

A szállás..... .... taxival mentünk a pályaudvarra.

A vonat..... .... megittunk egy jó erős kávét.

Berlin..... .... azonnal felkerestem az orvosomat.

9. **való** oder **levő?** Bilden Sie Partizipkonstruktionen, und ergänzen Sie sie zu einem Satz.

> Muster: a) virágok — szoba → a szobában levő virágok
> →   A szobában levő virágokat Pistától kaptam.
>   b) utazás — metró → a metróval való utazás
> →   A metróval való utazásnak Pisti örült a legjobban.

kép — fal	részvétel — óra	könyvek — bőrönd
vita — főnököm	székek — konyha	beszélgetés — barátom
függöny — ablak	foglalkozás — gyerek	írás — írógép
munka — szótár	gyerek — udvar	papirok — zsebem
ruha — rajtam	találkozás — szüleim	kép — könyv

10. Wandeln Sie den Relativsatz in eine Partizipkonstruktion um!

> Muster: Az a szöveg, amelyet egy tapasztalt tolmács fordít, mindig jobb.
> →   Egy tapasztalt tolmács által fordított szöveg mindig jobb.

Az a csomag, amelyet apám küldött, nagyon értékes volt.

Azok a házak, amelyeket ti terveztetek, sokkal szebbek.

Azt a levelet, amelyet apám írt, elvittem a postára.

Azokat a lehetőségeket, amelyeket a munkahely felkínál, ki kell használni.

Azzal a témával, amelyet te említettél, még nem foglalkoztunk.

Arra a kirándulásra, amelyet a bizottság szervezett, sokan elmentek.

Azt a gyógyszert, amelyet az orvosom felírt, az egész városban nem lehetett kapni.

Az a megoldás, amelyet ők javasoltak, senkinek sem tetszett.

11. Ordnen Sie den ungarischen Substantiven die deutschen Entsprechungen zu.

kezdő; dolgozó; eső; író; lakó; olvasó; öltöző; tanuló; találkozó; váró; ebédlő; adó;
vevő; rendező; kísérő; fogadó; folyó; beszámoló; futó; meghívó; sütő; tervező; úszó;
csomagoló
Fluß; Schwimmer; Architekt; Backröhre; Warenausgabe; Einladung; Bericht; Läufer;
Anfänger; Regen; Arbeiter; Mieter; Leser; Garderobe; Schüler; Wirtshaus; Regisseur;
Begleiter; Käufer; Steuer; Speisesaal; Warteraum; Treffen

12. Übersetzen Sie!

Wo liegt Debrecen?
Was für eine Stadt ist Debrecen?
Wo fahren die Straßenbahnen in Richtung Nagyerdő ab?
An welchen Sehenswürdigkeiten der Stadt fährt die Straßenbahn vorbei?
Wo liegt die Lajos Kossuth Universität?
Welche Aufgabe hat diese Universität im Sommer?
Was bietet der Sommerkurs seinen Teilnehmern?
Welche Orte können die Teilnehmer des Sommerkurses besuchen?
Was für Veranstaltungen gibt es abends?

13. Setzen Sie in den Text die fehlenden Suffixe und Postpositionen ein.

Petőfi ideje...... Debrecen még puszta...... város volt. A költő szeret...... a puszta......
Versei...... gyakran ír...... róla. A Hortobágy...... egyik verse...... dicső rónaság......
nevezte, ahol a nap hosszabb út...... tesz meg, mint máshol. Petőfi .... megmér-
het...... ott a láthatár és olyan, mint egy kerek asztal, amely...... beborít az ég üvegha-
rang...... Debrecen ma modern nagyváros. Az utóbbi évek...... sok...... fejlődött.
Szíves...... jönnek ide külföldi...... is. A nyár egyik legnagy...... esemény...... mindig
a Nyári Egyetem, amely...... több mint hatvan év ...... megrendeznek. A Nyári Egye-
tem résztevevő...... tanulhat...... a magyar nyelv...... , ismerkedhet...... a magyar tu-
domány...... és kultúra...... . Gyakran szerveznek kirándulások...... is Debrecen
környéke......, a Hortobágy......, Tokaj......, Eger...... és más helyek...... . Este filve-
títések, néptánctanulás és más kulturális rendezvény...... vannak.

14. Setzen Sie die Verben in die Sätze ein. Achten Sie auf die Rektion!

ellátogat, elhalad, megérkezik, szolgál, elhisz, hozzászokik, nevez, meggyőződik, szid,
követ
Amikor a busszal .... a Nagytemplom ...., megláttuk
a Református Kollégiumot.

Nagymama tegnap .... Pisti..........., mert nem jött haza ebédre.
Családunk jövőre .... Magyarország kisebb városai.......... és falvai.......... is.
Amikor kocsink .... a ház ...., Molnárék már az ajtóban vártak bennünket.
A múzeum igazgatója kért bennünket, hogy ....
A kéthetes magyarországi tartózkodás után .... a meleg..........
Az egyetemi előadások egy része az ország megismerése.......... ....
Petőfi Sándor Debrecen.......... pusztai város.......... ....
Csak akkor .... a város szépsége.......... , ha saját szemünkkel látjuk.
A szüleim nem akarták ...., hogy nem volt időm levélírás..........

TIZENKETTEDIK LECKE

Mondatminták

Ha keresne, megtalálna.
Ha keresné, megtalálná.
Ha keresett volna, megtalált volna.
Ha kereste volna, megtalálta volna.

Mit csinálna?
Mit csinált volna?

Péter két évig tanárként dolgozott.
Ezt a könyvet adom neked ajándékul.
A felnőtt a gyermek nyelvmesteréül szolgál.
Példaképp(en) / példaként apám áll előttem.
Naponta meglátogatjuk nagymamát.
Telente elmegyünk a hegyekbe.
Szomszédaink gyerekestül, kutyástul jöttek.
Átalakítjuk a hálószobát dolgozószobává.
A terv semmivé vált.
Kaptatok szobát a vendégetek részére/számára?

-ként
-ul, -ül
-képp(en), -ként
-nta, -nte
-stul, -stül
-vá, -vé
részére/számára

Géza mindig cserélgeti a helyét.
Nagyapa dolgozgat a kertben.
Az idő lassan javul. Pista kijavítja a hibáimat.
A természet tavasszal megszépül. A tavasz megszépíti a természetet.

nő, lő, fő, sző, ró

Szövegek

Szabadság

Tavasszal, amikor javulni kezd az idő, kizöldülnek a fák, és megszépül a természet, gyakran mondogatjuk: Bárcsak szabadságra mehetnék! Utaznék, kirándulnék, fürödnék, napoznék. Élvezném a pihenés és szórakozás örömét.

Reggelente nem kellene korán kelnem. Kedvemre lustálkodhatnék az ágyban. Akkor reggeliznék, és akkor vacsoráznék, amikor nekem tetszik. Esténként olvasnék, zenét hallgatnék, akár reggelig is szórakozhatnék barátaimmal. Nem félnék, hogy másnap nem hallom az ébresztőóra csörgését.

Jó lenne, ha több szabadságunk lenne. Legalább évente két hónap. A szabadság egyik felét felhasználhatnánk olyan dolgokra, amelyekre év közben nem jut időnk. Egyikünk barkácsolna, másikunk kertészkedne. Akinek van tehetsége, az festegethetne, szobrászkodhatna vagy írogathatna. Utazással is lehetne tölteni az időt.

A szabadság másik felét szellemi és testi erőnk regenerálására kellene fordítani. Ha naponta úsznánk, sétálnánk, érdekes könyveket olvasnánk, nyugodtan ennénk és nagyokat aludnánk, szebbé és tartalmasabbá tehetnénk szabadságunkat.

A szabadság a valóságban sokszor fáradságos munkává válik számunkra. Kimerültté tesz bennünket ahelyett, hogy felfrissítene. Milyen gyakran térünk vissza hosszú külföldi utakról anélkül, hogy kipihentük volna magunkat. Ki ne kívánta volna még soha: »Bárcsak elölről kezdhetném a szabadságomat, mindent egészen másképp csinálnék.«

Hajnal Anna: Ha én tündér lehetnék °°

(Gyermekvers)

Ha én tündér lehetnék,
amit szeretnék, tehetnék:
piros dinnyében laknék,
jobb lakást hol kaphatnék:

Kis késsel benne ülnék,
egész nap szeletelném,
örökké enném, innám,
és soha meg nem unnám.

Kosztolányi Dezső: Ingyen nyelvlecke °°

Miki két és fél éves. Mindenki beszél vele.

Beszél vele az apja, az anyja, a dada, a házmester. Beszél vele a villamoson a kalauz bácsi, aki megmutatja a csíptetővasát, és figyelmezteti, hogy a rossz gyermekeknek ezzel lyukasztják ki a fülét. Beszél vele a grófné, aki megkérdezi tőle, hogy látott-e már oroszlánt, s a mosónő, aki az iránt érdeklődik, hogyan kukorékol a kakas. Beszél vele felnőtt és gyermek, ismerős és ismeretlen. Egy miniszterelnökkel nem akar annyi ember beszélni, mint Mikivel, pusztán azért, mert még nem tud beszélni, s ezt mindenki mulatságosnak tartja: egy mosolyt vár tőle, egy édes nyelvbotlást, egy meglepetést.

Beszélek vele én is minden áldott nap. Nem győzök csodálkozni azon, hogy még mennyire nem tud beszélni, s hogy én mennyivel jobban beszélek, mint ő.

Bámulom őt. Közben azonban a természetet is bámulom. Micsoda agyafúrt fogása az, hogy a gyermekek kedvességét, gyámoltalanságát veti elénk csalétkül, minket pedig — mindnyájunkat — ingyen nyelvmesterül szegődtet melléjük.

Borzasztó lenne, ha a gyermekek is olyan unalmasak volnának, mint a felnőttek. Akkor senki sem állna szóba velük. Nyelvmestereket kellene melléjük fogadni, és sohase tanulnák meg anyanyelvüket.

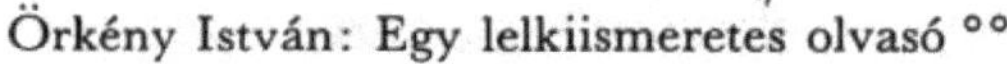

Örkény István: Egy lelkiismeretes olvasó °°

— Szlávik Mihállyal szeretnék beszélni.

~ Most nem tudom idehívni, de előre megmondom, hogy ha karambolról van szó, mi csak a jövő hónapban tudjuk fogadni a kocsit.

— Ő keresett engem.

~ Miért nem tetszik szólni, hogy ismerősök? Hát mi baja annak a kocsinak?

— Nincs szó karambolról. Most jöttem haza, és egy cédulára Szlávik Mihály neve volt fölírva meg a telefonszám.

~ Akkor tessék húsz perc múlva fölhívni, mert az egész lakatosműhely ebédelni van.

— Szlávik Mihállyal szeretnék beszélni.

~ Mindjárt szólok neki.

— Itt Szlávik Mihály.

~ Maga hagyta meg nekem a telefonszámát?

— Én voltam bátor, mert szerettem volna megkérdezni valamit.

~ Tessék.

— Ugye, ön fordította a Truman Capote regényét?

~ A Más hangok, más szobák-at én fordítottam. Olvasta?

— Olvastam, és nagyon tetszett nekem, de van egy észrevételem. Azt szeretném tudni, hogy ebben a regényben miért beszélnek másképpen a négerek, mint a többi emberek?

~ Másképpen beszélnek?

— Úgy beszélnek, mint a külföldiek. Csak szeretnék tisztán látni, azért kíváncsiskodom.

~ Rémlik valami. Nézze, kérem, én három évvel ezelőtt fordítottam ezt a könyvet, egy kicsit kiment a fejemből a dolog, de emlékszem például egy néger cselédlányra, akinek vágás volt a nyakán. Őrá gondol?

— Órá is.

~ Hát akkor nyugodjék meg, kérem. Arra ugyanis egészen tisztán emlékszem, hogy
ez a lány az eredeti szövegben is törve beszél angolul.

— Mi az, hogy törve?

~ Törve, az törve. Vagy nem?

— Nem egészen. Törve beszélünk egy idegen nyelvet, amelyet nem jól ismerünk. Vi-
szont az anyanyelvét is törve beszélheti valaki, ha például műveletlen, vagy iskolá-
zatlan vagy korlátolt. De ez két különböző dolog.

~ Hogy beszél például az a néger lány?

— Úgy beszél, mint egy külföldi, aki nem jól tud angolul. Nos hát, én ezen akadtam
fönn, és ezért bátorkodom telefonálni. Hiszen a négerek ott élnek Amerikában, min-
denki angolul beszél körülöttük, tehát az anyanyelvük is angol.

~ Találkoztam én már néhány cigánnyal is, aki itt él Magyarországon, és mégis lega-
lább olyan törve beszél magyarul, mint egy külföldi.

— Ez így nagyon szépen hangzik, de nem bizonyít semmit. A cigányoknak ugyanis van
saját nyelvük, a négereknek viszont nincs.

~ Ebben, belátom, magának van igaza. Nem is tudom, mit mondjak. Szeretném, ha
elhinné, hogy nagyon pontos fordító vagyok, egészen a bogarasságig. Azt is bátran
elhiheti, hogy az a lány az eredeti szövegben is hibásan beszél angolul. Ráadásul,
a lektorok szóról szóra ellenőrzik a fordítást...

— A lektorok is tévedhetnek. Tessék megnézni Hook Finnt! Ha nem tévedek, Karinthy
fordította. Mindenesetre, a Huckleberry Finn-ben úgy beszél a néger, mint egy pri-
mitív és írástudatlan ember, nem pedig úgy, mint egy külföldi, aki hibásan beszél
angolul. Vagy ez fordítói szempontból mellékes?

~ Ez nem mellékes, de a Huckleberry Finn-t nem én fordítottam. Ráadásul, ez egy száz
évvel ezelőtti regény.

— Bocsásson meg, de ez csak az én igazamat bizonyítja. Száz év elmúltával a négerek
inkább jobban tudhatnak angolul, mint rosszabbul.

~ Azt hiszem, ebben megint magának van igaza.

— Remélem, nem bántottam meg.

~ Szó sincs róla. Amit mondott, nagyon is elgondolkoztató.

— Sajnos, nem tudok angolul, nem nézhettem utána az eredetinek, pedig egy kicsit meg-
ütötték a szememet ezek a dialógusok. Csak azért hívtam fel telefonon, mert szeretek
mindent tisztán látni.

~ Nagyon jól tette, hogy fölhívott.

— Most be kell fejeznem a beszélgetést, mert a garázsmester kopog az üvegen. Máskü-
lönben nagyon jó volt a fordítás.

~ A viszonthallásra.

— Minden jót.

Szavak

Igék

alakul	sich gestalten	**írogat**	sich als Schriftsteller betätigen, ab und zu schreiben
bámul vkit	staunen, bewundern		
barkácsol	basteln	**javít**	verbessern, korrigieren
bátorkodik	sich trauen, sich erkühnen, frei sein, etwas zu tun	**javul**	besser werden, sich bessern
békít	versöhnen, beschwichtigen	**keményít**	hart machen, erhärten, härten
békül	sich versöhnen	**kertészkedik**	gärtnern
bővít	erweitern, weit machen	**kilyukaszt**	lochen
		kirándul	einen Ausflug machen
bővül	sich erweitern, weiter werden	**kíváncsiskodik**	neugierig sein
butít	dumm machen, verdummen	**kizöldül**	grün werden
		kukorékol	krähen
butul	dumm werden	**lustálkodik**	faulenzen
cserél vmire	tauschen	**megbánt**	kränken
ellenőríz	kontrollieren	**meghagy**	hinterlassen
élvez	genießen	**megszépít**	verschönen, schön machen, verschönern
érdeklődik vmi iránt	sich interessieren		
felfrissít	erfrischen	**megszépül**	schön werden
felfrissül	sich erfrischen, frisch werden	**megun vmit**	etwas satt/über haben, langweilig finden
felhasznál vmire	verwenden		
festeget	sich als Maler betätigen, ab und zu malen	**melegít**	warm machen, erwärmen, wärmen
		napozik	sich sonnen
fiatalít	jung machen, verjüngen	**regenerál**	regenerieren
		rémlik vkinek	
figyel	beobachten	**vmi**	dämmern, ahnen
fogad vmit	empfangen, annehmen	**szabadít**	befreien, frei machen
fordít vmire	aufwenden	**szabadul**	frei werden, befreit werden
fönnakad vmin	sich stoßen an etw.		
fürdik (fürödni)	baden	**szegődtet vki**	in den Dienst
haragít	erzürnen, zornig/ wütend machen	**mellé**	stellen

szeletel	in Scheiben schneiden, aufschneiden	**szól vkinek**	Bescheid sagen
szépít	verschönern	**tisztít**	säubern, sauber machen
szépül	schön werden	**tisztul**	sauber werden
		utánanéz vminek	nachsehen

Főnevek

ágy, -ak	Bett	**kedvesség, -ek**	Liebenswürdigkeit, Liebreiz
anyanyelv, -ek	Muttersprache	**kés, -ek, -t**	Messer
bogarasság, -ok	Pedanterie, Kleinkrämerei	**kor, -ok, -t**	Zeitalter
cigány, -ok, -t	Zigeuner	**lakatosműhely, -ek, -t**	Schlosserwerkstatt
cselédlány, -ok, -t	Magd, Dienstmädchen	**lektor, -ok, -t**	Lektor
csíptetővas, -ak	Lochzange, Locheisen, Locher	**meglepetés, -ek, -t**	Überraschung
csók, -ok, -ja	Kuß	**meleg**	Wärme
csörgés, -ek, -t	Klingeln, Klirren	**miniszterelnök, -ök**	Ministerpräsident
dada, -k	Amme	**mosoly, -ok, -t**	Lächeln
dinnye, -k	Melone	**mosónő, -k**	Waschfrau, Wäscherin
ecet, -ek, -je	Essig	**nappali, -k**	Wohnzimmer
észrevétel, -ek, -t	Einwand	**nyelvbotlás, -ok, -t**	Versprecher, Schnitzer
fogás, -ok, -t	Kniff, Trick, Finesse	**oroszlán, -ok, -t**	Löwe
garázsmester, -ek, -t	Autowerkstattmeister/leiter	**regény, -ek, -t**	Roman
grófné, -k	Gräfin, Frau Gräfin	**szórakozás, -ok, -t**	Zerstreuung
gyámoltalanság	Hilflosigkeit	**tehetség, -ek**	Begabung, Talent
házmester, -ek, -t	Hausmeister	**történet, -ek**	Geschichte
hegy, -ek	Berg	**tündér, -ek, -t**	Fee
jármű, -művek	Fahrzeug	**úttest, -ek**	Fahrdamm
kakas, -ok, -t	Hahn	**vágás, -ok, -t**	Schnitt
karambol, -ok, -t, -ja	Karambolage, Verkehrsunfall	**valóság**	Wirklichkeit, Realität

Melléknevek

agyafúrt, -an	raffiniert, ausgeklügelt	**elgondolkoztató, -an**	überlegenswert
borzasztó, -an	schrecklich	**eredeti, -en**	ursprünglich, original
édes, -en	süß		

fáradságos, -an	anstrengend, mühevoll	**kimerült, -en**	erschöpft
ingyen	unentgeltlich, kostenlos	**korlátolt, -an**	beschränkt
		lelkiismeretes, -en	gewissenhaft
írástudatlan, -ul	des Schreibens nicht kundig, analphabet	**mulatságos, -an**	lustig, komisch
		műveletlen, -ül	ungebildet
		szellemi, -leg	geistig
		tartalmas, -an	inhaltsreich
iskolázatlan, -ul	ungeschult, ohne Schulbildung	**testi, -leg**	körperlich
		unalmas, -an	langweilig

Határozószók és névutók

iránt	für	**pusztán**	bloß
másnap	anderntags, am anderen Tag	**részére**	für
		számára	für
mindjárt	gleich, sofort	**törve**	gebrochen
örökké	ewig, für immer		

Kötőszók

ahelyett, hogy	anstelle, daß	**mintha**	als wenn, als ob
anélkül, hogy	ohne, daß	**viszont**	dagegen

Más szófajok

bárcsak	wenn bloß

Szókapcsolatok

csalétkül vet vmit vki elé	jemandem etwas als Köder vorwerfen
egyikünk	der eine von uns
Egy kicsit kiment a fejemből a dolog.	Ich habe es nicht mehr so genau im Gedächtnis.
elölről	von vorne
Esik az eső.	Es regnet.
Ezen akadtam fönn.	Das gab mir zu denken.
kedvemre	nach (meiner) Lust und Laune
másikunk	der andere von uns
megüti a szemét valami	es fällt ihm etwas auf
minden áldott nap	jeden Tag, den Gott werden läßt

mindnyájunk	jeder von uns, wir alle
nem győz csodálkozni	sich nicht genug wundern können
ráadásul	dazu noch
szépen hangzik	es hört sich gut an
szóba áll vkivel	sich auf ein Gespräch einlassen
szóról szóra	Wort für Wort
Szó sincs róla!	Nicht die Spur! Keineswegs!
utoljára	zum letzten Mal, ein letztes Mal
valaminek elmúltával	nach Ablauf von
Van egy észrevételem.	Mir ist da etwas aufgefallen.

Nyelvtan

89. Der Konditional (Bedingungsform)

Verben, die im Konditional stehen, drücken in den meisten Fällen aus, daß die Realisierung der Handlung an bestimmte Bedingungen geknüpft ist. Sie können daneben auch einen Wunsch oder eine Unsicherheit bezeichnen. Im Deutschen entspricht dieser Modusform im Präsens der Konjunktiv Imperfekt oder der mit »würde« gebildete Konjunktiv und im Präteritum der Konjunktiv Plusquamperfekt:

> Ha nem esne az eső, sétálni mennék. »Wenn es nicht regnen würde, würde ich spazieren gehen.«
> Ha nem esett volna az eső, sétálni mentem volna. »Wenn es nicht geregnet hätte, wäre ich spazieren gegangen.«
> Bárcsak már nyár lenne! »Wenn es doch schon Sommer wäre!«
> Bárcsak megvettem volna azt a könyvet! »Wenn ich doch jenes Buch gekauft hätte!«
> Mintha valaki figyelne bennünket. »(Mir ist,) als ob uns jemand beobachtete.«
> Mintha tegnap láttam volna Jánost. »(Mir ist,) als ob ich gestern János gesehen hätte.

Das Zeichen für den Konditional Präsens ist **-na, -ne** bzw. **-ná, -né**, das unmittelbar an den Verbstamm antritt. Verben, die bei der Bildung des Infinitivs zwischen Stamm und Infinitivzeichen ein **-a-** oder **-e-** einschieben, erhalten denselben Vokal auch vor dem Konditionalzeichen:

> fordít → fordít-**a**-ni → fordít-**a**-**ná** »übersetzen«
> ért → ért-**e**-ni → ért-**e**-**né** »verstehen«

Auf das Konditionalzeichen folgen die Personalsuffixe, wobei zu beachten ist, daß das Suffix der 1. Ps. Sg. nur eine Form besitzt:

		unbestimmte Konjugation	*bestimmte Konjugation*
Sg.	1. Ps.	**-nék**	**-nám, -ném**
	2. Ps.	**-nál, -nél**	**-nád, -néd**
	3. Ps.	**-na, -ne**	**-ná, -né**
Pl.	1. Ps.	**-nánk, -nénk**	**-nánk, -nénk**
	2. Ps.	**-nátok, -nétek**	**-nátok, -nétek**
	3. Ps.	**-nának, -nének**	**-nák, -nék**

Konditional Präsens

talál »finden«, **kér** »bitten«

		unbestimmte Konjugation		*bestimmte Konjugation*	
Sg.	1. Ps.	találnék	kérnék	találnám	kérném
	2. Ps.	találnál	kérnél	találnád	kérnéd
	3. Ps.	találna	kérne	találná	kérné
Pl.	1. Ps.	találnánk	kérnénk	találnánk	kérnénk
	2. Ps.	találnátok	kérnétek	találnátok	kérnétek
	3. Ps.	találnának	kérnének	találnák	kérnék
	1. Ps. Sg. bei Objekt in der 2. Ps. Sg. oder Pl.:				
		találnálak,	kérnélek		

Konditional Präteritum

Der Konditional Präteritum wird gebildet, indem man den Formen des Indikativ Präteritums das Hilfsverb **volna** hinzufügt:

		unbestimmte Konjugation	*bestimmte Konjugation*
Sg.	1. Ps.	találtam volna	találtam volna
	2. Ps.	találtál volna	találtad volna
	3. Ps.	talált volna	találta volna
Pl.	1. Ps.	találtunk volna	találtuk volna
	2. Ps.	találtatok volna	találtátok volna
	3. Ps.	találtak volna	találták volna
	1. Ps. Sg. bei Objekt in der 2. Ps. Sg. oder Pl.:		
		találtalak volna	

Bei den mehrstämmigen Verben treten im Präsens das Zeichen des Konditionals und die Personalsuffixe anstelle des Zeichens des Infinitivs:

jön-**ni**	→	jön-**nék**, ...	»kommen«	→	»ich käme, ...«
en-**ni**	→	en-**nék**, ...	»essen«	→	»ich äße, ...«
alud-**ni**	→	alud-**nék**, ...	»schlafen«	→	»ich schliefe, ...«

Der Konditional Präteritum ist auch in dieser Gruppe von Verben eine zusammengesetzte Form, die von dem Präteritum des Vollverbs und dem Hilfsverb **volna** gebildet wird:

      jöttem **volna** »ich wäre gekommen«

      ettem **volna** »ich hätte gegessen«

      aludtam **volna** »ich hätte geschlafen«

Das Verb **lenni** »sein« hat im Präsens zwei Konditionalformen:

Sg. 1. Ps.	lennék	volnék
2. Ps.	lennél	volnál
3. Ps.	lenne	volna
Pl. 1. Ps.	lennénk	volnánk
2. Ps.	lennétek	volnátok
3. Ps.	lennének	volnának

Präteritum des Verbs **lenni**:

Sg. 1. Ps.	lettem volna
2. Ps.	lettél volna
3. Ps.	lett volna
Pl. 1. Ps.	lettünk volna
2. Ps.	lettetek volna
3. Ps.	lettek volna

Ha jó idő **lenne**, sétálni mennék. — Ha jó idő **volna**, sétálni mennék. »Wenn gutes Wetter **wäre**, würde ich spazierengehen.«
Ha ott **lettem volna**, találkoztunk volna. »Wenn **ich** dort **gewesen wäre**, hätten wir uns getroffen.«

90. Konjugation der Verben mit vokalischem Stamm

Es gibt eine kleine Gruppe von Verben, deren Stamm auf einen Vokal auslautet. Diese Verben weisen in ihrer Konjugation keinen einheitlichen Stamm auf. In diese Gruppe gehören u. a. die Verben **nő** »wachsen«, **lő** »schießen«, **fő** »kochen« *intransitiv*, **sző** »weben«, **ró** »kerben, rügen, durcheilen«.

Präsens

lő, ró

	unbestimmte Konjugation		bestimmte Konjugation	
Sg. 1. Ps.	lövök	rovok	lövöm	rovom
2. Ps.	lősz	rósz	lövöd	rovod
3. Ps.	lő	ró	lövi	rója
Pl. 1. Ps.	lövünk	rovunk	lőjük	rójuk
2. Ps.	lőtök	rótok	lövitek	rójátok
3. Ps.	lőnek	rónak	lövik	róják

Präteritum

		unbestimmte Konjugation		bestimmte Konjugation	
Sg. 1.	Ps.	lőttem	róttam	lőttem	róttam
2.	Ps.	lőttél	róttál	lőtted	róttad
3.	Ps.	lőtt	rótt	lőtte	rótta
Pl. 1.	Ps.	lőttünk	róttunk	lőttük	róttuk
2.	Ps.	lőttetek	róttatok	lőttétek	róttátok
3.	Ps.	lőttek	róttak	lőtték	rótták

Adhortativ

		unbestimmte Konjugation		bestimmte Konjugation	
Sg. 1.	Ps.	lőjek	rójak	lőjem	rójam
2.	Ps.	lőjél, lőjj	rójál, rójj	lőjed, lődd	rójad, ródd
3.	Ps.	lőjön	rójon	lője	rója
Pl. 1.	Ps.	lőjünk	rójunk	lőjük	rójuk
2.	Ps.	lőjetek	rójatok	lőjétek	rójátok
3.	Ps.	lőjenek	rójanak	lőjék	róják

Konditional Präsens

		unbestimmte Konjugation		bestimmte Konjugation	
Sg. 1.	Ps.	lőnék	rónék	lőném	rónám
2.	Ps.	lőnél	rónál	lőnéd	rónád
3.	Ps.	lőne	róna	lőné	róná
Pl. 1.	Ps.	lőnénk	rónánk	lőnénk	rónánk
2.	Ps.	lőnétek	rónátok	lőnétek	rónátok
3.	Ps.	lőnének	rónának	lőnék	rónák

Konditional Präteritum

		unbestimmte Konjugation	bestimmte Konjugation
Sg. 1.	Ps.	lőttem volna	lőttem volna
2.	Ps.	lőttél volna	lőtted volna
3.	Ps.	lőtt volna	lőtte volna
Pl. 1.	Ps.	lőttünk volna	lőttük volna
2.	Ps.	lőttetek volna	lőttétek volna
3.	Ps.	lőttek volna	lőtték volna

91. Anwendung des Konditionals im Nebensatz

In Nebensätzen, die mit den Demonstrativa **anélkül** »ohne« und **ahelyett** »anstelle« eingeleitet werden, steht das Verb im Konditional:

> **Anélkül** megy át az úton, hogy a járművekre figyelne.
> »Er geht über den Fahrdamm, **ohne** auf die Fahrzeuge zu achten.«
> **Anélkül** ment el, hogy egy szót szólt **volna**.
> »Er ging, **ohne** ein Wort gesagt zu haben.«
> **Ahelyett**, hogy tanulna, inkább moziba megy.
> »**Anstatt** zu lernen, geht er ins Kino.«
> **Ahelyett**, hogy lefeküdt **volna**, inkább dolgozott.
> «**Anstatt** sich hinzulegen, hat er lieber gearbeitet.«

92. Weitere Suffixe der adverbialen Bestimmung

-ként

Tritt vorwiegend an Substantive an. Es bildet hauptsächlich Zustandsbestimmungen und entspricht der deutschen Präposition »als«. Vor dem Suffix **-ként** werden die Vokale **-a** und **-e** nicht gedehnt:

> Ezt a poharat vázaként is lehet használni.
> »Dieses Glas kann man auch **als** Vase benutzen.«
> Péter két évig dolgozott tanárként.
> »Peter arbeitete zwei Jahre lang **als** Lehrer.«

Als Synonym von **-ként** kann in bestimmten Bereichen das Suffix **-ul, -ül** verwendet werden:

> Ez a kis ház mindig kellemes otthonul szolgált nekünk.
> »Dieses kleine Haus diente uns immer **als** ein angenehmes Zuhause/Heim.«
> A felnőtt a gyerek nyelvmesteréül szegődik.
> »Der Erwachsene verdingt sich **als** Sprachmeister/Sprachlehrer beim Kind.«
> Ezt a könyvet ajándékul adom neked.
> »Dieses Buch gebe ich dir **als** Geschenk.«
> Befejezésül csak annyit mondott: köszönöm.
> »**Als/zum** Schluß sagte er nur soviel: danke.«

-képp(en)

Tritt an Pronomen und Substantive an. Es bildet hauptsächlich modaladverbiale Bestimmungen:

> Ó ezt a történetet másképp(en) mesélte el.
> »Er hat diese Geschichte anders (auf eine andere Weise) erzählt.«
> Példaképp(en) apám áll előttem.
> »Mein Vater steht **als** Beispiel vor mir.«

-nként

Tritt an Substantive und Kardinalia (Grundzahlen) an. Es bezeichnet distributive adverbiale Bestimmungen. Das Suffix **-nként** tritt an das Grundwort in derselben Weise an wie das Pluralzeichen **-k**:

> **Fejenként** száz forintot fizettünk.
> »Wir haben **pro** Kopf hundert Forint bezahlt.«
> A gyerek **éjszakánként** gyakran felébred.
> »Das Kind wacht nachts häufig auf.«
> A hallgatók **egyenként** jöttek be a terembe.
> »Die Studenten kamen **einzeln** in den Saal.«

-nta, -nte

Tritt lediglich an einige zeitbezeichnende Substantive an und bezeichnet sich wiederholende temporale Beziehungen. Es tritt an das Grundwort in gleicher Weise an wie das Pluralzeichen **-k**:

> **Naponta** felhívom apámat a kórházban.
> »Ich rufe meinen Vater **täglich** (**jeden Tag**) im Krankenhaus an.«
> **Telente** elmegyünk a gyerekekkel a hegyekbe.
> »Wir fahren **jeden** Winter mit den Kindern ins Gebirge.«

Die Suffixe **-nként** und **-nta, -nte** können in einem bestimmten Bereich der zeitbezeichnenden Substantive als Synonyme verwendet werden. Am häufigsten ist das der Fall bei den Substantiven **év** »Jahr«, **hónap** »Monat«, **hét** »Woche« und **nap** »Tag«:

> **Évente/évenként** egyszer utazom külföldre.
> »Einmal **im** Jahr fahre ich ins Ausland.«
> **Hetenként/hetente** kétszer megyek úszni.
> »Ich gehe zweimal **in der** Woche schwimmen.«

Die Formen von **hónap** werden unregelmäßig gebildet:

> **Havonként/havonta** egyszer meglátogatnak a barátaim.
> »Einmal **im** Monat besuchen mich meine Freunde.«

-stul, -stül

Drückt eine intensive Zusammengehörigkeit, Gemeinsamkeit aus. Es tritt an das Grundwort in gleicher Weise an, wie das Pluralzeichen **-k**:

> Ne menj be **ruhástul** a vízbe!
> »Gehe nicht **mit/mitsamt** Kleidern ins Wasser.«
> A szomszádunk **gyerekestül** jött át hozzánk.
> »Unser Nachbar kam **mit/mitsamt** Kindern zu uns.«

-vá, -vé

Bezeichnet meistens das Ergebnis einer Handlung, eines Vorgangs. Bei konsonantischem Auslaut des Grundwortes wird das anlautende **-v** des Suffixes assimiliert:

A hálószobát átalakítottuk nappalivá.
»Wir haben das Schlafzimmer **zu** einem Wohnzimmer umgestaltet.«
A bor ecetté vált.
»Der Wein wurde **zu** Essig.«

93. Die Postpositionen **számára** und **részére**

Eigentlich handelt es sich bei diesen Postpositionen um postpositional gebrauchte Pronominaladverbien. Das vollständige Paradigma lautet:

Sg.	1. Ps.	számomra	részemre	»für mich«
	2. Ps.	számodra	részedre	»für dich«
	3. Ps.	számára	részére	»für ihn«
Pl.	1. Ps.	számunkra	részünkre	»für uns«
	2. Ps.	számotokra	részetekre	»für euch«
	3. Ps.	számukra	részükre	»für sie«

Sie bezeichnen die adverbiale Bestimmung des Adressaten, d. h. der Person, Institution usw., zu deren Gunsten eine Handlung ausgeführt wird. Im Deutschen entspricht ihnen die Präposition »für«:

Megveszem a jegyeket a vendégek **számára/részére**.
»Ich kaufe die Karten **für** die Gäste.«
Nem sikerült szobát kapni a résztvevők **számára/részére**.
»Es ist nicht gelungen, **für** die Teilnehmer Zimmer zu bekommen.«
Ezeket a szobákat az egyetem **számára/részére** foglaltuk.
»Diese Zimmer haben wir **für** die Universität reserviert.«

94. Das Ableitungssuffix **-gat, -get**

Es bildet aus verbalen Basiswörtern frequentative Verben. Abhängig von der Bedeutung des Basiswortes können unterschiedliche Bedeutungsmomente ausgedrückt werden:

a) eine sich wiederholende Handlung

cserél »tauschen« → cserél**get** »immer wieder tauschen«
Géza helyet cserélt Jánossal.
»Géza hat seinen Platz mit János getauscht.«
Géza mindig cserél**get**i a helyét.
»Géza tauscht/wechselt seinen Platz **ständig**.«

b) eine Handlung mit abgeschwächter Intensität

dolgozik »arbeiten« → dolgoz**gat** »ein bißchen arbeiten«
Apám sokat dolgozik. »Mein Vater arbeitet viel.«

Nagyapa dolgoz**gat** a kertben.
»Großvater arbeitet **ein bißchen** im Garten.«
Tudod már a szavakat?
»Kannst du die Vokabel schon?«
Tudo**gat**om.
»Ein **bißchen** kann ich sie.«

Tritt das Suffix **-gat, -get** an einsilbige Verben, geht ihm ein Bindevokal **-o** oder **-e** oder **-ö** voran:

ír   →   íro**gat** »schreiben«
néz   →   néze**get** »sehen«
őz   →   főző**get** »kochen«

95. Das Ableitungssuffix -ít

Mit seiner Hilfe werden transitive Verben aus Adjektiven, seltener aus Substantiven gebildet:

fiatal »jung«   →   fiatal**ít** »jung machen, verjüngen«
meleg »warm«   →   meleg**ít** »warm machen, erwärmen«
kemény »hart«   →   kemény**ít** »hart machen, härten«
harag »Zorn«   →   harag**ít** »zornig/wütend machen«

96. Das Ableitungssuffix -ul, -ül

Es bildet aus Adjektiven, seltener aus Substantiven intransitive Verben:

zöld »grün«   →   zöld**ül** »grün werden, grünen«
szép »schön«   →   szép**ül** »schön werden, sich verschönern«
alak »Form, Gestalt«   →   alak**ul** »sich gestalten«

Oft ergeben sich Paare von transitiven und intransitiven Verben vom gleichen adjektivischen oder substantivischen Stamm:

bő »weit«
   bő**vít** »erweitern«
   bő**vül** »sich erweitern«

tiszta »sauber«
   tiszt**ít** »säubern, reinigen«
   tiszt**ul** »sauber werden«

szabad »frei«
   szabad**ít** »befreien«
   szabad**ul** »frei werden«

jó »gut« < javít »verbessern, reparieren«
javul »sich verbessern, besser werden«

alak »Form, Gestalt« < alakít »gestalten«
alakul »sich gestalten«

Gyakorlatok és feladatok

1. Bilden Sie die Konditionalform Präsens 3. Ps. Sg. der Verben.

játszik	ébreszt	gyarapít	megy
választ	látszik	bővít	melegít
tart	vonz	békít	alszik
fordít	vált	vesz	tisztít
jelent	takarít	fiatalít	fekszik
megért	elfelejt	lesz	eszik
segít	leül	lyukaszt	mosakszik
mond	megtilt	haragít	iszik
készít	átalakít	megbánt	haragszik
jön	bizonyít	szépít	tesz

2. Transformieren Sie die Sätze in den Konditional Präteritum.

Gyakran fürödnék.	Kirándulna a hegyekbe.
Sokat úsznék.	Élvezné a természetet.
Lassan ennék.	Esténként zenét hallgatna.
Későn reggeliznék.	Lustálkodhatna egy kicsit.
Sokat aludnék.	Nem kelne fel olyan korán.
Kertészkednénk.	Kilyukasztanák a jegyeket.
Otthon vacsoráznánk.	Megharagudnának.
Irni is szeretnénk.	Elkészítenék a vacsorát.
Esténként olvasnánk.	Gyorsan megmosakodnának.
Külföldre utaznánk.	Felébresztenék a gyereket.
Kitakarítanátok a lakást?	Eljönnél velem a moziba?
Játszanátok a kisfiúval?	Megmondanád ezt neki?
Megmelegítenétek a levest?	Felhívnál?
Segítenétek nekem?	Hinnél neki?
Vennétek egy kávét?	Te is kérnél egy kávét?

3. Bilden Sie Dialoge.

a) Muster: meglátogat — a nyár / megmond — hol lakik
   →   — Meglátogatnál a nyáron?
   ~ Ha megmondanád, hol laksz, meglátogatnálak.

felhív — ma délután / felír — a telefonszám
bemutat — barátod / idejében — jön

engem is — megkínál / idead — a poharad
felébreszt — holnap reggel / nem — felébred
megért / mindent — elmond
meghallgat / kedvesebb — van
felkeres — Berlin / megmond — a címed
megvár / siet
hazakísér / nem kap — taxi
megismer / biztosan

---

b) Muster: elhisz — ez — János / nem
    → — Elhinnéd ezt Jánosnak?
    ~ Nem hinném el.

---

elcserél — ez a szép lakás
megvesz — ezek a bútor
elfogad — ez az ajándék
belát — ez
megfizet — ez az ár
elvégez — ez a nehéz munka
odaad — Péter — az autó

megmond — hol volt
meghallgat — amit mond
elmesél — ez — valaki
lefordít — amit mondanak
megeszik — ez az étel
megiszik — ez a bor
elolvas — a más levele

4. Bilden Sie den Dialog. Wählen Sie eine beliebige Antwort auf die Frage. Transformieren Sie anschließend Ihre Dialogversion in die Präteritumsform.

Muster: idead — a toll / Miért ne! Hogyne!
    → — Ideadná a tollát?
    ~ Miért ne adnám! Hogyne adnám!

---

elcserél — a lakás
felhív — a főnök
elhoz — a feleség
megmér — a láz
felolvas — a vers
elküld — a gyerek
meghív — a tanár

idead — a kocsi
feltesz — a bőrönd
felír — a cím
megad — a telefonszám
kijavít — a hiba
felolvas — a levél
belát — a hiba

5. Geben Sie ausführliche Antworten auf die Fragen.

Mit tenne, ha
... hirtelen vendégei érkeznének külföldről?
... nyerne egy nagyobb összeget a lottón?

... abba kellene hagynia az egyetemet?
... más pályát kellene választania?
... holnap megtudná, hogy új lakást kapott?
... elveszítené a táskáját az utcán?
... megtudná, hogy egy hozzátartozóját baleset érte?
... nem találná a csomagját, amikor megérkezik Ferihegyre?
... megérkezne egy idegen városba, és nem várja senki?
... egy síró kisgyermekkel találkozna, aki eltévedt?

6. Setzen Sie die Wörter in den Text ein. Es handelt sich um einen zusammen-
   hängenden Text, in dem jede Aussage im Konditional Präsens steht.

kell; sikerül; érdemes; jó; illik; rossz; szabad; fölösleges
.... már elmenni a színházba. Ha holnap este .... , nagyon örül-
nék. Azt hiszem, már .... is elmenni, mert karácsonykor voltam utoljára
színházban. Pista is azt mondja, hogy nem .... mindig otthon ülni. Nem
.... , ha Pistával együtt mehetnék. Csak azt nem tudom, hogy milyen dara-
bot nézzünk meg. .... megnézni olyan darabot, amit már láttunk. Ez tel-
jesen .... Csak akkor .... színházba menni, ha olyan darabot
játszanak, amely nekem is, neki is tetszik.

7. »anélkül« oder »ahelyett«? Setzen Sie die Demonstrativa in die Sätze ein.
   Bilden Sie die entsprechende Form des Prädikats.

Hazamentem .... , hogy elbúcsúz.......... .... a kollégáimtól.
Éva csak egy száraz zsemlét eszik .... , hogy megebédel.......... Sokan el-
jönnek az órára ...., hogy felkészül.......... .... Elindultak a kocsi-
jukkal .... , hogy betesz.......... .... a csomagjaikat.
Egyedül mész .... , hogy velünk jön.......... ?
Felálltak az asztaltól .... , hogy eszik.......... .... Egész vasár-
nap dolgozunk ...., hogy pihen.......... Hazamentem .... , hogy
befejez.......... .... a munkát.
Az orvos elküldte a beteget ...., hogy gyógyszert ír.......... ....
fel neki.
.................., hogy megmond.......... neki a véleményedet, meghívtad a születésna-
podra is.

8. Übersetzen Sie.

Anstatt etwas zu sagen, trägt er den Koffer selbst.
Sie gingen, ohne sich zu verabschieden.

Ich ging ins Kino, anstatt zu arbeiten.
Du bist mit dem Auto gefahren, anstatt zu Fuß zu gehen.
Er stand auf, ohne Mittag gegessen zu haben.
Ihr legt euch hin, anstatt tanzen zu gehen?
Sie gingen aus der Gaststätte, ohne bezahlt zu haben.
Er redet unentwegt, ohne etwas wichtiges zu sagen.
Sie haben sich geärgert, anstatt fröhlich zu sein.
Anstatt anzurufen, kam er am nächsten Tag selber.

9. Setzen Sie die fehlenden Suffixe in den Text ein.

Mielőtt felvettek az egyetemre, barátnőmmel együtt múzeumi felügyelő.......... dolgoztunk. Úgy is mondhatnánk, hogy az egyetem előtt a múzeum szolgált munkahelyem.......... Nap.......... csak öt órát kellett dolgoznunk, és fej.......... négyszáz márka fizetést kaptunk. A munkánk ritkán vált fáradságos.......... számunkra. Többek között vigyáznunk kellett arra is, hogy a látogatók ne lépjenek cipő.........., csizma.......... a múzeumi termekbe. De volt más feladatunk is. Már ott is dolgoztam tolmács.........., amikor angol vagy magyar látogatók jöttek. Mivel reggel.......... kevés munkánk volt, olvasgattunk, nézegettük a múzeumi tárgyakat. Délután.......... és este.......... mindig volt valami érdekes programunk. A múzeumban eltöltött év nagyon fontos volt számomra.

10. Übersetzen Sie.

Die Bäume und Sträucher werden allmählich grün.
Die Blumen im Zimmer sind gelb geworden.
Ziehe meinen Pullover nicht an, er wird zu weit werden.
Mit dem Radio ist etwas nicht in Ordnung, es wird immer leise.
Du bist aber braun geworden!
Die Tage werden im Herbst kürzer.
Dieses Gesetz hat auch heute noch Gültigkeit.
Als das Mittagessen fertig wurde, hat sich die ganze Familie zu Tisch gesetzt.
Die Straßen und Häuser sind schöner geworden.

11. Setzen Sie die jeweilige Ableitung in die Sätze ein.

megjavít — javul; megszépít — szépül; felfrissít — felfrissül; lelassít — lelassul; boldogít — boldogul; felújít — felújul; elmélyít — elmélyül; meggyorsít — meggyorsul; elkészít — elkészül; felépít — felépül; érvényesít — érvényesül; lehalkít — lehalkul

Minden embernek .... kell a jogát.

Ez az íratlan törvény mai napig is mindenütt ....

Nagyon kérlek, ... a rádiót!

A televízió egyszerre ...., majd a kép is elment.

Ki fogja .... a mai ebédet?

Amikor .... a munkámmal, meghallgatom a híreket.

A férjem nem tudja .... a porszívót.

Amikor tavasszal .... az idő, mindenkit vonz a természet.

A pénz nem mindig ....

Hogyan .... ezzel a nagy családdal?

Ha munka után gyalog megyek haza, mindig ....

A sport az egyik embert .... , a másikat kifárasztja.

Amikor mellém ért, ... a kocsiját.

Ha ennyire .... , sohasem érsz célba.

Zsuzsát nagyon .... a szerelem.

Zsuzsa .... a szerelemtől.

Berlinben és Budapesten sok régi házat ....

A régi házakban levő lakások a renoválás után ....

A két ország vezető politikusai a látogatások során .... kapcsolataikat.

A látogatások során a két ország közötti kapcsolatok egyre inkább ....

12. Beantworten Sie anhand der Schrift »Ingyen nyelvlecke« von Dezső Kosz-
    tolányi folgende Fragen.

Hány éves a kis Miki?
Kik beszélnek vele?
Mit mond neki a kalauz?
Mit kérdez tőle a grófné?
Mi iránt érdeklődik a mosónő?
Miért beszél Mikivel mindenki?
Min csodálkozik az író?
Miért bámulja az író a természetet?
Mit tart az író a természet »agyafúrt fogás«-ának?
Mit jelent az a kifejezés, hogy »ingyen nyelvlecke«?
Mit akar az író kifejezésre juttatni írásában?

13. Erklären Sie die Ausdrücke und Sätze. Geben Sie eine kurze Beschreibung
    einer Begebenheit, in der diese Ausdrücke und Sätze vorkommen.

agyafúrt fogás; érdeklődik valami iránt; bámul valamit; mulatságosnak tart valamit;
minden áldott nap; nem győz csodálkozni.; Borzasztó volt!; Szóba sem áll vele.

14. Schreiben Sie eine Szene, in der der kleine Miki, sein Vater, seine Mutter,
der Hausmeister und der Schaffner auftreten. Sie alle sind bemüht, dem
zweieinhalbjährigen Miki etwas beizubringen bzw. ihn über alles zu be-
fragen.

15. Setzen Sie die Verben in die Sätze ein. Achten Sie auf die Rektion!

megun; figyelmeztet; megkérdez; érdeklődik; csodálkozik; bámul; szól; kíváncsiskodik;
fordít; emlékszik; fönnakad; kopog

Tegnap arra ébredtem, hogy valaki .... az ablakom......... .
.... az öcsém........, mert németül is, magyarul is tisztán beszél.
Ha Miki........ .... , hogy hogy hívják, azonnal megmondja.
A kalauz .... a kisfiú........, hogy ne ugorjon le a villamosról.
Amikor .... a tévézés........, lefeküdtünk.
A szerelő nagyon .... az........ , hogy a tévé nem működött.
A néni az .... , hogy látott-e már Miki oroszlánt.
A regényt Karinthy .... angol........ magyar........
Amikor a beteg felébredt, már nem .... semmi........ .
Az egyik olvasó az........ .... , hogy miért beszélnek a
négerek egy angol regényben törve.
A főnök .... a titkárnője.........., hogy küldje be a kollégákat.
Miki, nem szabad ....!

16. Lesen Sie die Novelle »Egy lelkiismeretes olvasó« von István Örkény.
    Beantworten Sie die Fragen.

Kik szerepelnek a novellában? Mi a foglalkozásuk?
Miért hívta fel a szerelő a fordítót?
Miről beszélget a fordító és a szerelő?
Mit ért a fordító azalatt, hogy valaki törve beszél egy nyelvet? És a szerelő?
Hogyan próbálja magyarázni a fordító, hogy neki van igaza?
Miért nem beszélhetnek a szerelő szerint a négerek törve?
Milyen példával támasztja alá a szerelő azt, hogy neki van igaza?
Hogyan reagál a fordító?

A GYAKORLATOK ÉS FELADATOK MEGOLDÁSA — SCHLÜSSEL ZU DEN ÜBUNGEN UND AUFGABEN

Első lecke

1.

a) Monika nevet. Péter is nevet. Ki nevet? Kik nevetnek?
   Monika olvas. Péter is olvas. Ki olvas? Kik olvasnak?
   Monika ül. Péter is ül. Ki ül? Kik ülnek?
   Monika vár. Péter is vár. Ki vár? Kik várnak?
   Monika telefonál. Péter is telefonál. Ki telefonál? Kik telefonálnak?
   Monika dolgozik. Péter is dolgozik. Ki dolgozik? Kik dolgoznak?
   Monika tanul. Péter is tanul. Ki tanul? Kik tanulnak?

b) A lányok iskolások. Kik iskolások?
   A lányok budapestiek. Kik budapestiek?
   A lányok magyarok. Kik magyarok?
   A lányok külföldiek. Kik külföldiek?
   A lányok németek. Kik németek?
   A lányok angolok. Kik angolok?
   A lányok oroszok. Kik oroszok?
   A lányok diákok. Kik diákok?

c) Monika kitartó diák. Milyen diák Monika?
   Monika jó orvosnő. Milyen orvosnő Monika?
   Monika kedves tanárnő. Milyen tanárnő Monika?
   Monika fiatal anya. Milyen anya Monika?
   Monika új hallgató. Milyen hallgató Monika?
   Monika szorgalmas lány. Milyen lány Monika?

d) Monika és Péter Drezdában tanul(nak). Hol tanulnak?
   Monika és Péter a teremben beszélget(nek). Hol beszélgetnek?
   Monika és Péter a klubban olvas(nak). Hol olvasnak?
   Monika és Péter Berlinben dolgoz(nak). Hol dolgoznak?
   Monika és Péter a széken ül(nek). Hol ülnek?
   Monika és Péter az egyetemen tanul(nak). Hol tanulnak?
   Monika és Péter az udvaron van(nak). Hol vannak?
   Monika és Péter a folyosón beszélget(nek). Hol beszélgetnek?
   Monika és Péter az utcán találkoz(nak). Hol találkoznak?
   Monika és Péter az oszlopnál ül(nek). Hol ülnek?
   Monika és Péter a bejáratnál vár(nak). Hol várnak?

Monika és Péter a kijáratnál beszélget(nek). Hol beszélgetnek?
Monika és Péter az asztalnál áll(nak). Hol állnak?
Monika és Péter az ablaknál olvas(nak). Hol olvasnak?

e) Monika németül beszél. Monika angolul beszél. Monika magyarul olvas. Monika oroszul ír. Monika németül kérdez. Monika oroszul felel.

f) Péter angolul is beszél. Péter németül is olvas. Péter magyarul is beszél. Péter angolul is ír. Péter németül is tud.

g) A könyvespolc mögött olvasok/olvasol/olvasunk/olvastok.
A kollégium mellett beszélgetek/beszélgetsz/beszélgetünk/beszélgettek.
Az egyetem előtt állok/állsz/állunk/álltok.
A kórház előtt telefonálok/telefonálsz/telefonálunk/telefonáltok.
A tévé mellett ülök/ülsz/ülünk/ültök.
Az iskola mögött játszom/játszol/játszunk/játszotok.

2.

a) A lány ír. Az egyetemi hallgató tanul. Az anya főz. Az orvosnő dolgozik. A fiú játszik. A tanár áll. Pisti nevet. Péter olvas.

b) Az apa és az anya tanár(ok). A fiú és a lány iskolás(ok). Éva és Pisti tanuló(k). Az apa és az anya orvos(ok).

c) Péter magyar fiú. Az apa jó tanár. Az anya kitűnő orvosnő. Pisti szorgalmas tanuló. A fiú külföldi diák. A lány német egyetemi hallgató.

d) Monika drezdai. Én is drezdai vagyok. Az apa berlini. Én is berlini vagyok. Az anya müncheni. Én is müncheni vagyok. A fiú külföldi. Én is külföldi vagyok. Az orvosnő hamburgi. Én is hamburgi vagyok. A tanár gerai. Én is gerai vagyok.

e) A fiú és a lány a szobában beszélget(nek). A tanár és az egyetemi hallgató a teremben találkoz(nak). Péter és a lány az udvaron ül(nek). A rádió és a tévé a szekrényen van(nak). Az asztal és a szekrény a falnál áll(nak). A fotel és a szék az ablaknál van(nak). Az egyetemi hallgatók az egyetem előtt állnak. Az iskolások az iskola mögött játszanak.

f) Péter angolul is beszél. Ti is beszéltek angolul? A tanár oroszul is tud. Ti is tudtok oroszul? Péter németül is beszél. Ti is beszéltek németül? Az orvosnő magyarul is tud. Ti is tudtok magyarul?

g) Monika a padon ül és olvas. Az apa az ablaknál áll és telefonál. Az apa és az anya az ablaknál állnak és beszélgetnek. A lányok a klubban ülnek és beszélgetnek.

h) A lányok izgatottak. A székek kényelmesek. A helyiségek világosak. A szekrények alacsonyak. Az utcák hosszúak. A virágok szépek. A lakások újak. A szőnyegek színesek.

i) Milyenek az asztalok? Kerekek vagy hosszúak? Milyenek a szőnyegek? Színesek vagy szürkék? Milyenek a székek? Régiek vagy újak? Milyenek a fiúk? Szorgalmasak vagy lusták?

3.

Péter a folyosón van.	A lakás a Petőfi utcában van.
Pisti az iskolában van.	A lány a lépcsőházban van.
A tévé a szekrényen van.	Péter az ablaknál ül.
A kollégium a kórház mellett van.	Monika a klubban olvas.

4.

ablakok	folyosók	lányok	szobák
anyák	fotelek	levelek	szőnyegek
apák	függönyök	madarak	szövegek
asztalok	helyiségek	magyarok	szülők
bejáratok	iskolák	munkák	tanárok
családok	iskolások	oldalak	tanévek
kollégiumok	kijáratok	oszlopok	telefonok
egyetemek	klubok	padok	termek
esték	kórházak	székek	udvarok
falak	külföldiek	szekrények	urak
fiúk	lakások	szavak	virágok.

5.
A hallgatók magyarul akarnak tanulni. Én csak most kezdek tanulni angolul. Pisti otthon van Budapesten. Ti is Budapesten laktok? Most én is nagyon sietek. Mi is találkozunk ma este a klubban? A kis Pisti az iskola mögött játszik. Apa a szobában ül és telefonál. Anya egy kórházban dolgozik. Ma te is főzöl? Pisti nevetni kezd. A telefon cseng.

6.

Berlinben	Rostockban	Londonban	Münchenben
Budapesten	Győrben	Tokajban	Tihanyban
Debrecenben	Pécsen	Nyíregyházán	Miskolcon
Szolnokon	Drezdában	Szegeden	Egerben.

7. °°

a) — Mit csinálsz? Dolgozol? — Mit csináltok? Dolgoztok?
~ Igen. Dolgozom. ~ Igen. Dolgozunk.

— Mit csinálsz? Játszol? — Mit csináltok? Játszotok?
~ Igen. Játszom. ~ Igen. Játszunk.

— Mit csinálsz? Főzöl? — Mit csináltok? Főztök?
~ Igen. Főzök. ~ Igen. Főzünk.

— Mit csinálsz? Telefonálsz? — Mit csináltok? Telefonáltok?
~ Igen. Telefonálok. ~ Igen. Telefonálunk.

— Mit csinálsz? Irsz? — Mit csináltok? Irtok?
~ Igen. Irok. ~ Igen. Irunk.

— Mit csinálsz? Olvasol. — Mit csináltok? Olvastok?
~ Igen. Olvasok. ~ Igen. Olvasunk.

b) — Hol dolgozol? — Hol laksz?
~ A kórházban. És te? ~ Kollégiumban. És te?
— Én is a kórházban dolgozom. — Én is kollégiumban lakom.

— Hol élsz? — Hol írsz?
~ Berlinben. És te? ~ Az asztalnál. És te?
— Én is Berlinben élek. — Én is az asztalnál írok.

— Hol telefonálsz? — Hol olvasol?
~ A folyosón. És te? ~ A klubban. És te?
— Én is a folyosón telefonálok. — Én is a klubban olvasok.

c) — Német vagy? — Németek vagytok?
~ Igen. Német vagyok. ~ Igen. Németek vagyunk.

— Angol vagy? — Angolok vagytok?
~ Igen. Angol vagyok. ~ Igen. Angolok vagyunk.

— Külföldi vagy? — Külföldiek vagytok?
~ Igen. Külföldi vagyok? ~ Igen. Külföldiek vagyunk.

— Budapesti vagy? — Budapestiek vagytok?
~ Igen. Budapesti vagyok. ~ Igen. Budapestiek vagyunk.

— Egyetemi hallgató vagy? — Egyetemi hallgatók vagytok?
~ Igen. Egyetemi hallgató vagyok. ~ Igen. Egyetemi hallgatók vagyunk.

    — Tanár vagy?   — Tanárok vagytok?
    ~ Igen. Tanár vagyok.   ~ Igen. Tanárok vagyunk.

d) — Hol van Péter?   — Hol van Monika?
    ~ Otthon van Budapesten.   ~ Fent van a szobában.

    — Hol van a tanár?   — Hol van a hallgató?
    ~ Ott van a teremben.   ~ Lent van a klubban.

    — Hol van az anya?   — Hol van a kisfiú?
    ~ Itt van a kórházban.   ~ Itt van a lépcsőházban.

    — Hol van Pisti?   — Hol van az orvos?
    ~ Ott van az udvaron.   ~ Itt van a kórházban.

8.

A képen egy egyetem van. Az egyetem mellett nagy könyvtár van. A könyvtárban hallgatók ülnek és tanulnak. Az egyetem előtt nagy tér van. A téren sok autó van. Az egyetem mögött van a szemináriumi épület. A szemináriumi épület és egy másik nagy ház között egy kis utca van. Az utcán egyetemi hallgatók vannak. Sietnek.

9.

— Elnézést! Beszélsz németül?
~ Egy keveset. De beszélek angolul és oroszul is.
— Én csak németül beszélek és egy kicsit magyarul is.
~ Itt tanulsz az egyetemen?
— Igen.
~ Hol laksz?
— A Petőfi Sándor utcában, egy magyar családnál.
~ Én is itt tanulok. Kovács Katalin vagyok.
— Jürgen Hoffmann vagyok.
~ Biztosan találkozunk még.
— Igen. Biztosan. Bocsánat! Várnak a fiúk. Szervusz.
~ Szervusz.

10.

Egy új házban lakom egy kis lakásban. A lakás kicsi, de nagyon kényelmes. A ház is szép. Az udvaron fák és virágok vannak. Az udvaron padok és székek is vannak. Amikor jó idő van, itt ülök, és olvasok vagy tanulok. Apa és anya egy nagy régi kórházban dolgoznak. Néha találkozunk. Ülünk az udvaron és beszélgetünk. Itt csend és nyugalom van.

Második lecke

1.

a) Éva a klubból jön és a lépcsőházba megy. Éva a lakásból jön és a kollégiumba megy. Éva a moziból jön és a parkba megy. Éva a könyvesboltból jön és a szállodába megy. Éva az állatkertből jön és a könyvtárba megy. Éva a városból jön és a gyógyfürdőbe megy. Éva az étteremből jön és a klubhelyiségbe megy. Éva a kórházból jön és az étterembe megy.

b) Mária az utcáról jön és az udvarra megy. Mária az egyetemről jön és a térre megy. Mária az előadásról jön és a kiállításra megy. Mária a pályaudvarról jön és a követségre megy. Mária a kiállításról jön és a koncertre megy. Mária a követségről jön és a pályaudvarra megy. Mária a térről jön és az egyetemre megy. Mária a koncertről jön és az utcára megy.

c) Péter a villamostól jön és a földalattihoz megy. Péter az ablaktól jön és az asztalhoz megy. Péter az bejárattól jön és a kijárathoz megy. Péter a vártól jön és a földalattihoz megy. Péter a vonattól jön és a megállóhoz megy. Péter a villamostól jön és a buszhoz megy. Péter a kaputól jön és a hídhoz megy. Péter a busztól jön és a csoporthoz megy.

d) A park mögött találkozunk. Mi is a mögött a park mögött találkozunk.
A híd alatt találkozunk. Mi is az alatt a híd alatt találkozunk.
A múzeum mögött találkozunk. Mi is a mögött a múzeum mögött találkozunk.
A fa alatt találkozunk. Mi is az alatt a fa alatt találkozunk.
A színház előtt találkozunk. Mi is az előtt a színház előtt találkozunk.
A vár mellett találkozunk. Mi is a mellett a vár mellett találkozunk.
A kapu mellett találkozunk. Mi is a mellett a kapu mellett találkozunk.
Az egyetem előtt találkozunk. Mi is az előtt az egyetem előtt találkozunk.

e) Mária Zoltán elé ül. Azután elül Zoltán elől.
A diák a tanár mellé megy. Azután elmegy a tanár mellől.
A repülőgép a város fölé megy. Azután elmegy a város fölül.
Pisti az asztal alá ül. Azután elmegy az asztal alól.
Péter Éva és Monika közé ül. Azután elül Éva és Monika közül.

f) Mária földalattival, Péter villamossal megy. Én is azzal a villamossal megyek, amelyikkel Péter.
Mária vonattal, Péter busszal megy. Én is azzal a busszal megyek, amelyikkel Péter.
Mária kocsival, Péter földalattival megy. Én is azzal a földalattival megyek, amelyikkel Péter.
Mária busszal, Péter repülőgéppel megy. Én is azzal a repülőgéppel megyek, amelyikkel Péter.
Mária repülőgéppel, Péter autóval megy. Én is azzal az autóval megyek, amelyikkel Péter.

Mária kocsival, Péter vonattal megy. Én is azzal a vonattal megyek, amelyikkel Péter.
Mária vonattal, Péter kocsival megy. Én is azzal a kocsival megyek, amelyikkel Péter.
Mária repülőgéppel, Péter busszal megy. Én is azzal a busszal megyek, amelyikkel
Péter.

g) Monika halkan nevet. Monika kíváncsian néz. Monika érdekesen mesél. Monika
kényelmesen ül. Monika izgatottan telefonál. Monika kitartóan vár. Monika szor-
galmasan tanul. Monika kedvesen beszél. Monika nagyszerűen főz. Monika kitű-
nően tolmácsol. Monika világosan beszél. Monika lassan sétál.

h) Nem megyek koncertre. Kiállításra sem megyek.
Nem megyek kiállításra. Koncertre sem megyek.
Nem megyek az állatkertbe. A parkba sem megyek.
Nem megyek a könyvesboltba. Az áruházba sem megyek.
Nem megyek a kórházba. A gyógyfürdőbe sem megyek.
Nem megyek a múzeumba. A könyvtárba sem megyek.
Nem megyek színházba, moziba sem megyek.
Nem megyek a szállodába. A büfébe sem megyek.

2.
a) A szobába mennek. A telefonhoz megyek. A kórházba mentek? A múzeumba me-
gyünk. Az udvarra mész?

b) A tanártól jön. Az utcáról jövök. A klubból jössz? Az orvostól jöttök? Az udvarról
jövünk.

c) Földalattival/metróval megyünk. Autóval megyek. Vonattal mentek? Villamossal men-
nek. Kocsival mész?

d) Péter hangosan telefonál. Apa kényelmesen ül a fotelben. Pisti okosan felel. Zoltán
szorgalmasan tanul. Anya kitűnően főz. Éva izgatottan beszél.

e) Nem beszélsz magyarul? Nem főztök? Nem sietnek. Nem beszél Péterrel. Nem
lakunk Berlinben. Nem találkozom Évával.

f) Németül sem beszélsz? Évával sem beszélek. Péter sem siet. Koncertre sem me-
gyünk. Tolmácsolni sem mennek. Múzeumba sem mentek.

g) Nincs itt múzeum sem? Nincs ott gyógyfürdő sem? Nincs itt szék sem? Nincs ott
egyetem sem? Nincs itt büfé sem? Nincs ott mozi sem?

h) Ebben a lakásban négy szoba van. Ezen az egyetemen sok külföldi diák tanul. Eb-
ben a csoportban négy lány van. Ebben az utcában sok történelmi épület van. Ennél
a megállónál sok ember áll. Ebben a városban két színház van. Ezzel a vonattal sok
iskolás megy.

3.

Berlinbe	Berlinből	Nyíregyházára	Nyíregyházáról
Budapestre	Budapestről	Tokajba	Tokajból
Debrecenbe	Debrecenből	Szegedre	Szegedről
Szolnokra	Szolnokról	Tihanyba	Tihanyból
Rostockba	Rostockból	Frankfurtba	Frankfurtból
Győrbe	Győrből	Miskolcra	Miskolcról

4.

Budapestre megyünk. Berlinből repülőgéppel megyünk Budapestre. Budapesten a debreceni vonathoz megyünk. A debreceni vonat megáll Cegléden, Szolnokon, Püspökladányban, Hajdúszoboszlón és Debrecenben. Debrecenből a vonat tovább megy Nyíregyházára.

5. °°

Az/egy étteremben ebédelek.

A/egy kiállításról jövök.

A másik oldalra ülök.

A parkban sétálok.

A moziba sietek.

A színház előtt találkozunk.

A pályaudvarról telefonálunk.

Az/egy általános iskolában tanítunk.

Budapestről beszélünk.

Berlinbe telefonálunk.

6.°°

Anya ebben a nagy ferencvárosi kórházban dolgozik.

Apa egy budapesti általános iskolában tanít.

A múzeumban két értékes állandó kiállítás van.

Jó ülni ezek alatt az öreg margitszigeti fák alatt.

Ebben a régi szép épületben sok külföldi és német diák tanul.

7.

A megálló a kijárattól jobbra van.

A könyvesbolt a színháztól balra van.

A gyógyfürdő a múzeumtól messze van.

Az iskola a lakáshoz közel van.

Az étterem a mozitól messze van.

A könyvespolc az ablaktól jobbra van.

Az operaház az egyetemmel szemben van.

Az a ház nincs messze a pályaudvartól.

A mozival szemben lakom.

A szálloda a könyvesbolttól balra van.

8.

a karácsonyi ajándék	a kórházi büfé	a lépcsőházi oszlop
a hétfői óra	a könyvtári könyv	az egyetemi dolgozó
a szeptemberi idő	a múzeumi kép	a ház mögötti fa
a mai ebéd	a szemináriumi épület	az étterem fölötti lakás
a reggeli séta	a fővárosi kórház	az egyetem melletti megálló
az őszi este	az utcai lámpa	a városi múzeum.
a dunai híd	az udvari ajtó	a tegnapi szeminarium

9.

Budapesten és Berlinben sok látnivaló van. Budapesten és Berlinben nem sok látnivaló van.
A fiatal lányok között sok nevetnivaló van. A fiatal lányok között nem sok nevetnivaló van.
A múzeumokban sok néznivaló van. A múzeumokban nem sok néznivaló van.
A fordítóirodában sok írnivaló van. A fordítóirodában nem sok írnivaló van.
Az iskolában sok tanulnivaló van. Az iskolában nem sok tanulnivaló van.
Egy nagy családban sok mesélnivaló van. Egy nagy családban nem sok mesélnivaló van.
Otthon sok főznivaló van. Otthon nem sok főznivaló van.

11. ° °

A: Milyen szép épület! Mi az?
B: A pesti oldalon?
A: Igen. A Halászbástyával szemben.
B: Az az Országház.
A: Nagyon szép épület!
B: Igen. Az Országház impozáns épület.
A: Van az Országházban múzeum is?
B: Nincs. Az Országházban nincs múzeum. Ebben az épületben dolgozik a magyar
   kormány.
A: A magyar Duna-hidak is nagyon szépek. Különösen ez, itt szemben.
B: Az a Lánchíd. Balra a Margit híd és jobbra az Erzsébet híd van.
A: Ilyen szép időben az egész város szép.

12.

Budapesten sok látogató megfordul. A városban sok látnivaló van. Mindenki szeret sétálni a Duna mellett, az Állatkertben vagy a Margitszigeten az öreg fák alatt. A látogatók elmennek a Parlamenthez, a Halászbástyára, a Budai Várba, a múzeumokba vagy az Állatkertbe, a Margitszigetre és a Váci utcába. Ebben az évben én is megyek Budapestre. Elmegyek a Nemzeti Múzeumba, a Mátyástemplomba, a nagy könyvtárakba és könyvesboltokba.

13. °°

Éva: Szervusz, Péter! Hová mész?

Péter: A klubba megyek. Te nem jössz?

Éva: Most még nem. Dolgozni akarok.

Péter: Akkor még én sem megyek.

Éva: Én most a könyvtárba megyek és olvasok.

Péter: Én is megyek. Jó?

Éva: Jó. Jössz ma este színházba?

Péter: Melyikbe?

Éva: A Madách Színházba.

Péter: Nem megyek. Ma este tanulni akarok.

14.

... vagyok. Egy kórházban dolgozom. Nem lakom messze a kórháztól. A lakás az első emeleten van. A lakásban két szoba, egy konyha és egy fürdőszoba van. A lakás szép, szeretek itt lakni. A szobák nagyok és világosak. Az egyik szobában egy nagy szekrény, egy heverő, egy nagy asztal és két szék van. A falakon képek és könyvespolcok vannak. Mindig ebben a szobában dolgozom, amikor hazajövök a kórházból. A lakás előtt széles utca van. Ezen az utcán nem nagy a forgalom. A ház előtt buszmegálló van. Minden reggel busszal megyek a kórházba.

Budapesten élek. Egy szép régi házban lakunk a Duna-parton. Az ablakból a Duna-hidak és az egész budai oldal látható. A házban nyolc család lakik: három fiatal házaspár, két egyedülálló nő és három idősebb házaspár. A házban tíz gyerek van. Még iskolások.

Harmadik lecke

1.

a) Éva januárban Lipcsébe utazik.
Mária májusban tolmácsol.
Péter a következő évben nem lesz Berlinben.
Anya márciusban kórházba megy.
Monika ebben a hónapban a menzán ebédel.
A család áprilisban Magyarországra utazik.
A gyerek szeptemberben már iskolába megy.
A vizsga júliusban lesz.

b) A gyerekek ezen a héten nem mennek iskolába.
A vendégek ezen a napon nem mennek kiállításra.
A hallgatók kedden koncertre mennek.
A dolgozók pénteken is a gyárban voltak.
Az emberek télen jól felöltöznek.
A látogatók szombaton az állatkertbe mennek.
A szülők csütörtökön nem voltak otthon.
A vendégek már pénteken elutaznak Lipcsébe.

c) A német vendégek holnap fél egykor ebédelnek a menzán.
Az orvos este tíz órkor jön a gyerekhez.
A Kertész család karácsonykor mindig együtt van.
A szegedi vonat tíz órakor indul a C vágányról.
A magyar diákok háromnegyed nyolckor találkoznak a klubban.
A csoportok éjfélkor indulnak busszal a szálloda elől.
A kis gyerekek este nyolc órakor már alszanak.
Mária minden reggel hat órakor kel.

d) A múzeumokban tavaszal is ősszel is sok látogató van.
Tavasszal általában Berlinben is jó idő van.
Tamás éjjel dolgozik és nappal alszik.
Az iskola is ősszel kezdődik.
Erről a pályaudvarról éjjel is indulnak vonatok.
A kis gyerekek nappal is alszanak.
Apa néha éjjel is dolgozik.
Ez a város ősszel is szép.

e) Mária tegnap fél kilenckor a könyvtárban volt.
Pisti nyolckor minden nap az iskolában van.
Holnap fél hétkor az egész család nem lesz otthon.
Az orvos ma csak délután három órakor lesz itt.
Minden nap este hat órakor vagyok otthon.

Holnap körülbelül tíz órakor a könyvtárban leszünk.
A csoportok ma tizenegy órakor a múzeumban lesznek.
A szülők holnap öt órakor lesznek otthon.

f) Egy fél óra alatt készen leszek az ebéddel.
Tíz perc alatt készen leszünk a munkával.
Öt perc alatt készen lesz a vacsora.
Péter egy hét alatt készen lesz a fordítással.
A tolmácsok a beszéd alatt a teremben maradnak.
Ezzel a munkával egy év alatt sem leszünk készen.
A gyerekek az egész program alatt nevetnek.
A két fiú az egész óra alatt beszélget.

g) A tolmács reggelizés közben beszélget a vendégekkel.
A megbeszélés közben az egyik férfi fáradt volt.
Az idős néni séta közben mindig leül erre a padra.
Két hallgató előadás közben hangosan beszélget.
A magyarok utazás közben is szeretnek beszélgetni.
Majd kimegyek óra közben.

h) A megbeszélés után a szállodába megyünk.
A gyerekek vacsora után lefekszenek.
A szülők koncert után elmennek egy étterembe.
A dolgozók munka után hazamennek.
Reggeli után indulunk a kiállításra.
A két férfi ebéd után megbeszélésre megy a minisztériumba.
A program után városnézésre megyünk a vendégekkel.
A hallgatók előadás után szemináriumra mennek.

i) A vonat tíz perc múlva Debrecenben lesz.
Öt perc múlva indulunk a színházba.
Ezen az órán tizenkét óra lesz három perc múlva.
Egy év múlva már nem leszünk itt.
Négy év múlva már jól beszélünk magyarul.
Egy hónap múlva lesznek a vizsgák.
Az előadás két perc múlva kezdődik.
Az egyetem csak egy hónap múlva kezdődik.

j) A vacsora háromnegyed óráig tart.
A séta két óráig tart.
Az ebéd egy óráig tart.
Az útlevélvizsgálat öt percig tart.
A beszélgetés reggelig tart.
Az előadás estig tart.

A vámvizsgálat két percig tart.
A reggeli nyolc óráig tart.

k) Szeptember óta Berlinben lakom.
    Pisti már egy óra óta telefonál.
    Karácsony óta nem voltál otthon?
    Ez óta a beszélgetés óta barátok vagyunk.
    Monika szerda óta nem volt az egyetemen.
    Anya tíz év óta dolgozik ebben a kórházban.
    A múlt nyár óta nem volt szép idő.
    Tegnap óta rossz idő van Berlinben.

2. °°
Ki fésülködik meg? Petra fésülködik meg.
Ki késik el? Péter késik el.
Ki jön be? Pisti jön be.
Ki utazik el? A vendég utazik el.
Ki megy ki? Az orvos megy ki.
Ki száll be a vonatba? Mi szállunk be a vonatba.
Ki megy el a kiállításra? Mi megyünk el a kiállításra.
Ki öltözik fel? Éva öltözik fel.
Ki vásárol be? Anya vásárol be.
Kik mennek be a könyvesboltba? Ők mennek be a könyvesboltba.
Kik mennek fel a hídra? Ők mennek fel a hídra.
Kik mennek le a Dunához? Ők mennek le a Dunához.
Ki megy ki a szobából? Pisti megy ki a szobából.
Ki száll át a buszra? Mária száll át a buszra.

3.
Karácsonykor az egész családdal Budapesten voltak.
Tegnap a szomszédokkal koncerten voltam.
A koncert előtt a vendégekkel a büfében voltatok.
Az ebéd után a gyerekekkel a konyhában voltál.
Ősszel a kollégákkal külföldön volt.
Este felé a vonattal Budapesten lesznek.
Fél hétkor Péterrel a gyárban voltam.
Egy hónap múlva a gyerekekkel Debrecenben leszünk.
A munka alatt a kollégákkal együtt leszel.
Egy évig a csoporttal Szegeden lesz.

4.

A vonat tíz órakor indul Berlinből. Ha nem késik, három óra múlva Rostockban lesz.
Ezen az órán nyolc óra múlt három perccel. Hány perc múlva indulunk?
Az órák alatt nem beszélgetünk, de az órák után igen.
Ma reggeltől délig dolgozom. Munka után egy fél órát pihenek.
Ma este tíz órakor lefekszünk. Csak fél tizenkettőig alszunk, mert éjfélkor indulunk Budapestre.
Három óra lesz öt perc múlva. Öt perc alatt készen leszek.
Ezen a nyáron Debrecenbe utazunk. Négy hétig ott maradunk.
Mióta vagy ilyen fáradt? Már dél óta fáradt vagyok.
Vannak vizsgák ez első félévben? Csak egy van. Februárban.
Hazautazol karácsonykor? Igen. Egy hétig otthon leszek.
Mikor voltál Magyarországon? A télen. De jövő tavasszal is megyek.

5. °°

— Ki kel fel először?   ~Én nem kelek fel. Aludni akarok.
— Ki utazik haza holnap?   ~Én nem utazom haza. Még maradni akarok.
— Ki megy le a büfébe?   ~Én nem megyek le. Tanulni akarok.
— Ki megy fel a hídra?   ~Én nem megyek fel. Pihenni akarok.
— Ki száll fel a buszra?   ~Én nem szállok fel. Még beszélgetni akarok Péterrel.
— Ki megy ki a repülőtérre?   ~Én nem megyek ki. Még aludni akarok.
— Ki jön haza?   ~Én nem megyek haza. Még várni akarok.
— Ki fekszik le először?   ~Én nem fekszem le. Még olvasni akarok.
— Ki jön ki tanulni a parkba?   ~Én nem megyek ki. Tízóraizni akarok.
— Ki jön el a kiállításra?   ~Én nem megyek el. Sietni akarok.

6.

Nem most megyek át a másik oldalra. Nem megyek át most a másik oldalra. Nem a másik oldalra megyek át.
Nem holnap vásárolok be a büfében. Nem vásárolok be holnap a büfében. Nem a büfében vásárolok be holnap.
Nem Péter késik el az óráról. Nem késik el Péter az óráról. Nem az óráról késik el Péter.
Nem a vonat érkezik meg délután Berlinből. Nem délután érkezik meg a vonat Berlinből. Nem Berlinből érkezik meg délután a vonat. Nem érkezik meg délután a vonat Berlinből.
Nem apa fekszik le délben az ágyra. Nem délben fekszik le apa az ágyra. Nem fekszik le apa délben az ágyra. Nem az ágyra fekszik le apa délben.
Nem Éva öltözik fel reggel a fürdőszobában. Nem reggel öltözik fel Éva a fürdőszobában. Nem öltözik fel Éva reggel a fürdőszobában. Nem a fürdőszobában öltözik fel Éva reggel.
Nem anya jön haza este a kórházból. Nem este jön haza anya a kórházból. Nem jön haza anya este a kórházból. Nem a kórházból jön haza anya este.

Nem a gyerek száll most ki a buszból. Nem most száll ki a gyerek a buszból. Nem száll
ki a gyerek most a buszból. Nem a buszból száll ki most a gyerek.

7.

Ki megy át a másik oldalra? Mikor megy át a másik oldalra? Melyik oldalra megy át?
Ki vásárol be holnap a büfében? Mikor vásárol be a büfében? Hol vásárol be holnap?
Ki késik el az óráról? Honnan késik el Péter?
Mi érkezik meg délután Berlinbe? Mikor érkezik meg a vonat Berlinbe? Hová érkezik
meg a vonat?
Ki fekszik le délben az ágyra? Mikor fekszik le apa az ágyra? Hová/mire fekszik le dél-
ben apa?
Ki öltözik fel reggel a fürdőszobában? Mikor öltözik fel Éva a fürdőszobában? Hol öl-
tözik fel reggel Éva?
Ki jön haza este a kórházból? Mikor jön haza anya? Honnan jön haza este anya?
Ki száll ki a buszból? Mikor száll ki a gyerek a buszból? Honnan száll ki a gyerek?

8.

Péter Budapestre utazik. Az utazás három óráig tart.
A vonat nyolc órakor indul. Indulás előtt még van egy kis idő.
A vonat késik. Késéssel indul.
Ma találkozom a csoporttal. A találkozás nyolc órakor lesz.
Éva fésülködik a szobában. Fésülködés után reggelizik.
A vendégek a repülőtérre érkeznek. Érkezés után kezdődik az útlevél- és vámvizsgálat.
A gyerekek pihennek. Pihenés után ismét játszani mennek.
Monika fordít. Rögtön/azonnal készen lesz a fordítással.
Pisti telefonál. Telefonálás után kimegy a szobából.
Pisti most alszik. Alvás után moziba megy.
Apa lefekszik. Lefekvés előtt mindig olvas egy keveset.
A gyerekek jönnek-mennek. Ez a jövés-menés nagyon zavar.

10.

a) A minisztériumba vendégek érkeznek Magyarországról. A program már készen van.
    Már van tolmács is. A tolmács a minisztériumba megy, és beszél a minisztériumi
    megbízottal a programról. A vendégek — egy nő és két férfi — kedden délben ér-
    keznek a repülőtérre. A tolmács és a minisztériumi megbízott a repülőtéren lesznek.
    A csarnokban találkoznak.
        A vendégekkel a repülőtérről egyenesen a szállodába mennek. A vendégek három
    napig itt laknak majd.
        Ebéd után a tolmáccsal egy beszélgetésre mennek a minisztériumba. A beszélge-
    tés körülbelül másfél óráig tart. A tolmács azután rövid/kis városnézésre megy a ven-
    dégekkel. A vacsora hét órakor lesz a szállodában.

A szerdai és csütörtöki program is készen van (már). Erről a programról a minisztériumi megbízott másnap részletesen beszél a tolmáccsal.

b) Egy férfi Balatonfüredre akar utazni. Későn érkezik az állomásra. Az a vonat, amelyikkel menni akar, éppen indul. A férfi nem akar rohanni/sietni. Azzal a vonattal megy Balatonfüredre, amelyik egy órával később indul. Ezzel a vonattal egy órán belül Balatonfüredre érkezik.

c) Kora reggel van. János még ágyban van. Mária bejön a szobába. János még nagyon álmos. Nem akar felkelni. Mária haragszik. A munka az irodában fél nyolckor kezdődik. Biztosan ismét elkésik, mert még reggelizni is akar.

Negyedik lecke

1.

a) Holnap gyümölcsöt és zöldséget hozok.
Ma ebédet és vacsorát főzök.
Délután kávét és limonádét iszom.
Reggel kiflit és mézet eszem.
Most csak narancsot és körtét kérek.

Délelőtt szalámit és sonkát veszek.
Ebben az évben lemezjátszót és rádiót vásárolok.
Csak újságot olvasok.
Délben tejet és zsemlét ebédelek.
Este párizsit és szőlőt eszem.

b) Berlinben megnézünk egy új kórházat.
Az ABC-ben veszünk egy kis vajat.
A könyvben látunk egy szép nagy teret.
A szállodában keresünk egy külföldi urat.
A büfében kérünk egy nagy poharat.

A városban keresünk egy nagy áruházat.
Ebben az utcában találunk egy jó éttermet.
A cukrászdában kérünk egy kis cukrot.
A péknél veszünk egy kenyeret.
A képen látunk egy régi házat és egy új gyárat.

c) Szállást is kerestek?
Húst is esztek?
Sört is isztok?
Tojást is vesztek?
Lekvárt is kértek?

Ismerőst is láttok?
Szekrényt is vásároltok?
Dobozt is visztek?
Rokont is hoztok?
Villamost is láttok?

d) Kérsz még húst?
Gyümölcsöt is eszel?
Veszel egy üveg lekvárt?
Hozol tíz deka vajat?
Mézet kérsz vagy lekvárt?

Eszel kenyeret is?
Tejet is kérsz?
Vagy inkább teát iszol?
Zsemlét veszel vagy kiflit?
Hozol a zöldségestől egy kiló almát?

e) Veszünk húst és felvágottat is.
Hozunk egy liter tejet és egy csomag kávét.
Narancsot ma nem kapunk a zöldségesnél.
Majd veszünk az ABC-ben kenyeret és cukrot is.

Ma nem eszünk friss kiflit.
Zsemlét nem kérünk.
Reggel kenőmájast és vajat eszünk.
Iszunk egy jó kávét vagy kakaót.
Veszünk egy doboz cigarettát és gyufát.
Hozunk a piacról egy szép karfiolt.

2. °°

a) — Mit vesz? Szalámit vagy gyulait?
~ Gyulait veszek.

— Mit főz? Húst vagy zöldséget?
~ Zöldséget főzök.

— Mit eszik? Kenyeret vagy zsemlét?
~ Zsemlét eszem.

— Mit eszik? Narancsot vagy szőlőt?
~ Szőlőt eszem.

— Mit iszik? Tejet vagy kakaót?
~ Kakaót iszom.

— Mit hoz? Tojást vagy gyümölcsöt?
~ Gyümölcsöt hozok.

— Mit vesz? Sonkát vagy párizsit?
~ Párizsit veszek.

— Mit iszik? Bort vagy sört?
~ Sört iszom.

— Mit hoz? Almát vagy körtét?
~ Körtét hozok.

— Mit keres? Gyufát vagy cigaretát?
~ Cigarettát keresek.

b) — Kérsz bort?
~ Köszönöm, nem kérek. Inkább sört iszom.

— Kérsz limonádét?
~ Köszönöm, nem kérek. Inkább vizet iszom.

— Kérsz kakaót?
~ Köszönöm, nem kérek. Inkább teát iszom.

— Kérsz tejet?
~ Köszönöm, nem kérek. Inkább kávét iszom.

— Kérsz vizet?
~ Köszönöm, nem kérek. Inkább bort iszom.

— Kérsz zsemlét?
~ Köszönöm, nem kérek. Inkább kenyeret eszem.

— Kérsz szőlőt?
~ Köszönöm, nem kérek. Inkább narancsot eszem.

— Kérsz tojást?
~ Köszönöm, nem kérek. Inkább gyümölcsöt eszem.

— Kérsz lekvárt?
~ Köszönöm, nem kérek. Inkább mézet eszem.

— Kérsz szalámit?
~ Köszönöm, nem kérek. Inkább húst eszem.

c) — Mit főztök?
~ Húst és zöldséget.

— Mit esztek?
~ Kenyeret és szalámit.

— Mit isztok?
~ Bort és kávét.

— Mit kértek?
~ Kiflit és vajat.

— Mit vesztek?
~ Húst és felvágottat.

—Mit olvastok?
~ Újságot.

— Mit hoztok?
~ Virágot és poharat.

— Mit írtok?
~ Levelet.

— Mit vásároltok?
~ Gyümölcsöt és zöldséget.

— Mit ebédeltek?
~ Zsemlét és kávét.

d) — Látsz itt valahol egy ruhaüzletet?   — Látsz itt valahol egy taxit?
    — Igen. Ott a másik oldalon van egy.   ~ Igen. Ott a színház előtt van egy.

    — Látsz itt valahol egy cipőboltot?   — Látsz itt valahol egy könyvet?
    ~ Igen. Ott a mozi mellett van egy.   ~ Igen. Ott az asztalon van egy.

    — Látsz itt valahol egy könyvesboltot?   — Látsz itt valahol egy széket?
    ~ Igen. Ott a jobb oldalon van egy.   ~ Igen. Ott az ablaknál van egy.

    — Látsz itt valahol egy ABC-t?   — Látsz itt valahol egy cukrászdát?
    ~ Igen. Ott a villamosmegállónál van egy.~ Igen. Ott a bal oldalon van egy.

    — Látsz itt valahol egy villamosmegállót?   — Látsz itt valahol egy szabad helyet?
    ~ Igen. Ott az ABC előtt van egy.   ~ Igen. Ott Pista mellett van egy.

    — Látsz itt valahol egy éttermet?   — Látsz itt valahol egy mozit?
    ~ Igen. A második emeleten van egy.   ~ Igen. Ott szemben van egy.

3. °°
    — Ismersz (engem)?   — Ismersz minket?
    ~ Nem ismerlek (téged).   ~ Nem ismerlek benneteket.

    — Vársz (engem)?   — Vársz minket?
    ~ Nem várlak (téged).   ~ Nem várlak benneteket.

    — Nézel (engem)?   — Nézel minket?
    ~ Nem nézlek (téged).   ~ Nem nézlek benneteket.

    — Keresel (engem)?   — Keresel minket?
    ~ Nem kereslek (téged).   ~ Nem kereslek benneteket.

    — Meglátogatsz (engem)?   — Meglátogatsz minket?
    ~ Nem látogatlak meg (téged).   ~ Nem látogatlak meg benneteket.

    — Szeretsz (engem)?   — Szeretsz minket?
    ~ Nem szeretlek (téged).   ~ Nem szeretlek benneteket.

    — Felkeresel (engem)?   — Felkeresel minket?
    ~ Nem kereslek fel (téged).   ~ Nem kereslek fel benneteket.

    — Felhívsz (engem)?   — Felhívsz minket?
    ~ Nem hívlak fel (téged).   ~ Nem hívlak fel benneteket.

4. °°

— Ismersz minket?
~ Igen, ismerlek benneteket.

— Minket látogatsz meg?
~ Igen, benneteket látogatlak meg.

— Engem vársz?
~ Igen, téged várlak.

— Engem keresel?
~ Igen, téged kereslek.

— Látsz minket?
~ Igen, látlak benneteket.

— Engem ismersz?
~ Igen, téged ismerlek.

— Szeretsz?
~ Igen, szeretlek.

— Tanítasz?
~ Igen, tanítalak.

— Engem hívsz?
~ Igen, téged hívlak.

— Felkeresel minket?
~ Igen, felkereslek benneteket.

5.

Soha nem iszom bort.
Soha nem veszel kenyeret.
Soha nem írtok levelet?
Soha nem olvas újságot.
Soha nem esznek húst.

Soha nem főzünk gyümölcsöt.
Soha nem veszek autót.
Soha nem hoztok vendéget.
Soha nem eszel ebédet?
Soha nem iszik vizet.

6.

Nem hoz semmit.
Nem keresek senkit.
Nem iszunk semmit.
Nem ismerünk itt senkit.
Nem nézek semmit.
Nem keresek senkit.
Nem eszem semmit.
Nem várnak senkit.
Nem vásárolunk semmit.
Nem hívok senkit.

Nem adnak semmit.
Nem veszek semmit.
Nem hoznak semmit.
Nem kérdez semmit.
Nem felelünk semmit.
Nem főzünk semmit.
Nem kérek semmit.
Nem látunk semmit.
Nem látogatunk meg senkit.
Nem keresek fel senkit.

7.

Csak egy csészével iszol?
Csak egy csomaggal veszel?
Csak egy ládával hozol?
Csak egy pohárral adnak?
Csak egy dobozzal vesztek?

Csak egy üveggel kértek?
Csak egy ládával kapunk?
Csak egy csészével hoznak?
Csak egy csomaggal kérsz?
Csak egy üveggel isztok?

8.

kíváncsiság, kényelmesség, lassúság, jóság, szépség, nehézség, egyformaság, érdekesség, pontosság, fáradtság, barátság, vendégség.

Pista és Robert régi barátok. Ez a barátság már három év óta tart.

Kovácséknál vendégek vannak. Barbara és Robert vendégségben vannak Kovácséknál.

Este nagyon fáradt vagyok. A fáradtságtól elalszom.

A diákok mindig pontosak. A pontosság nagyon fontos.

A kiállítás nagyon érdekes. Az igazgató beszél néhány érdekességről.

Sok jó ember van. A jóság szép tulajdonság.

Ez a kislány nem olyan szép. A szépség nem mindig fontos.

Ez a munka nagyon nehéz. Sok nehézséget csak most látunk.

Pisti nagyon kíváncsi. A kíváncsiság néha jó, néha rossz.

Nagyon lassúak vagytok. Ez a lassúság nagyon zavar.

Nagyon kényelmes vagy. Ez a kényelmesség már lustaság.

9.

Kovácsék vendégeket várnak. Jó barátokat várnak Berlinből. Egy berlini házaspárt, Barbarát és Robertet. Barbara és Robert Budapestről indul Debrecenbe. Egy hetet akarnak ott tölteni. Sok élményt várnak, mert Debrecenben még nem voltak soha. Megnéznek néhány nevezetességet: a Református Kollégiumot, a híres Nagytemplomot és a Kossuth Lajos Tudományegyetemet is. Bizonyára elmennek a Hortobágyra is. Megnéznek néhány gyárat is. Elmennek a konzervgyárba és a gyógyszergyárba is. Sok mindent akarnak látni. Örömmel és izgalommal készülnek az útra. Kovácsék is örülnek, hogy találkoznak Barbarával és Roberttel.

10.

A: Jó napot kívánok!

B: Jó napot! Mit parancsol?

A: Kérek egy kiló karajt.

B: Más valamit?

A: Felvágottat is kérek.

B: Milyen felvágottat kér? Párizsit, sonkát?

A: Szalámit kérek.

B: Mennyit?

A: Húsz dekát.

B: Lesz még valami?

A: Nem, köszönöm. Mennyibe kerül?

B: Százötven forint. A pénztárnál tessék fizetni.

12.

Barbara és Robert német házaspár. Már többször/gyakran voltak Budapesten. Ezen a nyáron egy hetet Debrecenben töltenek. Debrecenben meglátogatnak egy ismerős családot, Kovácsékat. Barbara és Robert még soha nem voltak Debrecenben. Semmit nem ismernek ebből a városból. (Semmit nem tudnak erről a városról.) Ezért sok mindent meg akarnak nézni. Megnéznek olyan nevezetességeket, mint (például) a híres Református Kollégium, a Nagytemplom és a Kossuth Lajos Tudományegyetem. A Hortobágyi Nemzeti Park is érdekes. A Hortobágy Debrecen közelében fekszik. Elmennek a Hortobágyra is. A Kovács család örül, hogy találkozik Barbarával és Roberttel Debrecenben.

Ötödik lecke

1.

boldogat	sárgát	egyszerűt	ismertet	nehezet	színeset
finomat	szabadot	fontosat	lustát	okosat	szorgalmasat
frisset	üreset	pontosat	világosat	öreget	kényelmeset
gazdagot	kicsit	hideget	kíváncsit	rosszat	
pirosat	újat	érdekeset	könnyűt	fáradtat	
rövidet	beteget	híreset	lassút	kedveset	

2.

azt	önt	egyiket	mennyit	mindent	mindazt
azokat	melyiket	olyant/olyat	valakit	kit	amit
őket	mindet	annyit	valamit	kiket	mindenkit
őt	egymást	milyent/milyet	senkit	mit	ilyent/ilyet
önöket	ezt	hányat	semmit	miket	másikat

3.

a) Látom a debreceni vonatot.   Kitakarítom az egész lakást.
   Keressük a magyar tanköyvet.   Kimosod az összes ruhát?
   Megnézed az angol filmet?   Lefordítjuk az egész szöveget.
   Megfőzik a mai ebédet?   Megmagyarázzátok a házi feladatot?

b) Látod ma Jürgent?   Felkeresitek Berlinben Pistát is?
   Ismeri Petra Nagy Jánost?   Meghívjuk a koncertre Jürgent is.
   Lukács Istvánt várják a hallgatók?   Bemutatom a vendégeknek Évát is.
   Meglátogatod Debrecenben   Meghallgatják Nagy professzort is.
   Kovácsékat is?

c) Melyik lányt nem ismered?   Melyiket keresik Péterék?
   Melyik filmet nézzük meg holnap?   Melyik vonatot várjátok?
   Melyik szót nem ismerik a szövegben?   Melyik utcát keresed most?
   Melyiket akarod megtanulni?   Melyik családot keresi fel Robert?

d) Már régóta ismerem ezt a lányt.   Holnap bemutatom neked azt a
   Megkóstolod ezt a finom körtét?   lányt.
   Ezt a verset is megtanuljátok?   Az egész család meghallgatja
   Megveszem ezt a szép ruhát.   azt a jó rádiójátékot.
   Ezt a jó filmet mindenki megnézi.   Meghívjuk azt a magyar fiút is?

e) Nagyon szeretitek egymást?
   Már régóta ismerik egymást.
   Csak egyszer egy évben látjuk egymást.
   Jól megértitek egymást?

   Gyakran meglátogatják egymást.
   Minden vasárnap felkeressük egymást.
   Órák után mindig megvárják egymást.
   Ritkán látjuk egymást.

f) Nem ismerem önt.
   Miért nem hívjátok meg őket is?
   Mikor látjuk önöket?
   Miért keresik a vendégek őt?

   Nagyon ritkán látom önt.
   Majd bemutatjuk neked őt is.
   Nagyon megértem önt.
   Ha meghallgatnád őt, megértenéd.

g) A szünetben jól kipihenem magam(at).
   Miért szégyellitek magatokat?
   Gyakran rosszul érzed magad(at)?
   Hogy érzitek magatokat?

   Látjuk magunkat a tükörben.
   Jól kipihentétek magatokat a nyáron?
   Hogy érzi magát a beteg?
   Te érted magad(at)?

h) Remélem, jól vagytok.
   Nem érti, mit mondok.
   Nem látod, milyen beteg vagyok?
   Nem tudják, mikor érkezik a vonat.

   Nem tudjátok, milyen kiállítás van a múzeumban?
   Nem értik, mit akarunk.
   Remélem, eljöttök a születésnapra.
   Tudod, hogy elmarad az óra?

i) Nem tudom, (hogy) megyünk-e moziba.
   Nem tudom, (hogy) lesz-e ma szeminárium.
   Nem tudom, (hogy) jönnek-e holnap a vendégek.
   Nem tudom, (hogy) beteg-e ma Jürgen.

   Nem tudom, (hogy) vesz-e Pista húst.
   Nem tudom, (hogy) iszik-e János kávét.
   Nem tudom, (hogy) van-e otthon vaj.
   Nem tudom, (hogy) jó idő lesz-e holnap.

4.
Keressük a könyvet, de nem találjuk.
Látjátok a filmet, de nem értitek.
Olvassák a szöveget, de nem fordítják.
Hallja a mondatot, de nem érti.
Olvasom a levelet, de nem értem.
Várjuk Jánost, de nem látjuk.

5. °°

Mit kérsz?   Mit fordítasz?
Kiket látsz?   Mit keresel?
Mit remélsz?   Mit főzöl?
Kit ismersz régóta?   Kit mutatsz be nekem holnap?
Kit vársz?   Mit nézel meg?
Mit olvasol?   Mit adsz oda neki?

6.

Éva levelet ír Péternek. Levelet ír neki. Pisti vicceket mesél a fiúknak. Vicceket mesél nekik. Apa képeket mutat anyának. Képeket mutat neki. A lányok sokat segítenek az anyának. Sokat segítenek neki. Anya könyvet vesz Pistinek. Könyvet vesz neki. Az orvos gyógyszert ad a betegeknek. Gyógyszert ad nekik. Jürgen verset ír Monikának. Verset ír neki. Pisti köszön a szomszédoknak. Köszön nekik. Éva telefonál a nagymamának. Telefonál neki. Péter hisz Évának. Hisz neki.

7. °°

— Kinek adjátok ezeket a mozijegyeket?
~ A német vendégeknek.

— Kinek veszed ezt a sok gyümölcsöt?
~ Egy nagy családnak.

— Kinek mesélitek el ezeket a vicceket?
~ Minden ismerősnek.

— Kinek telefonálsz már megint?
~ Nagymamának.

— Kinek mutatjátok meg ezeket a szép képeket?
~ Senkinek.

— Kinek viszed ezeket a gyógyszereket?
~ Egy betegnek.

— Kinek adod ezeket a szép virágokat?
~ A professzor úrnak.

— Kinek veszitek ezt a sok élelmiszert?
~ Az egész csoportnak.

— Kinek írod ezt a hosszú levelet?
~ Anyának és apának.

— Kinek hisztek? Nekem vagy neki?
~ Neki.

8.

Nekünk nem meséled el ezt a viccet? Neki nem mutatjátok meg ezeket a képeket? Nekem nem adsz virágot? Nekem nem hisztek? Nekik nem írtok levelet? Nektek nem telefonál? Nekünk nem mutatjátok be (őt)? Neki nem ad gyógyszert? Nektek nem ad pénzt? Neki nem felelsz?

9. °°
— Délután ki akarjuk takarítani a fürdőszobát.
~ És mikor akarjátok kitakarítani a konyhát?

— Itt be kell dobni a pénzt.
~ És hol kell bedobni a jegyet?

— Ma fel kell készülni a holnapi órára.
~ És mikor kell felkészülni a mai órára?

— A nyáron meg akarom venni a tankönyvet.
~ Én mikor akarod megvenni a szótárt?

— Délután meg akarjuk hallgatni a rádiójátékot.
~ És mikor akarjátok meghallgatni a koncertet?

— Ma este meg akarja látogatni Pétert.
~ És mikor akarja meglátogatni a nagymamát?

— Délelőtt el kell menni a kiállításra.
~ És mikor kell elmenni az előadásra?

— Itt meg lehet főzni a vacsorát.
~ És hol lehet megfőzni az ebédet?

— Ezen a héten fel akarom keresni Kovácsékat.
~ És mikor akarod felkeresni Szabóékat?

— Ma meg kell venni a kenyeret.
~ És mikor kell megvenni a húst?

— A lámpánál át lehet menni a másik oldalra.
~ És hol lehet átmenni a megállóhoz.

— Ebben az étteremben meg lehet ebédelni.
~ És hol lehet megvacsorázni.

10.

Egy fiatalember bejön a titkárságra. Köszön. A titkárnő megkérdezi, (hogy) milyen ügyben jön. A fiatalember azt mondja, hogy Szabó urat keresi. Vendéghallgató, és meg akarja kérdezni Szabó úrtól, (hogy) mikor lesznek az órák. A titkárnő azt mondja neki, hogy Szabó úr éppen órán van. De azt hiszi, (hogy) mindjárt jön. A titkárnő megnézi, (hogy) jön-e már. Bemegy a tanterembe. Megmondja Szabó úrnak, hogy egy fiatalember várja. Szabó úr behívja a vendéghallgatót, és bemutatja (őt) a többi hallgatónak.

Egy idegen tanácstalanul áll az utcán. Először van Berlinben. Az állatkertbe akar menni. De nem tudja, hogyan jut el oda. Megkérdezi egy berlinitől, hogyan kell menni. A berlini felvilágosítja. Megmondja, hogy az állatkertbe földalattival/metróval kell menni. Megmutatja az idegennek, hogyan jut el oda. Az idegen megköszöni. De még megkérdezi, hogy lehet-e venni az állomáson/a megállónál jegyet.

11.

asztalka, székecske, virágocska, fácska, kertecske, házacska, lámpácska, ágyacska, hajócska, falucska, városka, utcácska, terecske, szigetecske, folyócska, cipőcske, ruhácska, kabátka, sapkácska, nadrágocska, babácska, lovacska, kocsika, emberke, fiúcska, lányka, gyermekecske, állatka, legyecske, csészécske, tányérka, pohárka

12.

Mihály, Sarolta/Sára, Károly, Éva, László, Margit, Pál, Andrea, István, Ilona, Zoltán, Júlia/Julianna, Ferenc, Katalin, György, Mária, Erzsébet, Sándor, Márta, Róbert, Magda, Gyula, Imre, Ildikó

Hatodik lecke

1.

gyárai	feladatai	igazolványai	munkatársai	rokonai	tervei
barátai	főnökei	ismerősei	nadrágai	ruhái	testvérei
bátyjai	ingei	kabátai	nővérei	szokásai	üzemei
blúzai	sapkái	kalapjai	országai	szoknyái	zsebkendői
bőröndjei	holmijai	lányai	pulóverei	szülei	városai
bútorai	húgai	munkahelyei	részei	táskái	orvosai

2.

A pulóverem a szekrényemben van.
A cipőm az ágyam alatt van.
A füzetem a táskámban van.
A szótáram az asztalomon van.
A kabátom az ágyamon van.
A sapkám a polcomon van.
A rádióm a szobámban van.
Az útlevelem a bőröndömben van.
Az ingem a szekrényemben van.

A kalapom a fogasomon van.
A kocsim a garázsomban van.
A virágom az ablakomban van.
A vázám a szekrényemben/en van.
A pénzem a zsebemben van.
Az igazolványom az asztalomon van.
A jegyem a barátomnál van.
A szoknyám a szekrényemben van.
A nadrágom a székemen van.

3. °°

— Hol van a vendéged/vendége?
~ A szobájában.

— Hol van az apád/apja?
~ A főnökénél.

— Hol van az anyád/anyja?
~ A barátnőjénél.

— Hol van az öcséd/öccse?
~ A tanáránál.

— Hol van a barátod/barátja?
~ Az orvosánál.

— Hol van a húgod/húga?
~ A barátjánál.

— Hol van a feleséged/felesége?
~ A fogorvosánál.

— Hol van a férjed/férje?
~ Az irodájában.

— Hol van az ismerősöd/ismerőse?
~ Egy barátjánál.

— Hol van a titkárnőd/titkárnője?
~ A szobájában.

— Hol van a gyereked/gyereke?
~ Az ágyában.

— Hol van a nővéred/nővére?
~ A barátnőjénél.

— Hol van a bátyád/bátyja?
~ Egy ismerősénél.

— Hol van a főnököd/főnöke?
~ Az ő főnökénél.

— Hol van a férjed/férje?
~ A munkahelyén.

4. ° °

— Mi van az asztalodon/asztalán?
~ A füzetem, a könyvem, a ceruzám, a szótáram, a tollam és a vázám.

— Mi van a szobádban/szobájában?
~ Az ágyam, az asztalom, a székem, a szőnyegem, a rádióm és a tévém.

— Mi van a táskádban/táskájában?
~ A fésűm, az igazolványom, az útlevelem és a zsebkendőm.

— Mi van a szekrényedben/szekrényében?
~ A bőröndöm, a cipőm, a fehérneműm, a ruhám, a szoknyám, és a blúzom.

— Mi van az autódban/autójában?
~ A táskám, a kabátom, a kalapom és a sálam.

— Mi van a zsebedben/zsebében?
~ A zsebkendőm, a kulcsom és a mozijegyem.

5. ° °

— Mi van a bőröndötökben/bőröndjükben?
~ Csak az útlevelünk és a meleg ruháink.

— Mi van az asztalotokon/asztalukon?
~ Csak a vázánk és a magyar könyveink.

— Mi van a szobátokban/szobájukban?
~ Csak a tévénk és a bútoraink.

— Mi van a lakásotokban/lakásukban?
~ Csak a szőnyegünk és az összes könyveink.

— Mi van a zsebetekben/zsebükben?
~ Csak a mozijegyünk és az igazolványaink.

— Mi van a szekrényetekben/szekrényükben?
~ Csak a bőröndünk és a nyári ruháink.

— Mi van a polcotokon/polcukon?
~ Csak a sapkánk és a hanglemezeink.

— Mi van az ágyatokon/ágyukon?
~ Csak a kabátunk és a téli holmijaink.

— Mi van az ágyatok/ágyuk fölött?
~ Csak egy polc és a könyveink.

— Mi van az asztalotokon/asztalukon?
~ Csak a táskánk és a füzeteink.

6.
— Fáj a szemed?
~ A szemem nem fáj, de a fülem nagyon fáj.

— Fáj a hátad?
~ A hátam nem fáj, de a lábam nagyon fáj.

— Fáj a kezed?
~ A kezem nem fáj, de a karom nagyon fáj.

— Fáj a hátad?
~ A hátam nem fáj, de a gyomrom nagyon fáj.

— Fáj a hasad?
~ A hasam nem fáj, de a vesém nagyon fáj.

— Fáj a fejed?
~ A fejem nem fáj, de a szemem nagyon fáj.

— Fáj a fogad?
~ A fogam nem fáj, de a fejem nagyon fáj.

— Fáj a gyomrod?
~ A gyomrom nem fáj, de a hasam nagyon fáj.

7.
a) A szomszéd fia az udvaron játszik.
   Éva ismerőse is jön színházba?
   Monika kabátja a fogason van.
   Péter édesapja Budapesten él.
   Éva férje Szegeden lakik.
   Pisti táskája nagyon nehéz.
   Éva bátyja orvos Szegeden.
   A család lakása a harmadik emeleten van.

b) Szabó főnökének a szobája a második emeleten van.
   Pista húgának a barátnője egyetemista.
   Az egyetem buszának a vezetője vár bennünket.
   Péter apjának a kollégája holnap jön Budapestről.
   Éva anyjának egyik ismerőse megveszi a színházjegyeket.
   Monika barátnőjének a férje általános iskolában tanít.
   Pista feleségének a barátnője könyvtárban dolgozik.
   Péter barátjának a felesége kórházban van.

c) A szomszédunk gyerekei az udvaron játszanak
   A bátyám gyerekei már alszanak.
   A testvérem barátai ma este nem jönnek.
   A gyárunk dolgozói megbeszélést tartanak.
   A szomszédotok vendégei mikor jönnek?
   A családjuk ismerősei ebben a városban laknak.
   A szobájuk ablakai a Dunára néznek.
   Az apja kollégái holnap érkeznek.

8. °°

a) — Van már tévéd?
   ~ Tévém már van, de rádióm még nincs.

   — Van már szőnyeged?
   ~ Szőnyegem már van, de lakásom még nincs.

   — Van már bútorod?
   ~ Bútorom már van, de hűtőszekrényem még nincs.

   — Van már ismerősöd?
   ~ Ismerősöm már van, de barátom még nincs.

   — Van már színházjegyed?
   ~ Színházjegyem már van, de programom még nincs.

   — Van már mozijegyed?
   ~ Mozijegyem már van, de helyem még nincs.

   — Van már útleveled?
   ~ Útlevelem már van, de vízumom még nincs.

   — Van már meghívód?
   ~ Meghívóm már van, de jelmezem még nincs.

— Van már munkahelyed?
~ Munkahelyem már van, de lakásom még nincs.

— Van már kocsid?
~ Kocsim már van, de garázsom még nincs.

b) — Van már Jánosnak tévéje?
~ Tévéje már van, de rádiója még nincs.

— Van már a nővérednek szőnyege?
~ Szőnyege már van, de lakása még nincs.

— Van már a húgodnak bútora?
~ Bútora már van, de hűtőszekrénye még nincs.

— Van már az öcsédnek ismerőse?
~ Ismerőse már van, de barátja még nincs.

— Van már Évának színházjegye?
~ Színházjegye már van, de programja még nincs.

— Van már Pistinek mozijegye?
~ Mozijegye már van, de helye még nincs.

— Van már édesanyádnak útlevele?
~ Útlevele már van, de vízuma még nincs.

— Van már Petrának meghívója?
~ Meghívója már van, de jelmeze még nincs.

— Van már a bátyádnak munkahelye?
~ Munkahelye már van, de lakása még nincs.

— Van már Szabónak kocsija?
~ Kocsija már van, de garázsa még nincs.

9.

— Neked is van kocsid?   — Neked is van férjed?
~ Igen. Nekem is van.   ~ Igen. Nekem is van.
~ Nem. Sajnos, nekem nincs.   ~ Nem. Sajnos, nekem nincs.

— Neked is vannak barátaid Berlinben?   — Neked is van feleséged?
~ Igen. Nekem is vannak.   ~ Igen. Nekem is van.
~ Nem. Sajnos, nekem nincsenek.   ~ Nem. Sajnos, nekem nincs.

— Neked is van munkahelyed?
~ Igen. Nekem is van.
~ Nem. Sajnos, nekem nincs.

— Neked is van igazolványod?
~ Igen. Nekem is van.
~ Nem. Sajnos, nekem nincs.

— Neked is van vonatjegyed?
~ Igen. Nekem is van.
~ Nem. Sajnos, nekem nincs.

— Neked is van gyereked?
~ Igen. Nekem is van.
~ Nem. Sajnos, nekem nincs.

— Neked is van jelmezed?
~ Igen. Nekem is van.
~ Nem. Sajnos, nekem nincs.

— Neked is van helyed?
~ Igen. Nekem is van.
~ Nem. Sajnos, nekem nincs.

— Neked is van meghívód?
~ Igen. Nekem is van.
~ Nem. Sajnos, nekem nincs.

10.

Tegnap nem voltam színházban. Nem volt kedvem.
Tegnap nem volt órán. Nem volt ideje.
Tegnap nem voltunk moziban. Nem volt pénzünk.
Tegnap nem voltak koncerten. Nem volt idejük.
Tegnap nem voltál a menzán. Nem volt ebédjegyed?
Tegnap nem voltatok az étteremben. Nem volt pénzetek?
Tegnap nem voltál a farsangon. Nem volt jelmezed?
Tegnap nem voltatok a pályaudvaron. Nem volt kocsitok?

11.

Jöttök holnap színházba? Ha lesz jegyünk, jövünk.
Jössz ma este moziba? Ha lesz időm, jövök.
Megyünk holnap az étterembe? Ha lesz pénzünk, megyünk.
Jön Monika holnap koncertre? Ha lesz ideje, jön.
Mennek Péter és Éva holnap a repülőtérre? Ha lesz autójuk, mennek.
Mentek holnap előadásra? Ha lesz könyvünk, megyünk.
Jössz holnap a farsangra? Ha lesz jelmezem, jövök.

12.

a) Kinek van ebédjegye? Nekünk.
    Kinek van lakása? Nekik.
    Kinek van programja? Neked?
    Kinek van órája? Nektek?

Kinek van jelmeze? Nekünk.
Kinek van tévéje? Nekem.
Kinek van pénze? Nektek.
Kinek van kedve? Nekünk.

b) Sok terved van? Nem, nincs sok tervem.

    Nagy lakásotok van? Nem, nincs nagy lakásunk.

    Jó helyünk van? Nem, nincs jó helyünk.

    Sok barátja van? Nem, nincs sok barátja.

    Sok pénzünk van? Nem, nincs sok pénzünk.

    Jó kedved van? Nem, nincs jó kedvem.

    Sok rokonotok van? Nem, nincs sok rokonunk.

    Sok ideje van? Nem, nincs sok ideje.

13.

— Neked is sokat kell tanulnod? / Önnek is sokat kell tanulnia?

~ Igen, nekem is sokat kell tanulnom. / Nem, nekem nem kell sokat tanulnom.

— Neked is az egyetemen kell ebédelned? / Önnek is az egyetemen kell ebédelnie?

~ Igen, nekem is az egyetemen kell ebédelnem. / Nem, nekem nem kell az egyetemen ebédelnem.

— Neked is szállodában kell laknod? / Önnek is szállodában kell laknia?

~ Igen, nekem is szállodában kell laknom. / Nem, nekem nem kell szállodában laknom.

— Neked is írnod kell egy levelet? / Önnek is írnia kell egy levelet?

~ Igen, nekem is írnom kell egy levelet. / Nem, nekem nem kell írnom levelet.

— Neked is Berlinbe kell utaznod? / Önnek is Berlinbe kell utaznia?

~ Igen, nekem is Berlinbe kell utaznom. / Nem, nekem nem kell Berlinbe utaznom.

— Neked is Magyarországra kell menned? / Önnek is Magyarországra kell mennie?

~ Igen, nekem is Magyarországra kell mennem. / Nem, nekem nem kell Magyarországra mennem.

— Neked is dolgoznod kell? / Önnek is dolgoznia kell?

~ Igen, nekem is dolgoznom kell. / Nem, nekem nem kell dolgoznom.

— Neked is sietned kell? / Önnek is sietnie kell?

~ Igen, nekem is sietnem kell. / Nem, nekem nem kell sietnem.

15.

Kati, Márti, Éva és Pista a hétvégi programjukról beszélgetnek. Kati még nem tudja, mit csinál majd szombaton. Márti a szüleihez megy (a szüleit látogatja meg), mert édesapjának születésnapja lesz. Évának nincs sok dolga a hét végén. Úgy gondolja, hogy szombat estig mindennel elkészül (mindent elvégez). Pistának van egy jó ötlete. Tudja, hogy a német egyetemi hallgatók, akik Szegeden tanulnak, farsangi bulit (bált, ünnepséget) rendeznek. Meghívja a lányokat erre az ünnepségre. Ezek nagyon örülnek a meghívásnak. De van egy problémájuk: nincs jelmezük. Mégis úgy gondolják, találnak majd megoldást.

Hetedik lecke

1. °°

a) — Kié ez a toll?
    ~ Ez a toll az övé.

    — Kié ez a szemüveg?
    ~ A Monikáé.

    — Kié ez a táska?
    ~ A tied.

    — Kié ez az igazolvány?
    ~ A Pista barátjáé.

    — Kié ez a kabát?
    ~ A tanárunké.

    — Kié ez az autó?
    ~ Az apám kollégájáé.

    — Kié ez a ház?
    ~ Az övék.

    — Kié ez a lakás?
    ~ A Kovács családé.

    — Kié ez a sok pénz?
    ~ A tietek.

    — Kié ez az útlevél?
    ~ Az egyik hallgatóé.

    — Kié ez a ruha?
    ~ A Petra édesanyjáé.

    — Kié ez az óra?
    ~ A mienk.

b) — A tietek ez a lakás?
    ~ Nem a mienk. A szüleinké.

    — Az övé ez a szoknya?
    ~ Nem az övé. Az Éváé.

    — A mienk ez a kenyér?
    ~ Nem a mienk. A Jürgenéké.

    — Az enyém ez a mozijegy?
    ~ Nem a tied. Egy másik lányé.

    — A tied ez a kabát?
    ~ Nem az enyém. A János
      barátnőjéé.

    — Az övék ez a sok könyv?
    ~ Nem az övék. A szomszédaiké.

    — Az öné ez a kalap?
    ~ Nem az enyém. A barátomé.

    — Az önöké ez a hely?
    ~ Nem a mienk. A vendégeinké.

    — A tied ez a kék blúz?
    ~ Nem az enyém. Az anyámé.

    — A tietek ez a szótár?
    ~ Nem a mienk. A tanárunké.

c) — Nem az én helyemen ülsz?
    ~ Nem. A Pistáén ülök.

    — Nem a mi szobánkban tanulsz?
    ~ Nem. A Monikáékében.

    — Nem a mi csoportunkban vagy?
    ~ Nem. A magyar lányokében vagyok.

    — Nem az én könyvemet használod?
    ~ Nem. Az enyémet használom.

— Nem a mi házunkban laksz?　　　　　— Nem a ti vendégetek jön?
~ Nem. A szomszédotokéban.　　　　　~ Nem. A tietek jön.

— Nem a te kocsiddal mész?　　　　　— Nem az én könyvemet olvasod?
~ Nem. A barátoméval megyek.　　　　~ Nem. Az enyémet olvasom.

— Nem a mi tollunkkal írsz?　　　　　— Nem a mi tanárunkra vársz?
~ Nem. A Jürgenékével írok.　　　　　~ Nem. A barátomra várok.

2.

a) Ez a szoknya olyan, mint az enyém.　　　Ezek a bútorok olyanok, mint az
Ez a szoba olyan, mint a mienk.　　　　　anyáméi.
Ez a kabát olyan, mint az Éváé.　　　　　Ezek a székek olyanok, mint a tieitek.
Ez a táska olyan, mint a tied.　　　　　　Ezek a házak olyanok, mint a mieink.
Ez a zokni olyan, mint az övé.　　　　　　Ezek a kalapok olyanok, mint a nagy-
Ez a nadrág olyan, mint az övék.　　　　　mamáéi.
Ez a bőrönd olyan, mint a vendégünké.　　Ezek a zsebkendők olyanok, mint az
Ez a kocsi olyan, mint a barátomé.　　　　övéik.
Ezek az igazolványok olyanok, mint az　　Ezek a blúzok olyanok, mint a tieid.
övéik.　　　　　　　　　　　　　　　Ezek a füzetek olyanok, mint az
　　　　　　　　　　　　　　　　　　enyéim.

b) Kávét töltök beléjük.　　　　　　　　　Nem gondolsz rá?
Sokat gondolok rájuk.　　　　　　　　　Nem mész el hozzá?
Bort töltök bele.　　　　　　　　　　　Budapestre megy velük.
Beszélek velük.　　　　　　　　　　　A moziba megy vele.
Nagyon kedves hozzájuk.　　　　　　　Fehér blúz van rajta.
Gyakran ír róluk.　　　　　　　　　　Elbúcsúzik tőle.

3.
Voltál már nálunk?　　　　　　　　　　Kedves hozzám.
Jössz velem?　　　　　　　　　　　　　Jó vagy hozzánk.
Gondolsz rám?　　　　　　　　　　　　Eljönnek tőlünk.
Jöttök hozzánk?　　　　　　　　　　　Nevet rajtunk.
Dolgozol velünk?　　　　　　　　　　　Sokat mesél rólad.
Elmennek tőlünk?　　　　　　　　　　　Sokat mesélnek rólatok.

4. °°
— Hol van a füzet?　　　　　　　　　　— Hol van a fésű?
~ A táskámban.　　　　　　　　　　　~ A táskámban.
— Kiveszem belőle.　　　　　　　　　　— Kiveszem belőle.

— Hol van a mozijegy?
~ Jóskánál.
— Elkérem tőle.

— Hol van Éva?
~ A klubban.
— Elkérem tőle a könyvet.

— Hol van a kávé?
~ Az asztalodon.
— Van cukor benne?

— Hol van Pista?
~ Az első emeleten.
— Felmegyek hozzá.

— Hol vannak a gyerekek?
~ A szobájukban.
— Bemegyek hozzájuk.

— Hol vannak a fiúk?
~ A kollégiumban.
— Beszélek velük.

— Hol van Éva?
~ Otthon van.
— Voltál már nála?

— Hol van István?
~ Szegeden.
— Mikor beszélsz vele?

5. °°

a) — Hol veszed meg a kabátot?
~ Abban a kis üzletben veszem meg. Tudod, abban kell megvennem, mert máshol nincs.

— Mikor adod fel a levelet?
~ Ma délben adom fel. Tudod, ma délben akarom, feladni, mert akkor még ma elmegy.

— Hol vásárolsz be?
~ A belvárosban vásárolok be. Tudod a belvárosban szeretnék bevásárolni, mert sok dologra van szükségem.

— Hol veszed meg a kenyeret?
~ A péknél veszem meg. Tudod, a péknél szeretném megvenni, mert ott mindig van friss.

— Mikor utazol haza?
~ Holnapután utazom haza. Tudod, holnapután akarok hazautazni, mert akkor otthon lesz a bátyám is.

b) — Ezt a verset fordítod le vagy azt a másikat?
~ Azt fordítom le. Azt szeretném lefordítani.

— Ezt a dalt énekled el vagy azt a másikat?
~ Ezt éneklem el. Ezt tudom elénekelni.

— Ezt a felvágottat veszed meg vagy azt a másikat?
~ Azt a másikat veszem meg. Azt a másikat akarom megvenni.

— Ezt a levelet olvasod el vagy azt a másikat?
~ Azt a másikat olvasom el. Azt a másikat akarom elolvasni.

— Ezt a szoknyát veszed fel vagy azt a másikat?
~ Ezt veszem fel. Ezt szeretném felvenni.

— Ezt a lányt hívod meg vagy azt a másikat?
~ Ezt hívom meg. Ezt akarom meghívni.

c) — Nem utaztok haza?
~ Nem utazunk haza. Ma nem tudunk hazautazni.

— Nem látogatjátok meg a szüleidet?
~ Nem látogatjuk meg őket. Ma nem tudjuk meglátogatni őket.

— Nem köszöntök el Pistától?
~ Nem köszönünk el tőle. Nem akarunk elköszönni tőle.

— Nem mentek el a barátnődhöz?
~ Nem megyünk el hozzá. Nem tudunk elmenni hozzá.

— Nem fekszetek le?
~ Nem fekszünk le. Nem akarunk ilyen korán lefeküdni.

— Nem mosakodtok meg?
~ Nem mosakodunk meg. Nem kell megmosakodni.

— Nem mentek haza?
~ Nem megyünk haza. Nem tudunk hazamenni.

— Nem szálltok át?
~ Nem szállunk át. Nem kell átszállni.

d) — Be akartok vásárolni?
~ Nem. Nem akarunk bevásárolni.

— Meg akarjátok venni a bort?
~ Nem. Nem akarjuk megvenni a bort.

— Fel kell vennetek ezt a ruhát?
~ Nem. Nem kell felvennünk ezt a ruhát.

— Meg akarjátok venni ezt a húst?
~ Nem. Nem akarjuk megvenni ezt a húst

— Át kell szállnotok a buszra?
~ Nem. Nem kell átszállnunk a buszra.

— Meg kell tanulnotok ezt a verset?
~ Nem. Nem kell megtanulnunk ezt a verset.

— Fel tudtok kelni korán reggel?
~ Nem. Nem tudunk felkelni korán reggel.

— Meg tudjátok magyarázni a nyelvtant?
~ Nem. Nem tudjuk megmagyarázni a nyelvtant.

— Haza kell utaznotok szombaton?
~ Nem. Nem kell hazautaznunk szombaton.

— Le tudjátok fordítani ezt a szöveget?
~ Nem. Nem tudjuk lefordítani ezt a szöveget.

e) — Nem akarnak hazautazni?
~ De igen. A jövő hónapban haza akarunk utazni.

— Nem akarnak elmenni ebédelni?
~ De igen. Az előadás után el akarunk menni ebédelni.

— Nem akarnak átszállni a másik villamosra?
~ De igen. A következő megállónál át akarunk szállni a másik villamosra.

— Nem akarnak megmosakodni?
~ De igen. Ha elmennek a vendégek, meg akarunk mosakodni.

— Nem akarják feladni a levelet?
~ De igen. Ebéd után fel akarjuk adni a levelet.

— Nem akarnak beszállni a vonatba?
~ De igen. Már régen be akarunk szállni a vonatba.

— Nem akarnak meghallgatni egy dalt?
~ De igen. A vacsora után meg akarunk hallgatni egy dalt.

— Nem akarnak bevásárolni néhány dolgot?
~ De igen. Ha lesz időnk, be akarunk vásárolni néhány dolgot.

6.

bőröndös	lázas	boros	húsos	tejes	díszes
családos	neves	cukros	kakaós	vizes	formás
egészséges	ötletes	dobozos	kávés	pénzes	fiatalos
férjes	soros	gyümölcsös	májas	polcos	öreges
jelmezes	influenzás	nős	lekváros	virágos	beteges
sapkás	szemüveges	üveges	mézes	erős	kékes
kabátos	tükrös	vajas	poharas	házas	zöldes
kalapos	almás	sonkás	szalámis	kertes	barnás

7.

a) Az a fehér blúzos lány egy ismerősöm.
   Az a barna kabátos fiú Péter.
   Az a piros pulóveres vendég orvosnő.
   Az a fekete kalapos hölgy a feleségem.
   Az a sötét szemüveges férfi a férjem.
   Az a zöld szoknyás kislány az én lányom.
   Az a fehér ruhás nő az angol tanárnőm.
   Az a rövid nadrágos gyerek az én fiam.

b) Kérsz sonkás zsemlét?
   Hol van a gyümölcsös láda?
   A lekváros üveg a polcon van.
   A kislányom nagyon szereti a tejes kávét.
   Kértek szalámis zsemlét?
   Veszek egy polcos szekrényt.
   Kimosom a kakaós csészét.
   Kérem a vizespoharat.

c) Kati már férjes nő.
   A kis Éva már napok óta lázas beteg.
   Pisti ötletes gyerek.
   Pista édesapja neves professzor.
   Szeged híres város.
   A mi családunkban nincs pénzes ember.
   Budapest forgalmas város.
   Az a biciklis fiú Éva barátja.

d) Egy négyablakos házban lakik a nagymamám.
   Egy háromajtós szekrényt szeretnék venni.
   Egy kétrészes filmet játszanak a moziban.
   Egy hatszázoldalas könyvet olvasok.
   Egy kétrészes ruhát veszek.

Egy ezerkötetes könyvtár vezetője vagyok.

Egy hatgyermekes apának sok dolga van.

Ma már nagyon kevés sokgyermekes család van.

e) Holnap kéthetes szabadságra megyünk.

A férjem háromhónapos külföldi útra megy.

Berlinben ötnapos konferencia lesz.

Az egyetemen négyéves képzés folyik.

A nyáron négyhetes szünet lesz.

Ez egyórás vizsga lesz.

Ez csak félórás munka lesz.

Apám nem volt fáradt a háromórás utazás után.

9.
Éva jófejű lány.

Itt jó nevű emberre van szükség.

Az orvosnő barna hajú, sötét szemű nő volt.

Örkény jó humorú író volt.

Ez érdekes témájú könyv volt.

Jó szemű ember volt.

Nagyapám régen nagy erejű ember volt.

Ez egy más című könyv volt.

10.

ismeretlen	váratlan	befejezetlen	akaratlan
keresetlen	erőtlen	olvasatlan	tanulatlan
kedvetlen/kedvtelen	hívatlan	elvégezetlen	nőtlen
készületlen	kéretlen	szemtelen	lakatlan
őrízetlen	hangtalan	lehetetlen	örömtelen
egészségtelen	névtelen	íratlan	szótlan
illetlen	fejetlen	időtlen	gondtalan/gondatlan
apátlan	embertelen	pénztelen	tudatlan

11.
Géza nagyon egészségtelenül él, sokat eszik, sokat iszik, nem sportol.

Molnárné nem szereti a váratlan vendégeket.

A névtelen leveleket el kell dobni.

Pistának még nincs felesége. Még nőtlen.

Éva betegsége alatt nagyon étvágytalan volt.

Pistának embertelenül fáj a gyomra.

Ha őrízetlenül hagyod a táskádat, elviszi valaki.

Sajnos, ez a nap is eseménytelenül telik.

Tegnap nem csináltam semmit. Nagyon erőtlen voltam.

Üdvözlöm a barátodat ismeretlenül is.

Nagyon rossz az idő. Mindenki kedvetlen.

12.

Ha kinézek az ablakon, látom az egész hosszú utcát.

Nyári és őszi délutánokon több ezer ember megfordul itt.

Ez az ismerős magyar család a Váci utcában lakik, egy felújított lakásban.

Ha beszélgetni akarunk egymással, az ablakokat be kell csukni, mert nem lehet érteni egymás szavát.

A belváros régen is üzletnegyed volt, ma is az.

A Váci utca nemcsak a budapestieké, hanem az egész ország lakosságáé.

A Váci utca egyre szépül, mert eltünnek a foghíjak, új homlokzatok, portálok várják a látogatókat.

Nyolcadik lecke

1.

beszámolt	felébredt	tervezett
dobott	olvasott	úszott
elfáradt	tudott	szeretett
elvitt	muzsikált	sétált
épített	mutatott	fájt
futott	nevezett	félt
haragudott	sorolt	csinált
hívott	sütött	adott
köhögött	szólt	kísért
táncolt	tartott	tolmácsolt

2. °°

a) — Irtatok már a barátotoknak?
  ~ Még nem írtunk nekik.

  — Találtatok már ajándékot édesanyádnak?
  ~ Még nem találtunk neki.

  — Sokat meséltetek a gyerekeknek?
  ~ Nagyon sokat meséltünk nekik.

  — Mikor ébredtetek fel?
  ~ Fél nyolckor ébredtünk fel.

  — Kire gondoltatok?
  ~ Nem gondoltunk senkire.

  — Sétáltatok már a Váci utcában?
  ~ Még nem sétáltunk soha.

  — Beszéltetek már Pistával?
  ~ Tegnap este beszéltünk vele.

  — Mit feleltetek neki?
  ~ Nem feleltünk neki semmit.

  — Miért álltatok fel?
  ~ Ki akartunk menni.

  — Féltetek a vizsgától?
  — Nem féltünk tőle.

b) — Lefordítottad/lefordítota a szöveget?
   ~ Nem fordítottam le.

   — Kitakarítottad/kitakarította a lakást?
   ~ Nem takarítottam ki.

   — Megsütötted/megsütötte a süteményt?
   ~ Nem sütöttem meg.

   — Felépítetted/felépítette a házat?
   ~ Nem építettem fel.

   — Elkészítetted/elkészítette az ebédet?
   ~ Nem készítettem el.

   — Megértetted/megértette, amit mondtam?
   ~ Nem értettem meg.

   — Kitöltötted/kitöltötte a kávét?
   ~ Nem töltöttem ki.

   — Megtartottad/megtartotta az előadást?
   ~ Nem tartottam meg.

   — Megtanítottad/megtanította a verset?
   ~ Nem tanítottam meg.

   — Beváltottad/beváltotta a pénzt?
   ~ Nem váltottam be.

c) — Mit keresett a bátyád?
   ~ A kalapját kereste.

   — Mit adott oda neked a barátod?
   ~ A lakása kulcsát adta ide.

   — Kit látogatott meg János?
   ~ A nővérét látogatta meg.

   — Mit nézett meg a vendégetek az operában?
   ~ A Tannhäusert nézte meg.

   — Kit látogatott meg Robert Debrecenben?
   ~ Szabóékat látogatta meg.

— Mit mondott Éva?
~ Azt mondta, hogy jön.

— Mit hallgatott meg anya a rádióban?
~ A híreket hallgatta meg.

— Mit kérdezett a húgod?
~ Azt kérdezte, hová megyünk.

d) — Mikor aludt/aludtak el?
~ Nagyon későn aludtam/aludtunk el.

— Miért feküdt/feküdtek le?
~ Mert rosszul éreztem magam(at)/éreztük magunkat.

— Miért aludt/aludtak el?
~ Mert fáradt voltam/fáradtak voltunk.

— Mikor mosakodott/mosakodtak meg?
~ Ma reggel mosakodtam/mosakodtunk meg.

— Miért haragudott/haragudtak meg?
~ Nem haragudtam/haragudtunk meg.

— Mikor feküdt/feküdtek le?
~ Nem tudom, mikor feküdtem/feküdtünk le.

— Hol mosakodott/mosakodtak meg?
~ A fürdőszobában mosakodtam/mosakodtunk meg.

— Nem haragudott/haragudtak meg?
~ Nem haragudtam/haragudtunk meg.

e) — Mit ittál/ittatok a presszóban?
~ Egy csésze kávét ittam/ittunk a presszóban.

— Honnan jöttél/jöttetek?
~ Budapestről jöttem/jöttünk.

— Miért hittél/hittetek neki?
~ Hittem/hittünk neki, mert rendes ember.

— Mit vettél/vettetek az ABC-ben?
~ Tejet és kenyeret vettem/vettünk.

— Miért mentél/mentetek haza olyan korán?
~ Mert sok munkám/munkánk volt.

— Mit tettél/tettetek az asztalra?
~ Virágot tettem/tettünk az asztalra.

— Mit vittél/vittetek a kórházba?
~ Virágot és csokoládét vittem/vittünk.

— Mikor jöttél/jöttetek?
~ Tegnap jöttem/jöttünk.

— Hová mentél/mentetek?
~ A pályaudvarra mentem/mentünk.

— Mi lett Monikából?
~ Tolmács lett belőle.

f) — Hol voltál/voltatok a hét végén?
~ Frankfurtban voltam/voltunk, meglátogattam/meglátogattuk a szüleinket.

— Hol voltál/voltatok ezen a nyáron?
~ Budapesten voltam/voltunk, ott töltöttem/töltöttük a szabadságomat/szabadságunkat.

— Hol voltál/voltatok az előbb?
~ A büfében voltam/voltunk, ittam/ittunk egy csésze kávét.

— Hol voltál/voltatok vasárnap?
~ Moziban voltam/voltunk, megnéztem/megnéztünk egy jó filmet.

— Hol voltál/voltatok tegnap délután?
~ Egy kiállításon voltam/voltunk, azután ettem/ettünk egy fagylaltot.

— Hol voltál/voltatok óra előtt?
~ A könyvtárban voltam/voltunk, egy könyvet kerestem/kerestünk.

— Hol voltál/voltatok a múlt héten?
~ Kórházban voltam/voltunk, beteg voltam/betegek voltunk.

— Hol voltál/voltatok ma délelőtt?
~ Az orvosnál voltam/voltunk, nagyon fájt a fogam/fogunk.

— Hol voltál/voltatok kedden?
~ Városnézésen voltam/voltunk, busszal mentem/mentünk.

— Hol voltál/voltatok tegnapelőtt?
~ Itt, Berlinben voltam/voltunk, dolgoztam/dolgoztunk.

g) — Tegnap kerestelek. A klubban voltál?
~ Nem, az ABC-ben voltam.

— Délután felhívtalak. Nem voltál otthon?
~ Nem, moziban voltam.

— Nem találtalak meg. Hol voltál?
~ A könyvtárban voltam, olvastam.

— Nem ismertelek meg. Új kalapod volt?
~ Nem, fodrásznál voltam.

3.

Levelet akartam írni.
El kellett mennie.
Elvállalták ezt a munkát?
Nem láttalak.
Itt találkoztatok velük?
Nagyon féltem.
Nem hittek neki.
Láttam ezt a képet.
Mindent megértettek.
Megnéztem a filmet.

Lefordította a szöveget.
Hazamentünk és lefeküdtünk.
Ittál kávét?
Ettetek zsemlét?
Mentek tovább.
Felkerestük ismerőseinket.
Péter sokat gondolt Évára.
Nem tudtatok semmit?
Beteg lettem.
Megjöttek a vendégek.

5.

Berlin Európa közepén, a Spree két partján fekszik.
Berlint nagy erdők és sok tó veszi körül.
A háború után a romokat eltakarították.
Az ötvenes években megkezdték a város újjáépítését.
Berlin a nagy ellentétek városa volt.
A pompás királyi palotához közel szegény halászcsaládok laktak.
A szegény berlini családok életét Zille rajzairól ismerjük.
A turistákat ma Berlin múzeumai és környezete vonzzák.
Este a látogatókra a színházak egész sora vár.
A berliniek humora és a berlini levegő elég csípős.

6.

a városnak ez a része
a romok egy negyede

a nagy ellentétek városa
a királyi palota pompája

a romok eltakarítása   a szegény halászok viskói/kunyhói
Berlin rajongói   az újgazdag luxus árnyéka
a város gúnyolói   Heinrich Zille rajzai
Berlin hűséges hívei   Berlin múzeumai és környéke
az emberek élete   a berliniek humora

7.

A városnegyedet teljes szépségében újjáépítették.
A rekonstrukcióval párhuzamosan megkezdődött az új utcasorok építése.
A múlt század végi bérkaszárnyákat nem építőművészek építették.
Berlinben ma is sok új házat építenek.
Minden látogató megnézi az Unter den Linden klasszicista épületeit is.

8.

Berlint sohasem tartották szép városnak.
Berlint rajongói Spree parti Athénnak nevezik.
Berlin csak önmagához hasonlít.
A külföldi követek lelkesen számoltak be a királyi palotáról.
A századvégi Berlin bérkaszárnyáiról ismert.
A látogatókat ma főleg Berlin múzeumai vonzzák.
A berlini levegőről azt állítják, hogy csípős.
Berlint a második világháború után romok borították.
A berlini bérkaszárnyákat nem építőművészek tervezték.
A turisták ellátogatnak a charlottenburgi kastélyba is.

9.

Berlin összterülete 883 négyzetkilométer, de ennek a területnek csak egy harmada van
beépítve. A fennmaradó két harmad mezőgazdasági terület, erdő, park és vizek. A vá-
rostervezők szerint ezek az arányok kedvezőek egy városban. Berlin néhány kerülete mé-
gis túlzsúfolt.

10.

Wagnernek egyszer Kölnben volt hangversenye. Nagyon későn feküdt le. Rövid idő
múlva felébredt. Zenét hallott az ablaka alatt. Gyorsan felkelt, és felöltözött. Nagyon örült,
mert azt hitte, hogy a térzene neki szól. Lerohant az utcára, és hálásan megköszönte
a karmesternek a zenét. A karmester nagyon csodálkozott, és megkérdezte Wagnertől,
hogy ő kicsoda. Wagner megmondta neki. A karmester felvilágosította Wagnert, hogy
a térzene nem neki szól. Azután közölte vele, hogy katonazenekar közönséges civilnek
nem ad térzenét.

Kilencedik lecke

1.

alacsonyabb	érdekesebb	lentebb/lejjebb	ritkább
biztosabb	értékesebb	fentebb/feljebb	betegebb
fáradtabb	fontosabb	egyenesebb	sürgősebb
fiatalabb	halkabb	később	csípősebb
hosszabb	híresebb	kijjebb	hálásabb
jobb	ismertebb	pontosabb	közönségesebb
kedvesebb	könnyebb	részletesebb	önállóbb
kényelmesebb	lassabb	szabadabb	jelentősebb
kisebb	nehezebb	idősebb	kedveltebb
kitartóbb	öregebb	boldogabb	fölöslegesebb
lustább	szegényebb	finomabb	olcsóbb
nagyobb	egyszerűbb	reménytelenebb	szigorúbb
sápadtabb	rosszabb	egészségesebb	okosabb
szebb	közelebb	frissebb	szimpatikusabb
újabb	távolabb	rövidebb	

2.

A mi ügyünk sürgősebb, mint a tietek. A mi ügyünk sürgősebb a tieteknél.

Az én feladatom egyszerűbb, mint a tied. Az én feladatom egyszerűbb a tiednél.

Ez a levél fontosabb, mint minden más. Ez a levél fontosabb minden másnál.

Az én szülővárosom közelebb van Berlinhez, mint az övé. Az én szülővárosom közelebb van Berlinhez az övénél.

Az én szobám szebb, mint az Éváé. Az én szobám szebb az Éváénál.

Ez a gyerek okosabb, mint az enyém. Ez a gyerek okosabb az enyémnél.

Ez a film érdekesebb, mint a tegnapi. Ez a film érdekesebb a tegnapinál.

Ez az út egyenesebb, mint a másik. Ez az út egyenesebb a másiknál.

Ez a dolog fontosabb, mint az életem. Ez a dolog fontosabb az éltemnél.

Ez a könyv értékesebb, mint a másik. Ez a könyv értékesebb a másiknál.

3. °°

— Ki a legszorgalmasabb a csoportban?

~ Monika. Jaj, bocsánat, tévedtem.

— A Monika barátnője valamivel szorgalmasabb.

— Ki a legszimpatikusabb a tanárok közül?

~ Kiss tanár úr. Jaj, bocsánat, tévedtem.

— Kovács professzor úr jóval szimpatikusabb.

— Ki a legismertebb a német írók közül?

~ Heinrich Müller. Jaj, bocsánat, tévedtem.

— Heinrich Böll sokkal ismertebb.

— Ki a leghíresebb a magyar költők közül?
~ Nagy Endre. Jaj, bocsánat, tévedtem.
— Petőfi, Ady és József Attila sokkal híresebbek.

— Ki a legmagasabb a testvéreid közül?
~ Én. Jaj, bocsánat, tévedtem.
— A bátyám öt centiméterrel magasabb.

— Ki a legidősebb a családotokban?
~ Nagymamám. Jaj, bocsánat, tévedtem.
— A nagymamám nővére egy évvel idősebb.

— Mi a legfinomabb étel?
~ A palacsinta. Jaj, bocsánat, tévedtem.
— A somlói galuska még sokkal finomabb.

— Mi a legfontosabb az életedben?
~ A munkám. Jaj, bocsánat, tévedtem.
— A családom éppolyan fontos.

4. °°
— Csípősen szereted a húslevest?
~ Igen, de a halászlét még csípősebben szeretem.

— Érthetően beszélt a német professzor?
~ Igen, de az angol professzor még érthetőbben beszélt.

— Könnyen megtaláltátok az éttermet?
~ Igen, de a múzeumot még könnyebben megtaláltuk.

— Hamar megérkezett a budapesti gyors?
~ Igen, de a szegedi gyors még hamarabb megérkezett.

— Nehezen értették a tanárok az előadást?
~ Igen, de a hallgatók még nehezebben értették.

— Nagyon lassan ment a villamos?
~ Igen, de a busz még lassabban ment.

— Nyugodtan viselkedett a gyerek az orvosnál?
~ Igen, de otthon még nyugodtabban viselkedett.

— Későn érkezett a nővéred?
~ Igen, de a húgom még későbben érkezett.

— Rosszul érezte magát édesanyád?
~ Igen, de én még rosszabbul éreztem magam(at).

— Részletesen beszámolt Péter az utazásról?
~ Igen, de Berlinről még részletesebben beszámolt.

5.
Hányan mentek a kirándulásra?
Jó idő esetén huszonnégyen megyünk.
Hányan maradnak otthon?
Négyen maradnak otthon, mert ők betegek.
Mi ketten előkészítjük az úti programot.
Nem lesz jó, ha nagyon sokan leszünk.
Az sem jó, ha kevesen vagyunk.
Öten állnak az ajtóm előtt.
Ma csak hatan vagyunk az órán.
Százan állnak a színház előtt.

6.
Apám mindig anyámmal együtt megy bevásárolni.
A villamosban egy idős néni ült Pistával szemben.
A kirándulás helyett inkább moziba megyünk.
A két éves Marci korához képest szépen beszél.
Péteren kívül csak egy fiú van a csoportunkban.
Alapos felkészülés nélkül nem szabad külföldre menni.
Az érkezés után megkezdődött az útlevélvizsgálat.
A vonat fél órán belül a határra érkezik.
Véleményem szerint ezt a problémát meg kell beszélnünk.
Evés előtt mindig meg kell mosni a kezeteket.

7.
Hozzátok képest jók voltunk. Mindig vele együtt megy bevásárolni. Velem szemben udvariasan viselkedett. Rajtunk kívül senki sem/nem volt a teremben. Hozzá képest én alacsony vagyok. Velünk együtt összesen tizenkét vendég volt ott. Egy idegen férfi áll vele szemben. Rajtad kívül minden kolléga Budapesten volt. Rajtatok kívül senki sem hiányzott. Vele együtt megy ebédelni.

8.
Majd találsz valakit, aki segít a munkában.
Tegnap találkoztam egy ismerősömmel.

A professzorunkat csak a könyvek érdeklik.
Érdeklődni kell, mikor indul a vonat.

Mivel Gézát régen nem láttam, nem ismertem meg azonnal.
Amikor megismerkedtünk, még nagyon fiatalok voltunk.

Tegnap kezdődött az orvosok világkongresszusa.
Az egyik orvos most kezdi beszédét.

Ebben az évben hamarabb befejeződik a szemeszter.
A professzor befejezte az előadást, és kiment.

Ha elmegyek otthonról, mindig becsukom az ablakot.
Amikor kimentem a lépcsőházba, becsukódott mögöttem az ajtó.

A legtöbb berlini turistát a múzeumok vonzzák.
Apám nagyon szimpatikus ember. Sokan vonzódnak hozzá.

Az idegen szavakat gyakran kell ismételni.
Ha egy szó gyakran ismétlődik, hamarabb megtanuljuk.

Mi ezt a problémát már gyakran vitattuk.
Nem jó, ha olyan gyakran vitatkoztok.

A magyar vendégeket egy kis szállodában helyezték el.
Amikor elhelyezkedtek az asztalnál, már hozták is a vacsorát.

Apám borral kínálta a vendégeket.
Több alkalom nem kínálkozott az ismerkedésre.

Sajnos, nem adódott alkalom beszélgetésre.
Alkalmat adtunk Pistának a bemutatkozásra.

Szeretném bemutatni a barátomat.
A barátom kezet csókolt anyámnak, és bemutatkozott.

9.

adat	tetet	éreztet	köttet
kerestet	tudat	megértet	nyittat
fizettet	vetet	felírat	táncoltat
ismertet	vitet	lefordíttat	üdvözöltet
itat	altat	gyakoroltat	elfogadtat
etet	fektet	mosat	járat
hitet	kidobat	javíttat	készíttet
hívat	olvastat	leültet	építtet
hozat	elvégeztet	megfőzet	ismételtet
kéret	énekeltet	megnézet	süttet

10.

Jóskának nem volt ideje, ezért Jánossal vásároltatta meg a szükséges dolgokat.
Jóskának van ideje, megvásárolhatja a szükséges dolgokat.
Jóska nem vásároltathatja meg Jánossal a szükséges dolgokat, mert annak sincs ideje.

Jóskának nem volt ideje, ezért testvérével mosatta ki a fehérneműjét.
Jóskának van ideje, kimoshatja a fehérneműjét.
Jóska nem mosathatja ki testvérével a fehérneműjét, mert annak sincs ideje.

Jóskának nem volt ideje, ezért a barátjával kérdeztette meg, mikor indul a vonat.
Jóskának van ideje, megkérdezheti, mikor indul a vonat.
Jóska nem kérdeztetheti meg a barátjával, mikor indul a vonat, mert annak sincs ideje.

Jóskának nem volt ideje, ezért Pistával kísértette el a feleségét a moziba.
Jóskának van ideje, elkísérheti a feleségét a moziba.
Jóska nem kísértetheti el Pistával a feleségét a moziba, mert annak sincs ideje.

Jóskának nem volt ideje, ezért Évával csukatta be az ablakot.
Jóskának van ideje, becsukhatja az ablakot.
Jóska nem csukathatja be Évával az ablakot, mert annak sincs ideje.

Jóskának nem volt ideje, ezért feleségével magyaráztatta meg a gyereknek a házi feladatot.
Jóskának van ideje, megmagyarázhatja a gyereknek a házi feladatot.
Jóska nem magyaráztathatja meg feleségével a gyereknek a házi feladatot, mert annak
sincs ideje.

Jóskának nem volt ideje, ezért a kislányával hozatott egy üveg bort a vendégeknek.
Jóskának van ideje, hozhat egy üveg bort a vendégeknek.
Jóska nem hozathat a kislányával egy üveg bort a vendégeknek, mert annak sincs ideje.

Jóskának nem volt ideje, ezért anyjával választtatta ki az ajándékot a barátnőjének.
Jóskának van ideje, kiválaszthatja az ajándékot a barátnőjének.
Jóska nem választtathatja ki anyjával az ajándékot a barátnőjének, mert annak sincs
ideje.

Jóskának nem volt ideje, ezért a feleségével íratott levelet anyjának.
Jóskának van ideje, írhat anyjának.
Jóska nem írathatott a feleségével anyjának, mert annak sem volt ideje.

Jóskának nem volt ideje, ezért a barátjával fordíttatta le a levelet.
Jóskának van ideje, lefordíthatja a levelet.
Jóska nem fordíttathatja le a barátjával a levelet, mert annak sincs ideje.

11.

Ehettek és ihattok, amennyit akartok.
Eljöhet a lányod holnap a születésnapomra?
Ha akartok, fürödhettek is.
Tehetett, amit akart, senki sem/nem beszélt vele.
Nem tudtam kinyitni az ajtót, mert nem volt kulcsom.
Egy idegen országban is lehet barátokra találni.
Mennyi pénzt tudsz havonta megspórolni?
Nem tudott részt venni a gyűlésen, mert beteg volt.
Tudsz úszni? Tudsz adni nekem egy márkát?

12.

a)

olvasható	vitatható	nélkülözhető	fordítható
látható	javítható	elérhető	magtanulható
ehető	használható	tartható	megmagyarázható
iható	érthető	elképzelhető	menthető
mosható	pótolható	elfogadható	tűrhető

b)

olvashatatlan	vitathatatlan	nélkülözhetetlen	fordíthatatlan
láthatatlan	javíthatatlan	elérhetetlen	megtanulhatatlan
ehetetlen	használhatatlan	tarthatatlan	megmagyarázhatatlan
ihatatlan	érthetetlen	elképzelhetetlen	menthetetlen
moshatatlan	pótolhatatlan	elfogadhatatlan	tűrhetetlen

13.

A tegnapi ebéd még ehető volt, de a mai teljesen ehetetlen.
Egy hosszabb külföldi tartózkodás pótolhatatlan élményt jelent.
Ez a ruha mosható anyagból készült.
A kávédaráló még használható, de a porszívó már használhatatlan.
A lakásban a tévé nélkülözhető, de a könyvek nélkülözhetetlenek.
Az érthetetlen, hogy apám késik, hiszen mindig pontos.
Vannak elérhető, és vannak elérhetetlen célok.
Vitathatatlan tény, hogy mindenki szereti a békét.
Géza mindig elkésik, érthető, hogy mindenki haragszik rá.
A képen Budapest egyik legszebb része látható.

15.

Péter szülei örültek, hogy fiuk (Péter), hazajött, mert három hónapja nem látták. Miután
Péter megérkezett, az egész család helyet foglalt a nagy asztalnál (leült a nagy asztal mellé).
Egész este beszélgettek. Péter berlini élményeiről beszélt. A szülei nyári terveikről
meséltek. Már sok országban voltak. A következő nyáron nyugat-európai útra mennek.

Berlinben is eltöltenek néhány napot. Mivel Péter már nagyon jól ismeri Berlint, ő lesz az idegenvezetőjük.

16.
Magyarországon német fiatalok is járnak egyetemre. Ezeknek a hallgatóknak nincs mindig könnyű dolguk. Az előadások egy része magyar nyelven folyik, és a legtöbben csak keveset tudnak magyarul. Természetesen vannak német nyelvű előadások is. Az első hónapok nehézségei után a legtöbb fiatal jól érzi magát. Nemcsak szakmát tanulnak, hanem megtanulják a nyelvet is. Megismerkednek Magyarországgal, a nép életével, szokásaival, kultúrájával. A nyelvtanulásban segítenek a mozi, a színház, az előadások, a szemináriumok és természetesen a helybeli barátok. Aki akarja, rövid időn belül jó barátokra találhat.

Tizedik lecke

1. °°

a)   — Írjak a debreceni barátomnak?
     ~ Írj neki.

    — Feleljek a kérdésedre?
    ~ Felelj rá!

    — Telefonáljak apámnak?
    ~ Telefonálj neki!

    — Táncoljak a barátoddal?
    ~ Táncolj vele!

    — Rendeljek neked is egy pohár bort?
    ~ Rendelj nekem is!

b)   — Mikor dolgozzak?
    ~ Dolgozz/dolgozzon holnap este!

    — Mit olvassak?
    ~ Olvass/olvasson egy jó regényt!

    — Hol öltözzek?
    ~ Öltözz/Öltözzön a hálószobában!

    — Kivel levelezzek?
    ~ Levelezz/Levelezzen valakivel,
      aki nem tud németül!

    — Hol ússzak?
    ~ Ússz/Ússzon ott, ahol kevés ember
      van!

c)   — Tartson/Tartsanak egy előadást!
    ~ Én tartsak? / Mi tartsunk?

    — Töltsön/Töltsenek egy pohár bort!
    ~ Én töltsek? / Mi töltsünk?

    — Segítsen/Segítsenek Jánosnak!
    ~ Én segítsek? / Mi segítsünk?

    — Készítsen/Készítsenek ebédet!
    ~ Én készítsek? / Mi készítsünk?

— Sétáljak a kislányoddal?
~ Sétálj vele!

— Maradjak Katiéknál?
~ Maradj náluk!

— Adjak Pistinek pénzt mozira?
~ Adj neki!

— Hívjak taxit a vendégeknek?
~ Hívj nekik!

— Meséljek a filmről a gyereknek.
~ Mesélj neki róla!

— Mikor tízóraizzak?
~ Tízóraizz/tízóraizzon mosakodás után!

— Kivel játsszak?
~ Játssz/Játsszon a nővérem kisfiával!

— Hol mossak?
~ Moss/Mosson a fürdőszobában!

— Kivel vitatkozzak?
~ Vitatkozz/Vitatkozzon
  a főnököddel/főnökével!

— Mivel utazzak?
~ Utazz/Utazzon vonattal vagy busszal!

— Takarítson/Takarítsanak a hét végén!
~ Én takarítsak? / Mi takarítsunk?

— Fordítson/Fordítsanak!
~ Én fordítsak? / Mi fordítsunk?

— Tanítson/Tanítsanak egy iskolában!
~ Én tanítsak? / Mi tanítsunk?

— Építsen/Építsenek egy kis házat!
~ Én építsek? / Mi építsünk?

d) — Beszélgessenek a magyarokkal!
~ Mit mondott a tanárunk?
— Azt mondta, hogy beszélgessünk
a magyarokkal.

— Mutassanak néhány képet!
~ Mit mondott a vendég?
— Azt mondta, hogy mutassunk
néhány képet.

— Halgassanak gyakrabban híreket!
~ Mit mondott az az úr?
— Azt mondta, hogy hallgassunk
gyakrabban híreket.

— Ismertessék a vendégekkel
a programot!
~ Mit mondott a főnök?
— Azt mondta, hogy ismertessük
a vendégekkel a programot.

e) — Válasszanak új igazgatót!
~ Miért válasszunk?

— Növesszenek hosszú hajat!
~ Miért növesszünk?

— Szerkesszenek egy újságot!
~ Miért szerkesszünk?

— Fussanak minden nap egy órát!
~ Mit mondott az orvos?
— Azt mondta, hogy fussunk minden
nap egy órát.

— Fizessenek a pénztárnál!
~ Mit mondott az eladó?
— Azt mondta, hogy fizessünk a
pénztárnál.

— Járassák a motort!
~ Mit mondott a szerelő?
— Azt mondta, hogy járassuk a
motort.

— Siessenek, mert elkésnek!
~ Mit mondott a házinéni?
— Azt mondta, hogy siessünk, mert
elkésünk.

— Fessenek nekem egy képet!
~ Miért fessünk?

— Válasszanak a képek közül!
~ Miért válasszunk?

— Növesszenek szakállat!
~ Miért növesszünk?

2.

Bemutassalak? Megfésüljelek? Meghallgassalak? Megnyugtassalak? Válasszalak? Megijesszelek? Várjalak? Üdvözöljelek? Hazavigyelek? Felhívjalak? Keresselek? Sajnáljalak? Megtaláljalak? Kinevesselek?

3.

Ne meséljen el mindent!
Ne búcsúzzunk el tőlük!
Ne takaríts ki minden szobát!
Ne felejtsetek el írni nekünk!
Ne tiltsanak meg mindent a gyereknek!
Ne fektesd le olyan korán a gyereket!

Ne kísérjen haza engem!
Ne nyissanak ki minden ajtót!
Ne csukjatok be minden ablakot!
Ne hívj fel ma!
Ne csomagoljunk ki mindent!
Ne hívjatok meg mindenkit!

4.

Igyál egy erős kávét!

Jöjjön be holnap hozzám!

Menjünk moziba!

Gyertek csak ide gyorsan!

Egyen még húst!

Egyek?

Jöjjünk?

Menjen?

Higgyünk neki?

Menjek?

Vegyen egyet?

Fusson/Szaladjon gyorsan!

Higgyetek nekem!

Vegyél még egy kis cukrot!

Igyatok egy pohár vizet!

Menjen/Menjenek tovább!

Vigyük a könyveket?

Együnk?

Igyunk?

Menjünk?

Higgyünk neki?

Elutazzunk?

5. °°

— Megírjam a levelet?

~ Ne írd meg! / Ne írja meg!

— Odaadjam Évának a könyvet?

~ Ne add oda neki! / Ne adja oda neki!

— Becsukjam az ablakot?

~ Ne csukd be! / Ne csukja be!

— Megismételjem a mondatot?

~ Ne ismételd meg! / Ne ismételje meg!

— Megmondjam, mit akarok?

~ Ne mondd meg! / Ne mondja meg!

— Megtarsam az előadást?

~ Ne tartsd meg! / Ne tartsa meg!

— Elkészítsem a reggelit?

~ Ne készítsd el! / Ne készítse el!

— Lefektessem a gyereket?

~ Ne fektesd le! Ne fektesse le!

— Bemutassam a barátomat?

~ Ne mutasd be! / Ne mutassa be!

— Kinyissam az ablakot?

~ Ne nyisd ki! / Ne nyissa ki!

— Befejezzem a munkát?

~ Ne fejezd be! / Ne fejezze be!

— Kifessem a szobát?

~ Ne fesd ki! Ne fesse ki?

— Elhalasszam a vizsgát?

~ Ne halaszd el! / Ne halassza el!

— Megnövesszem a hajam(at)?

~ Ne növeszd meg! / Ne növessze meg!

— Megegyem a levest?

~ Ne edd meg! / Ne egye meg!

— Kitakarítsam a fürdőszobát?

~ Ne takarítsd ki! / Ne takarítsa ki!

— Megjavítsam a porszívót?

~ Ne javítsd meg! Ne javítsa meg!

— Meglátogassam Szabóékat?

~ Ne látogasd meg őket! / Ne látogassa
   meg őket!

— Meghallgassam a híreket?

~ Ne hallgasd meg őket! / Ne hallgassa
   meg őket!

— Kifizessem a vacsorát?

~ Ne fizesd ki! / Ne fizesse ki!

7.

Kati és Pali fiatal házaspár. Arról beszélgetnek, hogy mit egyenek vacsorára. Pali azt javasolja, hogy egyék meg azt a töltött káposztát, ami megmaradt ebédről. Kati megkérdezi tőle, hogy mit akar inni. Pali sört szeretne inni. De megállapítják, hogy sör nincs (a háznál). Kati kéri Palit, hogy menjen el a boltba, és vegyen sört. Palinak nincs kedve ahhoz, hogy egyedül menjen. Kéri Katit, hogy menjen el vele. Katinak nincs ideje, mert a vacsorát kell készítenie. Pali egyedül megy (bevásárolni). Visszaviszi az üres üvegeket a boltba, és vesz négy üveg sört és két üveg ásványvizet.

8.

Miért nem segítesz? Nem leszek kész nélküled a munkával.
Keljetek fel gyorsan! Még elkésünk miattatok.
Ha te nem utazol, más utazik helyetted.
Pista nagyon szereti Katit. Nem tud élni nélküle.
Ne várj rám! Félek, lemaradsz miattam a vonatról.
Ha nem akartok színházba menni, majd mi megyünk helyettetek.
Pihenjetek egy kicsit! Ezt a munkát nélkületek is el tudjuk végezni.
Pisti sokáig beteg volt. Szülei nagy gondban voltak miatta.
Nincs időm. Ma nélkülem kell mennetek.
Miért nem beszélsz Jánossal? Csak miattad jött el.
Van egy jegyem, de nem tudok moziba menni. Ki megy el helyettem?

9.

Bement az üzletbe, hogy vegyen egy kiló kenyeret.
Magyarországra ment, hogy tanulja a magyar nyelvet.
Korán felkeltünk, hogy idejében el tudjunk indulni.
A kórházba ment, hogy meglátogassa Évát.
Pisti bement a szobába, hogy kinyissa az ablakot.
Kivettem a kulcsot a zsebemből, hogy kinyissam vele az ajtót.
Kimentünk az ajtó elé, hogy megnézzük, ki csöngetett.
Az utasok beszálltak a vonatba, hogy elfoglalják helyeiket.
A határőr jött, hogy ellenőrízze az útleveleket.
Leültem a rádió mellé, hogy meghallgassam a híreket.

10.

Hogy nagy lakásom legyen.
Hogy csend legyen a szobában.
Hogy megtanuljak egy szakmát.
Hogy nyissam ki az ajtót.
Hogy mehessek tovább.
Hogy maradj ágyban.

Hogy meg ne fázzatok/Hogy ne fázzatok meg.
Hogy okosak és jószívűek legyenek.
Hogy el lehessen olvasni.
Hogy nyugodtan beszélgessenek önökkkel.
Hogy senki se zavarjon bennünket.
Hogy megmondjuk a véleményünket.

11.
Bélyegért megyek a postára.
Palikáért megyek az óvodába.
Tejért és húsért megyek a boltba / üzletbe.
A vendégekért megyek a pályaudvarra.
Gyógyszerért megyek a gyógyszertárba.
Zsemléért és süteményért megyek a pékhez.
A férjem öltönyéért megyek a tisztítóba.
A kabátomért visszamegyek. / Visszamegyek a kabátomért.
Az orvosért szaladok. / Szaladok az orvosért.
Menj apádért!

12.
Kovácsné felhívta a férjét a munkahelyén. A férje nem volt a szobájában, mert leszaladt
a büfébe tejért. A kollégája vette fel a telefont. Azt mondta Katinak, hogy várjon, már
jön is a férje. Kati meg akarta beszélni a férjével, hogy ki megy el este a gyerekért az
óvodába. Katinak nem volt ideje. Palinak is sok dolga volt, de úgy gondolta, hogy el
tud menni Pistiért az óvodába. Felesége figyelmeztette, hogy a Petőfi utcába útépítés
miatt nem tud behajtani. Azt javasolta neki, hogy parkoljon az egyik mellékutcában.
Pali még megkérdezte Katitól, hogy hazahozta-e már az öltönyét a tisztítóból. Kati más-
nap akart elmenni érte. Azt mondta a férjének, hogy vegye fel a tanácskozásra a másik
öltönyét. Kati be akarta fejezni a beszélgetést, mert a kolléganője is telefonálni akart.
Pali még mondott neki egy jó hírt: eladta a gyerekkocsit ezer forintért. Kati örült.
Elbúcsúztak.

Tizenegyedik lecke

1.

Mit fogsz csinálni?	Írni fog.
Hová fognak költözni?	Fordítani fogunk.
Mikor fog írni?	Beszélni fogtok.
Mikor fogunk utazni?	Várni fogsz.
Mit fogtok mondani?	Utazni/Menni fognak.

2. °°

A Nyári Egyetemet minden évben meg fogják rendezni.
Mit fognak minden évben megrendezni?

Minden lehetőséget ki fogunk használni a tanulásra.
Mit fogtok kihasználni a tanulásra?
Mire fogtok kihasználni minden lehetőséget?

Az ismerőseidet is meg fogod látogatni?
Kiket fogok meglátogatni?

Mindenkit be fogok mutatni a barátomnak.
Kit/kiket fogsz bemutatni a barátaidnak?
Kinek fogsz bemutatni mindenkit?

Meg fogjátok nézni az új filmeket is.
Mit fogunk megnézni?
Milyen filmeket fogunk megnézni?

Meg fogsz sértődni, ha megmondom az igazat.
Mikor fogok megsértődni?
Miért fogok megsértődni?

Fel foglak hívni az egyetemen.
Hol fogsz felhívni?

Fel foglak keresni benneteket a szállásotokon.
Hol fogsz felkeresni bennünket?
Kit fogsz felkeresni?

Gyakran meg foglak látogatni.
Kit fogsz gyakran meglátogatni?

Meg foglak találni.
Kit fogsz megtalálni?

3.

író, megírt, megírandó, írva; olvasó, elolvasott, elolvasandó; néző, megnézett, megnézendő; mondó, elmondott, elmondandó; váró, várt; tanuló, megtanult, megtanulandó; tanító, megtanító, megtanítandó; tolmácsoló, tolmácsolt, tolmácsolandó; választó, választott, választandó, választva; kereső, keresett, megkeresendő; befejező, befejezett, befejezendő, befejezve; elvégző, elvégzett, elvégzendő, elvégezve; megértett, megértendő; tartó, tartott, tartva; kinyitó, kinyitott, kinyitandó, kinyitva; becsukó, becsukott, becsukandó, becsukva; meggondolt, meggondolandó; elkészített, elkészítendő, elkészítve; ismétlő, ismételt, ismétlendő, ismételve; javító, javított, javítandó, javítva; záró, zárt, zárandó, zárva.

4.

a) egy jól író töltőtoll
    egy szorgalmasan tanuló gyerek
    a villamosban ülő emberek
    az egyetemen tanító professzor
    a gyárban dolgozó mérnök
    a csoportját kereső turista
    egy rosszul járó óra
    a pályaudvar előtt álló emberek
    az újságot olvasó férfi
    a pályaudvarra érkező vonat

b) a helyesen megtanult szavak
    a két évvel ezelőtt választott szak
    a végre lezárt/befejezett munka
    a szünetben kikölcsönzött könyv
    a tegnap kinyitott ablak
    a konyhában megterített asztal
    a holnapra tervezett kirándulás
    a teljesen kicsomagolt/kiürített bőrönd
    a félig nyitott ajtó
    a tegnap kapott levél

c) a holnap választandó bizottság
    a ma elintézendő feladatok
    a rögtön fordítandó beszéd
    a könyvtárban kinyitandó ablak
    egy alaposan meggondolandó dolog/ügy
    az azonnal elcserélendő lakás
    az ünnepségen bemutatandó vendégek
    a holnap megjavítandó porszívó
    a következő években építendő házak
    az azonnal fizetendő összeg

d) énekelve beszél
   ülve alszik
   megsértődve áll (ott)
   nevetve mesél
   gondolkodva dolgozik

   állva dolgozik
   sietve eszik
   fekve olvas
   valamit mosva eszik
   valamit főzve szeret

5.

A Budapesten élő barátom általános iskolában tanít.
A külföldön tanuló fiatalok kedvező helyzetben vannak.
A szálló előtt várakozó csoportot múzeumba visszük.
A János mellett álló vendéget még nem ismerem.
A mellettem ülő utassal sokáig beszélgettem.
A délután induló vonatokkal nem mehetünk.
A kocsiban maradó csomagokra csak holnap lesz szükségünk.
A németül értő vendégek ebbe a buszba szálljanak!

6.

azok a parkok, amelyeket fákkal és virágokkal beültettek
azok a vendégek, akik különböző országokból érkeztek
azok a lehetőségek, amelyeket a nyáron felkínáltak
azok a napok, amelyeket Debrecenben töltöttünk
az az asztal, amelyet a konyhában terítettek meg
az a nyelv, amelyet jól megtanultunk
az a munka, amelyet tegnap befejeztünk
az a kirándulás, amelyet a múlt hétre terveztek
az az ajándék, amelyiket az asztalra tettek
az az ajtó, amelyet félig kinyitottak

7.

Az elintézendő dolgok mind a kollégámra várnak.
A fordítandó szöveg hosszúsága három oldal.
A bemutatandó vendégek között három professzor volt.
A következő években építendő lakások ára magas lesz.
A megjavítandó porszívót elviszi a férjem a javítóba.
A leendő mamák az orvos várószobájában ülnek.
Az aláírandó papirokat beviszem a főnökömhöz.
Ezek nagyon alaposan meggondolandó dolgok.

8.

János a munkát befejezve felállt az asztaltól.
Apám mélyen elgondolkodva jött-ment a szobában.

Pisti hangosan nevetve mesélte barátainak a vicceket.
A gyárakban gyakran a nehéz munkákat is állva végzik.
Ezeket a sportgyakorlatokat egy alacsony széken ülve kell végezni.
A költő versét felolvasva felállt, és kiment a teremből.
Kezemet megmosva azonnal leültem az asztalhoz.
A szállást kifizetve taxival mentünk a pályaudvarra.
A vonatra várva megittunk egy jó erős kávét.
Berlinbe megérkezve azonnal felkerestem az orvosomat.

9.

a falon levő kép	az órán való részvétel	a bőröndben levő könyvek
a főnökömmel való vita	a konyhában levő székek	a barátommal való beszél-
az ablakon levő függöny	a gyerekkel való foglalkozás	getés
a szótárral való munka	az udvaron levő gyerek	az írógéppel való írás
a rajtam levő ruha	a szüleimmel való találkozás	a zsebemben levő papirok
		a könyvben levő kép

10.
Az apám által küldött csomag nagyon értékes volt.
Az általatok tervezett házak sokkal szebbek.
Az apám által írt levelet elvittem a postára.
A munkahely által felkínált lehetőségeket ki kell használni.
Az általad említett témával még nem foglalkoztunk.
A bizottság által szervezett kirándulásra sokan elmentek.
Az orvosom által felírt gyógyszert az egész városban nem lehetett kapni.
Az általuk javasolt megoldás senkinek sem tetszett.

11.
kezdő — Anfänger; dolgozó — Arbeiter/Angestellter; eső — Regen; író — Schriftstel-
ler; lakó — Mieter; olvasó — Leser; öltöző — Garderobe; tanuló — Schüler; találkozó
— Treffen; váró — Warteraum; ebédlő — Speisesaal; adó — Steuer; vevő — Käufer;
rendező — Regisseur; kísérő — Begleiter; fogadó — Wirtshaus; folyó — Fluß; beszá-
moló — Bericht; futó — Läufer; meghívó — Einladung; sütő — Backröhre; tervező —
Architekt; úszó — Schwimmer; csomagoló — Warenausgabe

12.
Hol fekszik Debrecen?
Milyen város Debrecen?
Honnan indulnak a villamosok a Nagyerdő felé?
A város mely nevezetességei mellett halad el a villamos?

Hol van a Kossuth Lajos Tudományegyetem?
Milyen feladatai vannak ennek az egyetemnek nyáron?
Mit kínál fel (nyújt) a Nyári Egyetem résztvevőinek?
Hová látogathatnak el a Nyári Egyetem résztvevői?
Milyen rendezvények vannak este?

13.

Petőfi idejében Debrecen még pusztai város volt. A költő szerette a pusztát. Verseiben gyakran írt róla. A Hortobágyot egyik versében dicső rónaságnak nevezte, ahol a nap hosszabb utat tesz meg, mint máshol. Petőfi szerint megmérhetetlen ott a láthatár és olyan, mint egy kerek asztal, amelyet beborít az ég üvegharangjával. Debrecen ma modern nagyváros. Az utóbbi években sokat fejlődött. Szívesen jönnek ide külföldiek is. A nyár egyik legnagyobb eseménye mindig a Nyári Egyetem, amelyet több nint hatvan éve megrendeznek. A Nyári Egyetem résztvevői tanulhatják a magyar nyelvet, ismerkedhetnek a magyar tudománnyal és kultúrával. Gyakran szerveznek kirándulásokat is Debrecen környékére, a Hortobágyra, Tokajba, Egerbe és más helyekre. Este filmvetítések, néptánctanulás és más kulturális rendezvények vannak.

14.

Amikor a busszal elhaladtunk a Nagytytemplom mellett, megláttuk a Református Kollégiumot.
Nagymama tegnap szidta Pistit, mert nem jött haza ebédre.
Családunk jövőre ellátogat Magyarország kisebb városaiba és falvaiba is.
Amikor kocsink megérkezett a ház elé, Molnárék már az ajtóban vártak bennünket.
A múzeum igazgatója kért bennünket, hogy kövessük őt.
A kéthetes magyarországi tartózkodás után hozzászoktunk a meleghez.
Az egyetemi előadások egy része az ország megismerését szolgálja.
Petőfi Sándor Debrecent pusztai városnak nevezte.
Csak akkor győződhetünk meg a város szépségéről, ha saját szemünkkel látjuk.
A szüleim nem akarták elhinni, hogy nem volt időm levélírásra.

Tizenkettedik lecke

1.

játszana	ébresztene	gyarapítana	menne
választana	látszana	bővítene	melegítene
tartana	vonzana	békítene	aludna
fordítana	váltana	venne	tisztítana
jelentene	takarítana	fiatalítana	feküdne
megértene	elfelejtene	lenne	enne
segítene	leülne	lyukasztana	mosakodna
mondana	megtiltana	haragítana	inna
készítene	átalakítana	megbántana	haragudna
jönne	bizonyítana	szépítene	tenne

2.

Gyakran fürödtem volna.
Sokat úsztam volna.
Lassan ettem volna.
Későn reggeliztem volna.
Sokat aludtam volna.
Kertészkedtem volna.
Otthon vacsoráztunk volna.
Írni is szerettünk volna.
Esténként olvasni szerettünk volna.
Külföldre utaztunk volna.
Kitakarítottátok volna a lakást?
Játszottatok volna a kisfiúval?
Megmelegítettétek volna a levest?
Segítettetek volna nekem?
Vettetek volna egy kávét?

Kirándult volna a hegyekbe.
Élvezte volna a természetet.
Esténként zenét hallgatott volna.
Lustálkodhatott volna egy kicsit.
Nem kelt volna fel olyan korán.
Kilyukasztották volna a jegyeket.
Megharagudtak volna.
Elkészítették volna a vacsorát.
Gyorsan megmosakodtak volna.
Felébresztették volna a gyereket.
Eljöttél volna velem a moziba?
Megmondtad volna ezt neki?
Felhívtál volna?
Hittél volna neki?
Te is kértél volna egy kávét?

3.

a) — Felhívnál ma délután?
    ~ Ha felírnád a telefonszámodat, felhívnálak.

    — Bemutatnál a barátodnak?
    ~ Ha idejében jönnél, bemutatnálak.

    — Engem is megkínálnál?
    ~ Ha ideadnád a poharadat, megkínálnálak.

    — Felébresztenél holnap reggel?
    ~ Ha nem ébrednél fel, felébresztenélek.

— Megértenél?
~ Ha mindent elmondanál, megértenélek.

— Meghallgatnál?
~ Ha kedvesebb lennél, meghallgatnálak.

— Felkeresnél Berlinben?
~ Ha megmondanád a címedet, felkeresnélek.

— Megvárnál?
~ Ha sietnél, megvárnálak.

— Hazakísérnél?
~ Ha nem kapnál taxit, hazakísérnélek.

— Megismernél?
~ Biztosan megismernélek.

b) — Elcserélnéd ezt a szép lakást?
~ Nem cserélném el.

— Megvennéd ezeket a bútorokat?
~ Nem venném meg.

— Elfogadnád ezt az ajándékot?
~ Nem fogadnám el.

— Belátnád ezt?
~ Nem látnám be.

— Megfizetnéd ezt az árat?
~ Nem fizetném meg.

— Elvégeznéd ezt a nehéz munkát?
~ Nem végezném el.

— Odaadnád Péternek az autót?
~ Nem adnám oda.

— Megmondanád, hol voltál?
~ Nem mondanám meg.

— Meghallgatnád, amit mond?
~ Nem hallgatnám meg.

— Elmesélnéd ezt valakinek?
— Nem mesélném el.

— Lefordítanád, amit mondanak?
~ Nem fordítanám le.

— Megennéd ezt az ételt?
~ Nem enném meg.

— Meginnád ezt a bort?
~ Nem innám meg.

— Elolvasnád a más levelét?
~ Nem olvasnám el.

4.
— Elcserélné a lakását? / Elcserélte volna a lakását?
~ Miért ne cserélném el! / Miért ne cseréltem volna el!

— Felhívná a főnökét? / Felhívta volna a főnökét?
~ Hogyne hívnám fel! / Hogyne hívtam volna fel!

— Elhozná a feleségét? / Elhozta volna a feleségét?
~ Miért ne hoznám el! / Miért ne hoztam volna el!

— Megmérné a lázát? / Megmérte volna a lázát?
~ Hogyne mérném meg! / Hogyne mértem volna meg!

— Felolvasná a versét? / Felolvasta volna a versét?
~ Miért ne olvasnám fel! / Miért ne olvastam volna fel.

— Elküldené a gyerekét? / Elküldte volna a gyerekét?
~ Hogyne küldeném el! / Hogyne küldtem volna el!

— Meghívná a tanárát? / Meghívta volna a tanárát?
~ Miért ne hívnám meg! / Miért ne hívtam volna meg!

— Ideadná a kocsiját? Ideadta volna a kocsiját?
~ Hogyne adnám oda! / Hogyne adtam volna oda.

— Feltenné a bőröndjét? / Feltette volna a bőröndjét?
~ Miért ne tenném fel! / Miért ne tettem volna fel!

— Felírná a címét? / Felírta volna a címét?
~ Hogyne írnám fel! / Hogyne írtam volna fel!

— Megadná a telefonszámát? / Megadta volna a telefonszámát?
~ Miért ne adnám meg! / Miért ne adtam volna meg!

— Kijavítaná a hibáját? / Kijavította volna a hibáját?
~ Hogyne javítanám ki! / Hogyne javítottam volna ki!

— Felolvasná a levelét? / Felolvasta volna a levelét?
~ Miért ne olvasnám fel! / Miért ne olvastam volna fel!

— Belátná a hibáját? / Belátta volna a hibáját?
~ Miért ne látnám be. / Miért ne láttam volna be.

6.
Jó lenne már elmenni a színházba. Ha holnap este sikerülne, nagyon örülnék. Azt hiszem, már illene is elmenni, mert karácsonykor voltam utoljára színházban. Pista is azt mondja, hogy nem szabad mindig otthon ülni. Nem lenne rossz, ha Pistával együtt

mehetnék. Csak azt nem tudom, milyen darabot nézzünk meg. Fölösleges lenne meg-
nézni olyan darabot, amit már láttunk. Ez teljesen fölösleges lenne. Csak akkor lenne
érdemes színházba menni, ha olyan darabot játszanak, amely nekem is, neki is tetszik.

7.

Hazamentem anélkül, hogy elbúcsúztam volna a kollégáimtól. Éva csak száraz zsemlét
eszik ahelyett, hogy megebédelne. Sokan eljönnek az órára anélkül, hogy felkészültek
volna. Elindultak a kocsijukkal anélkül, hogy betették volna a csomagjaikat.
Egyedül mész ahelyett, hogy velünk jönnél?
Felálltak az asztaltól anélkül, hogy ettek volna. Egész vasárnap dolgozunk ahelyett, hogy
pihennénk. Hazamentem anélkül, hogy befejeztem volna a munkát.
Az orvos elküldte a beteget anélkül, hogy gyógyszert írt volna fel neki.
Ahelyett, hogy megmondtad volna neki a véleményedet, meghívtad a születésnapodra is.

8.

Ahelyett, hogy szólna, maga viszi a bőröndöt.
Elmentek anélkül, hogy elbúcsúztak volna.
Moziba mentem ahelyett, hogy dolgoztam volna.
Autóval mentél ahelyett, hogy gyalog mentél volna.
Felállt anélkül, hogy evett volna/ebédelt volna.
Lefeküdtök ahelyett, hogy táncolni mennétek?
Kimentek az étteremből anélkül, hogy fizettek volna.
Állandóan beszél anélkül, hogy valami fontosat mondana.
Bosszankodtak ahelyett, hogy jókedvűek/vidámak lettek volna.
Ahelyett, hogy felhívott volna, másnap saját maga jött.

9.

Mielőtt felvettek az egyetemre, barátnőmmel együtt múzeumi felügyelőként dolgoztunk.
Úgy is mondhatnánk, hogy az egyetem előtt a múzeum szolgált munkahelyemül. Na-
ponta csak öt órát kellett dolgoznunk, és fejenként négyszáz márka fizetést kaptunk. A
munkánk ritkán vált fáradságossá számunkra. Többek között vigyáznunk kellett arra
is, hogy a látogatók ne lépjenek cipőstül, csizmástul a múzeumi termekbe. De volt más
feladatunk is. Már ott is dolgoztam tolmácsként, amikor angol vagy magyar látogatók
jöttek. Mivel reggelente kevés munkánk volt, olvasgattunk, nézegettük a múzeumi
tárgyakat. Délutánonként és esténként mindig volt valami érdekes programunk. A
múzeumban eltöltött év nagyon fontos volt számomra.

10.

A fák és bokrok lassan zöldülnek.
A szobában levő virágok megsárgultak.

Ne vedd fel a pulóveremet, kibővül!
A rádióval valami nincs rendben, mindig lehalkul.
De lebarnultál!
Ősszel a napok rövidülnek.
Ez a törvény még ma is érvényesül.
Amikor az ebéd elkészült, az egész család asztalhoz ült.
Az utcák és házak megszépültek.

11.
Minden embernek érvényesítenie kell a jogát.
Ez az íratlan törvény mai napig is mindenütt érvényesül.

Nagyon kérlek, halkítsd le a rádiót.
A televízió egyszerre lehalkult, majd a kép is elment.

Ki fogja készíteni/elkészíteni a mai ebédet?
Amikor elkészülök a munkámmal, meghallgatom a híreket.

A férjem nem tudja megjavítani a porszívót.
Amikor tavasszal javul az idő, mindenkit vonz a természet.

A pénz nem mindig boldogít.
Hogyan boldogulsz ezzel a nagy családdal?

Ha munka után gyalog megyek haza, mindig felfrissülök.
A sport az egyik embert felfrissíti, a másikat kifárasztja.

Amikor mellém ért, lelassította a kocsiját.
Ha ennyire lelassulsz, sohasem érsz célba.

Zsuzsát nagyon megszépítette a szerelem.
Zsuzsa megszépült a szerelemtől.

Berlinben és Budapesten sok régi házat felújítottak.
A régi házakban levő lakások a renoválás után felújultak.

A két ország vezető politikusai a látogatás során elmélyítették kapcsolataikat.
A látogatások során a két ország közötti kapcsolatok egyre inkább elmélyültek.

15.
Tegnap arra ébredtem, hogy valaki kopog az ablakomon.
Bámulom az öcsémet, mert németül is magyarul is tisztán beszél.

Ha Mikitől megkérdezik, hogy hogy hívják, azonnal megmondja.

A kalauz figyelmeztette a kisfiút, hogy ne ugorjon le a villamosról.

Amikor meguntuk a tévézést, lefeküdtünk.

A szerelő nagyon csodálkozott azon, hogy a tévé nem működött.

A néni az iránt érdeklődött, hogy látott-e már Miki oroszlánt.

A regényt Karinthy fordította angolról magyarra.

Amikor a beteg felébredt, már nem emlékezett semmire.

Az egyik olvasó azon akadt fönn, hogy miért beszélnek a négerek egy angol regényben törve.

A főnök szólt a titkárnőjének, hogy küldje be a kollégákat.

Miki, nem szabad kíváncsiskodni!

MAGYAR-NÉMET SZÓJEGYZÉK — ALPHABETISCHES WÖRTERVERZEICHNIS UNGARISCH — DEUTSCH

Das Wörterverzeichnis enthält die ungarische Lexik der Lektionen in alphabetischer Reihenfolge, wobei — in Anlehnung an die Praxis der meisten Wörterbücher — die Kürze und Länge der Vokale bei der Einordnung nicht berücksichtigt wurde.

Bei der Wahl und Abfolge der deutschen Entsprechungen war die aktuelle Bedeutung der ungarischen Wörter in den Lektionstexten ausschlaggebend. Nach jedem Wort ist die Lektionszahl verzeichnet. Mehrere Lektionszahlen bedeuten, daß das Wort in den angegebenen Lektionen in unterschiedlicher Bedeutung auftritt.

Feststehende Wendungen wurden — soweit es möglich war — den entsprechenden Schlüsselwörtern zugeordnet. So ist z. B. die Wendung

szóról szóra »Wort für Wort«

unter dem Wortartikel szó »Wort« zu finden. War eine Zuordnung zu einem Schlüsselwort nicht möglich, wurden die Wendungen ohne Berücksichtigung des bestimmten Artikels alphabetisch ins Wörterverzeichnis eingeordnet.

Zum Verb, zum Substantiv und zum Adjektiv wurden ergänzend die folgenden grammatischen Informationen angegeben:

Zum Verb

— die Rektion, wenn diese von der Rektion des deutschen Verbs abweicht (fél vmitől »sich fürchten, Angst haben vor«);
— der Infinitiv bei mehrstämmigen Verben (tesz, tenni »tun, legen, stellen«);
— die 3. Ps. Sg. der bestimmten Konjugation bei Verben, bei denen im Präsens mit Ausnahme der 1. Ps. Pl. ein Vokalausstoß erfolgt (érez, érzi »fühlen«).

Zum Substantiv

— der Plural in allen Fällen;
— der Akkusativ bei konsonantisch auslautenden Substantiven, die keinen Bindevokal vor dem Objektsuffix -t haben (ismerős, -ök, -t »Bekannter«);
— das Possessivsuffix konsonantisch auslautender Substantive, die ihre 3. Ps. Sg. mit -ja, -je bilden (barát, -ok, -ja »Freund«).

Zum Adjektiv

— die Suffixe der modaladverbialen Bestimmung in allen Fällen (szép, -en »schön«; rossz, -ul »schlecht«).

A, Á

a *1*	der, die, das
abbahagy vmit *10*	aufhören mit
ABC, -k *4*	Supermarkt
ablak, -ok *1*	Fenster
ad *4*	geben
adat, -ok *4*	Angabe, Fakt
addig *3*	bis dahin, solange
addig ...,	so lange, wie
ameddig *3*	
addig ..., (a)míg *3*	so lange ..., so lange
adódik *9*	sich ergeben
adottság, -ok *9*	Gegebenheit
agy, -ak *11*	Gehirn, Kopf
ágy, -ak *12*	Bett
agyafúrt, -an *12*	raffiniert, ausge-
	klügelt
ágyaz *11*	betten
ahelyett, hogy *12*	anstelle, daß
ahogy *1*	wie
ajándék, -ok *2*	Geschenk
ajánl *11*	empfehlen
ajtó, -k, ajtaja *2*	Tür
akar *1*	wollen
akkor *1*	dann
akkor ..., amikor *3*	dann ..., wann
akkora ...,	soviel ..., soviel
amekkora *11*	
alacsony, -an	niedrig, klein
alakul *12*	sich gestalten
alapos, -an *10*	gründlich
alatt *1, 3*	unter, während, in-
	nerhalb
albérlet, -ek *3*	Untermiete
alig *2*	kaum
alkalmas, -an *10*	geeignet, günstig
alkalmazott, -ak,	Angestellter
-ja *6*	
alkalom, alkal-	Gelegenheit
mak *9*	
alkóvos *7*	mit Schlafnische
áll *1*	stehen
állandó, -an *2*	ständig

állás, -ok, -t *6*	Stelle, Anstellung
állatkert, -ek,	Tierpark, Zoo
je *2*	
állít *8*	behaupten
állomás, -ok, -t *5*	Station, Haltestelle
alma *4*	Apfel
álmélkodás, -t *8*	Staunen
alszik, aludni *3*	schlafen
által *11*	von, durch
általában *2*	im allgemeinen
általános, -an *1*	allgemein
amely(ik) *2*	welcher, welche,
	welches: der, die,
	das
anélkül, hogy *12*	anstelle, daß
angol, -ok, -t,	Engländer
-ja *1*	
angol, -ul *1*	englisch
annál több *9*	umso mehr
anya, -k, anyja *1*	Mutter
anyanyelv, -ek *12*	Muttersprache
annyi *2*	so viel (wie jener)
anyu *7*	Mutti
apa, -k, apja *1*	Vater
április, -t *3*	April
apró *10*	winzig, klein
apróhírdetés, -ek,	Inserat, Annonce
-t *7*	
apu *7*	Vati
ár, -ak *5*	Preis
ár, -ak, -t, -ja *6*	Strömung
arány, -ok, -t *6*	Anteil, Verhältnis,
	Proportion
árnyék, -ok *8*	Schatten
áruház, -ak *2*	Warenhaus, Kauf-
	haus
árvíz, -vizek *6*	Überschwemmung
ásványvíz,	Mineralwasser
-vizek *10*	
aszfalt, -ok, -ja *7*	Asphalt
asztal, -ok, -t *1*	Tisch
átalakít *11*	umformen, umge-
	stalten, transfor-
	mieren

átáll *9*	sich umstellen
átgondol *10*	durchdenken, überlegen
átmegy vmin, átmenni *3*	hinübergehen
átszáll *3*	umsteigen
augusztus, -t *3*	August
autó, -k *2*	Auto
- **autót vezet** *11*	Auto fahren
- **autóvezetői tanfolyam** *8*	Fahrschule
automatikus, -an *9*	automatisch
autósbolt, -ok, -ja *9*	Geschäft für Autozubehör
autóvezető, -k *8*	Autofahrer
az *2*	jener, jene, jenes: das dort
az *1*	der, die, das
azért *1*	deshalb, darum
azonban *4*	aber, jedoch
azonnal *3*	sofort, gleich
azóta *3*	seit dem
azóta ..., amióta *3*	seit ..., seit dem
azután *2*	danach, dann, nachher

B

baj, -ok, -t *6*	Übel, Problem, Malheur
- **nem baj** *4*	macht nichts
- **nincs semmi baja** *9*	es fehlt ihm nichts
bámul *8, 12*	anstarren; staunen, bewundern
bank, -ok, -ja *7*	Bank (Geldinstitut)
bár *7*	obwohl
bárcsak *12*	wenn nur
barát, -ok, -ja *2*	Freund
baráti, -an *11*	freundschaftlich
barátnő, -k *9*	Freundin
barkácsol *12*	basteln
barna, -n *2*	braun, brünett
bátor, bátran *9*	tapfer, mutig
bátorkodik *12*	sich trauen, sich erkühnen, frei sein etwas zu tun
báty, -ák, bátyja *6*	der ältere Brüder
beborít *11*	bedecken
becsuk *7*	schließen
beépített, -en *7*	eingebaut
befejez *5*	beenden
befolyik *6*	einströmen, einfließen, münden
behajt *10*	einfahren, einbiegen
bejárat, -ok *1*	Eingang
bejön, bejönni *3*	hereinkommen
béke *10*	Frieden
békít *12*	versöhnen; beschwichtigen
békül *12*	sich versöhnen
belát *8*	einsehen
belegyökerezik *11*	sich einwurzeln, festsetzen
beleilleszkedik *11*	sich einfügen
belépőjegy, -ek *6*	Eintrittskarte
beleszól *10*	hineinreden, sich einmischen
belül vmin *9*	innerhalb von
belváros, -ok, -t *6*	Innenstadt
bemegy, bemenni *3*	hineingehen
bemutat *5, 11*	vorstellen; vorführen, aufführen
bemutatkozás, -ok, -t *6*	Vorstellung
bemutatkozik *9*	sich vorstellen
benzin, -ek, -t *6*	Benzin
berendez *7*	einrichten
bérkaszárnya, -k *8*	Mietskaserne
beszáll *3*	einsteigen
beszámol *8*	berichten

beszámoló, -k *5*	Bericht	bútor, -ok, -t *6*	Möbel
beszél *1*	sprechen, reden	butul *12*	dumm werden
beszélget *1*	sich unterhalten	büfé, -k *2*	Büfett
beszélgetés, -ek, -t *3*	Gespräch		
betanul *11*	sich einprägen	**C**	
betér *7*	einkehren		
beteg, -en *5*	krank	cédula, ˉk *5*	Zettel
betű, -k *5*	Buchstabe	cél, -ok, -t, -ja *7*	Ziel
beültet *11*	bepflanzen	célszerű, -en *11*	zweckmäßig
bevág *11*	sich einhämmern, einbläuen, einpau-ken	ceruza, ˉk *6*	Bleistift
		cigaretta, ˉk *4*	Zigarette
		cigány, -ok, -t *12*	Zigeuner
bevásárol *3*	einkaufen	cím, -ek *7*	Titel; Adresse
bizonyára *3*	sicherlich, wahr-scheinlich	cipő, -k *6*	Schuh
		cipőbolt, -ok, -ja *4*	Schuhgeschäft
bizonyít *11*	beweisen		
biztos, -an *1*	sicher	civil *8*	zivil
biztos vmiben *11*	sicher sein	comb, -ok *4*	Keule, Schnitzel-fleisch
biztosan *1*	bestimmt, sicher-lich		
		cukor, cukrot *4*	Zucker
blokk, -ok, ja *4*	Kassenzettel	cukrászda, ˉk *4*	Konditorei
blúz, -ok, -t *6*	Bluse		
bocsánat! *1*	Entschuldigung! Verzeihung!		
		CS	
- bocsánatot kér vkitől *5*	jemanden um Ent-schuldigung bitten	csak *1*	nur, lediglich
bogarasság, -ok *12*	Pedanterie, Klei-nigkeitskrämerei	csakhogy *8*	aber, allerdings
		csakis *8*	einzig und allein
boldog, -an *4*	glücklich	család, -ok, -ja *1*	Familie
bor, -ok, -t *4*	Wein	csalétek, csa-létkek *12*	Köder
borosüveg, -ek *9*	Weinflasche		
borzasztó, -an *12*	schrecklich	cselédlány, -ok, -t *12*	Dienstmädchen, Magd
bő, bőven *9*	weit, reichlich		
bőrönd, -ök, -je *6*	Koffer	cselekszik, cse-lekedni *10*	handeln, tun
bővít *11*	erweitern, weiter machen		
		csend, -je *1*	Stille, Ruhe
bővül *12*	sich erweitern, weiter werden	cseng *1*	klingelt (Telefon)
		cserél vmire *12*	tauschen gegen
budapesti, -ek *1*	Budapester	csésze, ˉk *4*	Tasse
buli, -k *6*	Fete, Party	cseveg *2*	plaudern, schwatzen
busz, -ok, -t *2*	Bus		
butít *12*	dumm machen, verdummen	csinál *1*	machen
		csípős, -en *8*	bissig, scharf, spitz

csíptetővas,   Lochzange, Loch-
  -ak *12*   eisen, Locher
csoda, -k *7*   Wunder
csodálatos, -an *8*   wunderbar
csodálkozik   sich wundern,
  vmin *9*   staunen
csók, -ok, -ja *12*   Kuß
csokor,   Blumenstrauß,
  csokrok *11*   Strauß
csomag, -ok, -ja *4*   Paket
csomagol *9*   packen
csónak, -ok, -ja *6*   Boot
csoport, -ok, -ja *2* Gruppe
csörgés, -ek, -t *12* Klirren, Klingeln
csörög *6*   klirren, klingeln
csütörtök, -ök *3*   Donnerstag

D

darab, -ok, -ja *4*   Stück
de *1*   aber
december, -t *3*   Dezember
dekagramm, -ja *4*   Dekagramm
dél, delek *3*   Mittag; Osten, Ost
délelőtt, -ök,   Vormittag, vormit-
  -je *5*   tags
délkelet *6*   Südosten, Südost
délután, -ok, -t *3*   Nachmittag, nach-
                       mittags
diák, -ok, -ja *1*   Student, Schüler
diákotthon, -ok,   Studentenwohn-
  -t *2*   heim
dicsér *10*   loben
dicső, -en *11*   herrlich
dinnye, -k *12*   Melone
dióhéj, -ak *6*   Nußschale
diplomás, -ok,   Absolvent
  -t *6*
dob *8*   werfen
doboz, -ok, -t *4*   Schachtel, Karton;
                       Dose
dohányzik *10*   rauchen
dolgozik *1*   arbeiten

dolgozó, -k *2*   Mitarbeiter, Ange-
                       stellter
dolog, dolgok *6*   Sache, Angelegen-
                       heit
- sok dolga van *6*   er hat viel zu tun
dönt *10*   entscheiden
drága *7*   teuer
Drezda *1*   Dresden

E, É

ebéd, -ek, -je *2*   Mittagessen
ebédel *2*   zu Mittag essen
ebédjegy, -ek *6*   Essenmarke (Mit-
                       tagessenbon)
ébred vmire *8*   wach werden
                       durch
ecet, -ek, -je *12*   Essig
eddig *11*   bisher
édes, -en *12*   süß
édesanya, -k,   Mutter (vertrau-
  -anyja *6*   lich, familiär)
édesapa, -k,   Vater (vertraulich,
  -apja *6*   familiär)
ég, eget *11*   Himmel
egész *1*   ganz
egészség *6*   Gesundheit
egészséges, -en *6*   gesund
egészségügy *6*   Gesundheitswesen
egy *2*   ein, eine, ein; eins
egyaránt *8*   gleichfalls
egybeesik *6*   zusammenfallen
                       mit
egyébként *10*   übrigens, somit
egyedül *2*   allein
egyenesen *3*   direkt, gerade-
                       wegs, geradeaus
egyetem, -ek *1*   Universität
egyetemista, -k *5*   Student
egyetért vkivel *9*   der gleichen Mei-
                       nung sein
egyetlen *7*   einziger
egyforma, -n *3*   gleich, gleichförmig

(az) egyik *1*	der, die, das eine
(az) egyikünk *12*	der eine von uns
egykor *11*	einst
egymás *5*	einander
egyre *7*	immer mehr
egység, -ek *11*	Einheit
egyszer *5*	einmal
egyszerre *11*	auf einmal
egyszerű, -en *5*	einfach
együtt *3*	zusammen, gemeinsam
éhes, -en *10*	hungrig
éjjel, -ek *3*	Nacht; nachts
éjszaka, ˉk *3*	Nacht
él *1*	leben
elad *10*	verkaufen
elbúcsúzik *10*	sich verabschieden
elcserél vmire *7*	tauschen gegen
elég vmire *5*	reichen für
elég, eleget *2*	genügend, ausreichend
elég *5*	ziemlich, genug
élelmiszer, -ek, -t *5*	Lebensmittel
élelmiszeripar, -t *6*	Lebensmittelindustrie
elem, -ek *11*	Element, Teil
élet *9*	Leben
életforma, ˉk *9*	Lebensform
elfelejt *10*	vergessen
elgondolkoztató, -an *12*	überlegenswert
elhalad vmi mellett *11*	an etwas vorbeigehen, vorbeifahren
elhatároz vmit *11*	sich entschließen, sich vornehmen
elhelyezkedik *9*	Platz nehmen, sich bequem machen
elintézés, -t *10*	Erledigung
eljut vhová *9*	kommen, gelangen
elképzelés, -ek, -t *10*	Vorstellung
elkésik *9*	sich verspäten
elkezdődik *intransitiv* *3*	beginnen
ellankad *11*	schwächer werden, nachlassen
ellátás, -t *6*	Versorgung, Verpflegung
ellátogat vhová *4*	hingehen, besuchen
ellenkező, -en *11*	entgegengesetzt, gegenteilig
ellenőríz (ellenőrzi) *12*	kontrollieren
ellentét, -ek *8*	Gegensatz
elmegy, elmenni *2*	weggehen, hingehen
élmény, -ek, -t *4*	Erlebnis
elmesél *6*	erzählen
elmúlik *11*	vergehen
elmúltával *12*	nach Ablauf von
elnéz *1*	nachsehen, Nachsicht haben
elolvas *5*	lesen
előadás, -ok, -t *2*	Vorlesung, Vortrag
(az) előbb *3*	vorhin
előcsarnok, -ok *3*	Halle, Foyer
előír *10*	vorschreiben
előkészület, -ek *10*	Vorbereitung
elölről *12*	von vorne
előre *10*	im voraus
előregyártott *11*	vorgefertigt
először *2*	zuerst
előtt *1*	vor
elővesz, elővenni *11*	hervorholen, hervornehmen
elsajátít *11*	aneignen, sich aneignen
elsuhan vmi mellett *11*	vorbeihuschen, vorbeiziehen
elszigetelt, -en *11*	isoliert
eltakarítás, -t *8*	wegräumen, wegschaffen
eltart *5*	dauern
elterül *6*	liegen, sich erstrecken
elutazik *3*	abreisen, verreisen

elvégez, elvégzi *5*	erledigen; beenden	és *1*	und
élvez *12*	genießen	esemény, -ek,	Ereignis, Bege-
elvillan *11*	aufblitzen	-t *9*	benheit
elvisz, elvinni *8*	mitnehmen	esetleg *9*	eventuell
ember, -ek, -t *2*	Mensch, Mann	esik *12*	fallen
emellett *10*	daneben; bei alledem	eső, -k *12*	Regen
emlékszik, em-	sich erinnern	esküvő, -k *11*	Hochzeit, Trauung
lékezni *11*		este, -k *1*	Abend
emlékmű,	Denkmal,	észak *8*	Norden, Nord
-művek *2*	Bauwerk	eszik, enni *4*	essen
említ *11*	erwähnen	észrevétel, -ek,	Einwand, Bemer-
én *1*	ich	-t *12*	kung
énekel, énekli *5*	singen	étel, -ek, -t *6*	Speise
ennyi *2*	soviel (wie dieser)	étkezés, -ek, -t *11*	Mahlzeit, Essen-
épít *8*	bauen		zeit
építés, -ek, -t *8*	Bau	étterem,	Restaurant
építőművész, -ek,	Baumeister,	-termek *2*	
-t *8*	Architekt	étvágy, -ak *6*	Appetit
éppen *2*	gerade	év, -ek *3*	Jahr
épül *7*	bauen	évtized, -ek *7*	Jahrzehnt
épület, -ek *2*	Gebäude	ez *2*	dieser, diese, die-
érdekel vkit vmi,	sich interessieren		ses; das hier
érdekli *7*	für	ezenkívül *11*	außerdem
érdekes, -en *2*	interessant	ezer *2*	Tausend
érdeklődés, -t *9*	Interesse	azután *7*	in Zukunft, dem-
érdeklődik *9*	sich erkundigen		nächst, danach
érdeklődik vmi	sich interessieren		
iránt *12*	für		
érdeklődő, -k *7*	Interessent	**F**	
érdemes *2*	sich lohnen, loh-		
	nend, es lohnt sich	fa, -k *2*	Baum
erdő, -k, erdeje *3*	Wald	fagylalt, -ok,	Speiseeis
erdőség, -ek *9*	Waldgebiet, Wälder	-ja *8*	
eredeti, -en *12*	ursprünglich,	faipar, -t *6*	Holzindustrie
	original	fáj *6*	schmerzen
érez, érzi *5*	fühlen, spüren	fal, -ak *1*	Wand
érkezik vhová *3*	ankommen	falu, -k *4*	Dorf
erő, -k, ereje *6*	Kraft	fáradságos,	anstrengend,
- erejéig *11*	bis zur Höhe, bis	-an *12*	mühevoll
	zur Länge, kraft	fáradt, -an *1*	müde
ért *5*	verstehen	farsang, -ok,	Fasching
értékes, -en *2*	wertvoll	-ja *6*	
értelmiségi, -ek *6*	Intelligenz, Intel-	február, -t *3*	Februar
	lektueller	fehér *6*	weiß

fehérnemű, -k *6* — Wäsche
fej, -ek *6* — Kopf
fekete, -n *2* — schwarz
fekszik, feküdni *3* — liegen
fél, felet *3* — halb
fél vkitől *6* — Angst haben, sich fürchten vor
feladat, -ok *6* — Aufgabe
felé *3* — gegen, um ... herum
felel *1* — antworten
félelem, félemet *1* — Angst
felemel *9* — heben, anheben
felemelkedik *9* — sich erheben
feleség, -ek *6* — Ehefrau
félév, -ek *3* — Semester, Halbjahr
felfrissít *12* — erfrischen
felfrissül *12* — erfrischt werden, sich erfrischen
felhasznál vmire *12* — verwenden für
felhív *6* — anrufen
felír *5* — aufschreiben
felkel *3* — aufstehen
felkeres *4* — aufsuchen
felkészül *5* — sich vorbereiten
felkínál *11* — anbieten
felmegy, felmenni *3* — hinaufgehen
felöltözik *3* — sich anziehen
felszáll vmire *3* — einsteigen
feltétlenül *11* — unbedingt
felújított, -an *7* — rekonstruiert, saniert
felvágott, -ak, -ja *4* — Aufschnitt
felvilágosítás, -ok, -t *5* — Auskunft, Information
fönnakad vmin *12* — sich stoßen an
fent *1* — oben
ferencvárosi, -ak *1* — Ferencvároser (Franzstädter)

férfi, -ak *3* — Mann
férj, -ek *6* — Ehemann
- férjnél van *6* — verheiratet sein (Frau)
fest *10* — malen
festeget *12* — sich als Maler betätigen, ab und zu malen
fésű, -k *6* — Kamm
fésül *9* — kämmen
fiatal, -on — jung
fiatalember, -ek, -t *5* — junger Mann
fiatalít *12* — jung machen, verjüngen
figyel *12* — beobachten, aufmerksam sein
figyelem, figyelmet *7* — Aufmerksamkeit
fillér, -t, -je *4* — Filler (ungarische Geldeinheit)
film, -ek, -je *2* — Film
filmvetítés, -ek, -t *11* — Filmvorführung
finom, -an *4* — fein; wohlschmeckend
fiú, -k *1* — Junge, Sohn
fiú, fia *6* — Sohn
fizet *4* — bezahlen
fodrász, -ok, -t *2* — Friseur
fog, -ak *6* — Zahn
fogad *12* — annehmen, empfangen
fogadás, -ok, -t *11* — Empfang
fogas, -ok, -t *6* — Kleiderhaken
fogás, -ok, -t *12* — Kniff, Trick, Finesse
foglalkozás, -ok, -t *6, 11* — Beruf; Tätigkeit; Beschäftigung
foglalkozik *8* — sich beschäftigen
foglalt, -an *10* — besteht
fogorvos, -ok, -t *2* — Zahnarzt
folyamán *10* — im Laufe

folyik *7*	laufen, fließen	**G**	
folyó, -k *8*	Fluß		
folyosó, -k *1*	Flur, Gang, Korridor	**garázs, -ok, -t** *10*	Garage
fontos, -an *2*	wichtig	**garázsmester, -ek, -t** *12*	(Auto)werkstattleiter
fordít vmire *12*	aufwenden für	**gazdag, -on** *4*	reich
fordít vmiről vmire *3*	übersetzen aus ... in	**gép, -ek** *8*	Maschine, Gerät
fordítás, -ok, -t *5*	Übersetzung	**gond, -ok, -ja** *7*	Sorge
fordítóiroda, -k *2*	Übersetzungsbüro	**gondol** *5*	denken, meinen
fordul *5*	sich drehen, sich wenden	**gondolat, -ok** *9*	Gedanken
		gondolkodik vmin *8*	nachdenken, überlegen
fordulat, -ok *11*	Wendung, Wende	**gratulál** *8*	beglückwünschen, gratulieren
forgalom, forgalmat *9*	Verkehr	**grófné, -k** *12*	Gräfin, Frau Gräfin
forint, -ja *4*	Forint (ungarische Geldeinheit)	**gúnyoló, -k** *8*	Spötter
forma, -k *11*	Form		
forszíroz *11*	forcieren		
fotel, -ok, t *1*	Sessel	**Gy**	
főiskola, -k *6*	Hochschule		
földalatti, -k *2*	Untergrundbahn, U-Bahn	**gyakorlott, -an** *11*	geübt
földkerekség *7*	Erdenrund, Erde	**gyakorol** *5*	üben
főleg *7*	hauptsächlich	**gyakran** *8*	oft
fölér vmivel *6*	entsprechen, gleichen	**gyalog** *3*	zu Fuß
fölösleges, -en *9*	überflüssig	**gyámoltalanság** *12*	Hilflosigkeit
fölött *1*	über	**gyár, -ak** *3*	Fabrik
fölszerelt, -en *7*	ausgestattet	**gyarapít** *11*	vermehren
főnök, -ök *6*	Chef, Vorgesetzter	**gyárt** *6*	herstellen, produzieren
főutca, -k *6*	Hauptstraße		
főváros, -ok, -t *2*	Hauptstadt	**gyerek, -ek** *1*	Kind
főz *1*	kochen	**gyerekkocsi, -k** *10*	Kinderwagen
francia, -k	Franzose	**gyógyfürdő, -k** *2*	Heilbad
francia, -ul *2*	französisch	**gyógyszerész, -ek, -t** *9*	Pharmazeut, Apotheker
friss, -en *4*	frisch	**gyógyszertár, -ak** *4*	Apotheke
fut *8*	laufen		
függöny, -ök, -t *1*	Vorhang, Gardine		
fül, -ek *6*	Ohr	**gyomor, gyomrok** *6*	Magen
fürdik, fürödni *12*	baden	**gyors** *9*	Schnellzug
füzet, -ek *6*	Heft	**gyors, -an** *4*	schnell

gyönyörű, -en *10* wunderschön
gyufa *4* Streichholz
gyűjt *11* sammeln
gyűlés, -ek, -t *9* Versammlung, Sitzung
gyümölcs, -ök *4* Obst

H

ha *3* wenn
hagy *10* lassen
hagyományos *6* traditionell
haj, hajat *6* Haar
hal, -ak *11* Fisch
halad *3* vorankommen, vorwärtskommen
hálás, -an *8* dankbar
halászcsalád, -ok, -ja *8* Fischerfamilie
halaszt *10* aufschieben
halk, -an *2* leise
hall *2* hören
hallatlan, -ul *6* unerhört
hallgat *9* anhören, zuhören; schweigen
hallgató, -k *1* Student (Hörer)
hamar *9* schnell, in kurzer Zeit
hanem *2* sondern
hang, -ok, -ja *6* Stimme, Ton
hanglemez, -ek, -t *6* Schallplatte
hangos, -an *2* laut
hangulat, -ok *11* Stimmung
hangverseny, -ek, -t *8* Konzert
hangversenyterem, -termek *8* Konzertsaal
hangzavar, -t *7* Stimmengewirr
hangzik *12* sich anhören
hány? *2* wieviel?
haragít *12* erzürnen, zornig/ wütend machen

haragszik, haragudni vkire *8* jemandem böse sein
harisnya, -k *6* Strumpf
harminc *2* dreißig
harmonikus, -an *11* harmonisch
három, hármat *2* drei
háromnegyed *3* dreiviertel
háromszobás mit drei Zimmern, Dreizimmer-
hárs, -ak *2* Linde
has, -ak, -t *6* Bauch
hasonlítható vmihez *7* vergleichbar mit
hasonló vkihez *10* jemandem ähnlich
használ *11* nutzen, nützen
haszon, hasznot *11* Nutzen
hat *2* sechs
hát, -ak *6* Rücken
határozott, -an *10* entschlossen, resolut
hátha *9* möglicherweise, vielleicht
ház, -ak *2* Haus
hazahoz *10* abholen, nach Hause bringen
hazajön, hazajönni *3* nach Hause kommen
házaspár, -ok, -t *4* Ehepaar
hazautazik *3* nach Hause fahren
házinéni *3* Wirtin (vertraulich)
házmester, -ek, -t *12* Hausmeister
háztartás, -ok, -t *9* Haushalt
hegy, -ek *4* Berg
hely, -ek *2* Platz, Ort
helybeli *9* ortsansässig, einheimisch
helyes, -en *11* richtig
helyett *9* anstelle

helyiség, -ek *1*	Raum
helyzet, -ek *7*	Lage, Situation
hentes, -ek, -t *4*	Fleischer
hét, hetet *2*	sieben
hét, hetek *3*	Woche
hétfő, -k *2*	Montag
hétköznap, -ok, ja *3*	Wochentag
hétvége, -k *6*	Wochenende
hiába *4*	umsonst
hiányzik, hiányozni *9*	fehlen
hiba, -k *8*	Fehler
híd, hidak *2*	Brücke
hideg, -en *5*	kalt
hír, -ek, -t *9*	Nachricht
híres, -en *2*	berühmt
hírnév *8*	Ruhm
hisz, hinni *4*	glauben
hiszen *4*	denn
hitel, -ek, -t *7*	Kredit
hív vkit *4*	rufen
hív vkinek *8*	heißen, nennen
hízik *9*	zunehmen, dicker werden
hogy(an)? *1*	wie?
hogy *2*	daß
hol? *1*	wo?
hölgy, -ek *5*	Dame
holmi, -k *6*	Sachen, Zeug
holnap *2*	morgen
homlok, -ok *11*	Stirn
hónap, -ok, -ja *3*	Monat
honnan? *2*	woher?
hosszú, hosszan *1*	lang
hová? *2*	wohin?
hoz *4*	bringen, holen
hozzászokik vmihez *9*	sich gewöhnen
húg, -ok *6*	die jüngere Schwester
humor, -t *9*	Humor
hús, -ok, -t *4*	Fleisch
húsz, huszat *2*	zwanzig

hűtőszekrény, -ek, -t *4*	Kühlschrank

I, Í

ide *2*	hierher
idegen, -ek, -t *5*	Fremder
idegen, -ül *9*	fremd
idegenforgalom, -forgalmat *7*	Femdenverkehr
idegenvezető, -k *9*	Fremdenführer
ideges, -en *9*	nervös
(az) idén *3*	dieses Jahr, in diesem Jahr
idő *1*	Wetter
idő, -k, ideje *3*	Zeit
- van ideje rá *6*	er hat Zeit dafür
időben *3*	rechtzeitig
időpont, -ok, -ja *10*	Zeitpunkt
idős, -en *2*	älterer
igaz *7*	wahr
- igaza van *6*	er hat recht
igazgató, -k *2*	Direktor
igazgatás, -t *6*	Verwaltung
igazolvány, -ok, -t *6*	Ausweis
igen *1*	ja
igény, -ek, -t *7*	Anspruch, Bedürfnis
igényel, igényli *7*	beantragen, einen Anspruch anmelden
igér *9*	versprechen
így *3*	so, auf diese Weise
igyekszik, igyekezni *11*	streben, sich anstrengen
illik *6*	sich gehören
ilyen *2*	solcher, solche, solches (wie dieser)
impozáns, -an *2*	imposant
indul *3*	losgehen, losfahren
ingyen *12*	unentgeltlich, kostenlos

inkább *4* — lieber
innen *2* — von hier
ipar, -t *6* — Industrie
iparág, -ak *6* — Industriezweig
ír *1* — schreiben
irány, -ok, -t *11* — Richtung
iránt *12* — für
írástudatlan, -ul *12* — des Schreibens nicht kundig, Analphabet
irigylésreméltó, -an *9* — beneidenswert
író, -k *7* — Schriftsteller
iroda, -k *3* — Büro
irodalom, irodalmat *8* — Literatur
írogat *12* — sich als Schriftsteller betätigen, ab und zu schreiben
is *1* — auch
iskola, -k *1* — Schule
iskolás, -ok, -t *1* — Schulkind
iskolaváros, -ok, -t *6* — Schulstadt
iskolázatlan, -ul *12* — ungeschult, ohne Schulbildung
ismer *4* — kennen
ismerkedés, -ek, -t *1* — Kennenlernen
ismerkedik *10* — sich anfreunden, sich kennenlernen
ismerős, -ök *4* — Bekannter
ismert *2*, — bekannt
ismét *2, 3* — wieder, wiederholt auch, ebenfalls
ismétel *9* — wiederholen
ismétlődik *9* — sich wiederholen
isten, -ek, -t *11* — Gott
iszik, inni *4* — trinken
ital, -ok, -t *10* — Getränk
itt *1* — hier
itthon *1* — (hier) zu Hause
izgalom, izgalmak *4* — Aufregung

izgatott, -an *1* — aufgeregt
ízlés, -ek, -t *8* — Geschmack

J

január, -t *3* — Januar
jár vhol *7* — (irgendwo) sein, (irgendwo) hinkommen
jár vhová *2* — regelmäßig besuchen
jármű, -művek *12* — Fahrzeug
játszik *1* — spielen
javaslat, -ok *10* — Vorschlag
javasol *10* — vorschlagen
javít *12* — verbessern, korrigieren, reparieren
javítás, -ok, -t *9* — Reparatur
javító, -k *9* — Reparaturwerkstatt
javul *12* — sich bessern, besser werden
jegy, -ek *5* — Karte
jelent *5* — bedeuten
jelentős, -en — bedeutend
jellemző vmire *6* — charakteristisch für
jelmez, -ek, -t *6* — Kostüm (Verkleidung)
jó, -l *1* — gut
jobbra *1* — rechts
jog, -ok *8* — Recht
jogosítvány, -ok, -t *8* — Führerschein
jószívű, -en *10* — gutherzig, herzensgut
jóvátesz, jóvátenni *8* — wiedergutmachen
jön, jönni *2* — kommen
jövedelem, jövedelmet *6* — Einkommen
jövő *7* — Zukunft, nächster
jövőre *3* — nächstes Jahr, im nächsten Jahr

június, -tk *3*	Juni	**kedvesség** *12*	Liebenswürdigkeit, Liebreiz
július, -t *3*	Juli	**kedvező, -en** *7*	günstig
jut vmire *5*	reichen für	**kék** *5*	blau
jut vkinek *10*	jemandem zukommen, zufallen	**kel** *3*	aufstehen
jut vmihez *7*	zu etwas kommen	**kelet** *8*	Osten, Ost
jutalom, jutalmat *1*	Belohnung	**keleti** *4*	östlich
		kell *5*	nötig sein; müssen; brauchen
		kellemes, -en *1*	angenehm
K		**keményít** *12*	hart machen, härten; stärken
kabát, -ok, -ja *6*	Mantel	**kenőmájas, -t** *4*	Leberwurst
kakaó *4*	Kakao	**kényelmes, -en** *1*	bequem
kakas, -ok, -t *12*	Hahn	**kenyér, kenyerek** *4*	Brot
kalap, -ok, -ja *6*	Hut		
kalauz, -ok, -t *4*	Schaffner	**kép, -ek** *1*	Bild
kap *4*	bekommen	**képesség, -ek** *9*	Fähigkeit
kapásból *11*	aus dem Stehgreif, sofort	**képest vmihez** *9*	im Vergleich mit, gemessen an
kapu, -k *2*	Tor	**képez** *6*	ausbilden
kar, -ok, -t, -ja *6*	Arm	**képzel** *8*	sich einbilden, denken
kár *6*	nicht lohnend, es lohnt sich nicht; schade	**kér vmit** *4*	bitten um
karácsony, -t *2*	Weihnachten	**kérdés, -ek, -t** *10*	Frage
karaj, -ok, -t *4*	Kotelett	**kérdez** *1*	fragen
karambol, -ok, -t *12*	Karambolage, Verkehrsunfall	**kerek, -en** *1*	rund
karfiol, -t *4*	Blumenkohl	**kerékpár, -ok, -t** *10*	Fahrrad
karmester, -ek, -t *8*	Kapellmeister, Dirigent	**keres** *4, 7*	suchen; verdienen (Geld)
kastély, -ok, -t *8*	Schloß	**kérés, -ek, -t** *11*	Bitte
katonazenekar, -ok, -t *8*	Militärkapelle	**kereskedelem, kereskedelmet** *7*	Handel
kávé *4*	Kaffee	**kert, -ek, -je** *2*	Garten
kávédaráló, -k *9*	Kaffeemühle	**kertészkedik** *12*	sich als Gärtner betätigen, gärtnern
kedd, -ek, -je *3*	Dienstag		
kedv *6*	Lust, Stimmung	**kerül vmibe** *4*	kosten
kedvelő, -k *8*	Anhänger, Liebhaber	**kés, -ek, -t** *12*	Messer
		késik *3*	nachgehen (Uhr)
kedvére *12*	nach (seiner) Lust und Laune	**később**	später
		későn *3*	spät
		kész *3*	fertig
kedves, -en *3*	lieb, nett	**készít** *7*	machen, zubereiten

készül vhová *4*	sich anschicken, irgendwo hinzugehen
készül vmire *10*	sich vorbereiten auf
készülék, -ek *5*	Apparat
két, kettő *2*	zwei
kevés, keveset *1*	wenig
kéz, kezek *6*	Hand
- Kézcsókom! *10*	Küß' die Hand! (Mein Handkuß!)
- Kezét csókolom! *2*	Küß' die Hand!
kezd *1*	beginnen
kezdet, -ek *9*	Beginn, Anfang
kezdődik *intransitiv 1*	beginnen
ki? *1*	wer?
kiállítás, -ok, -t *2*	Ausstellung
kicsoda? *umgangssprachlich 8*	wer?
kicsomagol *9*	auspacken
kielégít *7*	befriedigen
kiemelkedő, -en *8*	herausragend, hervorragend
kifli *4*	Hörnchen
kihagy *4*	auslassen
kihasznál *11*	ausnutzen
kijárat, -ok *1*	Ausgang
kijön, kijönni *3*	herauskommen
kikapcsolódás, -t *8*	Entspannung, Erholung
kiküld *11*	hinausschicken
kilátás, -ok, -t *7*	Ausblick
kilenc *2*	neun
kiló, -k *4*	Kilogramm
kilyukaszt *12*	lochen
kimegy, kimenni *3*	hinausgehen
kimerült, -en *12*	erschöpft
kimos *5*	auswaschen
kínál *9*	anbieten
kínálkozik *9*	sich bieten
kint *3*	draußen
kinyit *10*	öffnen
kioszt *10*	austeilen
kipattan *8*	herausspringen
kirakat, -ok *7*	Auslage, Schaufenster
király, -ok, -t *5*	König
kirándul *3*	einen Ausflug machen
kirándulás, -ok, -t *9*	Ausflug
kis, kicsi *1*	klein
(a) kisebbik *9*	der kleinere
kísér *8*	begleiten
kiszáll *3*	aussteigen
kitalál *6*	sich etwas ausdenken
kitakarít *5*	sauber machen, reinigen
kitartó, -an *1*	beharrlich
kiterjedt *8*	ausgedehnt, weit
kitűnő, -en *7*	ausgezeichnet
kiürül *9*	leer werden, sich leeren
kiváló, -an *9*	hervorragend
kíván *1*	wünschen
kíváncsi, -an *2*	neugierig
kíváncsiskodik *12*	neugierig sein
kívül vmin *9*	außerhalb
kizár *11*	ausschließen
kizárólag *8*	ausschließlich
kizöldül *12*	grün werden
klasszicista *8*	klassizistisch
klub, -ok, -ja *1*	Klub
kocsi, -k *2*	Wagen
kolléga, -k *4*	Kollege
kollégium, -ok *1*	Studentenwohnheim
konferencia, -k *4*	Konferenz
koncert, -ek, -je *2*	Konzert
konzervgyár, -ak *4*	Konservenfabrik
konyha, -k *2*	Küche
konyhabútor, ok, -t *7*	Küchenmöbel
kor, -ok, -t *12*	Zeitalter, Alter

korán *3*	früh	kövezet *7*	Pflaster
kórház, -ak *1*	Krankenhaus	közben *3*	während, während
korlátolt, -an *12*	beschränkt		dessen, mitten
kormány, -ok,	Regierung	közel vmihez *2*	nahe bei
-t *2*		közepes *6*	mittlerer
kórus, -ok, -t *5*	Chor	középiskola, ⁼k *6*	Mittelschule,
kő, kövek *7*	Stein		Gymnasium
köbméter, -t *8*	Kubikmeter	közös, -en *11*	gemeinsam
köhög *8*	husten	között *1*	zwischen
költő, -k *11*	Dichter	központ, -ok,	Zentrum, Mit-
költözik *7*	ziehen, umziehen	-ja *6*	telpunkt
könnyű, kön-	leicht	közvetlen, -ül *11*	unmittelbar
nyen *2*		kukorékol *12*	krähen
könyv, -ek *2*	Buch	kulcs, -ok *6*	Schlüssel
könyvesbolt, -ok,	Buchladen	kulturális *7*	kultureller
-ja *2*		külföldi, -ek *1*	Ausländer
könyvespolc,	Bücherregal	különben *10*	übrigens, sonst
-ok *1*		különböző, -en *6*	verschieden, unter-
könyvtár, -ak,	Bibliothek		schiedlich
-t *2*		különleges, -en *11*	speziell, besonderer
könyvtáros, -ok,	Bibliothekar	különösen *2*	besonders
-t *6*			
környék *8*	Umgebung		
környezet *11*	Umfeld, Umge-	**L**	
	bung		
körte *4*	Birne	láb, -ak *6*	Bein, Fuß
körül *3*	um ... herum, ge-	labda, ⁼k *11*	Ball
	gen (Zeit)	láda, ⁼k *4*	Kiste
körülbelül *3*	ungefähr	lakás, -ok, -t *1*	Wohnung
körülötte *7*	um ihn herum	lakatosműhely,	Schlosserwerkstatt
körülvesz, körül-	umgeben	-ek, -t *12*	
venni *8*		lakbér, -ek, -t *7*	Wohnungsmiete
köszön vmit *4*	sich bedanken für	lakik *1*	wohnen
köszön vkinek *5*	grüßen	lakóhely, -ek *6*	Wohnort
kötelező *6*	Pflicht, obligato-	lakónegyed, -ek *11*	Wohnviertel
	risch	lakos, -ok, -t *3*	Einwohner
kötet, -ek *7*	Band, der	lakosság *6*	Bevölkerung
követ, -ek *8*	Gesandter, Bot-	lámpa, ⁼k *2, 5*	Lampe; Ampel
	schafter	lány, -ok, -t *1*	Mädchen
követ vkit *11*	jemandem folgen	lassú, lassan *2*	langsam
következik *intran-*	folgen	lát *2*	sehen
sitiv 5		láthatár, -t *11*	Horizont
következő *3*	nächster	látható, -an *2*	sichtbar; ist zu
követség, -ek *2*	Botschaft		sehen

látnivaló, -k *2* — Sehenswürdigkeit

látogatás, -ok, -t *4* — Besuch

látogató, -k *2* — Besucher

látszik *7* — zu sehen sein; es ist zu sehen

lecke, -k *6* — Lektion

lefekszik, lefeküdni *3* — sich hinlegen

lefordít *5* — übersetzen

legalább *9* — mindestens, wenigstens

legfeljebb *11* — höchstens

legkésőbb *3* — spätestens

legtöbbször *11* — meistens

legutóbb *9* — letztens, neulich

lehet *5* — es ist möglich; man kann; es kann sein

lehetőség, ek *7* — Möglichkeit

lehúny *8* — (die Augen) schließen

lektor, -ok, -t *12* — Lektor

lektorálatlan, -ul *11* — nicht lektoriert, unkorrigiert

lekvár, -ok, -t *4* — Marmelade

lelkiismeretes, -en *12* — gewissenhaft

lemegy, lemenni *3* — hinuntergehen

lemez, -ek, -t *11* — Schallplatte, Platte

lemezjátszó, -k *1* — Plattenspieler

lengyel, -ek, -t, -je *2* — Pole

lengyel, -ül *2* — polnisch

lent *1* — unten

lenni *1* — sein

leszalad *10* — hinuntergehen, laufen

lápcsőház, -ak *1* — Treppenhaus

leszáll vmiről *3* — aussteigen

letesz, letenni *6* — ablegen, hinstellen, hinlegen

leül *2* — sich setzen

levegő *8* — Luft

levél, levelek *1* — Brief

leves, -ek, -t *6* — Suppe

limonádé *4* — Limonade

Lipcse *3* — Leipzig

liter, -t *4* — Liter

ló, lovak *6* — Pferd

lusta, -n *1* — faul

lustálkodik *12* — faulenzen

luxus, -t *8* — Luxus

M

ma *1* — heute

madár, madarak *1* — Vogel

maga *Anrede, umgangssprachlich 2* — Sie

maga *5* — sich; selbst

magas, -an *9* — hoch, groß

magyar, -ok, -t, -ja — Ungar

magyar, -ul *1* — ungarisch

Magyarország *1* — Ungarn

magyaráz *5* — erklären

majd *1* — zu einem späteren Zeitpunkt, später

majdnem *3* — fast

május, -t *3* — Mai

marad *3* — bleiben

március, -t *3* — März

máris *3* — sogleich, schon

más *9* — anderer; etwas anderes

másfél *3* — anderthalb

máshol *11* — anderswo

(a) másik *1* — der, die, das andere

(a) másikunk *12* — der andere von uns

másnap *10* — anderntags

meddig? *2, 3* — wie weit? wie lange? bis wann?

medence, -k *6*	Becken	megkóstol *4*	kosten
meg *5*	und	megkülönböztet *6*	unterscheiden
még *1*	noch	meglát *5*	sehen, erblicken
megáll *2*	stehenbleiben, halten	meglátogat *4*	besuchen
megállapít *9*	feststellen	meglepetés, -ek, -t *12*	Überraschung
megálló, -k *2*	Haltestelle	meglepett, -en *8*	überrascht
megbánt *12*	kränken	meglevő *11*	vorhandener
megbeszél *3*	besprechen	megmarad *10*	übrigbleiben
megbeszélés, -ek, -t *3*	Besprechung	megmérhetetlen, -ül *11*	unermeßlich
megbízott, -ak, -ja *3*	Beauftragter	megmond *5*	sagen
megcímez *11*	adressieren	megmosakszik, megmosakodni *3*	sich waschen
megenged *10*	erlauben, gestatten	megmutat *5*	zeigen
megérkezik vhová *3*	ankommen	megnéz *5*	ansehen, anschauen
megért *5*	verstehen	megnyugtat *9*	beruhigen
megfeledkezik vmiről *8*	vergessen	megoldás, -ok, -t *7*	Lösung
megfelelő, -en *7*	entsprechend	megoldódik *10*	sich lösen
megfésülködik *3*	sich kämmen	megpróbál *5*	versuchen, probieren
megfordul vhol *2*	kommen nach		
megfőz *5*	kochen	megrendez *11*	veranstalten
meggondol *7*	überlegen	mégsem *10*	dennoch nicht
meggyőződik vmiről *11*	sich überzeugen	megsértődik *11*	beleidigt sein
		megszépít *12*	verschönen, schön machen, verschönern
meghagy *12*	hinterlassen		
meghallgat *5*	anhören		
megharagszik vkire *9*	böse werden auf	megszépül *12*	schön werden
		megszólalás, -t *11*	sprechen (losreden)
meghív *5*	einladen		
meghúzódik *8*	sich verbergen	megszervez *11*	organisieren
megint *5*	wieder, wiederholt	megtesz, megtenni *11*	tun, machen
megír *5*	schreiben		
mégis *7*	dennoch	megtilt *10*	verbieten
megismer *9*	erkennen	megun vmit *12*	für langweilig finden, satt haben, über haben
megismétel *10*	wiederholen		
megjavít *11*	reparieren		
megjegyez *11*	sich merken, merken	megüt *9*	stoßen, schlagen
		megvalósít *5*	verwirklichen
megjelenik *10*	erscheinen	megvitat vmit *9*	diskutieren
megkérdez *5*	fragen	megy, menni *2*	gehen
megkezd *8*	beginnen, anfangen	megye, -k *6*	Komitat

meleg *12*	Wärme	mindenesetre *6*	auf jeden Fall
meleg, -en *12*	warm	mindenki *1*	alle, jeder
melegít *12*	warm machen, er-	mindenütt *11*	überall
	wärmen	mindez *12*	all dies
mellékes, -en *9*	beiläufig, neben-	mindig *2*	immer
	sächlich, nebenbei	minél előbb *9*	so schnell wie
mellékutca, -k *10*	Nebenstraße		möglich
mellett *1*	neben	mindjárt *5*	gleich
mély, -en *8*	tief	mindkét,	alle beide
melyik? *2*	welcher, welche,	mindkettő *4*	
	welches	mindnyájunk *12*	wir alle, jeder von
menetidő, -k,	Fahrzeit		uns
-ideje *3*		mindössze *8*	nur, insgesamt
menza, -k *3*	Mensa	miniszterelnök,	Ministerpräsident
mennyi? *2*	wieviel?	-ök *12*	
mennyire? *7*	wie weit?	minisztérium,	Ministerium
- mennyire!	wie sehr!	-ok *3*	
merre? *5*	in welche Rich-	mintha *12*	als ob, als wenn
	tung? in welcher	mióta? *3*	seit wann?
	Richtung?	mire *7*	bis
mérnök, -ök *4*	Ingenieur	mit? *Akkusativ 4*	was?
mert *1*	weil	mond *5*	sagen
mesél *2*	erzählen	mondat, -ok *5*	Satz
messze *2*	weit	mos *5*	waschen
mettől,	von wo, bis wo;	mosoly, -ok, -t *12*	Lächeln
meddig? *3*	von wann, bis	mosónő, -k *12*	Waschfrau, Wä-
	wann?		scherin
méz *4*	Honig	most *1*	jetzt
mező, -k,	Wiese	mostani *10*	jetziger
mezeje *11*		mozi, -k *2*	Kino
mi? *1*	was?	mozog *10*	sich bewegen
mi *1*	wir	mögött *1*	hinter
miatt *11*	wegen; infolge;	mulatság, -ok *6*	Feier, Vergnügen
	um ... willen	mulatságos,	lustig, komisch,
miért? *2*	warum? weshalb?	-an *12*	vergnüglich
mikor? *3*	wann?	(a) múlt *7*	Vergangenheit;
miközben *8*	während		vergangener
milyen? *1*	was für ein, was	múlva *3*	nach
	für eine, was für	munka, -k *1*	Arbeit
	ein?	munkahely, -ek *5*	Arbeitsstelle
mind *5*	alle, all	munkatárs, -ak *6*	Kollege, Mitarbei-
mindaz *5*	all das		ter
mindegyik *5*	jeder einzelne, alle	mutat *7*	zeigen
minden *1*	alles	múzeum, -ok *2*	Museum

muzsikál *8* — Musik machen, geigen

mű, művek *6* — Werk

működik *9* — funktionieren

műszaki *9* — technisch

műveletlen, ül *12* — ungebildet

művelődés, -t *6* — Bildung

N

nadrág, -ok *6* — Hose

nagy *1* — groß

nagymama, ⁻k *5* — Großmutter

nagyon *1* — sehr

nagypolgárság *7* — Großbürgertum

nagyszerű, -en *1* — großartig

nagyszülő, -k *6* — Großeltern

nap, -ok, -ja *2, 11* — Tag; Sonne

napról napra *8* — von Tag zu Tag

napközben *7* — am Tage; im Laufe des Tages

nappal *3* — am Tage; tagsüber

nappali, -k *11* — Wohnzimmer

napozik *12* — sich sonnen

narancs, *4* — Apfelsine, Orange

négy *2* — vier

negyed *3* — Viertel

negyven *2* — vierzig

négyzetkilométer, -t *8* — Quadratkilometer

néha *3* — manchmal

néhány *4* — einige

nehéz, nehezen *2* — schwer

nehézség, -ek *9* — Schwierigkeit

nehogy *11* — um nicht, nicht daß

nélkül *9* — ohne

nélkülözhetetlen, -ül *9* — unentbehrlich

nem *2* — nein, nicht, kein

nemcsak *2* — nicht nur

német, -ek, -je *1* — Deutscher

német, -ül *1* — deutsch

Németország *2* — Deutschland

nemsokára *2* — bald

nemzetiség, -ek *11* — Nationalität

néni, -k *2* — Tante

nép, -ek *9* — Volk

népdal, -ok, -t *5* — Volkslied

név, nevek *6* — Name

névtábla, ⁻k *7* — Straßenschild

nevel *10* — erziehen

nevet vmin *1* — lachen über

nevez vminek *8* — nennen

nevezetesség, -ek *4* — Sehenswürdigkeit

néz *2* — ansehen, schauen, betrachten

nézeget *7* — langsam, immer wieder ansehen, schauen, betrachten

nincs *2* — ist nicht; es befindet sich nicht; es gibt nicht

nincsenek *2* — sind nicht; sie befinden sich nicht; es gibt sie nicht

nosztalgia *7* — Nostalgie

novella, ⁻k *7* — Novelle

november, -t *3* — November

nő, -k *2* — Frau

nős, -en *7* — verheiratet (Mann)

nőtlen, -ül *6* — unverheiratet (Mann)

nővér, -ek, -t *6* — die ältere Schwester

növeszt *10* — wachsen lassen

Ny

nyár, nyarak *3* — Sommer

nyelv, -ek *1* — Sprache

nyelvbotlás, -ok, -t *12* — Versprechen, Schnitzer

nyelvi *11*	sprachlicher
nyelvtan, -ok, -t *5*	Grammatik
nyelvtanulás, -t *9*	Sprachenlernen
nyelvtudás, -t *9*	Sprachkenntnis
nyelvzseni, -k *11*	Sprachgenie
nyer *9*	gewinnen
nyit *6*	öffnen
nyitva *5*	geöffnet
nyolc *2*	acht
nyomor, -t *8*	Elend
nyugodt, -an *6*	ruhig
nyugat *9*	Westen, West

O, Ó

oda *2*	dorthin, dahin
odaad *5*	(hin)geben, reichen
okos, -an *1*	klug
okoz *6*	verursachen
október, -t *3*	Oktober
olasz, -ok, -t *2*	Italiener
olasz, -ul	italienisch
olcsó, -n *9*	billig
old *11*	lösen
oldal, -ak, -t *1*	Seite
olvas *1*	lesen
olvasgat *11*	ein bißchen lesen, immer wieder lesen
olyan *2*	solche (wie jener)
onnan *2*	von dort, von da
operaház, -ak *2*	Oper(nhaus)
óra, ⁻k *1, 3*	Stunde; Unterrichtsstunde; Uhr
óriási *7*	riesig
orosz, -ul *1*	russisch
oroszlán, -ok, -t *12*	Löwe
ország, -ok *6*	Land
országgyűlés, -t *2*	Parlament
orvos, -ok, -t *2*	Arzt

orvosnő, -k *1*	Ärztin
ostromol *11*	belagern, angreifen
oszlop, -ok *1*	Säule
oszt *10*	teilen
osztály, -ok, -t *4, 6*	Klasse; Abteilung
óta *3*	seit
ott *1*	dort
otthon, -ok, -t *7*	Heim, Zuhause
otthon *1*	zu Hause
óvoda, ⁻k *6*	Kindergarten
óvónő, -k *6*	Kindergärtnerin

Ö, Ő

ő *1*	er, sie, es
öcs, -ék, öccse *6*	jüngerer Bruder
ők *1*	sie
öltöny, -ök, -t *10*	Anzug (Mann)
öltözik *1*	sich anziehen
ön *2*	Sie (höfliche Anrede)
önálló, -an *8*	selbständig
önmaga *8*	selbst; er selbst
öreg, -en *2*	alt (meist biologisch)
őríz *4*	bewahren, bewachen
örökké *12*	ewig
öröklakás, -ok, -t *7*	Eigentumswohnung
örül vminek *1*	sich freuen
ősz, -ök, -t *2*	Herbst
összefoglalás, -ok, -t *11*	Zusammenfassung
összesen *9*	insgesamt
összeütközik *9*	aneinanderprallen
összkomfortos, -an *7*	mit Vollkomfort
ösztöndíjas, -ok, -t *6*	Stipendiat
öt *2*	fünf
ötletes *6*	einfallsreich

ötödikes, -ek,   Schüler der fünf-
  -t *6*   ten Klasse

P

pad, -ok, -ja *1*   Bank
pajkos, -an *1*   übermütig
palota, ‑k *8*   Palast; Schloß
pályaudvar, -ok,   Bahnhof
  -t *2*
paprikaföldolgo-   Paprikaverarbei-
  zó, -k *6*   tungsbetrieb
pár, -ok, -t *7*   Paar
parancsol *4*   wünschen; befeh-
   len
párhuzamos   parallel
  vmivel *8*
párizsi *4*   Pariser (Auf-
   schnitt)
park, -ok, -ja *2*   Park
parkol *10*   parken
part, -ok, -ja *6*   Ufer
pedagógus, -ok,   Pädagoge, Lehrer
  -t *7*
pedig *2*   und; dabei; obwohl
pék, -ek, -je *4*   Bäcker
példa, ‑k *11*   Beispiel
például *9*   zum Beispiel
péntek, -ek, -je *3*   Freitag
pénz, -ek, -t *5*   Geld
pénztár, -ak, -t *4*   Kasse
perc, -ek *3*   Minute
persze *1*   freilich, natürlich
pezsgő, -en *8*   sprudelnd,
   prickelnd
piac, -ok *4*   Markt
pihen *3*   sich ausruhen
pihenés, -ek, -t *8*   Entspannung, Er-
   holung
pihentető, -en *7*   erholsam
pillanat, -ok *7*   Augenblick,
   Moment
piros, -an *4*   rot

pohár, poharak *4*   Glas
polc, -ok *6*   Regal, Fach
politikai *9*   politisch
pompa *8*   Pomp, Prunk
pontos, -an *3*   genau
porszívó, -k *9*   Staubsauger
posta, ‑k *7*   Post
pótol vmivel *9*   ersetzen durch
presszó, -k *7*   das Espresso (klei-
   nes Café)
próbál *5*   probieren
probléma, ‑k *3*   Problem
professzor, -ok,   Professor
  -t *2*
program, -ok,   Programm
  -ja
pulóver, -ek, -t *6*   Pullover
pulykasült, -ek,   Putenbraten
  -je *11*
puszta, ‑k *11*   Pußta
pusztán   bloß

R

ráadásul *12*   zu alledem, dazu
   noch
rádió, -k *1*   Radio, Rundfunk
rádiójáték, -ok *5*   Hörspiel
ráfizetéssel *7*   mit Wertausgleich
rajongó, -k *8*   Schwärmer, An-
   hänger
rajz, -ok *8*   Zeichnung
régebben *9*   früher, in früheren
   Zeiten
régen *7*   früher, seit langem
regenerál *12*   sich regenerieren
regény, -ek, -t *12*   Roman
régi *2*   alt, von früher
reggel *2*   morgens, Morgen
reggeli, -k *3*   Frühstück
régóta *4*   seit langem
reklámszöveg,   Reklametext
  -ek *11*

rekonstrukció, -k *8* — Rekonstruktion; Sanierung
rektor, -ok, -t *6* — Rektor
remél *5* — hoffen
reménytelen, -ül *8* — hoffnungslos
rémlik *12* — dämmern, ahnen
rend, -je *1* — Ordnung
rendel *10* — bestellen
rendes *7* — ordentlich, üblich, normal
rendez *11* — ordnen; veranstalten
rendezvény, -ek, -t *11* — Veranstaltung
rendszeres, -en *9* — regelmäßig
rengeteg *7* — sehr viel; eine Unmenge
repül *11* — fliegen
repülőgép, -ek *2* — Flugzeug
repülőtér, -terek *3* — Flugplatz, Flughafen
rész, -ek, -t *6* — Teil
részére *12* — für
részlet, -ek *10* — Detail, Rate
részletes, -en *3* — ausführlich
résztvevő, -k *11* — Teilnehmer
ritka, -n *9* — selten
rohan *7* — rennen; eilen
rokon, -ok, -t *4* — Verwandter
rom, -ok, -ja *8* — Ruine, Trümmer
romantikus, -an *11* — romantisch
rónaság *11* — Heideland
rossz, -ul *2* — schlecht
rögtön *5* — sofort
rövid, -en *4* — kurz
ruha, -k *5* — Wäsche; Kleid
ruhaüzlet, -ek *4* — Konfektionsgeschäft

S

s *11* — und
saját *7* — eigener

sajnál *9* — bedauern
sajnos *4* — leider
sajt, -ok, -ja *11* — Käse
sál, -ak, -ja *6* — Schal
sapka, -k *6* — Mütze
sárga, -n *4* — gelb
segít vkinek *5* — helfen
segít vkit *7* — unterstützen
segítőkész, -en *10* — hilfsbereit
segítség, -ek *10* — Hilfe, Unterstützung, Helfer
sehol *4* — nirgendwo
sehonnan *4* — nirgendwoher
sehová *4* — nirgendwohin
sem *2* — auch nicht
semmi *4* — nichts
senki *4* — niemand, keiner
séta, -k *2* — Spaziergang
sétál *2* — spazierengehen
sétány, -ok, -t *2* — Promenade
siet *1, 3* — sich beeilen; vorgehen (Uhr)
sikerül *6* — gelingen
sincs *2* — es gibt auch nicht; es ist auch nicht
soha *4* — niemals, nie
sok *3* — viel
sokáig *5* — lange
sokat *Akkusativ 3* — viel
sonka, -k *4* — Schinken
sor, -ok, -t *5* — Zeile, Reihe
során *3* — im Laufe
sorrend, -ek, -je *5* — Reihenfolge
sör, -ök, -t *4* — Bier
sötét, -en *7* — dunkel
sőt ... is *6* — ja sogar ... auch
sportol *9* — Sport treiben
sürgős, -en — dringend
sűrű, -en *9* — dicht, oft
süt *8* — backen, braten
sütemény, -ek, -t *8* — Gebäck, Kuchen

Sz

szabad, -on *3, 4*	frei; es darf sein
szabad *6*	dürfen
szabadít *12*	befreien, frei machen
szabadág *4, 9*	Urlaug; Freiheit
szabadul *12*	frei werden
szak, -ok, -ja *1*	Fach, Studienfach, Fachrichtung
szakáll, -ak *10*	Bart
szakértekezés, -ek, -t *11*	Abhandlung, Studie
szakiskola, ⁻k *6*	Fachschule
szakma, ⁻k *9*	Beruf, Tätigkeit
szakmunkás, -ok, -t *6*	Facharbeiter
szakorvos, -ok, -t *6*	Facharzt
szalámi *4*	Salami
szállás, -ok, -t *10*	Unterkunft
szálloda, ⁻k *2*	Hotel
szám, -ok *6*	Zahl
számára *12*	für
számos *7*	zahlreich, beträchtlich
számtalan, -ul *11*	unzählig
szatyor, szatyrok *10*	Einkaufsbeutel, Einkaufsnetz
száz *2*	hundert
század, -ok *7*	Jahrhundert
századforduló, -k *8*	Jahrhundertwende
szegény, -en *8*	arm
szegődtet vki mellé	jemandem in den Dienst stellen
szégyelli magát *5*	sich schämen
szék, -ek *1*	Stuhl
székhely, -ek	Sitz (Institution)
szekrény, -ek, -t *1*	Schrank
széles *11*	breit
szeletel *12*	in Scheiben schneiden, aufschneiden
szellemi *12*	geistig
szellőztet *11*	lüften
szélsőséges, -en *6*	extrem unterschiedlich
szem, -ek *6*	Auge
szemben vmivel *2*	gegenüber von
személy, -ek, -t *11*	Person
személyes, -en *6*	persönlich
szeminárium, -ok *2*	Seminar
szempont, -ok, -ja *11*	Gesichtspunkt, Hinblick
szép, -en *1*	schön
szépít *12*	verschönen, schön machen
szépség *4*	Schönheit
szeptember, -t *2*	September
szépül *12*	schön werden
szerda, ⁻k *3*	Mittwoch
szerelő, -k *9*	Monteur
szerencse *7*	Glück
- szerencséje van *7*	er hat Glück
szeretet *9*	Liebe, Zuneigung
szerez, szerzi *10*	besorgen
szerint *9*	nach; seiner Meinung nach
szerkeszt *10*	redigieren
szervusz *Sg. 1*	Servus, etwa: »Ich grüß' dich«
szervusztok *Pl. 1*	Servus, etwa: »Ich grüß' euch«
szétszór *7*	verstreuen
szia *Sg. 1*	etwa: »Ich grüß' dich« (salopp)
sziasztok *Pl. 1*	etwa: »Ich grüß' euch« (salopp)
szid vmit *11*	schimpfen auf
szigorú, -an *9*	streng
szilárd, -an *11*	fest
szimpatikus, -an *1*	sympathisch
színes, -en *1*	bunt, farbig

színház, -ak *2*	Theater
szinkronizálatlan, -ul *11*	nicht synchronisiert
szinte *8*	fast, beinahe, sozusagen
szintén *2*	ebenfalls, auch
szív, -ek *7*	Herz
szívesen *10*	gern
szó, szavak *1*	Wort, Vokabel
- szóba áll vkivel *12*	sich auf ein Gespräch einlassen
- szóról szóra *12*	Wort für Wort
- szó sincs róla! *12*	Nicht die Spur! Keineswegs!
szoba, ⁼k *2*	Zimmer
szokás, -ok, -t *6*	Brauch
szokik *11*	sich gewöhnen
szókincs *11*	Wortschatz
szoknya, ⁼k *6*	Rock
szól *6*	sagen
szól vkinek *8, 12*	jemandem gelten; Bescheid sagen
szolgál vmit *11*	dienen
szomszéd, -ok, -ja *6*	Nachbar
szomszédság *11*	Nachbarschaft
szombat, -ok, -ja *3*	Sonnabend
szórakozás, -ok, -t *12*	Zerstreuung
szórakozik *11*	sich zerstreuen, sich unterhalten
szorgalmas, -an *1*	fleißig
szótár, -ak, -t *5*	Wörterbuch
szorongat *8*	immer wieder drücken
szóval *1*	mit einem Wort, also
szőke, ⁼n *2*	blond
szőlő *4, 10*	Weintraube; Weinberg
szőnyeg, -ek *1*	Teppich
szöveg, -ek *1*	Text
szükséges *6*	notwendig, es ist nötig

születésnap, -ok, -ja *6*	Geburtstag
szülő, -k, -szüleje *1*	Elternteil (Vater oder Mutter)
szülőváros, -ok, -t *6*	Geburtsstadt
szünet, -ek *3*	Ferien; Pause
szüretel *10*	Wein ernten
szürke, ⁼n *2*	grau

T

tábla, ⁼k *10*	Tafel
tábornok, -ok *8*	General
tag, -ok, -ja *6*	Mitglied
tágas, -an *7*	geräumig
táj, -ak *10*	Landschaft
tájban *3*	gegen, um … herum
takarítás, -ok, -t *5*	Aufräumen, Saubermachen
talaj, -ok, -t *4*	Boden
talál *4*	finden
találkozik *1*	sich treffen
találkozó, -k *4*	Treffen
találó, -an *11*	treffend
talán *4*	vielleicht
tanácsol *10*	raten, vorschlagen
tanácskozás, -ok, -t *10*	Beratung
tanár, -ok, -t *1*	Lehrer
tánc, -ok *6*	Tanz
táncol *6*	tanzen
tanév, -ek *1*	Studienjahr
tanfolyam, -ok *8*	Lehrgang, Ausbildung, Kurs
tanít *1*	unterrichten, lehren
tanítvány, -ok, -t *6*	Schüler (von)
tankönyv, -ek *5*	Lehrbuch

tanszék, -ek *5*	Lehrstuhl	terület, -ek *7*	Gebiet
tanterem,	Klassenraum, Se-	terv, -ek *4*	Plan, Vorhaben
-termek *5*	minarraum, Vorle-	tervez *8*	entwerfen, planen
	sungssaal	tervezés, -ek, -t *6*	Planung
tanul *1*	lernen, studieren	térzene *8*	Platzkonzert
tapasztalt, -an *11*	erfahren	Tessék! *1*	Bitte!
társalog *11*	plaudern	testi *12*	physisch, kör-
tart vmit *5*	halten, festhalten		perlich
tart vminek *8*	halten für	testvér, -ek, -t *6*	Geschwister(teil),
tart vmeddig *5*	dauern		Bruder oder
tartalmas, -an *12*	inhaltsreich		Schwester
tartózkodik *4*	sich aufhalten	tesz, tenni *4*	tun, legen, stellen
tartózkodás, -t *8*	Aufenthalt	tetszik *10*	gefallen
tárul vki elé *11*	sich eröffnen vor	tett, -ek *9*	Tat
táska, -k *6*	Tasche	tévé, -k *1*	Fernseher, Fern-
tavaly *3*	voriges Jahr, im		sehgerät
	vorigen Jahr	téved *7*	sich irren
tavasz, -ok, -t *3*	Frühling	tévedés, -ek, -t *8*	Irrtum
taxi, -k *3*	Taxi	textilgyár, -ak *6*	Textilfabrik
te *1*	du	ti *1*	ihr
tea, -k *4*	Tee	Tisza *6*	Theiß
teendő, -k *5*	Aufgabe, Arbeit	tisztázatlan,	ungeklärt, unklar
tegnap *3*	gestern	-ul *10*	
tehát *3*	also	tisztít *12*	saubern, sauber
tehetség, -ek *12*	Begabung, Talent		machen, reinigen
tej *4*	Milch	tisztító, -k *10*	Reinigung
tél, telek *3*	Winter	tisztul *12*	sauber werden,
tele *11*	voll		sich abklären
telefon, -ok, -t *1*	Telefon	titkárnő, -k *5*	Sekretärin
telefonál	telefonieren	titkárság, -ok *5*	Sekretariat
vkinek *1*		tíz, tizet *2*	zehn
tenger, -ek, -t *4*	die See	tizenegy	elf
teniszverseny,	Tennisspiel	tízóraizik *3*	zweites Frühstück
-ek, -t *6*			essen
tenmaga =	selbst, er selbst	tízparancsolat *11*	die zehn Gebote
önmaga *11*		tó, tavak *3*	der See
tény, -ek, -t *11*	Fakt, Tatsache	tojás, -t *4*	Ei
tényleg *4*	tatsächlich	toll, -ak *7*	Füllfederhalter
tér, terek *1*	Platz	tolmács, -ok *3*	Dolmetscher
terem, termek *1*	Saal	tolmácsol *2*	dolmetschen
terít *11*	den Tisch decken	torok, torka *6*	Hals (Kehle)
természet *8*	Natur	tovább *2*	weiter
- Termé-	Natürlich!	további *10*	weiterer
szetesen! *2*		több *4*	mehrere

(a) többiek *5*	die anderen
több mint *6*	mehr als
többször *9*	öfter, mehrmals
tölt *4, 11, 12*	verbringen; füllen; einschenken
törmelék, -ek *8*	Schutt
történelem, törté-nelmet *7*	Geschichte
történelmi *2*	geschichtlich, historisch
történet, -ek *12*	Geschichte; Story
történik *7*	geschehen
törve *12*	gebrochen
tranzit *3*	transit
tud *1*	können, wissen
tudomány, -ok, -t *11*	Wissenschaft
túl *8*	zu sehr
tulajdonképpen *7*	eigentlich
tulajdonság, -ok *4*	Eigenschaft
turista, -k *7*	Tourist
tülekedés, -t *7*	Gedränge
tündér, -ek, -t *12*	Fee
türelem, tü-relmet *11*	Geduld
türelmes, -en *11*	geduldig

U, Ú

úgy *6*	so
ugyanakkor *9*	gleichzeitig
ugyanígy *9*	genauso (wie dieser)
ugye? *1*	nicht wahr?
új, -an *1*	neu
újgazdag *8*	neureich
újjáépít *8*	neu aufbauen
újra *4*	wieder, erneut
újság, -ok *9, 11*	Neuigkeit; Zeitung
- Mi újság van?	Was gibt es Neues?
unalmas, -an *12*	langweilig

úr, urak *1*	Herr
úszik *8*	schwimmen
uszoda, -k *2*	Schwimmbad, Schwimmhalle
út, utak *4*	Weg
után *3*	nach
utánanéz vminek *12*	nachschauen, nachsehen
utas, -ok, -t *3*	Reisender, Fahrgast
utazik *3*	fahren
utca, -k *1*	Straße
- egy utcányira *8*	eine Straße entfernt
útépítés, -ek, -t *10*	Straßenbauarbeiten
útlevél, -levelek *6*	Reisepaß
útlevélvizsgálat, -ok *3*	Paßkontrolle
utóbbi *8*	letzterer
utoljára *12*	ein letztes Mal; beim letzten Mal
úttest, -ek *12*	Fahrdamm

Ü, Ű

üdvözöl *3*	grüßen, begrüßen
ügy, -ek *5*	Sache, Angelegenheit
ül *1, 2*	sitzen, sich setzen
ünnepnap, -ok, -ja *7*	Feiertag
ünnepség, -ek *11*	Feierlichkeit
üres, -en *4*	leer
üveg, -ek *4*	Flasche, Glas
üvegharang, -ok, -ja *11*	Glasglocke
üzem, -ek *6*	Betrieb
üzlet, -ek *4*	Geschäft, Laden
üzletnegyed, -ek *7*	Geschäftsviertel

V

vág *9*	schneiden
vágány, -ok, -t *3*	Gleis
vágás, -ok, -t *12*	Schnitt
vagy *1*	oder
vaj, -ak *4*	Butter
vajon *5*	ob
vak, -on *1*	blind
valahová *6*	irgendwohin
valaki *4*	jemand
valamennyi *5*	sämtlicher
valami *4*	etwas
valamint *7*	sowie
válaszol *9*	antworten, erwidern
választ vmik közül *2*	wählen unter
választék *4*	Auswahl
válik vmivé *12*	werden zu etwas
vállal *8*	übernehmen
valóban *7*	wirklich, tatsächlich
valóság *12*	Wirklichkeit, Realität
valószínű, -en *11*	wahrscheinlich
valószínűleg *Adverb 6*	wahrscheinlich
vált *8*	lösen (Fahrkarte); wechseln
változatos, -an *11*	abwechslungsreich
vámvizsgálat, -ok *3*	Zollkontrolle
van *1*	es ist; es gibt; es befindet sich; ist
vár vkit *1, 4*	warten, erwarten
vár vkire *4*	warten auf
vár, -ak *2*	Burg
várakozik *11*	warten (länger)
váró, -k *3*	Warteraum
város, -ok, -t *2*	Stadt
városnézés, -t *3*	Stadtbesichtigung, Stadtrundfahrt
városrész, -ek, -t *7*	Stadtteil
vásár, -ok, -t *3*	Messe, Markt
vásárlás, -ok, -t *4*	Einkauf, Kauf
vasárnap, -ok, -ja *3*	Sonntag
vásárol *4*	einkaufen, kaufen
vastag, -on *4*	dick
váza, -k *6*	Vase
véd *9*	schützen, verteidigen
védekezik *9*	sich schützen, sich verteidigen
vég, -ek *7*	Ende
végett *10*	wegen, zwecks
végez *10*	beenden, machen
végre *5*	endlich
végigmegy, végigmenni vmin *10*	etwas durchgehen
vegyészmérnök, -ök *4*	Chemieingenieur
vékony, -an *9*	dünn, schlank
vélemény, -ek, -t *7*	Meinung
vendég, -ek *2*	Gast
vendéghallgató, -k *5*	Gasthörer, Gaststudent
vendéglátó, -k *4*	Gastgeber
vers, -ek *5*	Gedicht
vese, -k *6*	Niere
vesz, venni *4*	nehmen, kaufen
vezető, -k *6*	Leiter, Chef
vicc, -ek *5*	Witz
vidék, -ek *6*	Gegend
víg, -an *2*	fröhlich
világ *5*	Welt
- A világért sem! *11*	Um Gottes willen! Nicht um alles in der Welt!
világháború, -k *8*	Weltkrieg
világos *1*	hell
világoskék, -en *11*	hellblau
villamos, -ok, -t *2*	Straßenbahn

virág, -ok *1* — Blume
virágüzlet, -ek *4* — Blumengeschäft
viselkedés, -ek, -t *9* — Benehmen, Verhalten
viskó, -k *8* — Klitsche, Hütte
visz, vinni *4* — mitnehmen, bringen, holen
visszaemlékszik, visszaemlékezni *11* — zurückdenken
visszariaszt *11* — abschrecken, zurückschrecken vor
visszavisz, visszavinni *7* — zurückbringen
viszont *12* — dagegen
Viszontlátásra! *1* — Auf Wiedersehen!
vitat vmit *9* — diskutieren
vitathatatlan, -ul *9* — unbestreitbar, zweifelsohne
vitatkozik vmin *9* — sich streiten über
víz, vizet *4* — Wasser
vízjárás, -ok, -t *6* — Strömung
vizsga, -k *3* — Prüfung
vonat, -ok *2* — Zug
vonz *7* — anziehen

Z

zár *9* — schließen
záródik *9* — sich schließen
zene *8* — Musik
zeneszerző, -k *8* — Komponist
zokni, -k *6* — Socke
zöld *6* — grün
zöldség, -ek *4* — Gemüse
zöldséges, -ek, -t *4* — Gemüsehändler
zöldterület, -ek *8* — Grünfläche

Zs

zseb, -ek *6* — Tasche (Kleidung)
zsebkendő, -k *6* — Taschentuch
zsebpénz, -t *11* — Taschengeld
zsemle *4* — Brötchen
zseni, -k *9* — Genie
zsíros, -an *11* — fett
Zsuzsi, Zsuzsika *7* — Susi, Susannchen

TÁRGYMUTATÓ — REGISTER ZUR GRAMMATIK

Die erste Zahl verweist auf die Lektion, die zweite auf die Zählung im jeweiligen Grammatikabschnitt.